História da "consciência histórica" ocidental contemporânea

Hegel, Nietzsche, Ricoeur

José Carlos Reis

História da "consciência histórica" ocidental contemporânea

Hegel, Nietzsche, Ricoeur

2ª reimpressão

autêntica

Copyright © 2011 José Carlos Reis
Copyright © 2011 Autêntica Editora

PROJETO GRÁFICO DE CAPA
Alberto Bittencourt

PROJETO GRÁFICO DE MIOLO
Conrado Esteves

EDITORAÇÃO ELETRÔNICA
Conrado Esteves

REVISÃO
Ana Carolina Lins

EDITORA RESPONSÁVEL
Rejane Dias

Revisado conforme o Acordo Ortográfico da Língua Portuguesa de 1990, em vigor no Brasil desde janeiro de 2009.

Todos os direitos reservados pela Autêntica Editora. Nenhuma parte desta publicação poderá ser reproduzida, seja por meios mecânicos, eletrônicos, seja via cópia xerográfica, sem a autorização prévia da Editora.

AUTÊNTICA EDITORA LTDA.
Belo Horizonte
Rua Aimorés, 981, 8º andar . Funcionários
30140-071 . Belo Horizonte . MG
Tel.: (55 31) 3214 5700

São Paulo
Av. Paulista, 2.073, Conjunto Nacional, Horsa I
11º andar, Conj. 1101 . Cerqueira César
01311-940 . São Paulo . SP
Tel.: (55 11) 3034 4468

Televendas: 0800 283 13 22
www.autenticaeditora.com.br

Dados Internacionais de Catalogação na Publicação (CIP)
(Câmara Brasileira do Livro, SP, Brasil)

Reis, José Carlos

História da "consciência histórica" ocidental contemporânea : Hegel, Nietzsche, Ricoeur / José Carlos Reis. – 2. reimp. – Belo Horizonte : Autêntica Editora, 2013.

Bibliografia.
ISBN 978-85-7526-538-3

1. Filosofia 2. Hegel, Georg Wilhelm Friedrich, 1770-1831 - Crítica e interpretação 3. História - Filosofia 4. Nietzsche, Friedrich Wilhelm, 1844-1900 - Crítica e interpretação 5. Ricoeur, Paul, 1913-2005 - Crítica e interpretação I. Título.

11-04906 CDD-907

Índices para catálogo sistemático:
1. Filosofia e história 907
2. História filosófica 907

Sumário

PREFÁCIO
9   Filósofos em marcha! – Guiomar de Grammont

INTRODUÇÃO
21 Filosofia e história: antagonismo ou afinidade profunda?

CAPÍTULO I
33 A consciência histórica ocidental pós-1789: Hegel e a legitimação da conquista europeia do planeta – a derrota do projeto francês

33 De "filósofo da Revolução Francesa" a "filósofo da Restauração Prussiana": decadência?

42 O "jovem Hegel": a reconciliação entre Razão e História pela Revolução

50 O "velho Hegel": a reconciliação entre Razão e História pela "via prussiana"

58 O método lógico-dialético: "pensar a vida, eis a tarefa"

69 A obra: *As lições sobre a filosofia da história universal* (1837/1840)

69   a) O sentido histórico universal é apreendido pelo pensamento

78   b) A "filosofia da história" hegeliana: o otimismo da vitória da Razão universal

90   c) A "história filosófica": as fases da história universal conduzem à Europa

93   d) Os povos que não integram a história universal: os "inferiores"

93   1) A América
94   2) A África

95   e) A marcha do espírito a caminho da "consciência europeia"

102 A "reconciliação total" entre tempo, história e narrativa

110 Hegel e os seus críticos: quem deveria "renunciar a Hegel"?

CAPÍTULO II
125 A consciência histórica ocidental pós-1871: Nietzsche e a legitimação da conquista europeia do planeta – o projeto alemão

125 Nietzsche, um "pensamento-martelo" contra a "cultura histórica moderna"

135 Nietzsche, a cultura alemã e a Europa

143 O método genealógico: *"verdade", valor e apropriação*

145 1º) O pensamento não coincide "dialeticamente" com o real e não expressa a verdade essencial e universal

153 2º) Os valores cristãos não são a "verdade essencial"

159 3º) A história *não* é "a marcha necessária do espírito em busca da liberdade"

162 A obra: *Segunda consideração intempestiva: da utilidade e desvantagem da história para a vida* (1874)

169 A filosofia da história em Nietzsche

169 a) Nietzsche, "cultura histórica moderna" e a Revolução Alemã

173 b) As desvantagens da história para a vida

180 c) A utilidade da história para a vida: a "força plástica"

186 d) As formas da história úteis à vida: monumental, antiquária e crítica

192 e) A utilidade da historiografia alemã: a (re)construção da identidade nacional alemã

196 A "ruptura total" entre tempo, história e narrativa

197 O ERM, a sua original concepção da temporalidade, seria uma "ruptura total"?

207 Pode-se falar de uma "história filosófica" em Nietzsche? Nietzsche e os seus críticos

216 A "história filosófica" em Nietzsche: a vitória da Europa na história universal

219 Primeira fase da história universal:
a "pré-moral", que tem a imagem da criança

221 Segunda fase da história universal:
a "moral", que tem a imagem do camelo

225 Terceira fase da história universal:
a "extramoral", que tem a imagem do leão

229 Quarta fase da história universal:
a "pós-moral', que tem a imagem da criança

CAPÍTULO III
233 A consciência histórica ocidental pós-1989: Paul Ricoeur e a vitória do projeto anglo-americano de conquista da "Comunidade Europeia" e do planeta

233 O percurso do reconhecimento:
de "criptoteólogo" a *Tempo e narrativa*

248 A vitória ocidental em 1989:
ética e política na obra de Ricoeur

257 O método: o "enxerto" da hermenêutica na fenomenologia

263 a) Explicar e compreender

272 b) Por uma dialética aberta, inabacada, a síntese adiada

277 A obra: *Tempo e narrativa* (1983/1985)

283 A filosofia da história ricoeuriana:
a "idade hermenêutica da razão"

289 A originalidade de Ricoeur: a articulação entre tempo e narrativa

301 O entrecruzamento entre narrativa histórica e narrativa de ficção:
a historiografia é quase ficção, a ficção é quase historiografia

317 A "reconciliação possível" entre tempo, história e narrativa

329 Ricoeur e os seus críticos

338 A "história filosófica" ricoeuriana:
a última expressão do eurocentrismo

347 REFERÊNCIAS

Prefácio
Filósofos em marcha!

Guiomar de Grammont

A história e a filosofia complementam-se, imbricam-se ou contradizem os domínios uma da outra? Essa é, basicamente, a questão sobre a qual se debruça José Carlos Reis, um filósofo da história que, para sermos coerentes com suas próprias interrogações, poderia ser chamado também um "historiador-filósofo". A questão não é simples, pois coloca em xeque duas formas de pensar: a história, pretendendo-se mais objetiva, mais coadunada com os contextos que determinam as teorias ao longo do tempo; a filosofia, com a velha tendência de buscar constantes universais, arvorando-se a capacidade de criar conceitos mais definitivos, mais resistentes à instabilidade do mundo. Enquanto a história buscaria seu sentido na experiência, a filosofia seria especulativa e abstrata. Pensamento filosófico e realidade histórica se reuniriam no conceito de "consciência histórica", percebida como a capacidade de cada época se representar e se atribuir uma identidade e um sentido, mesmo estando a própria consciência submetida às contingências do tempo.

O autor impõe-se a tarefa de não apenas propor uma afinidade entre a filosofia e a história, como também de demonstrá-la a partir de uma análise profunda do pensamento de Hegel, Nietzsche e Ricoeur. Por que José Carlos Reis escolhe justamente esses pensadores em detrimento de outros? Iremos perceber, ao longo do texto, que a escolha não foi, de modo algum, aleatória. Os três são considerados por Reis a partir de um *topos*, ou seja, de um momento histórico que determinaria e ultrapassaria seus pensamentos sobre a história: a realidade europeia. Mesmo que não se concorde com a imagem do compromisso histórico que José Carlos Reis atribui a esses personagens, é incontestável que a realidade histórica em que esses pensadores viveram preexiste a seus respectivos *corpus* filosóficos e se encontra neles subsumida. O contexto em que escreveram permanece latente no pensamento de cada um deles, de forma diferenciada, evidentemente, mas como uma exigência interna. Ignorar a força desse *topos* seria recusar-se a compreender plenamente o pensamento desses filósofos.

Da mesma forma, ao fazê-lo é preciso dar-se conta de seus limites enquanto seres humanos inseridos na estreiteza de suas respectivas realidades, vulneráveis aos preconceitos de seu tempo. Assim como o leitor que os analisa e interpreta também o fará a partir das questões de sua época e da particularidade de sua existência. José Carlos Reis, em diversas passagens, coloca esses limites na chave de um complexo de superioridade eurocêntrico: "quando pretendem falar em nome da 'história universal' ou do 'homem universal', o fazem de um ponto de vista etnocêntrico". Reis propõe que o leitor brasileiro se aproprie dos conceitos que os pensadores europeus criaram para a construção de um pensamento próprio. A escolha dos três pensadores é justificada a partir do pressuposto de que eles representam as três fases – segundo a dialética hegeliana – da experiência da consciência histórica ocidental ao longo dos últimos dois séculos. Ao recriar o método dialético, Hegel assume a figura da *tese*, ou proposta. Nietzsche, com o método genealógico, se colocaria como a *antítese* ou contraproposta e Ricoeur, ao revitalizar o método hermenêutico, assume a mediação conciliadora, enfim, a *síntese*, porém, como uma rede de perspectivas que se imbricam, recusando a consciência histórica unitária. Hegel e Nietzsche representariam, respectivamente, a lembrança e o esquecimento, enquanto Ricoeur teria escolhido uma via de conciliação entre esses extremos.

Para José Carlos Reis, ao buscar a reconciliação entre a Razão e a História, o universal e o particular, o infinito e o infinito, Hegel sonhava, na verdade, com a unificação alemã. Como no exemplo da Revolução Francesa e em acordo com os ideais gregos, o Estado deveria ser a realização da vontade do indivíduo. Essa deveria ser a "Nova Alemanha". Para o jovem Hegel, "é a revolução que realiza a reconciliação total entre Razão e História, o meio de superação da 'consciência infeliz'". Para Reis, o projeto de Hegel é a expressão filosófica da forma como o pensador percebeu o evento que tanto admirava: "seu sistema filosófico quer representar para a história da filosofia o que a Revolução Francesa representou para a história: o encontro da 'unidade viva', da reconciliação total entre tempo e eternidade". Com o tempo, o "velho Hegel" teria permanecido liberal, porém deixa de acreditar na via revolucionária para implantação da liberdade, passa a defender a reconciliação pela aceitação do presente. Esse Hegel "maduro", para José Carlos Reis, estaria reagindo a uma possível supremacia da França e voltando-se para o projeto da unificação da Alemanha, que deveria expandir-se pela Europa, difundindo, em todos os lugares, a sua "interioridade profunda": "o Estado alemão deveria substituir a França na vanguarda da história universal e tornar-se a determinação do espírito em seu maior nível de consciência de si e para si".

A passagem à essência, ao Conceito, é passagem à liberdade. Essa ideia de que todos os homens são livres e possuidores de direitos universais deveria ser comunicada ao mundo, em um programa proselitista que o marxismo acabou por efetivar. Para o autor, Hegel defendia uma identidade alemã absoluta que integrasse todos os cidadãos em uma "bela totalidade", como na cidade grega idealizada. Esse pensamento expansionista estaria na origem de todos os totalitarismos e guerras que marcaram o século XX. Pode-se concordar ou não com essa "politização" de Hegel proposta por Reis, afinal, é impossível saber se foi o pensamento hegeliano o embrião do conturbado contexto que se seguiu, ou se, pelo contrário, teria sido essa tendência – já presente na realidade de sua época – que teria inspirado Hegel. De qualquer forma, é impossível discordar quando Reis afirma que a grande contribuição do pensador alemão foi a explicação da mudança como um processo imanente, contínuo, um movimento dialético de transformações incessantes. Com Hegel, "a filosofia veio substituir a teologia como legitimação discursiva da conquista do mundo, porque, agora, a conquista era 'deste mundo'". Para o autor, "a filosofia da história hegeliana é a representação mais otimista que o Ocidente criou de si mesmo", ele seria "o filósofo da hegemonia do Ocidente", perseguiria a ideia de um "Estado mundial" sob a liderança alemã, dominado pela Razão absoluta. Esse projeto, como mostra Reis, exaustivamente, fez com que o pensador conquistasse tantos críticos quanto seguidores. A história seria a autoprodução do espírito, como devir, unidade negativa na relação consigo mesmo como Outro, o qual se manifesta exteriorizando-se, ou seja, autodeterminando-se no tempo. Seu método lógico-dialético, seu "sistema de sistemas" ou "círculo de círculos" teleológico, seria essa reflexão total capaz de unificar todos os tempos e eventos na consciência absoluta, sentido universal da história. Contra a aparente fragmentação e exterioridade dos fatos proposta pela historiografia, Hegel reafirmaria que o historiador só pode descrever e analisar a história porque pressupõe que nela há um sentido, que "a Razão governa o mundo". Apesar disso, sua filosofia da história não deixa de ser uma "teodiceia, uma gnose de Deus" ("consciência em si e para-si do espírito absoluto"), muito embora Hegel, como admirador da Reforma, preconize o "fracasso das religiões" na realização do espírito universal.

Em Hegel, a história tem um sentido necessário, inexorável, em que passado, presente e futuro são parte da mesma experiência da consciência universal. Nietzsche, por outro lado, quebra o conceito de um sentido único para a história, ao afirmar a força da leitura, da interpretação. Contudo, para

José Carlos Reis, a preocupação do pensador não é tão diferente da que Hegel teria vivido: a unificação alemã. No entanto, enquanto Hegel seria "ufanista", Nietzsche nutria profunda insatisfação com a "cultura nacional" bismarckiana. A filosofia nietzschiana seria uma resposta ao niilismo europeu, marchando em direção à democracia e ao socialismo. Para Reis, todo o pensamento de Nietzsche seria político: a vontade de potência seria a imagem de um poder disseminado nas relações entre os homens. O pensador proporia "um novo mundo, que a nova cultura alemã faria vir à luz". O super-homem, com seu imoralismo, daria sentido ao devir humano. Contudo, a leitura de Reis é incômoda. Os seguidores e admiradores de Nietzsche tentaram desconstruir a imagem do pensador como racista e precursor do nazismo afirmando que essa imagem teria sido formada pela irmã do pensador, ao dirigir os trabalhos de recolhimento e organização do arquivo nietzschiano, após a morte do irmão. Entretanto, para Reis, Nietzsche teria sido de fato eugenista e racista no sentido mais literal, como muitos indivíduos de seu tempo: "Ele não tem uma concepção só cultural de raça. É um racista fisiológico e quer para a Europa uma unidade racial".

Porém, em princípio, Reis concorda com a afirmação de Deleuze de que não há uma única leitura de Nietzsche: seu pensamento oferece múltiplos sentidos, é "nômade, aforístico, indecifrável". O pensador alemão pode ser apropriado de diversas formas, de acordo com a interpretação, ainda mais porque seu pensamento nada teve de conservador da ordem, pelo contrário, foi uma implosão. Ele recusou todas as ideias e instituições modernas, "seu martelo filosófico nada deixou de pé ou por inteiro". De qualquer forma, a escolha de José Carlos Reis é precisa, Nietzsche é "um pensador da Europa germanizada". Tanto Nietzsche quanto Hegel propõem métodos não puramente estéticos ou especulativos, mas "profundamente ético-políticos, históricos, na medida em que foram criados para 'pensar a vida' e torná-la mais potente". Não obstante, Nietzsche foi um feroz crítico do discurso hegeliano de que está reservada para o homem uma missão universal e que a história seria "a marcha necessária da Razão em busca da liberdade". Contra a ideia da história como um processo universal, faz o elogio da a-historicidade da cultura grega, com sua polifonia musical e sua multiplicidade/pluralidade de sentidos.

Da mesma forma, como foi o "primeiro filósofo pós-moderno", Nietzsche também destrói os outros pilares do pensamento cristão-hegeliano-moderno, ou seja, "a confiança na capacidade do pensamento dialético de coincidir com o real e expressar sua verdade essencial", e descarta a confiança na metafísica e nos valores cristãos. Para Nietzsche, a verdade estaria na diversidade das aparências; ele é contra a fixidez do conceito, prefere a intuição através de imagens e símbolos. A objetividade histórica aboliria o mistério da vida. De qualquer forma, o método genealógico de Nietzsche não propõe uma essência original, mas uma descontinuidade, inaugurando um novo conceito de história, que tem por objeto as "vontades de potência". Para o pensador, não seria possível ter consciência da origem do Bem e do Mal; ele se pergunta em que condições o homem inventou esses juízos e em que medida eles favoreceram ou inibiram as experiências humanas. Contra a culpa e a renúncia, ele insiste na afirmação da vida. Não obstante, Nietzsche admira Cristo como o super-homem, portador de valores nobres, não o Cristo Salvador proposto pela igreja. José Carlos Reis lembra que a crítica de Nietzsche à "errância" do cristianismo é tão radical, que é como se ele propusesse uma nova Verdade: seria ele o Anticristo.

Nietzsche escreve no contexto da Guerra Franco-Prussiana e da Unificação Alemã de 1871. Para Reis, em acordo com outros comentadores do pensador, Nietzsche queria inocular um salutar pessimismo nessa Alemanha bismarckiana, vitoriosa, na qual percebia uma doença histórica proveniente da filosofia hegeliana: um culto da história que proíbe o esquecimento e exige a lembrança absoluta. Contra essa "doença da memória", Nietzsche defende a necessidade do esquecimento, que seria necessário e regenerador – "o presente deve escolher o passado que deseja lembrar" – para apropriar-se dele de forma a atuar sobre o futuro, que é o que realmente importa. A felicidade seria viver como o animal, em uma duração "a-histórica", ou seja, no instante, o presente absoluto. O homem forte não luta contra o passado, nem morre pelo futuro. Ele é o super-homem, "o homem do *amor fati*, que ama o tempo e a história e sabe lembrar e esquecer". A melhor forma de superar criticamente o passado é criar outro passado, superar o hereditário e a tradição pela criação de uma "segunda natureza". O pensador se insurge contra toda forma de ressentimento, religioso ou histórico, celebrando o futuro. A vitalidade de um povo seria marcada pela capacidade de uso da memória para antecipar o que virá. Ele foi um ardoroso crítico da cultura histórica de sua época, para ele, hegeliana e cristã, contra a fruição da vida em seu presente. A história é para homens "fortes, livres e potentes", não para "eunucos" que não confiam em si mesmos e ficam indagando ao passado o que fazer no presente.

Contudo, Nietzsche não era anti-histórico, apreciava o ceticismo metódico dos historiadores de seu tempo e, com seu pensamento filosófico-filológico, propunha uma compreensão da história. Para Reis, ele foi precursor da historiografia contemporânea, pois "refundou o saber histórico em bases genealógicas, arqueológicas, descontinuistas, desconstrucionistas, antecipando Foucault, Derrida e Deleuze, entre outros". "Para ele, é a filosofia que cria valores e legisla, é a médica da civilização ocidental moderna, mas uma filosofia genealógico-histórica, e não metafísica", que parte do niilismo para transmudar todos os valores. Nietzsche propõe uma revolução cultural que irá construir um novo homem, o super-homem, pela educação.

É belíssima a concepção de Nietzsche sobre a tarefa do historiador tal como a apresenta José Carlos Reis: o historiador deve ser como um artista, que confere profundidade, poder e beleza a temas conhecidos, cotidianos e simples, não necessariamente universais. Para Nietzsche, o pressuposto hegeliano de que há um "sentido histórico" destruiria as ilusões, e, "somente envolto em sombra e mistério e pela ilusão do amor, o homem tem força e cria". Não há um sentido universal que submeta a humanidade à espera de um futuro inexorável, cada indivíduo cria seu sentido. Na verdade, não há leis na história, os resultados da estatística só demonstram a uniformidade e a estupidez das massas. O jovem Nietzsche convida os homens a encontrarem sua própria natureza, recoberta pela artificial cultura histórica moderna, a qual levaria à perda da identidade e da autenticidade (paradigma que José Carlos Reis compreende como uma exortação nacionalista do pensador aos alemães de sua época), enfim, à perda da relação profunda e essencial entre o exterior e o interior. O Nietzsche do Zaratustra, porém, preconizaria que a dissimulação é própria da arte, enquanto artifício, embelezamento e estilização, e o filósofo é necessariamente artista. Seu próprio pensamento foi expresso, o tempo todo, de forma cifrada, sob a máscara das imagens, em uma multiplicidade metafórica de sentidos que gera uma profusão maior ainda de interpretações possíveis.

Aparentemente, o Eterno Retorno seria uma contradição no pensamento de Nietzsche, mas José Carlos Reis resolve bem a questão ao lembrar que, com essa polêmica teoria, o pensador faz o passado e o futuro convergirem para a eternidade do instante, com um devir contínuo sobre si mesmo. O super-homem é aquele que "não teme o passado porque vive intensamente o instante". A fábula de Nietzsche tem profunda força moral: é preciso viver de modo a desejar reviver tudo exatamente da mesma forma. Inspirando-se na fábula do eterno retorno, o super-homem será hiperafirmativo: diz sim à vida e, ao assumir plenamente a vontade de potência que o caracteriza, vence o medo da morte e a expectativa judaico-cristã de encontrar a felicidade em outro mundo. José Carlos Reis, porém, percebe essa possibilidade ética do eterno retorno não tão universalista, mas particularmente germânica: essa vontade de potência que tomaria nas mãos o futuro europeu teria sido fundamental para impulsionar a Alemanha poderosa e belicosa do século XX. Contudo, não teria sido o contrário? Não teria sido Nietzsche a ser arrastado pelo espírito de seu tempo?

O terceiro autor escolhido por José Carlos Reis foi Paul Ricoeur, entre outras razões, porque a temporalidade, a historicidade e a escrita da história foram temas centrais na vasta obra do pensador francês. Ricoeur propõe o "liberalismo político" contra o grande problema que atravessava sua época: o totalitarismo. Para isso, dá nova vida à relação entre ética e política do "querer-viver bem juntos", de Hannah Arendt. Como a pensadora alemã, ele tematizou a questão do Mal, demonstrando que o fato de a esfera política ser, ao mesmo tempo, racionalidade e vontade é essencialmente uma aporia, pois, como o Estado é fonte de poder e de racionalidade, pode facilmente cair no totalitarismo. O antídoto contra esse paradoxo da política seria o diálogo, a comunicação. Para José Carlos Reis, por sua escuta generosa e sua tendência ao diálogo com respeito pelos argumentos do adversário, Ricoeur teria oferecido uma via mais apta a guiar o homem através do "mal-estar da pós-modernidade". Ricoeur defendia para a Europa a busca de um universal ao mesmo tempo plural e reconhecido por todos, pela via do diálogo respeitoso entre diferentes tradições. Enfim, a ideia de um federalismo universal que, de fato, começa a esboçar-se na atualidade, com a formação dos blocos econômicos supranacionais, como a União Europeia e o Mercosul. Autor do pós-guerra, Ricoeur interpreta a história de forma favorável às forças anglo-saxãs, mas, por outro lado, é um crítico dessas forças ao propor a unificação da Europa. A "Comunidade Europeia" que ele propunha, que começa a ser posta em prática atualmente, é a forma como o francês concebeu a marcha do Espírito para a liberdade.

A pergunta central de sua antropologia filosófica é "o que é o agir humano?". Ricoeur respondia a essa questão afirmando que "só há tempo pensado quando narrado". Sua obra se caracteriza por realizar uma "fenomenologia hermenêutica", na qual somente pela mediação textual da escrita e das imagens podemos ter acesso à temporalidade da narrativa. Seu método hermenêutico é crítico, "na medida em que procura limitar as pretensões totalizantes do saber histórico e dar consistência à noção de 'coesão de vida' (*zusammenhang*)". Para ele, a tarefa do "historiador-filósofo" é interpretar a história, como um "historiador integral", para o qual "viver é interpretar". Fazemos história para compreender, ontologicamente, o sentido da nossa experiência temporal. Em sua hermenêutica, Ricoeur percebe a narrativa histórica como "uma 'quase intriga', que reúne explicação e compreensão". Ele chama a causalidade em história uma "imputação causal singular", na qual o historiador utiliza a análise e a imaginação na transição entre a explicação por leis e pela construção de uma intriga. A "intriga", para o pensador, é a unificação de uma experiência temporal dispersa e fragmentada na forma da narrativa. "A narrativa é mediadora entre o tempo cosmológico, objetivo, sem presente e sem significação humana, e o tempo subjetivo, vivido, situando a história humana no universo e na sucessão." Para responder à pergunta sobre como se articulariam o tempo e a narrativa o pensador cria o que chama "inovação semântica". Seria uma espécie de círculo hermenêutico entre dois entes aparentemente inconciliáveis: o tempo vivido, intuitivo, tal como Santo Agostinho o percebia, e a narração, na forma lógica, aristotélica. "Ele procura reunir o sublunar, a experiência vivida e finita, indizível, e a organização lógica, a intriga, sintetizando Santo Agostinho e Aristóteles." A narrativa é uma estética do vivido. Como intriga, é uma mimese da experiência vivida, mas que não a substitui, não suprime seu mistério.

A historiografia não é uma imitação idêntica ao real, mas uma imitação criadora. É uma representação construída pelo sujeito e, nesse sentido, seria ficcional. Porém, esse caráter ficcional é controlado – além da documentação e da cronologia – sobretudo pela leitura. A historiografia se realiza na recepção, retornando ao mundo vivido. Na leitura, acontece a identificação e o reconhecimento da experiência de autor e leitor, o qual se torna coautor da obra e a aplica, tornando-se sujeito transformador de seu sentido. Essa experiência pode produzir a catarse, em que, ao mesmo tempo, o indivíduo se apropria e se torna sujeito de sua vivência e se situa em um mundo cultural compartilhado, reorganizado e ressignificado pela narrativa.

O tempo histórico é marcado por certos instrumentos: o calendário, a sucessão de gerações, o recurso a arquivos, documentos e vestígios que, ao conectarem o tempo vivido ao tempo cósmico e biológico, tornam objetivo o conhecimento histórico. O esforço da narrativa histórica de inserir eventos e personagens no tempo calendário é um dos primeiros traços a diferenciá-la da narrativa ficcional. Por ser objetivo e exterior, cósmico e cultural, o tempo-calendário se impõe sobre a experiência vivida. "A maior contribuição da ficção é explorar as características não lineares da experiência vivida, que a história oculta ao inscrevê-la no tempo cósmico." O tempo histórico faz, então, a mediação entre o tempo cósmico e o da experiência, guardando em si, dialeticamente, as características de ambos. O recurso aos vestígios para conhecer o passado é a segunda característica que diferencia a narrativa histórica da ficcional. O documento é o referente ao qual o conhecimento histórico precisa corresponder: "impõe a data, o personagem, a ação e uma dívida em relação aos mortos". Para Ricoeur, o historiador precisa se posicionar diante do passado para construir sua narrativa, seja tratando-o como "o Mesmo", ou seja, próximo e familiar; seja de forma mais distante, como "o Outro"; seja, enfim, como "Análogo", associação entre o próximo e o distante, supondo no passado uma relação com o presente que permite que o historiador infira que "as coisas devem ter se passado assim". O historiador deve combinar essas três possibilidades de *aproach* sobre o passado para construir o conhecimento histórico.

As narrativas históricas são "variações interpretativas do passado". Elas podem ser infinitas, mas o horizonte que as limita é o "vestígio", pois em cada situação descrita serão os mesmos, os dados espaçotemporais, os documentos e os nomes. José Carlos Reis enumera diversos aspectos pelos quais, na filosofia de Paul Ricoeur, a história é assimilada à ficção, os quais se distinguem sobretudo pelo uso da imaginação e pela perspectiva de "construção" do conhecimento histórico como narrativa, não como "reconstituição" de algo que seria o "real". Da mesma forma, a ficção, além de propiciar ao leitor experiências sensoriais que, de outro modo, seriam impossíveis, recorre à verossimilhança, criando, muitas vezes, uma "ilusão do real" que a aproxima muito da história. É a leitura, como "experiência viva" – ao aderir e resistir ao texto o tempo todo, em um jogo complexo de trocas e ressignificações –, que realiza a mediação entre a ficção e a história. Na leitura se entrelaçam as "variações interpretativas do passado", características do conhecimento histórico que Ricoeur chama "*representance*" (o que fica no lugar de), e as "variações imaginativas", produzindo o "tempo narrado". Como observa Reis, sucumbindo à influência teológica, o pensador francês propõe que, nessa relação de intersecção, as narrativas distintas da historiografia e da ficção se complementam, "fazendo aparecer" o sentido único e verdadeiro da experiência vivida.

Contudo, o limite da narrativa é que ela jamais poderia realmente pensar e representar integralmente o tempo. Este permanece inescrutável e plural, irredutível em seu mistério. A potência da narrativa é a de conferir uma identidade a grupos e comunidades, que passam a engajar-se no que o pensador chama uma "práxis responsável". A complementaridade entre história e ficção, na narrativa, oferece a esses sujeitos históricos uma resposta prática à questão da identidade, na medida em que "apenas o nome próprio é insuficiente para garantir a estabilidade do eu entre o nascimento e da morte". Como lembra Reis, antes de exilar-se na escrita, a narrativa faz parte da vida e retorna à vida pela apropriação dos leitores. A narrativa oferece a possibilidade de um "reconhecimento recíproco", um "viver-juntos na diferença", capaz de conduzir à paz e à harmonia entre os seres humanos. A solução ética para o fracasso do projeto da modernidade seria uma "política de reconhecimento" capaz de elevar a autoestima de indivíduos e minorias. Essa é a utopia do pensamento de Paul Ricoeur.

José Carlos Reis se junta aos que contestam o pensador francês com a pergunta, extremamente pertinente: diante de tantas atrocidades cometidas pelas nações europeias em sua conquista eurocêntrica, "o desafio da história seria o perdão ou a justiça?". Outra formulação mais simples para essa questão encontra-se no provérbio: não seria melhor prevenir do que remediar? Enfim, só há o que perdoar quando alguma iniquidade foi cometida. Não seria melhor evitar, antes, que isso ocorra?

O pensador escreve no momento em que os grandes temas iluministas começam a entrar em crise: as utopias não resistem ao choque com a realidade, e a crença no conhecimento histórico como produtor de uma "verdade" sobre o mundo é posta em xeque. De um lado, a herança é a tese hegeliana do Conceito que remete ao absoluto da consciência, com a reconciliação total entre tempo, história e narrativa, o que acaba por remeter a uma "lembrança total". De outro lado, a força plástica do pensamento de Nietzsche, valorizando o instante, a vida presente em detrimento do passado, o que favoreceria o esquecimento. Para José Carlos Reis, posicionando-se entre ambos, Ricoeur propõe uma relação mais equilibrada entre o esquecimento e a lembrança, através da historiografia. Contra o ressentimento em relação ao passado, o pensador propõe que se realize um "trabalho de luto" para alcançar a paz da "justa memória"; mas, para alcançar a possibilidade desse "viver-juntos-na-diferença", que é um objetivo tão difícil e elevado para essa belicosa Europa, será preciso "esquecer Nietzsche" e, sobretudo, "renunciar a Hegel". Como Hannah Arendt, Ricoeur reage contra os totalitarismos do século XX, "que submeteram a ética à política, o passado ao presente-futuro, a ação à eficácia instrumental, a solução dos conflitos à tortura e à guerra". Por isso, foi acusado de negligência, enfim, de defender um conivente perdão em relação aos horrores perpetrados pelo nazismo. Como escreveu Derrida, seu ex-assistente na Sorbonne, perdoar o que já é perdoável não é perdão, e perdoar o imperdoável é impossível.

Para Ricoeur, depois do trágico século XX, foi preciso desconfiar da ideia do homem como senhor do tempo e da história, mas agora é preciso abandonar esse vazio e essa fragmentação e voltar a confiar na "imaginação criadora", enfim, no projeto de verdade do sujeito. Influenciado pela dinâmica da experiência da consciência, mas reagindo à sua unicidade, ele propõe pensar a história como uma rede de perspectivas cruzadas entre "espera do futuro", "recepção do passado" e "presente vivido". Ele opõe Koselleck a Hegel, assumindo a concepção do primeiro. Ricoeur assume a teoria de Koselleck sobre o "espaço da experiência" como "persistência do passado no presente" e o "horizonte da expectativa" como "inquietação diante do futuro", para buscar uma saída ética para o projeto da modernidade, resistindo às esperas utópicas. "As esperas devem ser determinadas, finitas, modestas e suscitarem um engajamento responsável."

Para Reis, *Tempo e narrativa* não é uma obra apenas especulativa, é um "novo manifesto político" que oferece uma resposta às concepções totalitárias do século XX, que se apoiavam nas representações de Nietzsche e Hegel. "Se a proposta moderna do 'fazer história' levava do futuro ao passado, a 'saída ética' da modernidade é partir do passado ao futuro." É pela comunicação entre o futuro e o passado, através do presente, não pela ruptura, que "a utopia de uma humanidade reconciliada pode entrar na história efetiva". Por isso, a hermenêutica ricoeuriana é considerada utópica e "antipós-moderna", mas sem radicalismo. Absorvendo influências dos filósofos que o antecederam, ele procura uma "'ontologia dialogada', de 'mediações possíveis', entre uno e múltiplo, sistema e singularidade, identidade e alteridade". Nessa "dialética poética", ele não suprime a diferença, mas adia indefinidamente o acesso à síntese total.

O que fica para nós dessa interpretação tão rica sobre as relações entre Hegel, Nietzsche e Ricoeur sobre a história? Talvez um exemplo de engajamento para uma América Latina ainda claudicante na autoestima filosófica. O livro de José Carlos Reis, contudo, contradiz essa exortação aos filósofos brasileiros ao realizar uma crítica da supremacia do pensamento europeu que contém, talvez, uma percepção exagerada do seu alcance sobre a realidade histórica. Não obstante, a obra é um esforço, tão monumental quanto intenso e polêmico, de compreensão da relação entre a filosofia e a história no pensamento ocidental. Com certeza, esse livro é uma grande contribuição ao pensamento filosófico brasileiro e produzirá um campo muito fértil de novas indagações e possibilidades interpretativas.

Ouro Preto, fevereiro de 2011.

Introdução
Filosofia e história:
antagonismo ou afinidade profunda?

O diálogo entre historiadores e filósofos raramente foi sereno. Os historiadores alemães ditos positivistas, os historiadores estruturais franceses da Escola dos Annales, os historiadores empiristas ingleses, os historiadores marxistas de todas as tendências, até os historiadores brasileiros, imitadores de todos esses, nunca apreciaram a companhia dos filósofos. Os argumentos antifilosóficos variam, mas pode-se resumi-los a estes: o caráter especulativo, abstrato, apriorístico, teleológico e metafísico da filosofia. Para os historiadores, os filósofos são excessivamente internalistas, ignoram as mudanças históricas, desconhecem a rugosidade, a aspereza e tensões da experiência, buscam no próprio pensamento uma verdade em si, acreditam que, introspectivamente e lendo-se uns aos outros, poderão encontrar o secreto sentido da história universal. Como "fazendeiros do ar", os filósofos ignoram arquivos, documentos, são imprecisos na cronologia, e, infundadamente, são extremamente eloquentes em relação à vida dos homens no tempo. Irritados, os historiadores não edulcoram a sua antipatia em relação às "filosofias da história". Para Febvre, Toynbee e Spengler são "oportunistas"; para Chartier, filósofos e historiadores têm tarefas diferentes, e a sua aproximação pode ser nociva à história; para Marx, os filósofos apenas interpretaram a história, os historiadores fazem ciência da história; para Bloch, a história é investigação e não especulação; para Braudel, a pesquisa do passado deve ser feita sem pré-noções e pré-juízos; para Foucault, a história trata da emergência de eventos descontínuos, faz descrições arqueológicas, recorre a arquivos e não tem nada a ver com teleologia e a pletora de sentido metafísico universal. Enfim, enquanto o historiador vai ao Oriente Médio ou ao zoológico para ver e tocar em camelos, o filósofo fecha-se em seu gabinete e se pergunta se a "ideia de camelo" é pensável! (BLOCH, 2002; FEBVRE, 1992; BRAUDEL, 1978; CHARTIER, 1987; ORTEGA y GASSET, 1986).

Para nós, por um lado, essa resistência dos historiadores é necessária, legítima, porque insiste sobre o caráter exterior, externo, objetivo, temporal, da pesquisa histórica. A historiografia não pode soçobrar no subjetivismo, no solipsismo, em sofismas, nas belas letras e envolventes retóricas, não pode se fechar introspectivamente em raciocínios, especulações, sistemas, dogmas, não pode se expressar em linguagens esotéricas, por mais brilhantes e sedutoras que sejam. O historiador deve insistir nos dados externos da memória, nas provas, nos documentos, no tempo calendário, nos anais, na escrita da história já reconhecida, no caráter de investigação da historiografia, pois o seu objetivo e compromisso ético é conhecer e compreender as experiências vividas de homens historicamente determinados. Contudo, por outro lado, os historiadores erram quando fecham completamente os ouvidos aos filósofos, por considerá-los tão temíveis quanto as sereias para os navegadores. O equívoco parece-nos enorme, porque os historiadores passam a não compreender a sua própria atividade, a sua própria pesquisa dos homens no tempo. Não a compreendem porque eles próprios são "filósofos" e ao recusarem ou não reconhecerem esta face da sua identidade, desconhecem o que de fato realizam. Para nós, há grande diferença entre a atividade do filósofo e a do historiador, mas não há antagonismo, ao contrário, há uma afinidade profunda. A afinidade entre filósofos e historiadores é tão profunda que, mesmo se o diálogo entre eles é difícil, continuam se apropriando uns dos outros em silêncio, sem referências, sem citarem os nomes e obras uns dos outros, sem mencionarem as fontes, o que não é bom para a pesquisa filosófica-histórica.

Este livro gostaria de desfazer este mal-entendido entre filósofos e historiadores e se dirige a ambas as comunidades. Como Ricoeur, nós gostaríamos de estender pontes, conectar, promover o diálogo entre pesquisadores que, mesmo sem querer, estão permanentemente em contato. O historiador é um "pensador da história", e não apenas um registrador de fatos; o filósofo não é um construtor de castelos de cartas, emerge e apoia-se na história, é um guia da práxis. Historiadores e filósofos têm uma imensa e comum responsabilidade social: registrar e atribuir sentido às experiências humanas. São talentos diferentes e complementares, são olhares distintos e convergentes, são energias que precisam ser contrastantes apenas para acenderem uma iluminação comum mais forte e nuançada. Este livro aborda obras de filósofos sobre a história e interessará aos historiadores contemporâneos, que compreenderão que sempre fizeram a sua pesquisa dentro dos quadros conceituais construídos por Hegel, Nietzsche e Ricoeur (e outros filósofos). A pesquisa histórica não é constituída por obras-átomos, autores-ilhas, épocas-isoladas. As obras de história não ajuntam fatos únicos mantendo-os em sua unicidade, não abordam feitos de indivíduos, mantendo-os em seu individualismo, não leem documentos em sua pura fragmentação e dispersão, não registram as datas somente em sua precisa e mera sucessão.

O empreendimento histórico é teórico, os historiadores "pensam a história" e, ao fazê-lo, conectam, articulam, ligam, reúnem, periodizam, atribuem sentido a fatos, feitos, indivíduos, documentos, datas, sociedades. Ao fazê-lo, inevitavelmente, recorrem aos filósofos que fizeram o mesmo: "pensaram a história". "Pensar a história" significa atribuir sentido às experiências, que, mesmo que se apresentem como verdade universal e atemporal, são "sentidos históricos". Historiadores e filósofos, quando pensam a história, unem-se epistemológica e politicamente na orientação da ação ideal a ser feita por homens determinados em épocas determinadas. A nossa pesquisa reúne pensamento filosófico e realidade histórica em torno do conceito de "consciência histórica", que definimos como a capacidade que cada época tem de se representar e se atribuir uma identidade e um sentido, mesmo se ainda está no tempo, inacabada e incompleta, e não pode ter de si mesma uma visão global. Historiadores e filósofos juntos, mesmo separadamente, elaboram a "consciência histórica possível" de sua época (GADAMER, 1963).

Neste livro, filosofia e história serão reunidas em torno de uma *História da "consciência histórica" ocidental contemporânea*, que põe em questão a "identidade da Europa". Nós abordaremos um período histórico europeu, que vai de 1789 a 1989, que foi uma época revolucionária, intensa, que gerou reflexões extremamente sofisticadas sobre si mesma, pensamentos que transformaram a vida e se tornaram históricos. Como separar a filosofia hegeliana da Revolução Francesa e do projeto alemão de unificação nacional pela construção do Estado prussiano? Como separar o "pensamento anti-histórico" de Nietzsche do projeto da Alemanha de se expandir pela Europa e conquistar o Planeta? Como separar o pensamento marxista da utopicamente trágica história mundial (não só soviética) do século XX? Como separar o pensamento de Paul Ricoeur de toda a turbulência histórica do século XX e do seu desfecho em 1989? O erro de historiadores e filósofos tem sido este: separar o pensamento de Hegel do processo revolucionário francês e do projeto prussiano; separar o pensamento de Nietzsche da experiência histórica alemã de 1871 a 1945; separar o sucesso retumbante de *Tempo e narrativa* da nova realidade histórica pós-1989. O erro é tão crasso que os filósofos, fazendo a sua história da filosofia sem carne e sem sangue, ficam sem entender o que Hegel realmente quis dizer, perdendo-se em abstrações; e os historiadores, fazendo a sua história temendo as ideias, encurtam a vista, perdem-se em documentos e eventos, não contam com o poderoso pensamento de Hegel para compreenderem os processos históricos europeus dos séculos XVIII e XIX que precisam decifrar.

O nosso objetivo foi amarrar com um nó de escoteiro, forte e desatável, história e filosofia. E, para realizá-lo, o caminho mais fácil foi nos aproximarmos das grandes obras filosóficas que já fizeram brilhantemente essa amarração. No primeiro capítulo, nos dedicamos à interpretação da obra menos exaltada de Hegel, a mais marginal, *As lições sobre a filosofia da história universal*, as *Lições de Berlim*, os últimos cursos do velho Hegel, publicada postumamente, em 1837, que consideramos, talvez, a expressão mais clara, mais concreta, mais viva, do seu hermético pensamento, que, ao reunir-se à história, transformou-se em um poderoso manifesto histórico-político europeu. No segundo capítulo, mergulhamos em outro dos mais belos livros de um filósofo sobre a história, *Segunda consideração intempestiva, da utilidade e desvantagens da história para a vida* (1874), em que o jovem Nietzsche desanca Hegel e as suas "propostas modernas", para propor um outro projeto histórico-político para uma "nova Europa" liderada por uma "nova Alemanha". No terceiro capítulo, entramos na obra-labirinto *Tempo e narrativa* (1983/1985), para procurar decifrar o novo manifesto histórico-político para o mundo europeu pós-1989, pós-Guerra Fria, o mundo da vitória global e planetária do capitalismo Ocidental. No final do século XX, tivemos a derrota final da Revolução Francesa e da sua descendente Soviética, tema predileto de Hegel, tivemos a derrota final da alternativa alemã e italiana, tema predileto de Nietzsche, e a vitória do caminho anglo-saxão para a Europa e para o Planeta, uma situação extremamente recente e ainda nebulosa, que Ricoeur procurou criticamente elucidar e oferecer saídas (ver BAUMAN, 2006).

Nestes 200 anos, esses três eventos históricos transformaram a consciência histórica ocidental, e, separadamente, os historiadores não se cansam de (re)narrá-los, os filósofos não se cansam de (re)pensá-los. Nas obras dos nossos três filósofos, estas três datas, 1789, 1871 e 1989, periodizam a história e o pensamento ocidentais, dividindo-os em épocas com "consciências históricas" ao mesmo tempo radicalmente diferentes e relacionadas. Ao colocar essas obras em diálogo, o nosso objetivo é ao mesmo tempo diferenciar esses três momentos e interligá-los em uma visão sintética/global da vida-pensamento do mundo ocidental contemporâneo. Hegel seria a tese, a proposta; Nietzsche, a antítese, a contraproposta; Ricoeur, com a sua bela releitura da síntese dialética, a negociação, a mediação imperfeita. Os três, postos lado a lado em nosso livro-filme (fotografados lado a lado, mas em movimento), permitem ao mesmo tempo distinguir as três fases e perceber a consciência histórica ocidental como um todo. Por um lado, foram esses filósofos que criaram os "métodos" que permitiram aos historiadores se apropriarem dos seus documentos, datas e fatos. Hegel recriou o método dialético, Nietzsche criou o método genealógico, Ricoeur revigorou o método hermenêutico. Mas, por outro lado, estes métodos não foram "criados", "inventados", pelos filósofos, pois foram os fatos e as situações históricas citadas que tornaram tais métodos plausíveis, reconhecíveis, necessários. A Revolução Francesa tornou a dialética hegeliana "verdade"; a crise do projeto moderno a partir do final do século XIX tornou a genealogia nietzschiana "verdade"; a derrota do projeto totalitário soviético e do socialismo sustentou o retorno do método hermenêutico como a "nova verdade". Filósofos e historiadores se apoiam reciprocamente, navegando em "verdades históricas" instáveis que naufragam a cada fato novo e engendram novos sentidos e valores.

Definitivamente, portanto, não é possível evitar o diálogo entre historiadores e filósofos. Será que podemos separar, por exemplo, o método lógico-dialético de Hegel da vida alemã? O método lógico-dialético hegeliano deve ser considerado puramente especulativo ou deve-se vê-lo a serviço da reconciliação do seu povo com o universal? O problema que nutriu permanentemente o pensamento de Hegel, do jovem e do velho, foi o "problema da Alemanha". Ele se deu como tarefa "pensar a vida", i. e., iluminar com o seu pensamento dialético o caminho do seu povo, pois "feliz é o indivíduo que goza a sua força e sua alegria na unidade do seu povo". O seu pensamento desejava levar a Alemanha à reunião da sua história com a Razão. O Estado alemão devia substituir a França na vanguarda da história universal e tornar-se a determinação do espírito em seu maior nível de consciência de si e para si. Hegel defendia uma identidade nacional alemã absoluta e desejava que o Estado alemão integrasse os seus cidadãos em uma "bela totalidade", como era a cidade grega. Foi para iluminar o caminho da Alemanha que criou um novo método para articular as relações entre vida e pensamento, que tornasse o pensamento útil à vida. Ele concebeu o seu método para solucionar o "problema alemão": superar a "consciência infeliz", reunir finito e infinito em uma "bela totalidade". Para ele, entre história e Razão, povo e espírito universal, pensamento e vida, não pode haver hiato, ruptura, antinomia. Enfim, o método lógico-dialético hegeliano é um projeto político que visa à construção da identidade da nação mais livre, que, depois de passar pela revolução que a unificará, vai liderar a Europa e a história universal na marcha do espírito em busca da "liberdade", i. e., da identidade/consciência absoluta de si.

Será que podemos separar o método genealógico de Nietzsche da vida europeia-alemã do final do século XIX/início do XX? Nietzsche foi o crítico mais radical do discurso hegeliano sobre a história, que, para ele, era a "doença moderna da cultura". Para ele, o pensamento hegeliano não apreendia o real e se equivocava quanto à significação da história, pois não está reservada ao homem nenhuma missão universal. A relação de Nietzsche com Hegel é de recusa sem concessões, uma relação de antítese à tese. Nietzsche não espera mais a liberdade através da "reflexão total". Pode-se considerá-lo como o primeiro filósofo "pós-moderno" porque destrói os três pilares do pensamento cristão-hegeliano-moderno: a) a confiança na capacidade do pensamento dialético de coincidir com o real e expressar a sua "verdade essencial"; b) a confiança nos valores cristãos como favoráveis à vida; c) a confiança hegeliana de que a história é "a marcha necessária do espírito em busca da liberdade". Nossa hipótese é que ele se opõe filosoficamente de forma tão radical a Hegel porque sonha com uma outra história alemã-europeia. Nietzsche estende à cultura do seu tempo o seu próprio diagnóstico e terapia: ele e os alemães eram doentes e precisavam se tomar em suas mãos e se cuidar. Ele e os seus contemporâneos precisavam recuperar a saúde, a vontade de ser e viver, revalorizando os instintos, as paixões, o corpo, a vida neste mundo. O que ele temia era que o seu mundo já fosse tão decadente que seria incapaz de reagir. E, por isso, o alerta, o agride, pois queria bem ao povo alemão-europeu. O discurso nietzschiano foi o primeiro discurso pós-moderno, porque, ao adotar o perspectivismo cultural, o pluralismo moral, recusou todas as ideias e instituições modernas: a democracia, o liberalismo, o humanismo, a utopia da liberdade, a verdade, a igualdade, o socialismo, a família, a ciência, a educação, a filosofia e a religião que sustentam estes conceitos e valores, que, para ele, levam o Ocidente ao declínio. O seu pensamento foi um tipo de "implosão" da cultura ocidental. O seu "martelo" filosófico nada deixou em pé ou inteiro! Ou melhor: o seu martelo destruiu a casca do ovo, rompeu o casulo, para que a sua borboleta de estimação, a "Nova Alemanha", conquistasse o mundo.

Quanto a Ricoeur, será que podemos separar o seu método fenomenológico hermenêutico da vida europeia-ocidental do final do século XX? Neste contexto pós-1989, pós-moderno, da história da consciência histórica ocidental, Ricoeur, posicionando-se entre Hegel e Nietzsche, busca encontrar um sentido para esta época, que a oriente em uma "práxis responsável". Ricoeur se posiciona entre a "reconciliação total", oferecida pela consciência absoluta de Hegel, e a "ruptura total", proposta pela força-plástica/esquecimento de Nietzsche. Para ele, o conhecimento histórico não pode ser o "conceito" da história-tempo, uma "reflexão total", que fortalece o presente na medida em que este integra-suprime o passado e o futuro, nem uma "força plástica" que, no instante, lembra-esquece tendo como critério apenas as necessidades da vida/presente. Ricoeur se vê seduzido por ambos, mas, diante das consequências trágicas do pensamento histórico de ambos para a história europeia, sente a urgência da reelaboração da consciência histórica ocidental. Para ele, a "nova Comunidade Europeia" deveria renunciar à tese hegeliana do Conceito, que reúne a experiência-tempo em uma lembrança total, e romper com a força plástica nietzschiana, que reúne a experiência-tempo no instante, exigindo a capacidade de um esquecimento total. Ricoeur proporá uma relação entre lembrança/esquecimento menos total, mais equilibrada, uma "justa memória" que reconheça a alteridade das três dimensões temporais. Ele quer equilibrar lembrança e esquecimento, aceitando e mantendo a diferença das dimensões temporais. O seu pensamento quer tranquilizar a sua época, refletindo sobre uma práxis menos radical, menos violenta, menos injusta e intolerante, conduzida por uma consciência branda, respeitosa, que sabe que nunca se resolverá em uma reflexão total e que, portanto, não está autorizada a realizar nenhuma "ação total".

O combate de Ricoeur é contra os totalitarismos do século XX, que submeteram a ética à política, o passado ao presente-futuro, a ação à eficácia instrumental, a solução dos conflitos à tortura e à guerra. Para ele, se queremos ainda sonhar com um mundo habitável, com um novo mundo, em que os homens possam viver-juntos-na-diferença, será preciso "esquecer Nietzsche" e sobretudo "renunciar a Hegel". A sua "via longa" não é uma réplica somente à "via curta" da reflexão da consciência em Husserl, mas também, e talvez sobretudo, à "via da aceleração histórica", de Hegel-Marx, e à "via da descontinuidade-ruptura", de Nietzsche. Ele se posiciona entre os dois, dialeticamente, como síntese, mas uma síntese adiada, inacabada, imperfeita, que aceita o transcurso temporal em suas três dimensões. Para elaborar a perda do sistema hegeliano, Ricoeur propõe uma "hermenêutica da consciência histórica", uma outra via para se pensar a história, a da mediação aberta, inacabada, imperfeita, entre as dimensões temporais. Essa "via longa" hermenêutica permite pensar a história como uma rede de perspectivas cruzadas entre espera do futuro, recepção do passado e presente vivido, para evitar a consciência histórica unitária. Em busca de mediações imperfeitas, inacabadas, entre presente/passado/futuro, Ricoeur construirá o seu pensamento da história apoiando-se nas duas categorias de Reinhardt Koselleck "espaço da experiência" e "horizonte de expectativa". Ele vai opor Koselleck a Hegel e a Nietzsche. Em Koselleck, o "espaço da experiência" é a persistência do passado no presente; o "horizonte de expectativa" é inquietação diante do futuro, que inclui esperança e temor. Para Ricoeur, essas categorias são mais importantes do que os temas das Luzes. Elas são universais, superiores a todos os *topoi*, são meta-históricas e temporalizantes, governam todas as épocas sem serem unificadoras. Elas não suprimem a temporalidade, ao contrário, a intensificam. A relação entre experiência e expectativa é ao mesmo tempo universal, local e múltipla, uma relação dialética, uma tensão, onde a história aparece sempre como a de homens que agem e sofrem, experimentam e esperam (KOSELLECK, 1990).

Para Ricoeur, com essas categorias, pode-se compreender tanto a consciência histórica moderna quanto a sua saída. Na modernidade, a tensão entre experiência e expectativa foi percebida como uma diferença crescente: o futuro se afastou da experiência, a expectativa era vivida como ruptura, revolução, cisma com a experiência. Ricoeur está procurando uma "saída ética" ao projeto moderno. Para ele, a "saída ética" é resistir às esperas utópicas, e a tarefa é impedir que a tensão entre experiência e expectativa torne-se cisma. As esperas devem ser determinadas, finitas, modestas e devem suscitar um engajamento responsável. O horizonte de expectativa não pode fugir, mas aproximar do presente; o espaço da experiência não pode ficar tão estreito, deve ser ampliado e diferenciado do presente. O passado não é o acabado, o imutável, o inacessível à ação, mas o Outro do presente, com quem este deve dialogar, para se compreender, mantendo-o em sua diferença. Nossas expectativas devem ser mais determinadas, para que se evite a ansiedade e a pressa na mudança, e o nosso passado mais indeterminado, para que se evite a sua imposição ao presente ou a imposição do presente a ele. É preciso reabrir o passado, reviver suas potencialidades inacabadas, massacradas; é preciso sonhar com um futuro realizável, ao alcance da ação responsável de um imputável "homem capaz" (KOSELLECK, 1990).

Ao final dessa difícil travessia, o autor espera ter demonstrado que não há como separar vida/história e filosofia. O risco maior dessa separação é a recepção e repetição acrítica das obras desses autores como se contivessem pensamentos a-históricos, como se fossem a busca de uma verdade essencial. O círculo hermenêutico ricoeuriano esclarece bem a relação dessas obras com a experiência dos europeus. A experiência vivida europeia do final do século XVIII/início do XIX gerou várias "configurações narrativas", entre as quais se destacou a de Hegel. Essa mesma experiência vivida se apropriou da obra de Hegel para se conduzir em sua práxis e encontrar as melhores soluções para a vida alemã. A experiência europeia mudou no final do século XIX/início de XX, exigindo novas "configurações narrativas", entre as quais se destacou, embora o reconhecimento tenha sido lento e difícil, a obra de Nietzsche, que foi apropriada de diversas formas, por sujeitos distintos e com finalidades diferentes ao longo ao século XX. No final do século XX/início de XXI, a experiência europeia já não era tão central e teve de se integrar à nova realidade da história capitalista planetária, com sujeitos mais poderosos do que ela própria. Essa experiência nova exigiu novas "configurações narrativas", entre as quais se destacou a obra de Paul Ricoeur, da qual a experiência atual procura se apropriar para se reconhecer e agir de outra forma, após todas as tragédias sugeridas pelas obras de Hegel e Nietzsche. Lendo juntas, lado a lado, as obras desses autores, conseguimos ter sob os olhos, em um *flash*, toda a história ocidental dos últimos 200 anos e a "consciência possível" que os europeus/ocidentais puderam ter tanto das suas terríveis experiências quanto das suas exaltadas utopias.

E o que tem o leitor brasileiro com isso?

O leitor brasileiro poderia objetar: o que nós brasileiros ganharíamos com a leitura deste livro? Afinal, ele poderia dizer, o livro trata de autores europeus que elaboraram e "configuraram" a experiência europeia e, então, talvez, somente europeus poderiam ter interesse em lê-lo, porque conseguiriam "refigurar" a sua experiência. Ao que o autor retrucaria: não, caro leitor, um leitor europeu provavelmente o detestaria! Primeiro, porque não considera que um autor brasileiro seja capaz de ler, interpretar e compreender as obras dos seus "gênios"; segundo, porque este livro quer ser crítico das pretensões civilizadoras europeias. Este livro se dirige a leitores brasileiros, sul-americanos, africanos, orientais, enfim, ao público não europeu. Embora pretendamos fazer uma "reconstrução crítica" competente dessas obras, não faremos o elogio da Europa e dos seus "grandes filósofos", não repetiremos o que eles disseram tal qual disseram, temendo não ser fiel aos seus textos. O nosso objetivo é abrir um "processo jurídico" sobre o pensamento filosófico-histórico que orientou as ações europeias e ocidentais. O nosso papel é semelhante ao da promotoria pública nos tribunais, pois estamos levando Hegel, Nietzsche e Ricoeur ao banco dos réus do pensamento histórico. A nossa intenção é levar a julgamento as grandes obras intelectuais que justificaram e orientaram a ideia de uma história universal única, à qual deram o nome de "processo civilizador", porque a consideramos violenta, racista, destruidora de alteridades histórico-sociais, usurpadora de espaços geográficos alheios, concentradora de riquezas alheias, homogeneizadora de culturas, indiferente aos direitos humanos, depredadora de ecossistemas, predadora de homens, animais e vegetais. A nossa pergunta de fundo é: foi bom para os povos não europeus as incursões e intrusões das nações europeias em suas vidas? O homem europeu/ocidental se representa como um "homem melhor", aquele que conhece a religião verdadeira, a ciência verdadeira, a filosofia verdadeira, o direito verdadeiro, a justiça verdadeira, a política verdadeira, a arte verdadeira, são ricos, "belos" (brancos) e "democráticos", e, em nome de tantas verdades, tanto sucesso econômico e tanta pureza e harmonia estética-racial, acredita que pode legitimamente, "com toda a Razão", conquistar o planeta e (re)criá-lo ou reduzi-lo à sua imagem e semelhança. Ao fazê-lo, age imitando o seu Deus, aliás, para ele, o único Deus, e pretende ser o Salvador da humanidade! (ver ELIAS, 1993; TODOROV, 2010).

Este livro é um libelo intelectual antieuropeu. Nós acusamos Hegel, Nietzsche e Ricoeur de mentores, de agentes intelectuais dos crimes europeus, por serem construtores de "histórias filosóficas" que confirmam a Europa como origem, centro e finalidade da história dos homens. Eles "configuraram" as pretensões europeias, produziram obras em que elas são legitimadas, justificadas, confirmadas, elogiadas, apoiadas, orientadas, defendidas, provadas, corroboradas, enfim, em seus textos, as suas ações e decisões tornaram-se exemplares, indiscutíveis, incontestáveis. Nós os acusamos de construírem um perigoso dogmatismo racionalista, de agirem como talibãs, xiitas, terroristas da Razão. Por isso, o autor imagina que este livro possa interessar somente aos leitores não europeus, que têm necessidade de diversificar as narrativas históricas, para mostrar a multiplicidade e pluralidade de origens, centros e finalidades humanas. Em suas intrigas filosóficas extremamente bem-tecidas, em seus sistemas intelectuais fascinantes, que funcionam como inescapáveis teias de aranha, como jaulas de aço flexível, os não europeus estão presentes como o Outro Ocidental. Eles aparecem como sub-homens, sub-raças, bárbaros, primitivos, inferiores, homens-criança, homens-fera, homens-natureza, pagãos, selvagens, indígenas, homens-floresta, incultos, iletrados, supersticiosos, sem pensamento, obscuros, mestiços, não brancos, esteticamente feios, socialmente desprezíveis, moralmente injustos, incapazes, incompetentes, pobres e miseráveis, esfomeados, plebe, doentes, enfim, uma humanidade que deve ser "civilizada", i.e, europeizada, ocidentalizada (ver ELIAS, 1993; TODOROV, 2010).

O Ocidente se sente responsável pela salvação dessa "sub-humanidade" e se atribui o direito de intervir, sem meias medidas, através de invasões conjuntas das suas forças armadas (que gritam: "mãos ao alto!"), das suas forças religiosas (que cantam: "corações ao alto!"), das suas forças filosóficas (que argumentam: "pensamento ao alto!"), das suas forças científicas e tecnológicas (que anunciam: "crenças ao alto!"), das suas forças artísticas (que definem: "formas ao alto!"), das suas forças historiográficas (que criticam: "documentos e interpretações ao alto!") e outras forças políticas, diplomáticas, simbólicas, todas eliminando os princípios, as ordens e os valores internos, locais, e impondo os externos como os "melhores". A "sub-humanidade planetária" é sub-reptícia ou ostensivamente, dependendo da situação, instada a ceder e a aceitar a história única, universal, o "processo civilizador", pois as ameaças em caso de resistência são terríveis. Os que não se integrarem poderão vir a ter o mesmo destino dos indígenas americanos, o extermínio; ou dos negros africanos, a escravidão; ou dos orientais não cristãos, bombardeios, torturas, invasões, a guerra; ou dos imigrantes nas grandes cidades, o subúrbio, a opressão burocrática e policial, o (des)subemprego, o olhar branco que demole a autoestima do corpo/pele diferentes; ou do homem-massa, a mestiçagem, a obrigação de assumirem a forma de atores/atrizes/empresários/intelectuais/religiosos/trabalhadores brancos, de portarem as mesmas roupas, de manterem o mesmo comportamento social, de torcerem pelos mesmos times de futebol, de exalarem os mesmos perfumes, de ostentarem o consumo dos mesmos produtos. Há ainda os que apenas se suicidam (ver TODOROV, 2010).

Ao ler este livro, o autor espera que o leitor brasileiro compreenderá que filosofia e história são "discursos vivos", integrados à vida, e que não se pode ler os filósofos e os historiadores europeus e repeti-los ingenuamente, desejando passar cândida e ridiculamente a imagem de "homem culto". Ele vai compreender que um filósofo ou historiador europeu é um "europeu", que o seu pensamento-historiografia são legítimos enquanto pensamento-historiografia da vida europeia, e que, quando pretendem falar em nome da "história universal" ou do "homem universal", o fazem de um ponto de vista etnocêntrico. O autor espera que, após este livro, o leitor brasileiro não sairá mais difundindo por aí ideias cujo alcance histórico-político não entendeu. E se entendeu, ele poderá tomar duas atitudes, ambas legítimas: 1ª) ensinará os grandes filósofos e historiadores europeus porque aceitou o projeto ocidental para a humanidade universal, acolheu o caminho ocidental como o melhor e tornou-se consciente e legitimamente um preposto e defensor dos valores e interesses europeus; 2ª) vai se apropriar das ideias dos europeus, que, para eles, são extremamente bem-construídas e eficientes, para ajudar na construção de uma história própria nova, local ou inter-regional, que terá como base o seguinte problema-desejo: por que ceder se podemos conquistar a Europa nos transformando em um bumerangue intelectual? O que nos impediria de dominar o Ocidente em nós mesmos e nos tornarmos o que queremos-desejamos ser?

Agradecimentos

A pesquisa para a escrita deste livro iniciou-se em 2007, com um projeto de pós-doutorado intitulado *A reconciliação possível entre tempo, história e narrativa em Paul Ricoeur*. Ao longo da pesquisa sobre o pensamento histórico de Ricoeur, percebi que não podia tratá-lo isoladamente, porque está em diálogo permanente com a história europeia/mundial do século XX e os seus grandes pensadores, entre os quais se destacam Hegel e Nietzsche. A pesquisa foi então ampliada. Comecei a desenvolver o projeto na Europa, no Instituto Superior de Filosofia da Universidade Católica de Louvain-la-Neuve, na Bélgica, com o apoio de uma bolsa Capes, sob a supervisão do professor Michel Dupuy. Sou muito grato aos meus professores europeus, às bibliotecas europeias, aos autores europeus, aprendi muitíssimo com todos, o que não significa que devo apenas reproduzi-los. Eles talvez até prefiram que seus ex-alunos se tornem interlocutores, debatedores, críticos, heréticos, inconformistas, porque só assim poderão acrescentar alguma informação nova ou exigir a revisão de informações já estabelecidas. Mas não adotei essa atitude para agradá-los, apenas porque gostariam que fizesse assim, mas porque aprendi com eles mesmos que a tarefa de um intelectual é pensar/pesquisar/descrever/reconhecer a própria vida.

Agradeço imensamente aos meus orientadores belgas, os professores Andre Berten e Michel Dupuy. Agradeço ao meu orientador do mestrado, professor do Departamento de Filosofia da UFMG, Ivan Domingues, por tudo o que me ensinou e pelas palavras sobriamente gentis da "orelha". Agradeço muitíssimo à ex-aluna e colega Guiomar de Grammont, do Instituto de Filosofia, Artes e Cultura da Universidade Federal de Ouro Preto (IFAC/UFOP), uma brilhante e rara interlocutora na fronteira da história com a filosofia, pelo competente prefácio. Agradeço à Capes, pela bolsa no exterior, ao Departamento de História da UFMG pela liberação das atividades didáticas e, muito especialmente, agradeço aos meus alunos que, através de disciplinas optativas, me ajudaram a ler/discutir esses autores, quando retornei do pós-doutorado. Penso especialmente naqueles que foram excelentes interlocutores: Marina Duarte, Verônica Moreno, Bruno Augusto, Deborah Gomes, Saulo Costa Val, Cássio, Camila Borges, Vinicius Costa, Raíssa, Taciana, Igor Barbosa, Guilherme Rancante, Breno Mendes, Lorena Lopes, alunos(as) queridos(as), competentes, inteligentes, que já sabem ao mesmo tempo ler/ouvir com atenção belas palavras, raciocínios contundentes, vocabulários sedutores, ideias envolventes, aparentemente emancipadoras, e manter a fleuma, o pensamento aceso, a escuta flutuante, a postura crítica à flor das sinapses, diástoles e sístoles. Esses aí, doravante, dificilmente, serão enganados. Ou será que, depois, a distância, optaram por aquela primeira "atitude legítima" anteriormente citada? Afinal, a história anda e a filosofia muda. Talvez, a necessidade de sobreviverem na "selva ocidental" os tenha vencido e tenham se rendido à "mestiçagem" e elevado os seus "pensamentos e corações ao alto"! E eu os compreendo.

Capítulo I

A consciência histórica ocidental pós-1789:
Hegel e a legitimação da conquista europeia do planeta – a derrota do projeto francês

De "filósofo da Revolução Francesa" a "filósofo da Restauração Prussiana": decadência?

Georg Wilhelm Friedrich Hegel nasceu em Stuttgart, na Suábia alemã, em 27 de agosto de 1770, e morreu de cólera e em plena glória, em 1831. As suas obras principais são: *Vida de Cristo* (1796), *A fenomenologia do espírito* (1807), *A ciência da lógica* (1812-1916), *Enciclopédia das ciências filosóficas* (1817), *Princípios da filosofia do direito* (1821). A partir de 1821, não publicou mais nada. Postumamente, em 1837, foi publicado *As lições sobre a filosofia da história universal*, a partir de um manuscrito parcial dele próprio, a *Introdução geral*, e de notas dos alunos do seu curso na Universidade de Berlim. Os especialistas em Hegel pouco mencionam e até desvalorizam essas *Lições de Berlim*, que consideram um texto pelo qual Hegel não se responsabilizou e que não seria, portanto, uma "obra de Hegel". Contudo, apesar das ressalvas dos especialistas, neste estudo, tomaremos tais *Lições de Berlim* como a sua obra mais importante por explicitar o que nos interessa abordar aqui: a consciência histórica ocidental pós-Revolução Francesa. Nessa obra, ele explicitou melhor a sua concepção da história já presente nas teses do seu sistema filosófico construído nas obras anteriores. *As lições sobre a filosofia da história universal*, nós a consideramos a formulação mais lúcida, mais elaborada e sofisticada da "consciência histórica ocidental", i.e., da visão europeia moderna da história universal, na perspectiva alemã. No século XIX, a Alemanha viveu intensamente a tensão de ao mesmo tempo ter sonhado com a liberdade ao lado dos franceses e de derrotar a Revolução Francesa. Hegel expressou esta angústia alemã com extrema lucidez e, por isso, a influência da sua representação da historicidade sobre o pensamento histórico contemporâneo, ocidental e mundial foi imensa e as *Lições de Berlim* devem ser reavaliadas.

Iniciaremos o nosso estudo com um pequeno comentário sobre a sua vida, porque, para nós, o autor existe, em carne e osso, mesmo se a obra se autonomiza e se diferencia dele. O autor escreve em uma época determinada, os problemas que formula emergem de um mundo histórico específico, embora a sua reflexão vá além da sua época ao abrir-lhe um "horizonte de expectativa", que implanta o futuro no presente. E por ser tão de carne e osso e histórico, não exigiremos do autor nenhuma submissão direta ao seu contexto, nenhum compromisso pessoal com os seus escritos, pois a escrita ultrapassa a vida restrita, oprimida, finita, de homens frágeis, impotentes para realizarem o seu pensamento. A existência em "carne e osso" é assim, contextualizada e excêntrica, histórica e a-histórica. Muitas vezes, para escrever, e para percebê-la e vê-la melhor do que os seus contemporâneos mais engajados, o autor precisa romper com a história e aprofundar-se em seu mistério. A escrita é fruto do inconsciente e do sonho e transcende a experiência concreta do autor. O autor e o homem possuem dimensões diferentes e provavelmente são estranhos um ao outro. O pensamento do filósofo não é melhor porque o homem teve uma faceta oculta e clandestina.

Neste nosso comentário biográfico, breve, vamos nos apropriar das pesquisas de Jacques D'Hondt, publicadas em várias obras: *Hegel, Philosophie de l'Histoire Vivante* (1966), *Hegel Secret* (1968), *Hegel, Biographie* (1998). D'Hondt, ao valorizar o último Hegel, o das *Lições de Berlim,* contra os especialistas, é um forte aliado em nossa análise. O ponto de vista de D'Hondt sobre a vida de Hegel, todavia, nos parece contraditório: por um lado, ele vê "o filósofo como o anunciador do novo e não o realizador... O filósofo não pode transformar o mundo, não é um homem de ação, procura somente compreendê-lo... Quem age é o herói... O filósofo e herói são os intérpretes do seu tempo: Napoleão e Hegel. Os filósofos franceses pensaram a Revolução Francesa, mas quem a fez foram outros homens"; por outro lado, D'Hondt parece forçar Hegel a viver o seu pensamento, como se a coerência e o valor, como se o teste da sua filosofia, enfim, tivesse de ser feito por ele mesmo. Embora tenhamos em alta conta as suas pesquisas sobre a vida de Hegel, divergiremos: vamos diferenciar o filósofo do herói. Estes são intérpretes diferentes do seu tempo: um o transforma pelo pensamento e o outro o transforma pela ação. Não exigiremos de Hegel a capacidade de combate e de intervenção no mundo de Napoleão, assim como não se pode exigir de Napoleão uma lucidez hegeliana sobre as suas próprias ações. Hegel também é um profundo transformador do seu mundo, mas como pensador e articulador da sua racionalidade (D'Hondt, 1966; Livign, 2005).

A pesquisa biográfica de D'Hondt é de uma enorme fecundidade, original e riquíssima, mas não foi bem recebida pela pesquisa hegeliana especializada, por seu estilo literário e por lembrar não uma "investigação policial", que poderia até revelar eventos realmente secretos da sua vida, mas um "filme policial": Hegel torna-se personagem de um *thriller*, com planos A e B, viagens secretas, comparsas, senhas, riscos e perigos. Ele descreve um "Hegel clandestino" diferente do retrato mais comum do suspeito assessor do Estado prussiano. Contudo, pode-se sempre aprender algo com um "filme/romance policial", pois a realidade é tecida de fato e ficção e não vamos descartá-lo. D'Hondt-policial "seguiu Hegel", disfarçado de ficcionista, e nos conta o que apurou em suas "investigações secretas" sobre a sua vida pessoal clandestina. Nós o ouviremos, mas atentos aos seus artifícios e excessos literários, aos seus efeitos especiais retóricos concebidos para envolver a juventude dos anos 1970/80, tornando-a menos resistente ao idealismo hegeliano. Ele descreveu um "Hegel clandestino", provavelmente, para resgatá-lo aos olhos dos jovens inquietos dos anos 1970/1980, que o viam como um reacionário decadente. D'Hondt examinou a correspondência de Hegel, "as que sobraram, pois enviar e receber cartas, naquela época, era perigoso, os correios eram censurados, obrigando-o a escrever de forma cifrada, obscura", e procurou conhecer também as fontes do seu pensamento, autores e obras que tiveram uma glória efêmera. Ao reconhecer as suas fontes, D'Hondt não desejou diminuir a força do pensamento de Hegel nem esvaziá-lo de originalidade, mas encontrar e situar as suas raízes históricas e fortalecê-lo (D'Hondt, 1968).

Segundo ele, Hegel nasceu em uma família modesta da pequena burguesia intelectual, sem terras, sem manufaturas, sem capital. O seu pai era funcionário da chancelaria do ducado da Suábia, e o capital da sua família era o "espírito". Hegel aprendeu a valorizar a "vida do espírito" como o camponês valoriza os seus bois. Ele foi um jovem dócil e bom filho, mais apegado à mãe do que ao pai. O seu quadro familiar tem algo de dramático: com a morte da mãe por peste e disenteria, ficou órfão aos 11 anos; tinha um relacionamento distante e frio com o pai; teve um irmão, Ludwig, morto na guerra, uma irmã, Christiane Louise, louca e suicida, e um filho natural, também Ludwig, cuja paternidade não assumiu, que morreu, também, como mercenário, na guerra. A existência desse filho pôs em risco, mas não impediu, o seu casamento com a filha de uma família tradicional de Nuremberg, em 1811, quando ele já tinha mais de 40 anos. Ela, Maria Von Tacher, que tinha apenas 20 anos quando se casou, lhe deu dois filhos. Hegel não foi generoso com o seu filho ilegítimo: não o integrou à sua família e não lhe deu o nome Hegel. São as limitações de um homem em sua época, um protestante à moda antiga, com uma vida pessoal bem-comportada, racional, pequeno-burguesa, com pouco dinheiro. Apesar ou por causa desse quadro afetivo difícil, Hegel tornou-se um estudante modelo, um espírito enciclopédico, que conhecia bem a cultura grega, era fascinado por história e filosofia, um cristão impregnado do espírito luterano de "protesto", que o levou às raias do ateísmo. Ele era urbano e a sua posição social dependia da sua aquisição de saber e cultura. Envolvido e sitiado pela opressão social, o jovem de espírito criador só poderia sonhar com as funções de pastor, professor ou funcionário do ducado da Suábia ou do Estado prussiano (D'Hondt, 1998).

Hegel começou a sua formação no Seminário de Tübingen (*Stift*), em 1788, o primeiro refúgio dos que tinham vocação intelectual mas não tinham dinheiro. Era um seminário luterano, que Nietzsche descreveu como "o ancestral da filosofia alemã, que se tornara, por isso, uma teologia disfarçada". Hegel entrou no Seminário com uma bolsa do ducado e tinha a missão de se tornar pastor. Na Alemanha, o pastor tinha uma função religiosa, política e ideológica: perpetuar a piedade, o conformismo, o espírito feudal, a obediência. Para obter a bolsa e ser recebido no Seminário, teve que dizer que era "cristão, luterano e monarquista". Inicialmente, os sem-dinheiro se submetiam às regras, mas, depois, tornavam-se dissidentes e saiam sem ser teólogos e pastores, defendendo ideias novas contra as que aprenderam, criticando o regime do Seminário, o conteúdo do ensino, a disciplina, os usos e costumes. Os bolsistas permaneciam por cinco anos e eram vigiados como crianças. Mas tinham uma formação teológica, aprendiam línguas antigas e adquiriam uma sólida cultura clássica. Ali, Hegel conheceu Hölderlin e Schelling, amigos e rivais. O Iluminismo os ensinou a pensar como homens livres, Kant os ensinou os limites da religião pela Razão. A Revolução Francesa e as ideias iluministas agitaram a vida do Seminário e reorientaram o pensamento de Hegel e seus colegas.

A Revolução Francesa foi o evento que mudou o destino da Europa e que alterou o pensamento dos seminaristas. Para Hegel, era um "nascer do sol"! O assalto à Bastilha era inacreditável! A Revolução Francesa fez nascer nos três amigos uma mesma esperança: a reconciliação do divino com a história. O Antigo Regime estava condenado, pois a Constituição ia impor limites aos poderes dos reis e nobres, que seriam obrigados a reconhecer os Direitos Universais do Homem. Com a Revolução Francesa, a França, já unificada, ficaria ainda mais unida. Hegel e seus colegas admiravam a ação francesa e desejavam que a Alemanha fizesse ainda mais e melhor do que os franceses. O sonho hegeliano era instaurar uma unidade nacional alemã nos moldes da cidade grega e dos ideais franceses de liberdade.

Para D'Hondt, e talvez exagere, Hegel não foi apenas um espectador apaixonado da Revolução Francesa, mas teria participado secretamente das suas repercussões na Alemanha como franco-maçom. Ele teria se filiado a um clube político que divulgava as ideias francesas e noticiava os eventos revolucionários. Naquele momento, a exaltação da liberdade o possuiu: era o fim da história, a destinação do homem. Os três amigos plantaram uma árvore da liberdade, comemoraram a execução de Luis XVI, evento que fez tremer os tiranos alemães. Os autores que Hegel lia eram engajados na Revolução Francesa: Volney, Robert de Saint-Etienne, Louis Sebastien, Mercier, Bonneville. Hegel lia a revista alemã *Minerva*, que difundia a cultura revolucionária francesa e evocava as tradições revolucionárias do povo alemão: a imprensa, a pólvora, Kepler, Lutero, a luta corajosa contra o Império Romano, para lembrar que, assim como os franceses, o povo alemão sempre lutara pela liberdade. Hegel nutria seu pensamento com essa revista, mas nunca a mencionou, pois ela era vigiada pela censura e pela polícia e, para sobreviverem, os seus editores se deslocavam pelo território alemão. Hegel teria sofrido também a pressão dessa censura em sua obra e ação secreta, como o encontro com Olsner, autor das *Lettres de Paris*, um revolucionário silesiano expulso do seu país, fugido da França e vigiado na Suíça. Um encontro (1794) perigoso para Hegel, que se defendeu dizendo que foi um encontro casual (D'HONDT, 1968, 1998).

Ao sair do Seminário (1793), Hegel tornou-se crítico da teologia e recusou-se a se tornar pastor. Embora fosse uma humilhação, preferiu a atividade de preceptor. O jovem Hegel considerava que as religiões positivas traem o divino e, por isso, afastou-se da religião institucional. Foi ser preceptor na Suíça, em Berna (1793-1796), preferiu ser um servidor da família Steiger. Tornou-se um doméstico! O preceptor era tratado com desprezo pelos pais dos alunos e Hegel foi frequentemente "posto em seu lugar", lamenta D'Hondt. Depois, em 1797, com 27 anos, foi ser preceptor da família Gogel, em Frankfurt. Ali, gozou de um privilégio: tinha um quarto só para ele! Às vezes, era acolhido à mesa dos ricos, o que era um privilégio e uma humilhação. Hegel decaiu em valete por seis anos: três em Berna e três em Frankfurt (1793/1800). Em sua correspondência, D'Hondt afirma não ter encontrado nenhuma mensagem ou comentário sobre os seus alunos. Ele não tinha boas lembranças da Suíça, onde foi de desencantamento em desencantamento, e chamou Frankfurt de "a funesta". Desde o Seminário, Hegel tornara-se severo, austero, e era visto, ainda adolescente, como o "velho homem". Os preceptorados foram uma imposição da necessidade econômica e, quando deixou Frankfurt, já estava na metade da sua vida. Mas houve uma virada em sua vida, com a morte do seu pai, em 1797. Ele recebeu uma pequena herança, emancipou-se e passou a se dedicar exclusivamente à filosofia, lutando para se instalar em instituições públicas de ensino e pesquisa. Com a herança, pôde se inserir, embora com dificuldade, no "regime plutocrático" da universidade alemã, que Weber (1993) posteriormente descreveu.

Em 1801, em regime precário, ele pôde começar a sua vida acadêmica na Universidade de Iena, um centro cultural efervescente, ao lado de Goethe e Schiller. Na Universidade de Iena prosperava uma filosofia nova, audaciosa, e foi o momento mais criador da vida de Hegel. Ele permaneceu em Iena por seis anos (1801-1806) e criou os conceitos que vão distingui-lo como filósofo. Ali ele chegou para vencer! Em Iena, havia uma concorrência selvagem entre os jovens professores, e D'Hondt a descreve como o "reino animal do espírito", uma selva intelectual e social. Hegel chegou em posição desfavorável nesse combate institucional, pois não tinha publicado nada ainda e não era capaz de "manter os auditórios cheios". Um espírito belicoso governava a filosofia em Iena, e Hegel teve de combater por um lugar ao sol universitário. Ele criou uma estratégia, a sua estratégia, para obter o sucesso: "construir um sistema sem falhas, que emudecesse o interlocutor!". Contra o idealismo subjetivo, de Fichte, e o idealismo absoluto, de Schelling, criou uma metodologia lógico-dialética que reuniu todos os sistemas em um supersistema, o qual se apresentava como a verdade de todos os sistemas. O saber absoluto, que construiu em Iena, oferecia o conhecimento da contradição na unidade e da unidade na contradição. Um sistema englobante, totalizante, unificando a diversidade, um monismo filosófico. Para o exagerado D'Hondt, Hegel era tão hábil estrategista quanto Bonaparte: separava os seus inimigos, enfraquecendo-os, e se sentia o próprio Napoleão do espírito, pois também derrubou grandes sistemas filosóficos tradicionais.

Em 13 de outubro de 1806, com emoção, viu Napoleão, a "alma do mundo", o "espírito a cavalo", circular pela Iena vencida e ocupada. Napoleão destruiu grandes ducados e reinos ultrapassados, e Hegel foi obrigado a abandonar a universidade e a cidade, arrasadas. Nesse ano, ele terminou, "ao som dos canhões", a produção da obra incontornável da filosofia contemporânea, *A fenomenologia do espírito*. O seu texto teve um destino imediato miserável: foi difícil achar um editor e leitores, pois era indecifrável. A Batalha de Iena ameaçara a sua carreira, seu alojamento foi pilhado e mal teve tempo de salvar o seu manuscrito. O triunfo do universal se fez na tragédia do particular. Mas a presença das tropas francesas em Iena, embora ameaçadoras para o homem, consagrava a sua filosofia. Hegel vibrou com a vitória de Napoleão, mesmo se a vitória do universal trouxesse consequências terríveis para ele e outros particulares alemães (D'HONDT, 1998).

Após a perda do seu posto em Iena, tornou-se professor no Liceu de Nuremberg, onde redigiu *A ciência da lógica* (1812-1816) e foi redator de um jornal da Baviera, onde teve problemas por defender ideias francesas. Em 1816, Hegel foi professor de filosofia na Universidade de Heidelberg e publicou a sua *Enciclopédia das ciências filosóficas* (1817), que também ninguém compreendeu. Será que Hegel era um espírito eminente que não sabia se expressar ou será que temia espiões e delatores entre os seus ouvintes e, deliberadamente, não se fazia entender? Para D'Hondt, a sua linguagem obscura pode ser explicada pelo ambiente da Restauração e por ser uma marca dos combates universitários alemães. Os filósofos alemães "se vingam uns dos outros do trabalho que se dão e reclamam que não foram entendidos". Sua linguagem é obscura também porque suas ideias eram novas ou renovavam ideias antigas. Hegel se justificava: "a situação diplomática e política é tão caótica que, se a expusesse em linguagem límpida, ninguém a compreenderia. Com o meu estilo obscuro, compreendo-a melhor". E seus adversários contra-atacavam: será que a sua filosofia caótica suportaria uma exposição clara? A obscuridade esconderia a ausência ou fragilidade das suas ideias? Para D'Hondt, Hegel exprimia um mundo fragmentado, alienado, indecifrável e teve de criar uma linguagem nova para expressar ideias novas e dissimular ideias subversivas e suspeitas (D'HONDT, 1968; 1998).

Em 1817, foi nomeado para a vaga de Fichte na Universidade de Berlim e assumiu o posto em 1818. Só então, aos 48 anos!, o autor de *A fenomenologia do espírito* começava verdadeiramente a sua carreira universitária e, pela primeira vez, teve segurança salarial. Por que esse atraso? Para D'Hondt, há vários motivos: a guerra, a miséria das universidades, a sua má reputação de esquerdista, a falta de eloquência, a obscuridade do discurso, a origem familiar humilde. O início da sua carreira acadêmica coincidiu, politicamente, com a Restauração, e os privilegiados do Antigo Regime retornavam, vingando-se dos napoleonistas, cometendo crimes, perseguições, humilhações. A Restauração não foi uma ilusão: foi real, duradoura e severa, pior do que o Antigo Regime, e Hegel teve de se adaptar. Os progressistas derrotados, para sobreviverem, tentaram se manter inclassificáveis: nem revolucionários nem conservadores. Para D'Hondt, Hegel, um napoleonista radical, teve de parecer restaurador, usando uma linguagem dupla, críptica, polissêmica (D'HONDT, 1966, 1998).

Hegel sempre quis ensinar em Berlim, a capital da Prússia, o centro das decisões. Chegar a Berlim foi a sua grande vitória pessoal: teve uma infância modesta, fez um caminho tortuoso, íngreme, e, finalmente, ei-lo reconhecido e bem-pago. Do alto da Universidade de Berlim, a sua filosofia se expandiu e predominou na Prússia e em todas as universidades alemãs. O seu estilo críptico e obscuro, agora, tornou-se símbolo do pensamento filosófico denso e profundo. Contudo, como todo grande professor de uma grande instituição, Hegel representava um modo de pensar e viver e despertava suspeitas e calúnias. Se o imperador Frederico Guilherme o nomeou, esperava que justificasse o seu poder, e Hegel tinha, de alguma forma, de corresponder à sua confiança. Para entrar no Estado prussiano, inclusive na universidade, era preciso a proteção de uma autoridade, e Hegel teve de ao mesmo tempo se submeter e negociar com o poder. Para D'Hondt, na Universidade de Berlim, Hegel era vigiado e não era benquisto por colegas. O seu sistema concorria com os outros e com a teologia cristã. Era um embate político em várias frentes: filosófica, institucional, profissional, estatal, religiosa. Todos queriam o seu posto, o seu lugar ao sol, na "selva do espírito". Ele tinha inimigos poderosos, que acusavam o seu sistema de irreligioso e contestador. Para D'Hondt, embora pareça tímido hoje, na Prússia do século XIX, Hegel foi de uma audácia extrema. A vida difícil o ensinou a ser realista, a manter a cabeça fria. Sem ser um herói revolucionário, foi até o limite da crítica possível e da ação possível. Ele continuou fiel à inspiração liberal francesa, hostil à Restauração e lutava pela unidade alemã com a monarquia constitucional. Mas teve de recuar, pois a Restauração era forte. De 1817 a 1830, a filosofia política e a filosofia da história tornaram-se centrais em seu pensamento, mas, após 1821, naquele ambiente político perigoso, preferiu evitar novas publicações. Eis a importância das *Lições de Berlim*: ele publicou o seu pensamento não em livros, mas em cursos. Como é possível um "especialista em Hegel" desvalorizar esta forma de expressão do pensamento do último Hegel? (D'Hondt, 1998).

Aos 57 anos, ele quis sair de Berlim, evadir-se, mas já era reitor da Universidade. Tinha chegado a Berlim e ficou pouco tempo. Logo depois, em 1831, morreu, "em silêncio, uma figura triste, dura, lúgubre como uma máscara mortuária". Para D'Hondt, talvez possamos compreender melhor o sentido da sua vida se considerarmos a sua morte, que tem aspectos enigmáticos. Teria morrido realmente de cólera? Foi o que a viúva disse, porque, com a declaração de cólera, o cadáver era enterrado discretamente em cova comum, em cemitério especial, sem cortejo e à noite. Mas Hegel teve um enterro solene, apesar do óbito de cólera. Houve cortejo, com numerosos estudantes e discípulos, familiares, amigos, professores. Houve muita gente, manifestações, símbolos da franco-maçonaria foram ostentados, o cedro do

Líbano, a árvore, a estrela. Os franco-maçons estavam no enterro e fizeram discursos contra a ordem estabelecida de forma cifrada. A maçonaria era a força inquietante dessa época, era a "sociedade secreta", da qual Hegel era membro. Nenhum representante do governo esteve presente. A monarquia prussiana se sentia aliviada com a sua morte e não gostou do enterro solene e agitado e a autoridade que permitiu o cortejo foi punida pelo imperador. Sua vida em Berlim, embora poderosa, não foi idílica. Os poderosos do Estado prussiano adotaram a filosofia de seus adversários, sobretudo de Schelling, o ex-amigo do Seminário, que se tornou o antídoto da filosofia de Hegel também na Universidade. D'Hondt extrai a seguinte lição do seu enterro: estiveram presentes e lamentaram a sua morte os seus aliados clandestinos, os revolucionários; ausentes e contentes com a sua morte, os poderosos do Estado alemão e da Universidade. O seu enterro revela a sua vida tensa, difícil, entre os ideais franceses e a opressão do Estado prussiano da Restauração.

D'Hondt conclui a sua biografia com a pergunta que a iniciou: afinal, quem foi Hegel? Após a sua morte, foi disputado por absolutistas e liberais, cristãos e maçons e os discípulos se dividiram em direita e esquerda, sobretudo em relação à interpretação do cristianismo. Os hegelianos de direita aceitavam o lado cristão e conservador da sua doutrina; os hegelianos de esquerda se opunham ao absolutismo monárquico e ao lado cristão da sua filosofia. Os esquerdistas afastavam Hegel da religião cristã e o queriam ateu. Feuerbach reduziu a teologia hegeliana a uma antropologia naturalista ateia, e Marx quis realizar a filosofia hegeliana ao propor a práxis histórica materialista. Os biógrafos, geralmente, dividem a sua vida em antes e depois de Iena. Até Iena, era o "jovem Hegel", inventivo, audacioso, revolucionário; após, sobretudo o de Berlim, era o "velho Hegel", com espírito esclerosado, ruminando preguiçosamente as suas criações, um funcionário bem-sucedido, um arrivista, um servidor de confiança e bem-pago. E acrescentam: que decadência! (D'Hondt, 1998).

Afinal, quem foi Hegel? D'Hondt, fiel escudeiro, não aceita essa divisão e propõe uma "continuidade nuançada" entre a inspiração do jovem construtor de sistemas e o professor e reitor da Universidade de Berlim. Para ele, não há descontinuidade na biografia de Hegel. Os especialistas, contudo, insistem na descontinuidade entre o "jovem" e o "velho". Para estes hegelianistas, a filosofia é feita independentemente das condições históricas, e a evolução do pensamento de Hegel é autônoma. A filiação interna ao Idealismo Alemão Kant-Fichte-Schelling-Hegel é sedutora, pois corresponde à interpretação que Hegel dava dele mesmo em sua história da filosofia, que é uma filosofia. Mas, para os seus intérpretes filósofos, a sua posição é original: o seu Idealismo

Dialético é uma síntese concreta, que levou o Idealismo Alemão ao seu termo lógico e o ultrapassou. Hegel seria a fronteira entre duas épocas. Este juízo se confirmaria quando se considera a sua posição sobre a relação entre a Razão e a História, os termos que ele opõe e busca reconciliar desde os seus trabalhos de juventude. É uma Razão histórica que se manifesta em seus estudos, uma Razão que se enriquece na história, uma história que é esclarecida pela Razão. O grande tema hegeliano é esta relação entre Razão e História, que é também o nosso "grande problema", o objeto de nossa reflexão nestes estudos. Uma possível resposta, portanto, à pergunta "quem foi Hegel?" pode ser encontrada nesta busca da reconciliação entre Razão e História: pode-se discernir uma posição do "jovem Hegel" e uma posição diferente do "velho Hegel"? Essa reconciliação foi sempre a mesma em toda a sua obra, durante toda a sua vida, ou teria havido uma ruptura em seu pensamento após o seu período em Iena e sobretudo após a derrota de Napoleão? (LIVIGN, 2005).

O "jovem Hegel": a reconciliação entre Razão e História pela Revolução

A relação entre a Razão e a História, entre o universal e o particular, entre o infinito e o finito, mudou ao longo da sua obra e talvez se possa mesmo pensar em dois momentos distintos. Hegel se deu como tarefa "pensar a vida", i.e., reconciliar vida e pensamento, e o seu "pensamento da vida" se alterou com a própria vida. Poderia ele ficar exterior ao movimento da história, pensá-la fora dela ou ser indiferente a ela? Para ele, a leitura dos jornais era uma oração matinal e, quando acordava, fazia o balanço geral e se situava no mundo. A história foi o grande tema de Hegel durante toda a sua vida, mas o seu pensamento da história é ambíguo: por um lado, o tempo é vivido como mudança necessária, determinada, e "nenhum homem pode saltar sobre o seu tempo"; por outro, o seu sistema não permite nenhuma abertura à história, pois suprime o tempo e se apresenta como o último sistema, o sistema de sistemas, o círculo de círculos. Por um lado, não há nenhuma estabilidade, e a marcha do espírito ocorre no tempo como mudança permanente; por outro, o último sistema, o espírito absoluto, suprime a mudança em um presente definitivo. Essa ambiguidade gerou interpretações conflitantes da sua visão da história e, para muitos intérpretes, o seu sistema teve um sentido diferente na sua juventude e na maturidade.

O "jovem Hegel" (1788/1807) teve uma educação dupla e contraditória. No Seminário protestante, ele se nutriu de teologia e filosofia clássica e alemã, impregnou-se do espírito luterano contra a religião positiva e, paralelamente, leu as obras dos filósofos iluministas franceses, maiores e menores, e acompanhou com paixão o processo histórico da Revolução Francesa. Hegel formou-se entre o cristianismo luterano e o racionalismo revolucionário francês, dois pensamentos que se combatiam, mas tinham um espírito comum: eram ambos insatisfeitos com o presente e buscavam a reconciliação entre o pensamento e a vida pelas vias do protesto reformista e da ação revolucionária. O "jovem Hegel" compartilhava esse espírito comum de "insatisfação com o presente" da Reforma e da Revolução. Mas qual dos dois caminhos teria predominado sobre o pensamento do "jovem Hegel" sobre a história? Há os que insistem em mantê-lo no domínio reformista da teologia protestante e os que o levam para a área de influência do Iluminismo e da Revolução Francesa.

Alguns autores enfatizam a influência da Reforma luterana sobre o seu "protesto histórico". Para Fessard, foi graças às verdades do cristianismo que Hegel trouxe ao mundo a ideia de Absoluto como espírito histórico e os dogmas cristãos passaram do domínio da Fé para a filosofia, onde a sua verdade é apreendida pelo Conceito. O "jovem Hegel" criou os principais conceitos da filosofia hegeliana: "espírito do povo, liberdade, consciência infeliz, história universal, espírito absoluto, Estado", conceitos que unificam vida e pensamento não pela aceitação do mundo tal como está, mas pela mudança profunda do atual. Para Fessard (1990), esses conceitos teriam saído de uma reflexão sobre a Trindade, a Encarnação e a Redenção. A história universal seria o Pai, o Filho e o Espírito Santo. Hegel teria feito uma inversão: Pai – Espírito – Filho, inversão necessária e possível, pois o pensamento dialético pressupõe uma apreensão do sentido da parte em relação à totalidade.

Essa ordem teológica vertical Pai – Espírito – Filho, para Fessard, é idêntica à ordem filosófica das três partes da *Enciclopédia*: a lógica, o círculo superior, é o pensamento divino em sua essência eterna antes da criação da natureza e do espírito finito, é Deus, o pensamento do todo, a Ideia; a natureza, círculo inferior, é a queda da Idéia no tempo, a Criação do mundo e a geração do Filho; o espírito, círculo mediano, é a unidade dos dois e deverá ser a história compreendida, no final, no retorno do Filho. Para Fessard, Hegel traduziu para uma linguagem filosófica a teologia cristã. A fé é posta como pressuposto do sistema filosófico, mas os mistérios cristãos foram ultrapassados pelo Conceito. A filosofia encontrou o sentido da história, encontrou a "rosa da Razão" na "Cruz do presente", graças ao movimento do Conceito. A filosofia hegeliana conseguiu reconciliar a Razão (rosa) e a Cruz (realidade efetiva), fundindo a verdade da Fé cristã e a verdade do Conceito. Hegel conseguiu compreender o trágico da história (Cruz, sacrifício) com a serenidade do conceito de liberdade (Ressurreição). Ele teria realizado como filósofo o que Cristo fez como Redentor: reconciliou a história e o divino, o tempo e a eternidade. Em Hegel, o saber absoluto suprime o tempo e a lógica dialética oferece o mesmo que a fé cristã: a compreensão da história como momento finito do infinito e a reconciliação do tempo com o eterno (Fessard, 1990; Wahl, 1951).

Para Fessard e Wahl, Hegel foi teólogo do início ao fim da vida. O sistema hegeliano é o Cristo da filosofia, a verdade da Fé garantida pelo trabalho do Conceito. O sistema hegeliano seria uma segunda revelação da verdade cristã, a sua atualização à época moderna, que não se satisfaz com o silêncio da Fé e exige a demonstração lógica e discursiva. Para Fessard, o hegelianismo é igual ao cristianismo e todo ataque a Hegel significa um ataque ao cristianismo. E se o cristianismo é "falsa consciência, ópio do povo, ilusão", é o hegelianismo que é atacado. O "jovem Hegel" escreveu a sua primeira obra, *A vida de Jesus*, em 1795, sob a influência de Kant, onde fez uma leitura crítica de Cristo, buscando nele a simplicidade evangélica. Para o "jovem Hegel", Jesus não fez milagres, não havia mistério em torno dele, apenas ensinava a liberdade interior e a dignidade do homem. Voltaire o influenciou muito nessa revisão do cristianismo, mas, diferentemente de Voltaire, Hegel não atacou o cristianismo pelo exterior, como filósofo, mas pelo interior, como teólogo luterano. Hegel denunciou a "religião positiva", que reduzia o eterno a instituição, palavras, gestos. A Igreja havia perdido o sentido original da fé cristã, e uma religião positiva não é mais religião. O "jovem Hegel" queria ardentemente a reconciliação entre a expressão positiva e a verdade da fé. A sua obra filosófica quis superar as limitações da teologia na revelação da verdade cristã. O "jovem Hegel" estava insatisfeito com a teologia do seu tempo, com as expressões religiosas do seu tempo e queria radicalizar na busca da compreensão da verdade cristã e, para isso, criou o seu sistema dialético. A busca do jovem filósofo era a beatitude e a sua lógica dialética foi uma reinvenção da teologia cristã (Fessard, 1990; Wahl, 1951; Bourgeois, 1991).

Contudo, o próprio Hegel problematizou a sua formação luterana, pois não queria dar à Fé o que lhe parecia ser um objeto próprio da filosofia: o Conceito superou a Fé, a filosofia superou a teologia. Para Kojève, Hegel nunca foi teólogo, mas filósofo e ateu. Ele fala realmente em Deus, mas o seu conteúdo não é o dos crentes. Em Hegel, não há Transcendência, não há Filiação, não há Trindade, não há Criação, não há Imortalidade da Alma nem Ressurreição. Ele definiu Deus em uma linguagem que a Fé não compreende: "Deus em si, segundo o Conceito, é a potência imediata, se dividindo e retornando a si, a negatividade que se relaciona imediatamente a ela mesma, a reflexão absoluta em si, o que já é, a determinação histórica do espírito". "Como rezar para este Deus?", ironiza Kojève. Outra definição: "Deus é isto: diferenciar si mesmo de si mesmo, ser objeto de si mesmo, mas nesta diferença ser idêntico a si mesmo – o espírito." Este é o deus-Conceito hegeliano. É o ser total heraclitiano: o Uno, que se diferencia nele mesmo. O ateu reconhece aqui uma representação dialética do universo. Para Kojève, enfim, religião e filosofia não coabitam no sistema hegeliano. Hegel optou pela filosofia, pelo Conceito, que considerava o verdadeiro saber. Entre a teologia e a filosofia houve ruptura. Ele preferiu a linguagem filosófica, que oferece a verdade conceitual, a gnose de Deus. A teologia é um "sentimento de Deus", a filosofia é o conhecimento de Deus. Para ele, não se pode deixar os homens com uma imagem ilusória da verdade, mas elevá-los ao conhecimento verdadeiro, ao Conceito. O pensamento é infinito, logo, Deus é o pensamento (KOJÈVE, 1947; 1990).

Para D'Hondt, se Hegel ainda tinha algo de teólogo, não era a doutrina cristã habitual. A sua Lógica tem como conteúdo a exposição de um "outro Deus". Ele apresenta a sua Lógica como uma "teologia especulativa", mas uma teologia laicizada seria ainda teologia? Ou será que a dupla linguagem de Hegel é sintoma de esquizofrenia? Para D'Hondt, não se pode chamar Hegel de ateu, mas seria imprudente tomar as palavras "Deus e religião" no sentido habitual. Ele tinha uma visão temporal das verdades divinas: Jesus era um homem eminente, que não escapou à morte, as religiões naturais são expressões dos povos, Deus é a projeção do amor humano e cada época o representa de modo particular, a religião nasce de determinadas condições históricas. Hegel se estende sobre a história da relação particular entre o povo judeu e o seu Deus, para mostrar a revolução feita por Cristo. No judaísmo, o indivíduo está separado do universal, é dominado por um Deus severo, terrível. O povo judeu vive a absoluta separação entre homem e Deus. O judeu não participa do infinito, não se insere na unidade, Deus mantém com o povo judeu uma relação de senhor/escravo. Deus lhe é exterior e o oprime. Jesus veio tentar trazer ao seu povo a reconciliação com Deus. Jesus é o profeta do Amor: religa o que está separado, reconcilia, estabelece um vínculo vivo, que é a felicidade. Deus não é Senhor, mas Pai. Jesus veio pregar o retorno ao todo. Ele trouxe o desejo de unidade, de reconciliação, de amor, de alegria (D'HONDT, 1966; HYPPOLITE, 1983).

Mas, para D'Hondt, Hegel se decepcionou com o cristianismo e não esperava mais dele, nem do próprio Cristo, a satisfação do seu desejo profundo de reconciliação entre o particular e o universal. Cristo veio como uma esperança de unidade, mas realizou a separação mais profunda: Deus não se revela mais aos povos, mas aos indivíduos, separando-os do seu povo. Ele próprio se separou do seu povo para pregar a união dos indivíduos com Deus. Pregando a união, ele próprio teve de se separar do povo judeu, do seu povo e, para realizar a união infinita, Cristo realizou uma separação infinita. A reconciliação do indivíduo com Deus exige a dor infinita da sua separação do seu povo. O "jovem Hegel" se decepcionou com o cristianismo, pois foi o destruidor da unidade original do individuo e do Estado na cidade antiga. Para ele, feliz é o indivíduo que goza a sua alegria e força na prosperidade da sua pátria, pois o indivíduo reduzido a ele mesmo é uma abstração. A unidade concreta, o universal concreto, é o povo, o que exprime o absoluto é a vida de um povo. A Razão se realiza efetivamente no espírito do povo, na alma do povo, no gênio do povo, esta realidade individual e universal. Para o "jovem Hegel", o "indivíduo livre" é o que está plenamente integrado ao seu povo, o que tem uma participação ativa em sua cidade. O cristianismo, ao separar os dois mundos, criou a "consciência infeliz", a contradição entre vida finita e o pensamento do infinito. Hegel quer reconciliar vida/tempo/finitude com pensamento/universal/infinito e, para ele, essa reconciliação só teria ocorrido na cidade grega. Por isso, ele mudou de referência: da Reforma luterana para a Revolução Francesa, da união privada com Deus para a união pública do indivíduo com o seu povo (D'HONDT, 1966).

Ao buscar a reconciliação entre a Razão e a História, entre o universal e o particular, entre o infinito e o finito, o seu pensamento não se fechava na Fé ou na pura especulação filosófica. Hegel estava "pensando a vida", estava procurando encontrar boas soluções para a história da sua Alemanha. O "jovem Hegel" sonhou com a unidade alemã! Ele era insatisfeito com o seu presente, um patriota amargurado, dominado pelo "problema da Alemanha": a Alemanha nem era ainda um Estado! A Suábia era um pequeno Estado entre os 300 Estados independentes (!), minúsculos, que compunham a Alemanha de sua época. Ele sofria com essa fragmentação da Alemanha, que não permitia o progresso econômico-social-político, que provocava inércia, impotência, estreiteza de espírito. Para a Suábia, os outros Estados alemães eram também estrangeiros. O despotismo do duque era absoluto: ostentação de luxo, encarceramento dos adversários, estupro das filhas dos súditos, venda dos seus soldados a outros tiranos. Ele migrou para a Prússia com esperanças patrióticas: só a Prússia poderia liderar os 300 Estados na unificação alemã. Ele se alinhou inteiramente ao Estado prussiano nesse esforço, guardando ainda os costumes e o sotaque da Suábia, que fazia rir os seus colegas prussianos.

Para Hyppolite, Hegel era "hipocondríaco" em sua Alemanha dividida: sentia-se isolado, separado da vida. Ele vivia intensamente a "consciência infeliz", a separação do seu mundo. A missão que se dera como intelectual era pensar as soluções possíveis para o seu mundo histórico. O que alimentava o seu pensamento sobre a história eram os "horizontes de expectativa" possíveis do povo alemão. O que a Alemanha queria/poderia sonhar ser? Para ele, os franceses tinham se tornado superiores com a Revolução, mas esperava que os alemães os imitasse e os superasse por terem uma "interioridade espiritual" mais profunda. O que ameaçava mais ainda a Alemanha era a divisão promovida pelo cristianismo luterano, que levava ao individualismo, à subjetividade absoluta. A cultura cristã criara o Estado moderno que, ao contrário do grego, isolava o indivíduo, impunha o individualismo. Por isso, ele não era o caminho ideal para a solução dos problemas alemães. A Revolução Francesa era o caminho ideal. Os alemães deveriam observar os franceses para tentar fazer ainda melhor. O ideal de juventude de Hegel é a fusão do indivíduo com o Estado, a realização da vontade do cidadão dentro do Estado. O Estado deveria expressar a vontade de cada um e a Revolução Francesa era o exemplo a ser seguido. Quando, enfim, a Prússia levantou a bandeira da unidade alemã, ele rejubilou! (Ritter, 1970; Hyppolite, 1983).

O "jovem Hegel" quis unificar vida e pensamento pela via revolucionária: a mudança é necessária para que haja a reconciliação. O mundo alemão do passado deveria desaparecer para que a "nova Alemanha" realizasse a vontade de cada cidadão alemão. O que os franceses ensinavam era que a reconciliação entre pensamento e vida exigia uma ação transformadora do presente. O passado não deve durar, pois a vida é uma realidade viva, dissolução e agitação contínuas, mudança incessante. A perenidade de um mundo não o torna superior. As montanhas não são superiores à rosa, que se desfaz. A China e a Índia são como montanhas, imutáveis, mas levam uma vida vegetativa e não são superiores aos persas, que só foram o primeiro "povo histórico" porque foram o primeiro povo a desaparecer. O novo é incompatível com o velho, que precisa morrer. O pensamento do infinito não se fixa assim como a vida não se fixa. "Pensar a vida" é acompanhá-la em suas rupturas de equilíbrio, transições, passagens, metamorfoses, evoluções. A consciência é inquietude, assim como a vida, que se realiza na atividade histórica, na invenção de um novo tempo. A história faz surgir o inesperado, é um desenvolvimento criador (D'Hondt, 1966; 1998).

Eis aí o que significa a Revolução Francesa para o povo alemão: a perda do medo da morte, a aceitação da mudança, a opção pela vida não como defesa do passado, mas como invenção do futuro. O espírito vivo não se cristaliza. Um povo estagnado sai da história, pois decai na repetição do mesmo, torna-se vegetativo e apenas dura no tédio. A Revolução Francesa mostrou o desacordo entre o pensamento e a vida e tentou reconciliá-los destruindo as formas e convicções do passado, que insistiam em sobreviver. Era a "ação" que unificava o pensamento e a vida. A ação é uma "palavra viva", a reunião do positivo com o racional, do histórico com o universal. Este era o caminho para a Alemanha: que ela se agitasse, mudasse suas instituições, que se voltasse para o futuro. O tema do "jovem Hegel" era a "revolução alemã". E, para pensar o futuro da Alemanha, ele tinha duas referências positivas e uma negativa: a consciência feliz do cidadão na cidade grega e as ações radicais da Revolução Francesa e de Napoleão (positivas) e a passagem do paganismo ao cristianismo (negativa), que criou a separação infinita do indivíduo do seu povo, que criou a "consciência infeliz". A segunda era negativa no sentido dialético: era necessária e produtiva, pois exigia a negação da negação. Da sua negação, viria a síntese superior: a "consciência feliz" da Alemanha unida! (Ritter, 1970).

Hegel criticou a situação deplorável da Alemanha de sua época e aplaudiu com entusiasmo a Revolução Francesa e as ações de Napoleão. Tornou-se um napoleonista radical e o apoiou até nas derrotas que impôs à Alemanha, que precisava mesmo passar por mudanças profundas. Para D'Hondt, a sua admiração pela Revolução Francesa não foi apenas especulativa. Hegel dissimulava, mas agiu clandestinamente, produzindo textos e ações que, se fossem conhecidas pelas autoridades alemãs, seriam proibidas, e ele punido. Ele foi clandestino de diversas maneiras, correu riscos: escreveu textos perigosos, heréticos, frequentou gente ligada à Revolução Francesa, envolveu-se no caso Cousin (1817), um professor de filosofia perseguido pela polícia da França, Saxe e Prússia (D'Hondt, 1966; 1998).

A sua admiração pela Revolução Francesa está na base da originalidade do seu pensamento sobre a história. A revolução é o meio de realização da história universal, o meio de expressão do desejo de liberdade de um povo. É a revolução que realiza a reconciliação total entre Razão e História, o meio de superação da "consciência infeliz". A liberdade é revolucionária: muda a realidade para coincidir com ela. A Revolução Francesa não representou uma ruptura com o passado, mas a sua realização como integração ao universal. Na Revolução Francesa, pela primeira vez, a liberdade política tornou-se direito de todos, e todos os homens têm o direito à liberdade, não solitariamente, junto com seu povo, no interior do seu Estado. Os homens têm "Direitos Universais", e cumpre ao Estado realizá-los, e, se este não os realiza, a revolução, i.e., a destruição do atual é legítima. Este é o problema que a Revolução Francesa formulou aos alemães: o "Estado alemão" da época realizava a liberdade do "cidadão alemão"? (RITTER, 1970).

Portanto, para D'Hondt, em seu desenvolvimento intelectual, a Revolução Francesa foi central e pode-se ver o "jovem Hegel" como o "filósofo da Revolução Francesa", pois, para ele, ela era a "Ideia realizada". Os seus sonhos para a Alemanha foram despertados por esse grande evento histórico. Mas a Revolução Francesa o frustrou também por sua incapacidade de produzir constituições sólidas e estruturas jurídicas e políticas estáveis, pelo Terror, pela necessidade da guerra permanente. Contudo, mesmo assim, ele a seguiu com paixão. A sua época viveu a Revolução Francesa como ruptura, descontinuidade, sofrimento. Mas, para ele, foi a síntese da história universal! O seu sistema filosófico quer representar para a história da filosofia o que a Revolução Francesa representou para a história: o encontro da "unidade viva", da reconciliação total entre tempo e eternidade. O que revela ainda as bases luteranas da sua educação: a reconciliação entre tempo e eternidade é o que representa, para a teologia, a vinda de Cristo (*Kairós*), que trouxe a "boa nova" de que "todos são filhos de Deus" e não somente um povo eleito. A "boa nova hegeliana" é a de que "todos os homens são livres", e a liberdade viva de cada um no Estado representa o encontro de um povo determinado e histórico com a Razão infinita (D'HONDT, 1998).

Contudo, se o "jovem Hegel" se entusiasmou com a Revolução Francesa, era como filósofo da revolução alemã. Os alemães progressistas esperavam que se passasse em seu país o que se passava na França. O ideal buscado era o da cidade antiga: obediência às leis que o povo se deu, obediência aos líderes que escolheu, realização dos seus próprios planos. Hegel queria uma constituição que limitasse os poderes do Imperador e dos duques. O novo Estado alemão deveria realizar a liberdade de cada cidadão alemão. Os homens devem ter a audácia e a coragem para modificar o que é e não fugir no sonho, que vinha sendo a eterna solução alemã. Mas Hegel poderia chegar ao extremo de recomendar uma revolução alemã nos moldes da Revolução Francesa? Talvez, aqui, a sua metade luterana se impusesse: ele preferiu o caminho da reforma, promovida por um Estado centralizado e controlado pela constituição. Hegel poderia propor a guilhotina para o imperador? O "velho Hegel" compreendeu, talvez, que o caminho da Alemanha fosse diferente do da França: a monarquia constitucional, a reforma do passado por uma "revolução pelo alto" e não pela sua negatividade radical. Mas mesmo as reformas que ele propunha, como a Constituição, não seriam também utópicas, revolucionárias ainda, para a realidade alemã do início do século XIX?

O "velho Hegel": a reconciliação entre Razão e História pela "via prussiana"

Após Iena, a relação de Hegel com a história se modificou e, após 1816, com a derrota de Napoleão, a desesperança com a via de reconciliação da vida-pensamento pela revolução se acentuou. A esperança que a Revolução Francesa fez nascer no "jovem Hegel" se esvanecera e ele retornou à lógica da Reforma, que é propriamente alemã. A Reforma Protestante não foi apenas religiosa e teve fortes repercussões na vida social alemã, protegendo os camponeses da opressão feudal. Frederico II também, em seu "despotismo esclarecido", já fizera reformas racionais na Prússia do século XVIII. O "velho Hegel" passou a defender, para a Alemanha, uma reforma conduzida pelo Estado e expôs o seu novo ponto de vista em sua última obra *Princípios da filosofia do direito* (1821). Nesta obra, surpreendentemente, sustenta que "o Estado é o divino sobre a terra, a sociedade deve se subordinar ao Estado, o regime político perfeito é a monarquia, o povo deve obedecer ao governo, a lealdade ao Estado é o dever do cidadão e o indivíduo deve se integrar completamente e se deixar conduzir pelo Estado". O "velho Hegel" sacrifica o indivíduo ao Estado, descrito como a realidade concreta da Ideia ética, o divino terrestre, e proíbe a ação revolucionária. Essa forma de reconciliação entre Razão e História ficou conhecida como a "via prussiana" de produção da mudança e de acesso ao futuro (HEGEL, 1999 [1821]; ROSENZWEIG, 2008).

Em sua lição inaugural na Universidade de Berlim, fundada em 1810, para pensar e apoiar essa "Prússia renovada", Hegel elogiou o Estado, por permitir que a filosofia se instalasse e realizasse o seu trabalho, por promover o avanço das ciências. Para ele, a nova Prússia era o modelo da Razão reconciliada com a história, era a "Ideia realizada", o Estado sob a lei, e sugeriu que aquele momento seria o da realização absoluta da Ideia, o fim da história! Para o "velho Hegel", "o real é racional e o racional é real", i.e., agora, reconcilia vida e pensamento por uma atitude realista, objetiva, aceita os fatos históricos tais como são, submete-se à realidade efetiva. Ele não trata mais a história como um "dever ser" nem a liberdade como um ideal: o atual é a liberdade realizada possível. A filosofia não tem a função de orientar a ação histórica, pois chega depois dos fatos, tarde, e só pode olhar a história retrospectivamente. O filósofo é um "pássaro de minerva", pois reflete sobre os fatos já acontecidos e não tem condições de apontar a direção do processo histórico. O seu olhar, agora, é contemplativo, e ele procura compreender o que é. A realidade alemã tal como existia era racional e, portanto, não se podia lutar contra os fatos. A filosofia deve constatar, explicar e compreender os fatos. A Razão de uma época é presente no que ela é e a teoria deve extrair o conceito da época. A filosofia produz o conceito do presente (HEGEL, 1999 [1821]; ROSENZWEIG, 2008).

O "velho Hegel" não queria mais mudar o mundo atual pela revolução, mas compreendê-lo e reconhecer nele um destino necessário. A filosofia não deve ser edificante, mas limitar-se ao Conceito. Em política, a filosofia não deve deplorar o que acontece, lamentar as misérias do tempo, mas limitar-se à racionalidade filosófica. A filosofia não sabe ensinar como o mundo deve ser, não tem por tarefa determinar o ideal. A sua filosofia política não descreve o Estado como uma utopia, pois não considera como sua função prever, realizar profecias, mas apenas extrair os elementos racionais do seu tempo. Na obra *Princípios da filosofia do direito*, sustenta que "a tarefa do filósofo é compreender o que é, pois o que é, é a Razão. A Razão é a efetividade presente, e a filosofia é uma reconciliação com a efetividade. A Razão deve estar em paz com a realidade efetiva. A filosofia não pode ensinar como o mundo deve ser, pois sempre chega depois. Enquanto pensamento do mundo, a filosofia só chega quando a realidade efetiva se esgotou. Quando o filósofo aparece, a vida já é velha e só pode ser conhecida: a "coruja de Minerva levanta voo no crepúsculo." Por isso, muitos analistas consideram que o "velho Hegel" tornou-se "um panteísta spinozista", um fatalista, um quietista, um conservador, que se submete à necessidade da Razão, que vem substituir a necessidade divina. Todos os fatos históricos são legítimos como manifestação do espírito: o poder é absolvido, o despotismo anistiado, os males perdoados, o Estado prussiano legitimado (HEGEL, 1999 [1821]; BOUTON, 2004; ROSENZWEIG, 2008).

Hegel foi violentamente atacado pelas esquerdas socialistas e liberais dos séculos XIX e XX. Uma imagem negativa dele se estabeleceu solidamente: "o filósofo da Restauração", "o prussiano", "o reacionário", "o ditador filosófico da Alemanha", "o conservador mais radical", "o defensor da violência do Estado", "o inimigo de toda moral", "o defensor da guerra expansionista", "o símbolo do estatismo burocrático prussiano", "o funcionário servil, conformista", "o ditador da universidade prussiana", "o ideólogo da monarquia absoluta", "o funcionário da ordem e da força", "o pioneiro do Estado Nazista". Para Popper, Hegel e Platão fazem parte da tradição filosófica que sustenta o totalitarismo moderno, que consegue perverter as consciências individuais, tirando-lhes todo meio de reagir contra a autoridade arbitrária do poder político. Para Marx, Hegel decaiu em funcionário servil do Estado, submeteu-se ao funcionalismo prussiano e sustentava que é "o governo quem põe os pingos nos 'is'". O "velho Hegel" lutou contra o ideal, limitando o espírito aos dados e ao presente e teria perdido o sonho da liberdade que dominou o pensamento do jovem (RITTER, 1970; WEIL, 1970).

Para o "velho Hegel", o espírito se reconcilia com o atual, não se pode desejar outra coisa que o presente e a vontade de mudança radical perde todo o sentido. Ele oferecia uma racionalidade imanente ao seu tempo, o legitimava e impedia a intervenção radical. Para os liberais e socialistas, que ainda se orientavam pelos ideais da Revolução Francesa, sem uma representação do melhor, como lutar por um outro destino político, social, moral? A Revolução Francesa não tinha quebrado a realidade presente por um dever ser de liberdade? A história não deve se referir a valores? A filosofia, por chegar tarde, não pode mais defender a justiça e a liberdade contra as iniquidades? E o seu apego pela cidade grega? E a sua admiração pela "democracia viva"? E a Revolução Francesa? E a luta pelo reconhecimento e pela liberdade? O "velho Hegel", só porque se tornou um professor universitário, só porque conquistou uma posição estável e com salário fixo, lia menos atentamente os jornais pela manhã e ficou desatento ao movimento da história? Sócrates discordou do Estado ateniense e morreu por isso. O "velho Hegel" não quis ser o Sócrates do Antigo Regime, não aceitou o suicídio e se recusou a dizer as coisas claramente. Ora, aceitar a história é submeter-se, e Hegel teria aceitado tornar-se escravo da Restauração! (WEIL, 1970; RITTER, 1970).

Contudo, pode-se perguntar se essas críticas marxistas e liberais ao "velho Hegel" são procedentes. O "velho Hegel" teria aceitado, de fato, o papel de assessor da monarquia prussiana, tornou-se o apologeta do Estado prussiano, o profeta do estatismo burocrático e um teórico pioneiro do nazismo? Para Bouton, é preciso discutir o seu pensamento texto a texto, pois ele evolui e se modifica de ano a ano. Há um desenvolvimento interno e rupturas em seu pensamento, e a *Enciclopédia das ciências filosóficas* sozinha é insuficiente para esclarecer o sistema hegeliano. Para nós, esse argumento é inaceitável, pois equivale a dizer que o pensamento de Hegel é impreciso, confuso e indiscutível. Para Weil, tentar apagar essa imagem seria uma temeridade, mas deve ser relativizada. Para ele, Hegel foi um dos críticos mais duros da Prússia de Frederico Guilherme IV, que não queria ouvir falar em Constituição. E toda a construção do Estado hegeliano é fundada no parlamento, que não havia na Prússia. O que Hegel chama de Estado moderno não correspondia ao Estado prussiano dos anos 1815/1830. Para Weil, Hegel não foi "o filósofo da Prússia", mas do Estado moderno, a sua filosofia política não se aplicava ao Estado prussiano. O seu pensamento é muito pouco "prussiano", pois constitucional, parlamentar. Hegel propôs um Estado racional que ainda não existia, que deveria ainda ser realizado. Para ele, o Estado é uma forma histórica inultrapassável em sua época, mas não é definitivo, é transitório. O Estado prussiano não era a forma final, ideal e absoluta do Estado moderno (BOUTON, 2004; WEIL, 1970).

Para Weil, Hegel não poderia ser também o "filósofo da Restauração", porque não houve Restauração e a tradição histórica do Antigo Regime não fundamentava mais o direito. Os valores da Revolução Francesa eram irreversíveis e se impuseram impedindo um retorno ao estado de coisas anterior. Muitas conquistas da Revolução Francesa chegaram à Prússia: a propriedade territorial tornou-se alienável, os camponeses foram liberados, as corveias suprimidas, as cidades receberam autonomia administrativa, a maior parte dos direitos feudais foi abolida. Mas essa "modernização" veio não porque o povo alemão exigiu os seus direitos, mas porque o governo reconheceu que só uma reforma profunda poderia fortalecer o Estado, que já planejava a guerra da unificação nacional. Os privilegiados do Antigo Regime, vitoriosos, retornaram e retardaram o programa de reformas, recuperaram prerrogativas, mas já não era mais o mesmo Antigo Regime (WEIL, 1970).

A Prússia temia a revolução alemã e procurou evitá-la com reformas profundas, com uma política antirrevolucionária ao mesmo tempo autoritária e modernizadora. Para D'Hondt, a Prússia não era um Estado democrático, parlamentar e constitucional, mas era o mais avançado no plano administrativo. A Prússia pós-napoleônica deixou-se renovar pelas ideias francesas, era moderna, reformista, progressista, industrial. O Estado prussiano estava rachado: por um lado, restaurava sem ter passado por uma revolução; por outro, reformava. Ele já tinha em vista a construção da grande nação alemã. Neste ambiente difícil da Restauração, Hegel teria procurado se manter inclassificável: nem conservador nem liberal. Ele tinha de sobreviver neste ambiente, vigiado, pressionado, ameaçado, e, como exerceu altas funções na Universidade de Berlim, tinha de se adaptar à ordem estabelecida. Para Weil, de fato, Hegel "admirou" o Estado prussiano, contudo, não foi uma admiração sentimental e irrefletida, mas crítica e muito audaciosa! (D'HONDT, 1966, 1998; WEIL, 1970).

D'Hondt talvez exagere ao sustentar que, mesmo próximo e no auge do poder, o seu passado liberal e revolucionário continuou vivo, pois ainda protegeu suspeitos e acusados de subversão, negociou com as autoridades, redigiu súplicas. Hegel era duplo: público e clandestino, exotérico e esotérico, eloquente e silencioso, prudente e ousado. Duplicidade da linguagem, duplicidade das posições, astucioso, complexo, múltiplo, contraditório. Uma "raposa"! O governo prussiano, que preferia Schelling, o aceitava apenas parcialmente. O seu sucesso não foi tão triunfal e jamais foi admitido na

Academia de Berlim. Para D'Hondt, ele não se tornou reacionário: acomodou-se, mas continuou a defender a liberdade, sem se expor ingenuamente. Hegel tem uma escrita militar: estratégias, táticas, camuflagens, ataques, linguagem codificada, críptica, cifrada, ironias sutis. Ele não era um "inocente" que ignorava o que se passava em torno dele. Ele continuou a ler os jornais como quem rezava! (D'Hondt, 1966, 1998).

Para Hyppolite, ele mudou de ideia após Iena, mas não chegou a se tornar conservador. Não se pode ignorar que a reflexão hegeliana sobre a história se deu em um tempo histórico determinado: o da Revolução Francesa/Napoleão/Restauração. Ele não pôde tratar da Revolução Francesa como um evento acabado, do outro lado dela, seguro. Tudo o que se passou entre 1789 e 1830 era o seu próprio destino, como esperança e terror. Hegel exigiu veladamente do "governo prussiano" o acabamento das reformas e a Constituição. A observação lhe mostrava que o progresso em direção a uma sociedade mais livre, sem os riscos e a instabilidade da Revolução Francesa, seria através do Estado e imposto por funcionários profissionais. A Revolução derrotada, inclusive como caminho real da mudança, deixava ao Estado a tarefa das reformas duráveis. O "velho Hegel" era ainda liberal, mas não acreditava mais na eficácia da via revolucionária para a implantação da liberdade. Ele nunca exaltou o absolutismo e o autoritarismo monárquico. O rei de Hegel, que "põe os pingos nos 'is'", é pós-Revolução Francesa: tem o seu poder definido e limitado pela Constituição. Ele reina, mas não governa (Hyppolite, 1983; 1965).

Portanto, para esses analistas, Hegel não se reconciliou com a Prússia, mas com a história. O seu mundo prussiano não era ainda o triunfo da Razão, mas cada presente é a síntese das mudanças do passado e, mesmo se é insatisfatório, enquanto dura, é a liberdade possível e deve ser aceito. A reconciliação não é só com o presente, mas com todo o processo histórico que resultou nele. Para ele, todo presente é rico e justificável e a cultura histórica é o resultado sintético de todos os princípios precedentes, nenhuma filosofia anterior é refutada, mas negada-conservada, integrada ao presente. Em seu tempo determinado, a história justifica o despotismo, o feudalismo, a democracia, pois foram eficazes, necessários, úteis ao avanço do espírito. São momentos inescapáveis da história do espírito, e os iluministas, que negam todo sentido ao passado, não podiam explicar como esses "absurdos" puderam existir. Mas os que morreram nas guerras do passado não o fizeram por erro ou ilusão. Eles defendiam um mundo legítimo, e o que é legítimo em um tempo não o é em outro. O espírito do tempo passa e em cada momento é o que pode ser. A filosofia não fala de um além imaginário, só faz compreender o sentido do presente, exprimindo a verdade substancial de sua época.

Hegel, para tais analistas, ao aceitar a realidade histórica prussiana, não decaiu em estabilizador e reacionário. Ele defende a supressão dos ideais não efetivos e justifica tanto a ordem estabelecida quanto a mudança. Ele não ataca a Idade Média nem defende a monarquia constitucional para todas as épocas. Cada nação e época tiveram o regime que lhes convinha. O valor não está no regime em si, abstrato, mas em sua aplicação eficiente. Ele não justificava tudo. A história oferece exemplos de eventos e constituições inúteis, nocivas, esforços infrutíferos, persistências estéreis, mudanças vãs, fracassos históricos. Ele também não privilegia os fatos vencedores, mas reconcilia o homem com sua história como totalidade. Ele diz "sim" ao que é, esteve, será. Ele acolhe a presença da história, a sua efetividade, quer coincidir com o movimento da vida e enfatiza a continuidade, pois sem ela não há "sentido histórico". Quem tem um espírito histórico aceita o mundo como ele vai, pois sabe que não há outro mundo! Em vez de se separar, é melhor se reconciliar com ele, retornar a ele, inserir-se em sua história e época.

Hegel se opõe aos indiferentes e aos que combatem o seu tempo com ideais exteriores a ele. A história não vive de "bons sentimentos". A atitude anti-histórica é esquizofrênica: perda da relação com o real, ruptura da comunicação. A atitude racional consiste em um consentimento em ser no mundo, em uma aceitação calorosa da vida. O exemplo típico do espírito anti-histórico é Cristo, a "bela alma". Jesus pregou o dever ser, o amor, a virtude, a evasão, e recebeu a cólera dos que não podiam compreendê-lo e o crucificaram, porque os reprovou por serem o que eram no mundo tal como ele é. O cristão é um estranho no mundo e atrapalha as atividades desse mundo. Jesus representa a "bela alma", que renuncia ao direito para não combater, renuncia aos bens deste mundo, à própria família. A "bela alma", imaculada, não quer se sujar nos conflitos e retira-se nela mesma, rompendo toda comunicação e relação com o outro. Como uma sensitiva, ela se retira nela mesma a cada contato. Foge da vida! Ela dá a outra face, entrega tudo, renuncia ao mundo. Hegel é hostil à "bela alma", que se evade, pois, para se salvar, o homem se elimina. A "bela alma" se priva de toda efetividade e perturba o desenvolvimento histórico. A sua "pura sabedoria" é uma pura contemplação (D'Hondt, 1966; 1998).

Essa "pura sabedoria contemplativa" não é a de Hegel. Para Kojève, talvez, possa-se considerar Hegel como "o sábio moderno", o homem plena e perfeitamente consciente de si e que dispõe de um saber enciclopédico. Hegel é o modelo do sábio que predomina no mundo moderno, que está impregnado de hegelianismo, mesmo se o seu sistema se fragmentou. Ele é uma sombra enorme e múltipla sobre a episteme moderna, e compreender o hegelianismo, para Kojève, é apropriar-se da sua obra sem repeti-lo literalmente, é ter passado por ele e se lembrar e receber dele o impulso que traz o novo. A "sabedoria histórica" de Hegel é compreender-explicar a mudança como processo imanente, contínuo, sem rupturas. A reconciliação do indivíduo e da realidade social não exclui a transformação dessa realidade social, não suprime o movimento da história. Hegel não decaiu "da revolução à reconciliação", pois a revolução já era a reconciliação da Razão e a História. A sua adesão ao real não significa conservadorismo, porque os revolucionários também aderiam ao real, queriam interferir na vida para se reconciliarem com ela. O herói não inventa o futuro, mas realiza a mudança que a história exige. O revolucionário está em desacordo com o atual, mas não com o processo histórico da marcha da liberdade. Ele compreende essa marcha e não inventa um mundo melhor, apenas desdobra a lógica dialética interior ao presente (KOJÈVE, 1947).

A reconciliação hegeliana comporta esse reconhecimento da história, a aceitação dos fatos e ritmos do tempo do mundo. A negação eficaz é interior à história. O principal conceito de Hegel é "devir", vida, dialética, que terá forte influência sobre os "sábios" da sociedade pós-hegeliana, os "cientistas sociais", cujos representantes mais ilustres são Karl Marx e Max Weber. A suas teses sobre o conhecimento histórico-sociológico continuam a revelar a tensão existente entre o "jovem" e o "velho Hegel". Para Maspetiol, Hegel, talvez, seja o verdadeiro fundador da sociologia histórica, a sua metafísica é sociológica, pois outro conceito central em seu sistema é o de "espírito objetivo". Em Marx, houve também uma tensão entre o "jovem", idealista, romântico, que desejava o "reino comunista da liberdade", que também esperava pela "revolução alemã", e o "maduro", cientista, que contemplava a estrutura inquebrável do modo de produção capitalista. Marx não foi poupado também da acusação de inspirador do Estado totalitário soviético. Em Weber, houve a tensão entre o desejo de um "dever ser social" do cidadão e a objetividade da análise da "sociedade que é" do cientista. E também era um nacionalista alemão radical. No século XX, houve o confronto entre uma historiografia ligada à práxis revolucionária marxista e as análises das "prisões de longa duração" da Escola dos Annales. Portanto, como enfatizou Kojève, o pensamento histórico-sociológico contemporâneo, à direita e à esquerda, respirou sempre em uma atmosfera hegeliana (MASPETIOL, 1983; KOJÈVE, 1947; 1983; WEBER, s/d).

Como se pôde ver, os analistas se dividem entre os defensores radicais da "coerência hegeliana" e os acusadores implacáveis da sua autotraição.

Nós gostaríamos de apresentar outra hipótese explicativa para a "visão diferente" da relação entre Razão e História do "jovem" e do "velho Hegel". Nossa hipótese: o "jovem Hegel", extremamente inquieto com o presente alemão, encantou-se com o projeto revolucionário francês e até aplaudiu a invasão da Alemanha por Napoleão em nome da liberdade universal. Contudo, o "jovem" era talvez ingênuo quanto aos interesses particulares franceses sob o discurso iluminista dos Direitos Universais. Para nós, o "velho Hegel" percebeu o projeto expansionista francês, um brutal projeto nacional e particular, e, agora, maduro e instalado na vida alemã, jamais legitimaria uma invasão francesa da Alemanha. Pelo contrário, agora, o projeto expansionista que passou a defender, sempre em nome da liberdade universal, era o da própria Alemanha. O "velho Hegel" apropriou-se do projeto francês e tornou-se o teórico da "revolução alemã", que se realizou de outra forma e através de várias invasões da França. A sua tarefa: a Alemanha precisava se unificar e se expandir pela Europa, levando a todos a sua "interioridade profunda", onde se pode encontrar o espírito mais consciente de si e mais livre. O caminho da Alemanha era diferente do da França, que, aliás, acabara de ser derrotado. O caminho da Alemanha era mais seguro e deveria ser vitorioso e o seu papel de filósofo e professor era o de iluminar o seu caminho com a potência do seu pensamento dialético.

Para o "velho Hegel", só a liderança do Estado prussiano poderia reunir os 300 Estados alemães e, depois de reuni-los, só esse Estado poderoso poderia levar a Alemanha à hegemonia na Europa e à conquista do mundo. Não se pode esquecer que o problema que nutria o seu pensamento sobre a história era o "problema da Alemanha". O "velho Hegel" passou a defender com vigor a "via prussiana", procurando corrigir os erros do Estado prussiano e orientá-lo no sentido da liberdade, i.e., da unificação nacional com a monarquia constitucional e parlamentar. Portanto, por um lado, as posições do "jovem Hegel" e do "velho Hegel" parecem contraditórias: o jovem defendia a reconciliação entre Razão e História pela revolução e o velho defendia a reconciliação pela aceitação do presente; mas, por outro lado, essas posições são contraditórias dialeticamente e se reúnem em uma síntese superior: o "velho" aceitou e teorizou a "via prussiana" porque era a verdadeira revolução alemã, o caminho mais seguro e eficiente em direção ao seu centro, à consciência de si e para si. Quando se realizasse plenamente como nação unida, a Alemanha se tornaria o centro da Europa e da história universal!

O método lógico-dialético: "pensar a vida, eis a tarefa"

O problema que nutriu permanentemente o pensamento de Hegel, do jovem e do velho, portanto, foi o "problema da Alemanha". Ele se deu como tarefa "pensar a vida", i.e., iluminar com o seu pensamento dialético o caminho do seu povo, pois "feliz é o indivíduo que goza a sua força e alegria na unidade do seu povo". O seu pensamento desejava levar a Alemanha à reunião da sua História com a Razão. O Estado alemão devia substituir a França na vanguarda da história universal e tornar-se a determinação do espírito em seu maior nível de consciência de si e para si. Hegel defendia uma identidade nacional alemã absoluta e desejava que o Estado alemão integrasse os seus cidadãos em uma "bela totalidade", como era a cidade grega. Para iluminar o caminho da Alemanha, criou um novo método para articular as relações entre vida e pensamento, que tornasse o pensamento útil à vida. Será que podemos separar o seu método de pensamento da vida alemã? O método lógico-dialético hegeliano deve ser considerado de forma puramente especulativa, como busca autônoma da verdade, ou deve-se vê-lo a serviço da reconciliação do seu povo com o universal? Poderíamos considerar o seu método como responsável pela vitória do totalitarismo na Alemanha dos anos 1930?

O fato é que ele concebeu o seu método para solucionar o "problema alemão": superar a "consciência infeliz", reunir finito e infinito em uma "bela totalidade". Para os que o consideram um pioneiro do Estado nazista, Hegel não separa religião e política: a relação do indivíduo à comunidade é de natureza religiosa. A consciência comunitária criaria a unidade espiritual viva do povo alemão. A essência da fé não é um além abstrato, mas o espírito da comunidade. Para ele, entre História e Razão, povo e espírito universal, pensamento e vida, não pode haver hiato, ruptura, antinomia. Enfim, o método lógico-dialético hegeliano deve ser visto como pura filosofia especulativa, teologia luterana ou teoria política do Estado alemão? Para nós, essas abordagens não se excluem, pois são momentos de um sistema que reúne conhecimento, fé e projeto político. Como filosofia especulativa, o método lógico-dialético hegeliano é a busca da verdade absoluta; como teologia, é a gnose de Deus; como projeto político, é a construção da identidade absoluta da nação mais livre, que, depois de passar pela revolução que a unificará, vai liderar a Europa e a história universal na marcha do espírito em busca da "liberdade", i.e., da identidade/consciência absoluta de si. É um método que busca o absoluto: a verdade absoluta, a gnose de Deus, a identidade nacional que reúne particular e universal. O discurso filosófico da "liberdade/

consciência absoluta" pode ser responsável pelos horrores do totalitarismo alemão (HEGEL, 1999 [1821]; HEGEL, 1966 [1807]).

Em um primeiro momento, o método dialético se constitui como um meio de conhecimento da verdade, que não separa o pensamento e a vida em dois domínios distintos, mas os reúne em uma vida pensada e um pensamento vivido. Não há distinção entre vida exterior e representação da vida, pois o pensamento e a vida não são paralelos e exteriores um ao outro. A realidade vivida toma consciência de si na filosofia hegeliana e a filosofia hegeliana se realiza na experiência vivida. Seu pensamento dialético da vida não aborda determinações finitas, indiferentes umas às outras, mas um todo articulado em suas partes. A realidade é o espírito imanente, vivo, e os termos que a constituem não se opõem de forma absoluta. Os termos finitos são momentos do absoluto. O infinito é atividade, potência negativa, que supõe em si a divisão, a oposição, a superação. O método dialético concebe o desenvolvimento de cada termo de uma relação, apreende uma determinação limitada como infinita. A realidade é devir, i.e., vida em movimento infinito, um todo constituído de partes finitas que se articulam e se integram. A "vida se pensa", i.e., a realidade viva é a relação entre finito e infinito; a relação entre as partes finitas é viva; cada um dos termos se move e torna-se seu outro. A consciência viva do todo é a supressão do finito imediato pela mediação infinita (HEGEL, 1999 [1821]; HEGEL, 1966 [1807]).

A dialética hegeliana, diferente da dialética socrática, não é somente a arte do diálogo, não é somente um método de pensar e expor, mas a experiência concreta que a consciência faz dela como objeto de si mesma. O pensamento é igual à vida, há identidade entre sujeito e objeto. O pensamento é Deus imanente nas coisas dando-lhes movimento e sentido. A vida é tecida de contradições superadas(conservadas) e a imagem que representa a relação pensamento-vida na lógica dialética hegeliana é a do "círculo". A dialética hegeliana é uma visão trágica que aceita a finitude das coisas como negação, contradição, antagonismo e, ao mesmo tempo, uma visão otimista, que afirma a infinitude do espírito superando a finitude. Ele pensa a vida com a categoria fundamental da "supressão/superação", a mediação suprimindo-preservando o imediato pela negação. A dialética hegeliana se inspira em Heráclito e não em Sócrates: as coisas são processo, devir, momento exterior da consciência, que deseja seus momentos finitos e os interioriza (MASPETIOL, 1983).

A dialética hegeliana não é somente um método de conhecimento do mundo exterior, mas a estrutura objetiva do mundo, que possui uma lógica imanente, interior. Ela é o próprio devir do espírito. O pensamento especulativo dialético restaura a totalidade e concebe o mundo não como uma soma de relações permanentes e fixas, mas como um devir, um ser se produzindo. O pensamento não se limita à representação do mundo exterior, mas é a verdade se revelando a ela mesma. A Razão dialética é a totalidade em movimento, elementos ao mesmo tempo idênticos a si mesmos e dependentes e solidários uns dos outros. Cada momento é já o todo, e o todo está em cada momento. O Conceito supera a dualidade sujeito-objeto, é uma unidade do exterior-interior. O Conceito é o universal concreto, a articulação em um todo de todos os momentos do espírito. A parte não tem a sua verdade em sua imediaticidade, mas no todo, ao qual se articula mediatamente. A totalidade inclui existências particulares e contraditórias, dissolve as identidades independentes, finitas, em uma unidade. Há uma "conexão total" entre todas as partes. O todo é uma identidade absoluta, que absorve e integra a não identidade (LITT, 1973, MASPETIOL, 1983).

A dialética hegeliana opõe-se ao entendimento (Kant) quando reúne vida e pensamento. O entendimento só vê limitações, separa finito e infinito, tornando a finitude absoluta. O entendimento cinde, congela e confronta absolutamente as partes. Para Hegel, a cultura moderna elevou o entendimento ao topo do pensamento, fazendo dele o principal artesão da ciência: afirmações objetivas seguidas por experiências que as garantem do exterior. Nesse "empirismo positivista", as ciências positivas são pensamentos que precisam da prova exterior e não encontram nos próprios conceitos a prova. A prova é exterior ao pensamento. Há separação entre conhecimento e realidade. As ciências positivas se movem no seio de puras representações sem nenhum fundamento real no ser. É um tecido de abstrações em que o sujeito está separado do objeto e o conhecimento é abstrato, vazio. O entendimento põe suas determinações como fatores autônomos, mutuamente estranhos, fragmenta o real, congela seus diferentes elementos, justapõe e conecta superficialmente os diversos componentes. Hegel descarta o formalismo kantiano, que é sem vida, uma sombra, que reduz a organização científica a um quadro. Esse "formalismo construtivo" é um esquema simplificador, um esqueleto sem carne e sem sangue, que não apreende mediações e transições de uma determinação à outra. É um conhecimento exterior e morto (GERARD, 1982).

A lógica dialética, ao contrário, unifica/reconcilia os termos separados que se opõem. A Razão dialética cinde, opõe, diferencia, mas inclui o finito, reunindo tudo na identidade absoluta. A oposição é relativa, os termos separados são ligados ao todo. É "identidade da identidade e da não identidade". A prova não é exterior ao pensamento, pois não há empiria pura. A Razão dialética nega o finito no infinito e restitui o pensamento à plenitude da vida. Na vida, as oposições são subordinadas à identidade primordial e não pode resistir ao movimento negativo e unificador do conceito. A Razão dialética suprime as oposições solidificadas, suprime a finitude absoluta, nega o finito e restabelece a sua racionalidade vendo-o como mobilidade do uno. O infinito é o princípio do movimento e da mudança. O infinito é "liberdade": não é a escolha entre dois opostos, mas uma ligação na qual um e outro estão envolvidos enquanto determinações unilaterais.

O método lógico-dialético, enfim, não fragmenta, não separa, não opõe as partes, mas as une e reconcilia. O movimento do ser consiste em se tornar outro em relação a si e em reapreender em si mesmo esse desdobramento. No primeiro movimento, a negatividade consiste em diferenciação e oposição do ser, devir da simplicidade determinada. O conhecimento científico exprime a necessidade interior da vida do objeto. A ciência só pode se organizar pela vida própria do Conceito. O conhecimento científico como "Conceito" é o retorno a si como unidade dos momentos múltiplos e contraditórios do ser. O método dialético convida a reconhecer a unidade do mundo humano, e a verdade é a identidade entre o pensamento e a vida. O Conceito é a totalidade que é. A totalidade não é um dado eternamente idêntico a si, mas autocriação progressiva no tempo. O homem é movimento histórico dialético: a sua ação é teleológica, criadora, negadora do dado, projeto, obra, futuro. O saber objetivamente real só pode ser exposto como sistema: descrição adequada, circular, total. O real é espírito: "entidade essencial, que existe por si, que se relaciona consigo como um outro, que permanece em si quando fora de si, que sabe de si. O espírito é 'em si' (dado, identidade, tese), 'para si' (negatividade, antítese, ação) e 'em si e para si' (totalidade, síntese, saber absoluto)" (KOJÈVE, 1947; 1990; GERARD, 1982; LEBRUN, 1972).

O método lógico-dialético elabora um conhecimento reflexivo: cada momento é autônomo e de transição a outro. A identidade do sujeito e do predicado não deve apagar a sua diferença. O espírito é sujeito e, em movimento dialético, engendra-se a si mesmo, progredindo e voltando a si. A reflexão filosófica é um movimento retrospectivo: o sujeito retorna às etapas já feitas para se dar conta do que realizou em cada uma delas, para ter uma consciência mais completa do que tinha sido possível na primeira passagem. Na primeira vez, a atitude interior era *naïve* e se perdia no dado. Na reflexão, faz-se novamente o caminho já feito, não mais ingenuamente, não mais se abandonando ao objeto. O objetivo da reflexão é surpreender a consciência em seu primeiro trabalho, visando compreender de um ponto de vista mais elevado os pressupostos, os procedimentos, os objetivos do primeiro pensamento. A consciência percebe, então, o que realizou ingenuamente e graças a essa ingenuidade, pois ela só pode "retornar" a um ponto em que já esteve. Nesse retorno, não é mais o mesmo objeto que se oferece a ela uma segunda vez. Ele é apreendido de uma forma mais fecunda. Portanto, os dois movimentos, o que progride com o fluxo temporal e o que retorna em sentido inverso são ligados um ao outro. Graças à sua interpenetração, o que retorna apreende o interior mais profundamente do que foi a primeira vez ingênua. Na primeira vez, a consciência se perdeu e se esqueceu no objeto. Agora, ela percebe o pano de fundo, conhece a necessidade que a empurrou de etapa em etapa e se "reconhece" (LITT, 1973).

O método lógico-dialético quer oferecer a "reflexão total". A apreensão do real pela Razão dialética não é uma apreensão fenomenal das coisas como no kantismo. As coisas são suportadas e articuladas pela Razão: ser e pensamento, real e conceito são uma unidade. O racional não é uma simples faculdade do espírito pensante, mas a unidade do sujeito e objeto. A Razão dialética liga sujeito-objeto, alma-corpo, liberdade-necessidade, fé-saber. A Razão dialética é ligação, articulação, "reconciliação total". Ela é a infinidade que ultrapassa e integra o finito, reúne a multiplicidade em sua divergência e oposição. Ela é una, universal, infinita, e não uma ligação formal estranha ao que deve reunir. O que o homem é o é historicamente, e a dialética o reconcilia com o real, compreendendo o seu mundo e situando-o no processo histórico. A atitude anti-histórica é abstrata, errônea, mas a própria ilusão a-histórica se insere no curso da história vivida. As utopias são uma forma de retirada do mundo que fazem parte da própria história. O método dialético hegeliano já é "compreensivo": reconcilia o conceito abstrato com as exigências da intuição. "Compreender" não é manter o objeto no exterior, mas interiorizá-lo. "Compreender" o espírito de um povo é perceber a sua interioridade se manifestando exteriormente e reconhecê-lo como uma "unidade concreta", uma síntese (LITT, 1973; MASPETIOL, 1983).

A reflexão dialética é "liberdade". Em *A fenomenologia do espírito* há uma eterna passagem do contrário ao seu contrário, onde o inessencial torna-se essencial, o determinante torna-se determinado e estamos sempre diante de um jogo infinito de forças. O ser e o não ser, o semelhante e o diferente, o mesmo e o outro, são categorias que se implicam mutuamente. Não há coisas separadas. A Razão é negatividade e vai de um polo a outro. O movimento da negatividade é idêntico ao da liberdade: vai de uma tese a outra tese e, enfim, à síntese, que é o retorno ao ponto de partida enriquecido por todas as etapas intermediárias. A Razão é como um filho pródigo: esgota-se em experiências e, quando estiverem esgotados todos os seus recursos, retornará a si e terá se conquistado. O caminho da história é da unidade não desenvolvida à unidade completa. A unidade não desenvolvida tem sempre a possibilidade de separação e oposição e, para que não haja mais nada que a contrarie, a vida tem de exteriorizar todas as suas contradições; da tese à síntese, passando por diversidade, oposição, antítese. O desequilíbrio do percurso deve levar ao equilíbrio final. A plenitude da vida só é encontrada após separações, limitações, reflexões, contradições: vida plenamente explicitada e ilimitada. É a teoria da união e da não união, a mediatização do imediato, identidade da reflexão e da separação. No movimento fenomenológico da consciência, cada um dos momentos se perde e se conserva no seguinte que ele engendra. Hegel observa as experiências, as provas que faz a consciência no curso de sua busca da verdade de si mesma (HEGEL, 1966 [1807]; WAHL, 1951).

O método dialético é o trabalho do Conceito. A opinião e o entendimento opõem o verdadeiro e o falso de forma rígida e não concebem a diversidade de sistemas filosóficos como o desenvolvimento progressivo da verdade e esperam que haja entre eles ou um acordo ou uma contradição. Na diversidade, só veem contradição. A opinião vê como incompatíveis o botão, a flor e o fruto, e não como momentos necessários da unidade orgânica. Os sistemas filosóficos não são contraditórios também, mas momentos necessários do saber absoluto. O todo é apreendido em seu devir. A verdadeira figura da verdade é o sistema hegeliano, que é um "círculo de círculos". Cada parte da filosofia é um todo filosófico, um círculo que se fecha sobre si mesmo, e o sistema hegeliano é um todo, um círculo de círculos. A filosofia se aproxima da forma da ciência, deixa de ser só um "amor do saber" e se apresenta como "sistema científico", evitando ser edificante e apoiar-se no sentimento, no coração, mas como obra da razão, do intelecto (HEGEL, 1999 [1821]).

O método dialético não é evolutivo, embora exista em Hegel a ideia de evolução, que foi dominante no século XIX. Com ela, o movimento duplo do pensamento de Hegel foi reduzido a um movimento simples: o movimento conforme o fluxo temporal é posto como absoluto e o movimento retrospectivo é apagado. Desaparece a diferença entre o em si e o para si. A ilusão evolucionista vai geneticamente do anterior ao posterior. Só o resultado conta e o passado é descartado. É um pensamento determinista, naturalista, uma visão exterior da sucessão temporal que se restringe a registrar os dados. Mas o movimento reflexivo de retorno torna relativa a ordem temporal e assegura em cada instante a presença do todo. O todo permanece escondido do pensamento que se contenta em ir adiante, porque só percebe uma sucessão de fatos e não a essência se realizando através desses fatos. O processo do espírito não escapa ao tempo, mas ultrapassa o antes e o depois da sua realização temporal. O espírito se acha acima da espacialidade e escapa do esquema da exterioridade e da sucessão fragmentada. O devir do espírito é interno, interior, inextenso. Ele tem uma identidade transtemporal (Bouton, 2000; Litt, 1973).

Em um segundo momento, além de ser método científico, uma síntese de Sócrates e Heráclito, a dialética hegeliana é a consciência mais ampla da civilização Ocidental, uma síntese das culturas grega e judeo-cristã. Neste momento, o método dialético torna-se mais que um método de conhecimento, continuando a sê-lo, e torna-se a atualização mais completa e historicamente eficaz da consciência que o mundo Ocidental tem de si mesmo. Como vimos anteriormente, para muitos intérpretes, a lógica dialética é uma tradução conceitual da fé cristã: um Absoluto que se divide para ser Absoluto. Assim como a religião, o pensamento de Hegel "re-liga" pelo Conceito. A lógica dialética hegeliana seria uma tradução filosófica do judeo-cristianismo, onde a ideia de morte foi traduzida por "negatividade". A categoria da negatividade é o fundamento da dialética: o homem é devir, ação, ato de se pôr e se criar. A substância pagã torna-se "sujeito", "espírito", que são expressões de origem judeo-cristã. Hegel levou o sentimento religioso protestante, íntimo, subjetivo, interior, incomunicável, à plena expressão filosófica. A dialética resgata da finitude e supera o Mal ligado a ela. O princípio geral está no dogma trinitário: o Pai é o momento subjetivo, a possibilidade originária; o Filho encarnado constitui a objetivação no mundo; sua morte conduz ao Espírito Santo, que reúne o Pai e o Filho em uma unidade absoluta. Outros invertem: o Filho vem no final, o Espírito Santo vem antes. Para Hegel, só o conhecimento de Deus permite que o homem conheça. O mundo só é conhecido quando apreendido em sua relação ao absoluto. Só há um saber, o do absoluto. Deus é o único fundamento da filosofia hegeliana, que é sobretudo teologia cristã (Gerard, 1982; Maspetiol, 1973).

Mas, para outros intérpretes, Hegel se separou da tradição judeo-cristã. O ser espiritual ou dialético é temporal e finito. O ser criador, dinâmico, mortal, finito, é consciente da sua finitude. Hegel nega a vida após a morte, a imortalidade da alma, a história não ultrapassa o tempo e o espaço. Ele laicizou a tradição judeo-cristã. O espírito absoluto não é Deus, mas o homem no mundo, o homem mortal, que vive em um mundo sem Deus. O espírito é a ciência, a única realidade objetiva do espírito, e não um espírito divino. Hegel é ateu: aceita a morte, e é por aceitar a morte que o homem luta, corre riscos e chega ao saber absoluto. A atividade discursiva não revela a verdade do todo em um só conceito. Ela revela um a um, por palavras isoladas ou discursos parciais, separados, os elementos da totalidade. O ser é no tempo: separação, negatividade, limite, nada, finitude, presença do futuro. A ação é finita, negatividade, aceitação da morte. O espírito toma consciência de si tomando consciência de sua finitude. Ele é finito e mortal. Ao aceitar a morte, o homem cria o seu ser, a sua liberdade se liga à finitude. A morte é liberdade: ato de criar uma obra pela negação ativa. Só um ser mortal pode ser livre. É o nada que empurra para a história/vida. A história pressupõe a morte, a sucessão de gerações. A morte é o motor da história: guerras, riscos, liberdade, sucessão das gerações. É a participação na luta política que eleva o homem acima do animal, fazendo dele um cidadão. Um cidadão que se recuse a arriscar a vida pelo Estado perde a sua cidadania, i.e., o reconhecimento universal. A morte é o começo da vida do espírito (KOJÈVE, 1947).

Essas duas leituras da dialética hegeliana não são "dialéticas", pois separam o que o seu pensamento pretendeu sintetizar. O pensamento hegeliano pertence à cultura ocidental e é, talvez, a sua mais alta expressão, uma síntese superior. Como pretender que ele seja completamente ateu ou anticristão? Como pretender que ele seja exclusivamente cristão e antipagão? Por um lado, o seu método dialético é grego, o seu sonho de cidade ideal é grego, ele se formou na leitura dos clássicos greco-latinos; por outro, o que nutre o seu pensamento é o problema da Alemanha dentro do problema da Europa, são as tensões internas ao cristianismo (catolicismo *versus* protestantismos, religião positiva *versus* religião viva), as tensões internas à ação política possível em seu tempo (Reforma ou Revolução *versus* Restauração). Ele pretendeu realizar um "sistema de sistemas", um "círculo de círculos", e criou um método original para realizar este esforço de superação/conservação dos valores da civilização ocidental. Ele não é nem ateu e nem cristão puros, mas um cristão-pagão ou pagão-cristão, i.e., o seu método dialético é muito mais que um simples método científico, é uma nova e superior organização dos valores e do sentido da civilização ocidental.

Em um terceiro momento, o seu método dialético serve sobretudo ao seu projeto político, à pretensão de a nação alemã se unir e liderar a Europa e a história universal. A dialética começa pelo que é elementar, simples, indiferenciado, abstrato, imediato e passa às formas mais ricamente desenvolvidas, ao concreto, ao mediatizado. A história universal também vive esse movimento dialético da passagem de algo elementar e simples a uma ordem de complexidade crescente. O ponto de vista genético leva de uma origem a um presente por uma sucessão temporal dos instantes. Na história também o movimento dialético é duplo: vai para frente, para o futuro, e encontra um movimento vindo em direção oposta. Se apreendermos em sua unidade um e outro desses movimentos teremos a sua significação total. O primeiro movimento é evolutivo e revela o desdobramento temporal até o presente; o segundo movimento, oposto, parte do presente para trás, é o conhecimento reflexivo. A cada instante do tempo o passado e o futuro se entrelaçam e se penetram reciprocamente. O movimento reflexivo segue o fluxo temporal e o seu contrário. Cada fase tem um valor, e sua conexão íntima reúne a totalidade das fases na unidade de um processo teleológico de conjunto. Se o pensamento olhasse só para frente veria o processo evolutivo, mas não seria capaz de estudar a sua ligação (LITT, 1973; BOUTON, 2004).

Esta é a lógica do pensamento histórico de Hegel. O progresso histórico migra de país em país, de continente em continente e elege povos encarregados de missões. Se a dispersão, a diferença, a mudança, o caos dos fenômenos humanos não deixam ver o "mundial", para Hegel o disparate não tem história. Esta exige uma conexão íntima sem negar a diversidade e variações. A história mundial é um "desenvolvimento", um processo, um movimento de transformações incessantes, e a sua dialética é a lógica desse processo. Tal concepção da história supõe que as aparências históricas são ligadas à essência, que aparece nelas deslocada e mascarada, mas pode ser reconhecida. O espírito se manifesta no tempo enquanto não se apreende ainda em seu conceito puro. Na história universal, ele se move progressivamente em direção a si mesmo. A história é a autoprodução do espírito, que é devir. O espírito é unidade negativa consigo mesmo, relação consigo mesmo como outro. O espírito é a Ideia em busca do seu ser para si e se manifesta exteriorizando-se, autodeterminando-se no tempo. A substância/sujeito se move, se nega, é inquietude, que busca retornar a si, atingir o seu próprio centro. O movimento do espírito na história é de reflexão sobre si mesmo. Na história universal, o absoluto é sujeito: "em si", vive ingenuamente, sem saber; "para si", toma consciência de si, reflexivamente. A historicidade é a "plasticidade do espírito": ele não se fixa, destrói a forma atual e transforma-se em outra superior, mais consciente de si (LITT, 1973; VERSTRAETEN, 1995).

O espírito quer realizar-se na história como "liberdade", uma ordem política em que o homem pode realizar seu ser homem e levar uma vida humana. A liberdade é estar em si, em seu mundo, não estrangeiro, em sua casa. "Livre" é o homem que é para ele mesmo, e não para o outro, o cidadão, o que participa da vida pública da cidade. A ordem política deve tornar possível que o homem seja si mesmo. A Revolução Francesa apontou nesta direção: "ser homem é ser livre". Este fundamento dá sentido e direção à história universal: a Razão governa o mundo. O logos é o único organizador do mundo. Enquanto o pensamento não retorna a si mesmo, não se atingiu a liberdade. Sem consciência da liberdade não pode existir liberdade. A consciência para si é da esfera do Conceito, o espírito-sujeito torna-se transparente a si. Toda estranheza, exterioridade e necessidade é ultrapassada em liberdade. A passagem à essência, ao Conceito, é a passagem à liberdade. Como Conceito, o pensamento é livre (LITT, 1973).

O absoluto é espírito, o espírito é sujeito: ele deve saber de si, tornar-se objeto de si. O espírito que assim desenvolvido se sabe como espírito é a ciência, que é a efetividade do espírito. A ciência é a coincidência do espírito consigo mesmo, o saber absoluto de si, o puro conceito, que exige um longo caminho no tempo. No começo, o ser aí do espírito é imediato; na história universal, o espírito se toma como outro/objeto de si e suprime este seu outro. A "experiência" é este movimento em que o imediato, o abstrato, o simples pensado se faz estranho a si e retorna a si. O espírito é desigualdade consigo mesmo, e o que parece lhe chegar do exterior, contra ele, é a sua própria atividade. Ele é sujeito. Quando o espírito efetuar a sua manifestação no tempo completamente, tornará o seu ser temporal igual à sua essência. O ser é absolutamente mediato e tende ao conhecimento absoluto de si. A substância é ela mesma o negativo, a diferenciação, a desigualdade consigo mesma. O devir da substância é transição no exterior e retorno à sua essência (HEGEL, 1999 [1821]; 1966 [1807]).

A direção do movimento da substância é a "interiorização", o seu centro, para obter um absoluto saber de si. Quando reflete sobre o seu ser em si, torna-se para si, i.e., (re)conhece a evolução feita. O "em si" é o que ocorre efetivamente; o "para si" é quando se compreende o evento. Mas não há uma dualidade de sujeitos separados, um observado e outro que observa. O segundo se eleva ao saber superior quando (re)conhece, etapa por etapa, o seu próprio caminho como em si. Ele pode agora abraçar com um só olhar o caminho percorrido. O primeiro caminho do "em si" torna-se transparente no segundo "para si". O sujeito voltado para o passado legitima de maneira consciente as etapas que foram vividas sem consciência. A diferença entre o "em si" e o "para si" desaparece na visão reflexiva. As etapas anteriores se esclarecem até o menor detalhe. O "em si", a primeira experiência, ingênua, não é inferior, pois o "para si" se esvaziaria de conteúdo. O "para si" sabe que não existiria se o "em si" não tivesse realizado o primeiro movimento, que, aliás, não é inteiramente sem consciência de si. Os pensamentos anteriores não podem ser descartados, devem ser explorados, buscando o máximo de "para si" que o "em si" conseguiu ter (LITT, 1973).

Para Hegel, esta é a lógica da história que o seu método dialético revela. A meta da história é a consciência absoluta. Há algumas imagens enganosas: "caminho que leva a um termo, passando por etapas, estações", "ascensão para o alto, que se realiza de nível em nível". Estas imagens dão a falsa ideia de que o passado fica para trás como acabado e liquidado. Mas nada fica para trás, nada é esquecido, abandonado, sem sentido, insignificante. Do ponto de vista da consciência absoluta, todo o percurso do espírito no tempo faz sentido, e os menores eventos são relevantes. O caminho é já o objetivo atingido, sem consciência, por instinto. A verdade do caminho já está presente em cada etapa. Nenhuma etapa é arbitrária, pois cada uma é determinada pela estrutura ideal do todo. A tarefa da reflexão consiste em elevar ao nível do para si essa necessidade lógica do "em si". Esta é a convicção de Hegel: "o real é racional, o racional é real". A filosofia só acaba sua tarefa quando não há mais nenhum elemento em si que não tenha sido elevado à necessidade lógica que se encontra em obra nele. Esta tese "o logos é interior ao devir", talvez, confira um "excesso de ordem" à realidade histórica. "Racional" quer dizer: conforme a exigência do logos onipresente. O espírito avança no tempo como "em si", sem saber, e reconhece a necessidade lógica do seu percurso no "para si"/reflexão. A vida interior tem uma finalidade: objetivar-se e tornar-se consciente dela (LITT, 1973; BOUTON, 2000).

Em Hegel, a filosofia não existe para dar "bons conselhos", desenhar utopias, mas conhecer a essência interna das relações infinitamente diversas exteriores. Mas, sem descrevê-la como "utopia", a solução hegeliana para o problema que nutria o seu pensamento, o "problema da Alemanha", é de um otimismo radical, uma utopia absoluta: a infelicidade/finitude vai se tornar felicidade/infinito! A vida finita que encontra a Razão é uma totalidade acabada, viva e bela. O sofrimento e a dor são necessários à totalidade feliz. Não há "reconciliação perfeita" sem passar pelos estados mais profundos de dor. O seu projeto da "bela totalidade", da "reconciliação perfeita", da "reflexão total", da "consciência absoluta", da "identidade alemã", quer resolver o seu problema nacional e particular, mas a sua reflexão histórica envolveu a humanidade universal. Ele inseriu em seu sonho local a "Alemanha unida", a necessidade da Europa unida e da humanidade universal sob a direção da Alemanha unida! Para resolver o problema da identidade nacional alemã em um Estado Total, Hegel fez uma retrospecção da história universal, para deixar transparente, claro e legítimo que toda a marcha ingênua do espírito até o seu tempo era para levar a Alemanha e a Europa à liderança da história mundial. E o seu método lógico-dialético, o seu "sistema de sistemas", o seu "círculo de círculos", era o caminho de volta, retrospectivo, a reflexão total, que unificava todos os tempos, povos, eventos, em uma consciência absoluta, sem resíduos, do sentido da história universal (HEGEL, 1999 [1821]; LITT, 1973; KOJÈVE, 1947).

A obra:
As lições sobre a filosofia da história universal
(1ª ed. 1837; 2ª ed. 1840)

a) O sentido histórico universal é apreendido pelo pensamento

Do conjunto da obra de Hegel, escolhemos para análise *As lições sobre a filosofia da história universal* (1837), o "Prefácio" e o último capítulo dos *Princípios de filosofia do direito* (1821), intitulado "A história do mundo", onde aparecem com mais clareza o seu ponto de vista sobre a história. Hegel nos interessa como pensador da historicidade e como um pensador otimista em relação ao sentido da história universal – "deve ter uma razão". A sua pergunta é a nossa pergunta: o que é a história humana? O que os homens fazem no tempo? O que é o tempo da história? Há um sentido para a vida humana? Os homens se realizam na história? O que os homens procuram para viverem em uma "historicidade feliz"? Os homens decidem sobre o seu fazer ou estão dominados por forças transcendentes, invisíveis? O que podem os homens esperar da sua experiência temporal? Hegel surpreende ao oferecer as respostas mais plausíveis a essas questões irrespondíveis. As suas respostas são tão plausíveis que se tornaram uma prisão, uma opressão e, a partir de meados do século XX, buscou-se fugir da jaula de aço da "coerência hegeliana". Os historiadores amaldiçoaram a sua filosofia da história e proibiram os jovens que se interessam pela história de lerem as suas reflexões filosóficas sobre a história. Só essa posição já justificaria este nosso estudo da filosofia da história hegeliana, pois a interdição de um autor/obra é um convite ao historiador, digno deste nome, ao seu estudo. Os historiadores, sobretudo os franceses da Escola dos Annales, incluíram *As lições sobre a filosofia da história universal* no índex da historiografia contemporânea: ora, por quê? Por isso, vamos mergulhar em sua visão da historicidade, nos impregnar de hegelianismo histórico, para podermos avaliar o peso e o sentido dessa interdição. Talvez, esses historiadores tenham razão... Mas eles próprios não recomendariam a submissão dos jovens historiadores ao Index da Igreja Católica ou dos Estados totalitários (HEGEL, 1999 [1821]; HEGEL, 1945, 1986, 2001 [1837]).

As lições de Berlim expressam o ponto de vista do "velho Hegel" sobre a história, e os seus adversários a combatem e a consideram a parte "vergonhosa" do seu sistema. *As lições...* constituem a parte mais popular e a mais desacreditada da obra de Hegel, reprovada por ser uma compilação das notas dos alunos do seu curso oferecido entre 1822 e 1831 na Universidade de Berlim. Elas não teriam a autoridade das obras assinadas e publicadas por ele mesmo. Contudo, há uma edição considerada mais confiável, a segunda edição, de 1840, organizada pelo seu filho, Karl Hegel. Enfim, essa obra pode ser atribuída a Hegel? Hegel não publicou mais nada após 1821, apenas ofereceu esses cursos, e, por isso, quem se interessa pelo seu pensamento deveria valorizá-la. Os alemães conservam os originais e devem ter verificado detalhadamente cada frase. A *Introdução geral* foi escrita por ele mesmo e muitas vezes é publicada separadamente com o título de *A razão na história,* como a única parte que pode merecer atenção dessa obra. Além das dificuldades com a edição original, há o grave problema da tradução confiável. Se o original jamais foi escrito, mas proferido por um mau orador (Hegel!) e anotado por seus alunos (leigos), tornando as suas notas pouco confiáveis, o que dizer das traduções para outros idiomas? Para Hartman, que fez a tradução para o inglês, a tradução é uma empresa incerta e arriscada porque o original alemão é ambíguo e obscuro, o estilo é irregular, oscilando entre o pomposo e o coloquial. Nós vamos utilizar três traduções: a edição francesa da obra completa (tradução de J. Gibelin, Ed. J.Vrin, 1945), a edição espanhola da obra completa (tradução de José Gaos, Alianza Editorial, com prefácio de Ortega y Gasset, 1986) e a edição brasileira da Introdução Geral, com o título *"A Razão na História"*, que é uma tradução da tradução de Hartman (tradução de Beatriz Sidou, Centauro Editorial, 2001). Se o exigente leitor considerar que um "estudo sério" não pode se apoiar sobre apenas traduções e boas intenções, pedimos-lhe que ponha entre parênteses esta sua posição, pois não lhe exigimos nem fidelidade e nem submissão à nossa interpretação da filosofia hegeliana da história. Pelo contrário, nós o convidamos desde já à discordância, à interlocução e até à correção, pois o nosso prazer será discutir e refletir, em sua companhia, sobre a história hegeliana como a maior expressão do "projeto Ocidental moderno" (HEGEL, 1999 [1821]; HEGEL, 1945, 1986, 2001 [1837]).

Nossa hipótese: nesta obra, como em toda a sua obra, Hegel expressa o ponto de vista europeu sobre a história da humanidade. Ele justifica as ações expansionistas europeias e luta pela unificação da Europa sob a liderança da Alemanha. A sua reflexão filosófica sobre a história garante um lugar central, universal, à Europa e abre à Alemanha o horizonte de expectativa de se tornar, depois da França, o povo líder da Europa e da História universal. O seu discurso ontológico seria *naïve* em relação ao seu verdadeiro interesse histórico-político e ideológico? Para nós, as reflexões de Hegel sobre a história não são uma "verdade filosófica", metafísica, da história universal em si, da humanidade em si, mas uma "verdade histórica", surgida do interesse de um povo em uma determinada época. A sua interpretação da história é extremamente relevante não como "verdade absoluta", mas como "pensamento único" do homem ocidental contemporâneo, orientando as suas ações e repercutindo fortemente sobre a legislação e as produções culturais. As ações militares Ocidentais têm seu discurso de justificativa em Hegel. O seu sistema exerce uma influência poderosa e duradoura sobre a vida política, social, econômica, cultural, religiosa, científica e tecnológica, cotidiana, da humanidade liderada pelo Ocidente. Por isso, alguns o atacam como vilão e psicótico, pois a liderança europeia levou às guerras mundiais, aos fascismos, aos totalitarismos, a genocídios de toda espécie, à vitória do capitalismo, em 1989. Todas as piores ações europeias e americanas, de meados do século XIX até hoje, buscaram e buscam em Hegel os seus argumentos. Ele é o criador do discurso que atenua ou até elimina o caráter violento dessas ações ao oferecer-lhes uma direção e sentido. Hegel é visto por muitos como o ditador do pensamento ocidental, pois irrefutável. O mundo ocidental contemporâneo sem a filosofia da história hegeliana seria absurdo! Com ela, mesmo absurdo, é pleno e saturado de sentido. Aliás, do ponto de vista ocidental, é o único sentido possível da história universal.

    Em Hegel, o Ocidente se representa da forma mais potente e radicaliza a sua conquista do mundo. Durante mais de 2.000 anos, o Ocidente foi movido e justificado por uma palavra mágica religiosa: "Salvação!". Essa justificação religiosa do mundo impregnava o olhar ocidental e estava presente em todas as suas orações, ações, omissões, projeções, expansões e invasões. Os europeus se investiram de uma "missão": salvar a humanidade! Eles invadiram a América, a Ásia e a África para levar-lhes a palavra de Jesus e mostrar-lhes o Caminho, a Verdade e a Vida. A história universal estava sob a sua responsabilidade, os outros povos não podiam recusar a sua liderança, pois as verdades da fé cristã eram absolutas. A partir do século XVIII, o Ocidente encontrou outra palavra mágica que radicalizou a sua confiança em seu direito de conquistar o mundo: "Liberdade!". A primeira palavra mágica, "Salvação!", era teológica; a segunda, é filosófica. A justificação filosófica do mundo ocidental revelou-se muito mais eficiente, pois ainda mais irrefutável. Após a Revolução Francesa, o que os homens e todos os povos passaram a desejar? A resposta ocidental revelava o segredo da história universal: "a liberdade, pois todos os homens são livres e portadores de direitos universais". Essa nova verdade, irretorquível, que é uma tradução/atualização da verdade teológica, fez bater e agir o coração dos homens na Europa, na América, na Ásia e África, de 1789 a 1989. As revoluções se sucederam, violentas, mas inocentes, pois buscavam a liberdade. Os últimos séculos mundiais foram dominados por essa esperança moderna de emancipação através da "ação revolucionária". Os modelos eram a Revolução Francesa e os discursos dos "filósofos da Revolução Francesa", os iluministas franceses e alemães. A filosofia veio substituir a teologia como legitimação discursiva da conquista do mundo, porque, agora, a conquista era "deste mundo". Mas essa substituição pôs um grave problema à história ocidental e mundial: pode o pensamento reencantar o mundo, dar sentido à experiência vivida? A filosofia da história pode substituir a religião, o discurso racional pode substituir a fé? O pensamento pode substituir o amor na atribuição de sentido universal à história? Pode o pensamento orientar a ação na busca da liberdade? O predomínio do pensamento sobre a fé seria um avanço na busca da liberdade e na realização do Bem? (Weber s/d; Reis, 2005).

Para Hegel, sim! Para ele, a filosofia é o discurso mais perfeito sobre Deus e só o filósofo conhece o sentido do mundo. A modernidade é a época em que o pensamento teve acesso ao segredo da história e foi o seu sistema, superando-conservando todas as filosofias anteriores, que revelou o mistério do sentido da história. A filosofia veio superar/conservando a fé. Se a religião prometia a salvação em outro mundo, a filosofia promete algo mais perfeito: a liberdade neste mundo! O sentido efetivo da fé cristã de que "todos os homens são filhos de Deus" se traduz efetivamente pelo pensamento de que "todos os homens são livres" e que "a história é a realização da liberdade". Deus está presente na História Universal, o tempo é o seu trabalho para se reencontrar e se reconhecer e, por isso, a história só pode ser o reino do Bem. O predomínio do pensamento sobre a fé é um avanço na vitória contra o Mal, pois o filósofo pode contemplar a presença divina na história universal. Ao contrário do religioso que sente que não pode ver nem conhecer Deus, o filósofo sabe que tem o dever de conhecê-lo. E Deus não se esconde, porque é bom. Ele se comunica e se revela ao homem sobretudo através do pensamento. Se Deus se revelasse ao sentimento, os animais também saberiam da sua existência. Deus se revela ao homem como ser pensante, e não no sentimento, e, por isso, a filosofia é um enorme passo adiante em seu conhecimento. Deus é eterno, em si e por si, universal e, por isso, só pode ser objeto de pensamento e só o homem pode conhecê-lo. Deus não é um conteúdo particular, subjetivo, sentimental, inefável, mas verdade universal, essencial, substancial. A sua filosofia é superior à teologia, portanto, pois é pensamento e discurso sobre a reconciliação total entre Razão e História. Através da Revolução Francesa e do seu sistema filosófico, só o Ocidente ficou sabendo que "todos os homens são livres" (Hegel, 1999 [1821]; Hegel, 1945, 1986, 2001 [1837]).

A filosofia da história hegeliana é a representação mais otimista que o Ocidente construiu de si mesmo, é o olhar mais confiante que elaborou sobre a sua identidade: a sua superioridade está em que só ele sabe que o homem é livre e é seu dever levar essa "nova boa nova" a todos. O pensamento hegeliano é uma síntese superior do logos grego com a fé cristã, o que o torna a revelação a mais atual da "verdade" greco-judeo-cristã. O Ocidente se representa como "o povo eleito", dos judeus, como "o povo capaz de discurso universal", do filósofo grego, como "o povo com direito à conquista do mundo", dos romanos. O Ocidente se representa como o mais doce dos povos, pois Jesus revelou somente a ele a mensagem do amor universal, como o mais racional, único praticante da filosofia, e como o mais poderoso, com estratégias e tecnologias de guerra imbatíveis. É a filosofia hegeliana da história, a metanarrativa mais completa da modernidade, que lhe oferece esta autorrepresentação, pois pensa, conhece e fala de Deus, fortalecendo ao máximo a fé. A fé negava o pensamento, refugiando-se no mistério e no silêncio. O pensamento dialético não nega a fé, mas a supera/conserva em uma síntese superior. O pensamento não se opõe, mas legitima a religião ao tornar o seu mistério sondável e conhecível. A Razão é o pensamento/conhecimento da fé, o que torna o Ocidente poderoso, insuperável, imbatível. O seu pensamento histórico, ao prometer a liberdade neste mundo, foi como uma "onda gigante mental", que fez tremer e trincar a cultura tradicional ocidental nos séculos XIX e XX. Este terremoto filosófico ocidental se expandiu pelo mundo e todos os homens, orientais, africanos, latino-americanos se viram lutando pela sua liberdade, sem perceberem que estavam aceitando e se submetendo ao projeto moderno ocidental. Os americanos e russos, depois de 1945, se viram como os legítimos líderes nesta luta pela libertação da humanidade universal. Em Hegel, a verdade se percebe como "revolucionária". A verdade da história universal é que todos os homens são livres, e a realização desta verdade se faz pela "revolução", pela crítica do passado e pela criação de um novo mundo no futuro.

Para Habermas, a lógica dialética hegeliana expressa o movimento autocrítico da modernidade ocidental: reflexão sobre si mesma, buscando nela própria a sua normatividade, referindo-se somente a ela, sem dívida com a Antiguidade e o cristianismo. Ela é autossuficiente, autônoma, fundada em seus próprios meios e se dirige com confiança e vertiginosamente para o futuro, que coincide com o seu centro – a liberdade. A modernidade busca em si mesma as suas próprias garantias, corre em direção a si mesma, apresentando-se como inquietude, desequilíbrio, movimento acelerado para frente. Ela se movimenta opondo-se a si mesma, negando-se, para se apreender consciente e livre de modo mais radical e total. O fascínio do pensamento histórico hegeliano é a esperança da liberdade para todos! O coração da humanidade se acelerou diante da possibilidade do sucesso total neste mundo. A Razão diz aos homens que deverão efetivar a sua natureza em uma sociedade justa, igualitária, livre. O indivíduo que ousa refletir sobre a história universal encontrará em si mesmo a presença do espírito em busca da liberdade. A modernidade é crise permanente, insatisfação com o atual, busca acelerada da sua forma ideal. Há um culto da história não como retrospecção e conhecimento do passado, mas como produção do futuro: o presente em busca do mais livre e mais perfeito (HABERMAS, 1981; 1985).

Foi a filosofia da história hegeliana que abriu este horizonte de expectativa à humanidade, que não poderá mais recusar a liderança ocidental. A autorrepresentação que a filosofia da história hegeliana ofereceu aos europeus eleva a sua autoestima ao nível do delírio! Hegel é o filósofo da hegemonia do Ocidente, o solo invisível da consciência histórica ocidental, o fundo de toda decisão e de toda ação. Toda decisão e ação responde a uma questão crucial, formulada ou não: "qual é o critério/direção?, "para onde vamos e o que queremos?". Resposta hegeliana: o critério/direção é a liberdade universal. Para Hegel, a promessa da liberdade só pode ser garantida por uma "história filosófica", que seja uma "contemplação ponderada", uma "consciência histórica", e não apenas uma "representação mental" de acontecimentos exteriores. Hegel faz uma reflexão crítica a respeito dos discursos sobre a história existentes em sua época: a "história original", a "história reflexiva", esta segunda subdividida em "universal", "pragmática", "crítica" e "fragmentária". Ele mostra as suas limitações para justificar o seu ponto de vista como superior, o da "história filosófica", que não será uma reflexão universalizante, abstrata, uniformizadora, sintetizadora de eventos exteriores a ela; não será também pragmática, oferecendo ao presente exemplos edificantes do passado, pois o passado não ensina as decisões que uma época nova deve tomar apoiada somente em si mesma; ela não será uma história fragmentária, parcial, da arte, da religião, da lei. A sua história filosófica é autorreflexiva, apreende a alma interna e orientadora de um povo. Ela será a realidade do povo no pensamento, porque este pensamento já é a realidade do povo. Para Hegel, a história filosófica não se reduz a um mimetismo, a uma representação mental de fatos exteriores, pois os fatos não são exteriores ao pensamento. A história filosófica é a própria consciência interna da história (HEGEL, 1945, 1986, 2001 [1837]).

Sobre essa proposta de uma "história filosófica", o diálogo entre Hegel e os historiadores será truculento. Os historiadores formulam uma objeção crucial a Hegel: a história não pode ser objeto de filosofia, não se pode impor à matéria histórica *a priori* filosóficos, é proibido criar especulativamente ideias e impô-las à realidade sem levar em consideração os dados objetivos. E por isso o historiador deve se afastar da filosofia da história e da hegeliana, em particular. O historiador deve se ater aos dados objetivos, à documentação, e se proibir de construir ideias, e muito menos sistemas, que o impeçam de observar o processo histórico "tal como se passou". A filosofia é uma companhia indesejável para o historiador, que quer ter acesso aos fatos e às fontes e não às ideias e aos preconceitos filosóficos. A réplica de Hegel não deve ser ignorada, pois é contundente. Para ele, essa é uma avaliação equivocada das relações entre a história e a filosofia, equivocada e ingênua, porque todo historiador não pode realizar o seu trabalho sem a filosofia. Todo historiador é inconscientemente filósofo, pois é um pressuposto filosófico que permite a história científica: "a Razão governa o mundo". Como se poderia analisar os fatos históricos sem partir deste *a priori* que garante a sua ocorrência como necessária e racional? O historiador só pode descrever e analisar a história porque pressupõe que há nela um sentido. Ele apenas pressupõe que a história seja racional, inteligível e, portanto, objeto de sua ciência, mas não demonstra o princípio que sustenta a confiança em sua atividade. A ambição da história filosófica hegeliana é demonstrar o fundamento deste pressuposto filosófico, i.e., como e por que "a Razão governa o mundo", pressuposto sem o qual a historiografia não seria possível (HEGEL, 1999 [1821]; HEGEL, 1945, 1986, 2001 [1837]; ORTEGA y GASSET, 1986).

Para Hegel, a historiografia não pode aceitar a aparente fragmentação e exterioridade dos fatos, pois não seria um saber da realidade, mas apenas um conhecimento aparente, fragmentário e exterior dos fatos. A historiografia tem de pressupor que "a Razão governa o mundo", que o homem é sensato e que, portanto, a história efetiva possui um guia imanente que lhe dá sentido e que a torna conhecível. Para Hegel, são os historiadores que praticam aquilo que acusam os filósofos de fazerem: uma história *a priori*. Embora se apresentem como passivos e receptivos dos fatos objetivos, são eles que escrevem a história a partir de pontos de vista particulares e não explicitam os seus ângulos particulares de análise. A história filosófica, ao contrário, não é passiva e receptiva em seu pensar: ela tem uma convicção e a explicita e vê os dados através dela. A convicção do filósofo sobre o real não é mais uma fé, pois pode demonstrá-la especulativamente: ele conhece o universal na história através do Conceito. O seu pensamento dialético atravessa a superfície, penetra no emaranhado dos acontecimentos e conhece o essencial. Para ele, as categorias da lógica e as da realidade são dois aspectos do mesmo processo. As categorias da lógica são as categorias do mundo, e as categorias do mundo são as categorias da lógica. As categorias da lógica são a Razão divina no mundo. O processo dialético é ao mesmo tempo lógico, ontológico e temporal. Tudo é como deve ser e tudo é como deveria ser. Para quem olha o mundo racionalmente, o mundo olha racionalmente de volta. O pensamento da história e a história em si se recobrem: o real é racional, e o racional, real. O filósofo da história pode apreender fielmente a realidade histórica, pois o seu ser é o retorno dela sobre si mesma como consciência de si. Observada exteriormente, a história parece incognoscível: acontecimentos, povos, homens, Estados, em incessante sucessão. Uma coisa desaparece e outra ocupa o seu lugar. A vida mais bela, o povo mais glorioso se desfaz na história. Caminhamos entre uma sucessão de formas em ruínas, e o filósofo se pergunta: qual seria o sentido de todas essas formas e criações? O historiador, que constata mais de perto essas variações, poderia se abster de formular esta questão? (HEGEL, 1945, 1986, 2001 [1837]).

Para Hegel, não podemos aceitar que cada forma se esgote em seu fim particular, pois aceitar o real como finito seria não admitir a possibilidade de sua superação. A história não pode ser o reino do particular e deve redundar em proveito de uma obra universal, um fim último. Ela deve ser um "processo de realização", que se completa e se aperfeiçoa no tempo. A questão posta antes pela religião e, agora, pela filosofia, é: será que atrás do tumulto dessa superfície turbulenta haveria uma obra íntima, silenciosa, secreta e universal? A única ideia que a filosofia traz é essa simples ideia de que "a Razão governa o mundo" e que, portanto, a história é racional, o homem é sensato, i.e., ele quer a Razão e a liberdade:

> [...] a Razão é "substância" e "poder infinito", ela é em si o "material infinito" de toda vida natural e espiritual e também a "forma infinita", a realização de si como conteúdo. Ela é "substância", i.e., é através dela e nela que toda realidade tem o seu ser e sua subsistência. Ela é "poder infinito", pois não é impotente para produzir apenas o ideal, a intenção, permanecendo em uma existência fora da realidade, apenas na cabeça de alguns. Ela é "conteúdo infinito" de toda essência e verdade, pois não exige matérias externas para a sua ação. Ela supre seu próprio alimento e sua própria referência. E ela é "forma infinita", pois em sua imagem e por sua ordem, os fenômenos surgem e começam a viver. Sua meta é realizar-se no mundo. Esta Ideia ou Razão é o verdadeiro poder e absoluto e só ela se manifesta no mundo (HEGEL, 1945, 1986, 2001 [1837]).

Eis a verdade filosófica da história universal, sem a qual a "ciência da história" não tem objeto. A Razão realiza um fim último em si e por si, e o Bem prevalecerá. A história mundial é "a marcha necessária do espírito universal em busca da liberdade". Esse é o mais concreto dos objetos, que integra em si todos os distintos e particulares aspectos da existência. Esse é o espírito de todos os acontecimentos e das paixões mutantes dos povos. Esse é "como Mercúrio, o guia dos povos". A história filosófica tem como objeto o universal infinitamente concreto, presente em todas as manifestações históricas. A abordagem filosófica percebe nos dados exteriores e particulares o essencial: os fins do espírito. Há uma "ordem que governa a história", que permite distinguir o essencial do inessencial. Anaxágoras a via como o *nôus*, uma ordem natural, não consciente de si mesma. Para Anaxágoras, "uma razão inconsciente rege o mundo". Depois, no cristianismo, o mundo também não estava entregue ao acaso, mas à Providência Divina, uma ordem oculta, um mistério insondável. Para Hegel, tanto o *nôus* quanto a Providência Divina tornaram-se insatisfatórios na época moderna. Em seu sistema, a Razão que governa o mundo não é nem inconsciente nem um mistério insondável, mas o ápice supremo do espírito, o conceito, a consciência absoluta. Deus exige ser conhecido, e a sua filosofia da história é uma teodiceia, uma gnose de Deus.

Uma "teodiceia, uma gnose de Deus", a "consciência em si e para si do espírito absoluto", ou seria apenas uma história deste mundo do ponto de vista demasiadamente humano e bem particular germano-cristão-europeu? Para nós, a filosofia hegeliana da história reelabora, organiza, estrutura, purifica, sintetiza e ressignifica a consciência histórica europeia; é um saber deste mundo, uma "verdade histórica", com uma eficácia histórica esmagadora sobre os povos não europeus. E, nesta medida, os jovens historiadores, que acabam fazendo inconscientemente uma história pró-ocidental, devem "tomar consciência" do que fazem, porque, se não o fizerem, talvez, na época do Juízo Final, não poderão ser perdoados (HEGEL, 1999 [1821]; HEGEL, 1945, 1986, 2001 [1837]).

D'Hondt distingue dois momentos n'*As lições de Berlim*: o da "filosofia da história", que aparece sobretudo na Introdução Geral, e o da "história filosófica", que aparece no restante da obra. Para ele, a publicação da *Introdução geral* isoladamente não traduz fielmente o pensamento de Hegel d'*As lições*... O conhecimento d'*As lições*... não se reduz ao conhecimento da Razão na história. A *Introdução geral* oferece uma "filosofia da história"; *As lições*... oferecem uma "história filosófica", que é um ramo da historiografia. N'*As lições*..., Hegel é historiador, faz uma história mundial, examinando o seu desenvolvimento em sua totalidade, há eventos, uma cronologia, uma periodização. É uma "história total" deste mundo. A história filosófica que Hegel propõe n'*As lições*... é uma interiorização do passado, que se manifesta, exteriormente, de forma múltipla, em povos, épocas, obras. Ele via o passado com os olhos da sua época, sintetizando-o, integrando-o à vida europeia. Ele era a consciência mais ampla, intensa e interna, que o Ocidente podia ter dele mesmo como o sentido e fim da história universal. O Ocidente se representa como o desfecho de uma história que começou no Oriente, como o topo da história universal. Cada momento do curso do mundo teve como fim (e já continha este fim) a realização da vitória da Europa. Na história filosófica, a Europa assimila, integra, sintetiza, interioriza a sua herança histórica universal. A história filosófica supera/conserva os gêneros históricos tradicionais, que tratavam do passado como particular, exterior, documentação positiva, morta. A história filosófica põe-se do ponto de vista do espírito (consciência para si, síntese superior, interiorização) e não mais da representação de fatos exteriores, que não gera ação. Hegel quis ensinar uma história filosófica mundial, na qual a ação do Ocidente é de "salvação e libertação" dos outros povos! (D'HONDT, 1966; 1998).

b) A "filosofia da história" hegeliana: o otimismo da vitória da Razão universal

Hegel é otimista em relação à história universal: a destinação do homem é a realização do Bem. A História universal não está entregue ao acaso, à multiplicidade e à pluralidade dos fins particulares, pois seria o reino do Mal. A história universal tem direção e significado, e o seu conteúdo essencial, a liberdade universal, irá se realizar no tempo e neste mundo. O otimismo hegeliano quer ser uma superação-conservação da fé cristã: a felicidade eterna não está do outro lado do Juízo Final, mas do lado de cá, do lado do tempo. Aliás, para ele, o tempo não é o outro da eternidade, assim como Deus não é o outro do mundo. Deus já está na história universal, o eterno se realiza no tempo. O universo é imanência de Deus, e é na história universal que Deus se expressa plenamente e se comunica com os homens. A presença de Deus no mundo compreende também a natureza física, mas é na história humana que ele se manifesta como busca da consciência absoluta de si. O homem aparece depois da natureza e é "oposto" ao mundo natural. Ele se eleva a um segundo mundo, criado por ele, o reino do espírito. É nas lutas deste "mundo histórico" que Deus se manifesta (HEGEL, 1999 [1821]; HEGEL, 1945, 1986, 2001 [1837]).

É a certeza de que a história não está entregue ao acaso e de que realiza um objetivo final moralmente superior que permite avaliar o peso e a relevância dos eventos e feitos da história do mundo. As ações humanas realizam dois objetivos: o objetivo individual e o objetivo universal do espírito. Por isso, a leitura dos jornais é fascinante! Em toda ação particular pode-se ver a presença do objetivo final. Por exemplo: as guerras entre gregos e persas. A vitória grega não interessa pelo seu sentido particular, a vitória grega, mas porque representou a vitória da liberdade contra o barbarismo. A luta de Alexandre era ao mesmo tempo uma paixão individual de expansão de um império e a realização do interesse universal. Se a sua luta fosse apenas pessoal, a sua derrota não seria lamentada. A sua derrota é lamentada porque representou a derrota da realização do "interesse universal": a liberdade para o maior número.

A marcha da humanidade é para a liberdade sociopolítico-cultural efetivada. É esse critério, portanto, que permite avaliar um evento histórico como "grande evento". Os "grandes eventos" são os que realizam o essencial, i.e., a liberdade humana, que é o modo como a vontade de Deus aparece e se realiza no mundo dos homens. O evento grandioso é o que move a história nessa direção. No fim da história, os homens se reconhecerão como iguais, livres e se emanciparão do domínio do Mal, que seria a vitória do finito, da multiplicidade, da particularidade. Hegel acredita poder alimentar esse otimismo porque, se os indivíduos pensam e agem buscando a sua liberdade, se tudo o que os indivíduos mais prezam é a sua liberdade individual, por que fariam diferentemente na história? Eles querem a sua liberdade individual e, para exercê-la plenamente, precisam construir uma sociedade organizada por esse critério, que se torna universal. Os indivíduos vivos, ativos, que buscam a liberdade estão, portanto, lutando e construindo um mundo em que este seu desejo de liberdade seja possível. Este é o movimento do espírito, que aparece concretamente no indivíduo e tende a se universalizar: ele tem fome de si e se busca, toma a si por objeto e tende à conquista da consciência absoluta de si. O espírito quer conquistar a liberdade, i.e., tomar consciência de si e tornar-se para si.

O espírito é autorreflexão, trabalho sobre si mesmo. A natureza autorreflexiva do espírito pode ser percebida em sua diferença com a matéria. Assim como a gravidade é a substância da matéria, a liberdade é a substância e o centro do espírito. A matéria é pesada, é uma pluralidade que tende à unidade, i.e., tende a anular-se em seu "contrário". A matéria tende à idealidade. Ao contrário, o espírito tem seu centro em si mesmo e tende a ser cada vez mais espírito. Ele não tem a unidade fora de si, reside em si mesmo. Ele não tem uma oposição externa, opõe-se a si mesmo, interiorizando-se progressivamente. Ele não depende e não se torna outra coisa além e exterior a ele. Ele é livre porque se dirige a si e tende a estar cada vez mais em si mesmo. Hegel afirma que a matéria é o "contrário", "exterior ao espírito", mas essa relação é dialética. Não há duas realidades, a natureza e o espírito. O real é uno, a Ideia, que se objetiva como natureza e espírito. A natureza participa e é interior a esse processo autorreflexivo da Ideia que se apropria e toma consciência de si no espírito absoluto (HEGEL, 1999 [1821]; HEGEL, 1945, 1986, 2001 [1837]).

Embora inclua a natureza, contudo, a consciência de si da Ideia se concretiza na história mundial. A História universal como autorreflexão é a luta do espírito consigo mesmo para chegar ao conhecimento da sua natureza, a liberdade. A atividade do espírito é negatividade: ele nega os momentos em que sua liberdade está restringida para passar a momentos em que a liberdade é ampliada. O espírito se autoproduz passando por fases em que vai aumentando a transparência da sua consciência de si. Esse movimento autorreflexivo é uma "necessidade", que ele não pode evitar ou suspender. Pelo contrário, a sua tendência é radicalizar essa tomada de consciência de si. Ele não pode fugir a esse movimento, e a liberdade torna-se uma marcha inexorável. "Necessidade" quer dizer, pelo menos, duas coisas: do ponto de vista lógico, significa caminho inescapável e universal, sem aporias, direção sem erro e alternativas; do ponto de vista da vida, significa carência, falta, incompletude. A marcha necessária do espírito em busca da liberdade articula estes dois sentidos: ele carece, falta-lhe a consciência de si e, para se completar, para se realizar, ele entra em um caminho inescapável, sem encruzilhadas e outras possibilidades. Ele carece e busca obsessivamente a liberdade e, portanto, pode-se pensar que ele é prisioneiro deste movimento. Ele é carente e sofre com sua incompletude. Contudo, ele poderá conquistar a sua liberdade sendo prisioneiro de uma necessidade? O espírito está "obrigado a ser livre"? Essa necessidade não tornaria o seu movimento de autonegação autoritário consigo mesmo, levando-o a agir de forma instrumental em relação a si próprio, o que o impediria de realizar o seu fim?

Para Hegel, é essa necessidade que garante que o espírito é potente para conquistar a sua liberdade. Não é uma prisão, um sofrimento, uma opressão, pois é uma necessidade que o realiza, e o liberta. Ele não interromperá o seu movimento enquanto o seu objetivo não for realizado, e o seu objetivo é o Bem. A realização necessária do Bem não pode ser um Mal! Para Hegel, esse é o critério otimista da história universal: em cada fase, o espírito atinge um nível superior de consciência de si, torna-se mais livre e realiza o Bem, i.e., objetiva-se em ordens sociais em que a liberdade individual é cada vez mais ampla. As fases da história universal são definidas pelo nível de liberdade atingido pelo espírito. Na fase oriental, os homens não sabiam ainda que o homem é livre. Eles sabiam que apenas um era livre, o déspota, e sua liberdade se revela como capricho, cegueira da paixão. Na fase oriental, a humanidade já tinha a semente da consciência da liberdade, que deveria germinar e tornar-se frondosa liberdade. Na fase grega, a consciência da liberdade se ampliou a alguns homens. O grego não sabia ainda que o homem em si é livre e mantinha a escravidão. Somente na fase dos povos germânicos é que, através do cristianismo, a história revelou que o homem é livre em si. Foi a religião cristã que revelou esta verdade: todos os homens são filhos de Deus, e o pensamento moderno-germano-cristão-reformista-racionalista, enfim, europeu, de Hegel compreendeu como "todos os homens são livres e a história do mundo é o avanço da consciência da liberdade". Essa consciência da liberdade universal apareceu na religião cristã, e introduzi-la no mundo leigo tornou-se a direção do esforço dos europeus. Esta é a missão da Europa germano-cristã: reunir e salvar todos os povos realizando a liberdade universal. Os europeus descobriram este objetivo e propósito de (seu) Deus e não fracassarão em sua realização: "salvarão a humanidade!", cristianizando-a e europeizando-a. E todos os eventos da história universal que contribuíram para a vitória final da Europa são considerados "grandiosos", favoráveis à vitória do "Bem"! (HEGEL, 1999 [1821]; HEGEL, 1945, 1986, 2001 [1837]).

Contudo, a história parece o altar do sacrifício dos povos, sobretudo quando os europeus chegam aos confins da África, da Ásia e da América do Sul. E o próprio Hegel duvida: será que ela realiza de fato um objetivo final moralmente superior? E se tranquiliza: uma "consideração ponderada" da história nos revela que a Razão governa o mundo. A Razão precisa das paixões particulares para se realizar, pois o objetivo final é implícito, abstrato, pensamento, intenção, possibilidade que, para se tornar realidade, precisa da vontade e atividade dos indivíduos. O infinito precisa do finito, o universal precisa do particular, a Ideia precisa da história, para se realizar. Embora pareçam contrários ao Bem, são as paixões particulares que realizam o universal. Geralmente, quando um indivíduo tem "interesse em algo", é censurado, pois está em busca de vantagens pessoais e contra o interesse comum. Para Hegel, esta contradição é aparente: "nada de grandioso no mundo foi realizado sem paixão!". A liberdade é interior, imanente, invisível, indeterminada, e somente poderá se exteriorizar, ganhar forma, tornar-se visível e realizar-se, determinar-se em um "mundo livre" usando as ações dos homens como meios. Olhando a história universal do exterior e superficialmente, tem-se a impressão de que somente as ações pessoais, movidas pelas necessidades, paixões, interesses, qualidades, talentos dos indivíduos, a tecem. Para Hegel, de fato, o egoísmo e os objetivos particulares são motivos de ação, e a sua violência causa terror e desânimo. O relato das ações particulares, das ações movidas pelas paixões individuais, é assustador. Mas Hegel é ultraotimista: são esses acontecimentos trágicos que realizam o objetivo final da história universal!

O que é a paixão? Hegel a define como "a atividade humana resultante do interesse privado, de planos pessoais". É a força que age. Por ser privada e contra o interesse comum, a paixão é vista como a realização do Mal e como fracasso do Bem. Mas, para Hegel, não é um Mal que o homem tenha paixões, pois a energia da paixão serve ao Bem. Ela é necessária para que a liberdade se efetive no mundo. Os indivíduos em sua ação ignoram o seu aspecto universal, mas o realizam de forma inconsciente. Para Hegel, as paixões, os objetivos particulares, o finito, é governado e superado-conservado pela Razão infinita. O espírito se reconhece e toma consciência de si através de suas determinações particulares. A Ideia carece de realidade, pois é o universal imanente e, para se objetivar, nega-se infinitamente. O seu limite é a Ideia absoluta. Ela é o absoluto em si tornando-se finito, determinando-se nas ações particulares. Ao realizarem as suas ações particulares os indivíduos tornam-se felizes? Para Hegel, não há felicidade na história! A marcha do espírito é trágica, e a história não é o terreno da felicidade. A busca da liberdade na história universal é trágica porque manifesta, exterioriza, um desespero divino!, o desespero essencial do espírito, que sofre absolutamente com a consciência incompleta de si. A felicidade á uma página em branco na história universal! (HEGEL, 1999 [1821]; HEGEL, 1945, 1986, 2001 [1837]).

Para Hegel, portanto, a ação individual é o meio que leva o espírito ao exterior. É a paixão que leva a Ideia de sua imanência à sua objetivação. O universal ao se exteriorizar faz-se particular e retorna ao universal como reconhecimento de si. O imanente por si é abstrato e precisa do tempo para se concretizar. As paixões dos homens, ao realizarem os seus objetivos particulares, edificam a sociedade humana. As ações particulares produzem resultados adicionais, e alguma coisa a mais, que não estava planejada, é realizada. As ações estão envolvidas pelo universal de duas formas: 1) os homens elaboram *conscientemente* princípios e valores que justificam o que fazem. No presente, são as leis do Estado que determinam se uma ação é boa ou má. A moralidade do indivíduo consiste em que ele cumpra os deveres da sua posição social definidas pelas leis positivas em vigor. Cada indivíduo sabe distinguir o Bem e o Mal, pois conhece a sua posição e sabe o que é um procedimento justo e honrado. A ação moral consiste em agir de acordo com os costumes do seu povo. Cada indivíduo é filho de um povo e busca sua harmonia articulando a sua consciência à dele. Este é o "conteúdo universal consciente", que aparece nas ações do indivíduo. Segundo, o indivíduo possui um "conteúdo universal *inconsciente*", que vai além do seu povo e do atual, que justifica mais profundamente a sua ação. A moralidade não se restringe à da comunidade ética atual, onde pode haver vício e fraude.

Portanto, em Hegel, a moralidade é dupla: a atual (consciente) e a universal (inconsciente). A realidade existente é instável. Os povos se sucedem como líderes na marcha do espírito em busca da liberdade e, na transição de um povo a outro, o conjunto moral atual é abolido como particular, e uma nova "proposição universal", que é uma moralidade superior, se impõe. O novo povo moralmente superior, i.e., mais livre, vence e impõe seus valores e princípios ao anterior. No atual, há uma luta entre os homens do presente, que querem preservar o Estado, e os "homens do futuro", que querem a sua queda. Um espírito nacional esgotado é vencido e substituído por outro moralmente superior. A perda de legitimidade da realidade atual leva o espírito a um conceito mais elevado de si. Nesta luta, há colisões entre deveres, leis, direitos existentes, conscientes, e a "proposição universal", que representa a fase seguinte do desenvolvimento da ideia. Os homens históricos são os que apreendem esta proposição universal; fazendo dela o seu objetivo particular, eles destroem com violência o presente e parecem cruéis. Mas, para Hegel, a sua violência é moral, legitimada pela proposição universal; que os possui e os conduz sem que eles tenham consciência. Eles são os portadores da voz da história. Seus corpos frágeis e finitos tornam-se gigantescos, e a sua voz humana se vê transformada pela emoção da marcha do espírito.

Por exemplo, César. Ele destruiu o presente contra aqueles que defendiam a Constituição de Roma, lutou para manter seus interesses particulares, a sua posição, mas a sua vitória representou algo mais do que a conquista do Império. Ao realizar o seu objetivo particular, a derrubada da ordem atual romana, ele abriu o horizonte da história universal. Ele agiu motivado pelo interesse privado, mas realizou a mudança moral que a época exigia. Isso ocorre com todos os indivíduos históricos: os seus objetivos pessoais contêm a vontade essencial do espírito. Eles são heróis porque tiram seu objetivo de uma fonte secreta, cujo conteúdo ainda não veio à luz. A fonte de suas ações é o espírito interior, oculto, mas já batendo contra o mundo exterior como em uma casca, para irromper, deixando-a em pedaços. São homens que parecem tirar o impulso de sua vida de suas paixões particulares, práticos e políticos, mas enxergam intuitivamente a verdade da sua época e veem a próxima forma da liberdade do espírito. Eles conhecem inconscientemente a nova proposição universal, o próximo estágio do mundo, fazendo dele seu objetivo particular. Suas palavras e feitos são o melhor do seu tempo, e os outros homens os reconhecem, os seguem em multidões, sentindo a força do espírito universal incorporado neles. O que impressiona é esse reconhecimento do herói por parte de grandes multidões. Muitos são os candidatos a heróis, mas a multidão sabe distinguir ou não se deixa enganar por muito tempo por aqueles que não pronunciam verdadeiramente a busca da liberdade.

Contudo, mesmo sendo os parteiros do Espírito universal, estes heróis não foram felizes nem pretenderam sê-lo. Eles queriam apenas realizar o seu objetivo. Nenhum deles sobreviveu à sua realização! Eles tiveram a coragem de desafiar as opiniões dos homens do presente e não viveram tranquilos. Todo o seu ser era a sua paixão e, quando o seu objetivo se realiza, tornam-se "carcaças vazias". Eles morrem cedo, em combate, como Alexandre, assassinados, como César, exilados e assassinados, como Napoleão. Os invejosos, que não toleram a sua grandiosidade, podem se consolar: eles não foram felizes! Os invejosos criticam e depreciam os grandes, veem em suas paixões, vícios, e os chamam de sanguinários e cruéis. Mas o homem livre não é invejoso e reconhece quem é grande e superior, alegrando-se com a sua existência. Para este, os objetivos da Ideia e da paixão são o mesmo. A paixão é a unidade do caráter individual e da proposição universal. Contudo, para um camareiro e um professor moralista "nenhum homem é herói e todo é herói é cruel". Ora, ironiza Hegel: é porque um é camareiro e o outro é invejoso, ambos incapazes de conquistar a Gália e não veem as suas "excelentes intenções" realizadas no mundo. Hegel, entretanto, considera que os grandes homens podem ser, de fato, repreendidos, porque tratam outros interesses, grandes e sagrados, com violência. Eles esmagam poderes inocentes, mas precisam fazê-lo, para trazerem ao mundo e à luz a próxima determinação da liberdade.

O espírito universal se realiza sobre a ruína do grande homem. Hegel se refere a um "ardil ou astúcia da razão", quando constata que, aparentemente, a Ideia não luta, não se expõe ao perigo, permanecendo inatingível e ilesa, enviando o herói para receber os golpes. A Razão faz com que as paixões trabalhem por ela e os indivíduos sofram para a sua realização. O universal trata o particular como insignificante e os indivíduos são sacrificados e abandonados. Os indivíduos históricos seriam, então, apenas instrumentos da Razão? Se os indivíduos são apenas meios, a marcha da Razão em busca da liberdade pode ser considerada de uma "moralidade superior"? Pode-se manter o otimismo em relação ao avanço de uma liberdade imoral? Pode-se esperar a realização do Bem com a violência de uma razão instrumental? Mas, para Hegel, não é verdade que os heróis sejam apenas meios. A sua ação é em si eterna e divina, pois são portadores da moralidade superior. Ao mesmo tempo que realizam seus fins particulares, satisfazem o fim da Razão. Eles participam daquele fim da Razão e, por isso, são fins em si. Eles são mais do que os meios, são fins em si, pois portadores da liberdade universal (HEGEL, 1999 [1821]; HEGEL, 1945, 1986, 2001 [1837]).

Imorais são os indivíduos que não buscam a liberdade e preferem a felicidade privada. Estes são imorais porque se afastaram da marcha em busca da liberdade universal e preferiram viver isolados em sua privacidade. O homem sabe distinguir entre o Bem e o Mal. O herói é moral porque escolheu o Bem, o indivíduo privado é imoral porque sabia o que devia fazer e não o fez. E por que os bons, os que marcham com o espírito sempre se dão mal enquanto os "maus e perversos" se dão bem? Para Hegel, é porque a bondade privada não se efetiva e a bondade pública, mesmo quando parece mal, se efetiva no mundo. Para Hegel, o Bem sempre vence, mesmo que por caminhos tortuosos ou que demore. E os indivíduos que preferiram a felicidade privada serão colhidos pela marcha universal do espírito. O indivíduo sem a percepção da história torna-se vítima da história. Ele é culpado do seu sofrimento, pois não se mostra à altura do momento. A vítima é o homem comum que prefere a felicidade na privacidade à grandeza universal. O indivíduo comum encerra-se em pequenas circunstâncias, isola-se do espírito do mundo, da história, e a história passa por cima dele. Para ser historicamente efetivo, para sobreviver, não basta ser moralmente bom no sentido privado. Deve-se estar alerta para a situação histórica e elevar-se à moralidade do espírito. "Homens bons" na vida privada perdem a vida porque não têm consciência histórica. Não importa se o indivíduo vê ou não vê a situação histórica, ele é parte dela. Ele é material histórico, seu destino é histórico. A "astúcia da Razão" utiliza os alertas e os adormecidos: o herói e o indivíduo massa. Portanto, deve-se abrir os olhos para a história e fazê-la ou aceitar ser esmagado. A "vítima histórica" é o cego histórico.

Para Hegel, a realidade histórica é ao mesmo tempo um mundo estável, que já é o que deveria ser, e instabilidade, insatisfação com o que é, desejo de mudança. A Razão não reflete sobre si especulativamente, mas em um trabalho efetivo sobre si mesma. Por isso, a história universal é o lugar privilegiado em que o filósofo e o historiador contemplam a presença de Deus. Por um lado, os grandes heróis, insatisfeitos com o presente, o destroem como agentes da proposição universal que aponta para um novo presente. Eles têm sede de mais justiça e liberdade. Ele lidera o escravo e o oprimido em sua revolta contra o presente porque o seu núcleo divino e eterno se manifesta contra a opressão e reivindica o seu direito infinito à liberdade. O "jovem Hegel", francófilo e napoleonista, enfatizou este movimento revolucionário da marcha do espírito, a derrubada do presente pelo herói, acompanhado e sustentado pela multidão de oprimidos e escravos, em busca de um futuro de mais liberdade.

Contudo, para o "velho Hegel", um nacionalista radical, o lugar onde se pode contemplar mais efetivamente essa presença de Deus na história universal é na forma determinada que o fim universal toma no domínio do real. Para Hegel, "a Razão divina se determina no Estado, e o Estado é a Ideia divina como ela vive na terra". É no Estado que a vontade particular se une à vontade universal e o indivíduo goza da sua vontade particular, na condição de conhecer, acreditar e desejar o universal. Não se trata de uma liberdade negativa, em que a virtude subjetiva tem de limitar sua liberdade para garantir uma liberdade pequena para todos. O Estado é a "realidade positiva" da liberdade. Ele é a vida do espírito que existe externamente, autenticamente moral. Ele é a união da vontade universal e essencial com a vontade subjetiva e, como tal, ele é moral. O indivíduo que vive nessa unidade tem uma vida moral e livre. No Estado, a ação particular é realizada de acordo com a vontade comum e os objetivos universais. A vontade particular não se sobrepõe à dos demais. A vontade coletiva é que tem valor. O indivíduo é suprimido e, voltando-se para si mesmo, pelo pensamento, encontra e reconhece em si a existência da lei universal.

O Estado não existe para os cidadãos como se fosse o fim e estes, os meios. Aqui não ocorre a relação meio-fim. Os cidadãos são parte do Estado como membros de um corpo orgânico, em que nenhum membro é fim e nenhum é meio. O Estado realiza a liberdade, o objetivo final absoluto. Todo valor que o homem tem, ele só o tem através do Estado. Ele é a presença da Razão como realidade imediata. Nele, a liberdade obtém a sua objetividade, porque a lei é a objetividade do espírito. Só a vontade que obedece à lei é livre, pois obedece a si mesma e é independente. Quando a vontade subjetiva se sujeita à lei, desaparece a contradição entre liberdade e necessidade. Os homens são livres quando reconhecem o universal na lei do Estado e a seguem como matéria do seu ser. A vontade objetiva e a vontade subjetiva se conciliam formando um só conjunto harmonioso, onde cada um deve, conscientemente, cumprir o seu dever. O indivíduo livre busca satisfazer o seu interesse privado no Estado. O Estado moderno tem esse poder de deixar o princípio da subjetividade se realizar até o extremo da autonomia articulando-a à vontade substancial.

O essencial é que, para Hegel, o Estado é a moralidade superior que domina o Mal, entendido como o predomínio das paixões particulares não superadas pelo objetivo universal. A organização da sociedade civil em Estado é a vitória da Razão e do Bem. Essa união talvez realize o ideal cristão da fraternidade perfeita. Nessa união do indivíduo e do Estado, o pensamento supera/conserva o sentimento ao sintetizar um "sentimento universal", que corresponde ao amor cristão. O Estado final reconciliaria os homens em uma "paz perpétua". Nesta perspectiva, a tirania não é um mal em si, é necessária, como um momento de transição. Uma necessidade histórica a justifica, pois ela obriga as individualidades a participarem do todo. Mas, quando a vontade geral se concretiza, ela se torna supérflua. E quando é derrubada, o espírito é catapultado muito adiante em sua busca de liberdade. A tirania é necessária e pode acelerar a marcha do espírito, para saltar mais alto e mais livre.

Além da cidade antiga, a Reforma teve também influência decisiva na concepção hegeliana do Estado moderno. Ela realiza a verdadeira ordem cristã em que a fé deixa de perder-se na exterioridade da instituição para se tornar o princípio moral, íntimo, de uma consciência livre e racional e que pode tentar tudo para efetivar a liberdade. O reformado já é interiormente um cidadão. As Luzes se apropriaram e desenvolveram esta concepção: ela faz do homem universal interior um ideal e tenta conciliar, pela ideia de progresso, a mistura de finitude e infinitude que constitui cada homem. Para Hegel, a liberdade só é garantida pela lei do Estado racional. O indivíduo obedece às leis e sabe que tem sua liberdade nessa obediência. Ele obedece nelas à sua própria verdade. Só no Estado os indivíduos existem como reflexão sobre si mesmos. A história mundial, passando de um Estado a outro, desenvolve a consciência da liberdade. A liberdade se autodetermina em povos, assumindo formas sucessivas e transcendendo-as. Através desse processo de negação e transcendência obtêm-se formas afirmativas cada vez mais enriquecidas, concretas e determinadas. Na história, o espírito se determina e se diferencia em povos ou espíritos nacionais. Um espírito nacional expressa de forma única todos os traços de sua religião, constituição política, moral, sistema legal, costume, ciência, arte e técnica. O universal pode ser percebido no detalhamento factual das particularidades dos espíritos nacionais. O conhecimento da história exige como pré-condição o conhecimento do sentido da trajetória da Razão, sem o qual a historiografia não é possível. Os acontecimentos históricos se dão à historiografia com inteligibilidade porque esta tem um princípio filosófico que a fundamenta: o essencial na história mundial é o grau de consciência da liberdade de cada povo (HEGEL, 1999 [1821]; HEGEL, 1945, 1986, 2001 [1837]).

O objeto da história universal são os povos que se organizaram racionalmente, i.e., que fundaram Estados. Os heróis são fundadores de Estados. Apenas os povos que se tornaram Estados podem chamar a atenção do filósofo da história. A Ideia universal se manifesta no Estado como a sua determinação real. Hegel designa por Estado o indivíduo espiritual, um povo organizado em um todo orgânico. Ele não se refere somente ao aspecto político, mas entende o Estado de forma mais abrangente: um povo, uma cultura, um espírito nacional particular. O Estado real é unido por esse espírito ou culturas em suas guerras, instituições, negócios, artes, filosofia, religião. Esse conteúdo espiritual é definido, firme, sólido, isento de caprichos individuais. O conteúdo espiritual é o elo sagrado que une os homens e as almas de um povo em uma só vida, e dele depende a felicidade individual e as decisões pessoais. O Estado é um universal exterior, uma interioridade determinada, uma totalidade individual e nenhum aspecto pode ser isolado. A sua Constituição expressa o desenvolvimento interno do espírito nacional. Ela constitui um todo orgânico com a religião, as artes, a filosofia e os costumes. A Constituição não é um modelo ideal, grego ou romano ou outro, a ser imitado. A proposição universal que se torna consciente no Estado é a "cultura de uma nação". O espírito do povo se concretiza no Estado, que é unido por este espírito em seus negócios, guerras e instituições. O espírito nacional é um indivíduo no curso da história mundial. A história mundial mostra como em cada espírito nacional e em cada época o espírito do mundo aos poucos chega à consciência e ao desejo de verdade.

A sucessão dos povos ou espíritos nacionais na história universal é o processo autocrítico em busca da liberdade. Essa sucessão é autocrítica porque, a cada povo novo que surge, os homens tornam-se "melhores". Para Hegel, a história mundial é a marcha de Deus e do Bem, que conduz a humanidade ao auto(re)conhecimento e à liberdade. O curso da história mundial é inexorável e não adianta tentar impedi-lo com a defesa inflexível da moralidade atual e com a nobreza de sentimentos individuais. A realização do objetivo absoluto do espírito está acima dos valores atuais e da moral individual. Os agentes históricos da história mundial estão acima dos limites da moral vigente porque fundam Estados que têm uma forma e um conteúdo superiores. Eles fundam Estados mais livres e sua violência é legítima. O homem "melhora na história" porque só ele é pensamento, i.e., percebe-se como finitude que encontra o seu sentido no infinito. A história universal realiza a mais elevada busca do espírito: o conhecimento de si mesmo, um conhecimento não apenas intuitivo, mas racional. Quando a forma atual do espírito toma consciência de si, ela entra em decadência, para que outro povo se instale na história universal abrindo uma época de mais liberdade.

Na História mundial vê-se um enorme quadro de transformações e ações, uma infinidade de povos e indivíduos em contínua mutação e sucessão. Para Hegel, esse trabalho da história não é caótico, sem direção e significado. A finitude não predomina, pois a vida renasce sempre. O pensamento oriental diante da morte não se desespera, pois dela vem a vida. A imagem oriental da superação da morte é a da fênix, que ressurge das cinzas. A ideia ocidental sobre o sentido maior da história universal é outra. Para os ocidentais,

> [...] o espírito, devorando seu envoltório mundano, não passa apenas para outro envoltório, mas renasce glorificado, transfigurado, um espírito mais puro. Ele age contra si mesmo, devora a sua própria existência, mas ao fazer isso, elabora essa existência, elevando-se a um novo corpo (HEGEL, 1945, 1986, 2001 [1837]).

O fundamento da fé cristã da filosofia da história hegeliana, por mais racional que ela se apresente, fica evidente nessa imagem da história universal como a do Cristo ressuscitado, glorificado, purificado, após passar pelo martírio da crucifixão. A história é finitude, sofrimento, que se resolve na experiência final do autorreconhecimento, da liberdade, que é uma autopurificação do espírito. A síntese dialética é a versão racional e discursiva da fé na vitória de Cristo sobre o Mal: o infinito supera-conserva a finitude, i.e., o Bem universal vencerá o Mal particular.

Para Hegel, as fases vividas pelo espírito na história universal o tornam melhor e mais perfeito. Ele se aproxima cada vez mais de si mesmo, integrando-se e reconhecendo-se. Ele experimenta muitas direções e dimensões, desenvolvendo-se, mas sempre insatisfeito. A insatisfação permanente com a sua forma atual o faz agir sobre si mesmo. Ele se objetiva, para se tornar mais próximo do que essencialmente é. Ele é o seu produto, fruto do seu próprio trabalho reflexivo. Ele aparece como existência exterior, como espírito determinado de um povo, como espírito objetivo. Os povos são os seus feitos, e os seus feitos revelam o nível de liberdade alcançado por ele. Em cada povo, o espírito alcança níveis superiores de autoconsciência e liberdade. Enquanto um povo está empenhado na realização dos seus objetivos particulares, ele é forte, pois o espírito universal se expressa através dele. Contudo, ao atingi-los, ao tomar posse de si mesmo, ao se realizar e tomar consciência de si, a alma de um povo deixa de ser atividade e decai em estagnação. Uma nação vive como um indivíduo que passa da maturidade à velhice. A rotina da velhice e o hábito trazem a morte natural. A existência torna-se externa e deixa de lançar-se com entusiasmo ao seu objetivo. Assim morrem os indivíduos e os povos de morte natural. Eles podem continuar a viver, mas uma existência desinteressada, sem vida. A necessidade foi satisfeita e toda a vida política e cultural torna-se tediosa. E o povo é superado por outro, que está dominado por sua paixão particular (HEGEL, 1999 [1821]; HEGEL, 1945, 1986, 2001 [1837]).

O ponto mais alto do desenvolvimento de um povo é a consciência racional da sua vida, a compreensão das suas leis, da sua moral. Nessa unidade do objetivo e do subjetivo é que está a unidade mais íntima em que o espírito pode estar consigo mesmo. As grandes obras de pensamento de um povo expressam a consciência de si deste povo. Temos uma representação geral dos gregos e da sua vida em Sófocles, Tucídides e Platão. Nesses indivíduos, o espírito grego apreende-se em pensamento e está aí a sua mais profunda satisfação. Contudo, quando chega esse estágio de máxima consciência, o espírito passa a querer algo novo. Ao atingir a máxima consciência de si, a forma atual do espírito declina e o espírito universal retoma a sua dramática busca da liberdade, negando-se nesta forma decadente e assumindo a sua nova forma. A nova vida do espírito será uma ideia universal mais elevada, que irá manifestar a presença de um princípio mais amplo, que se determina em um outro povo.

O espírito é o resultado da sua própria atividade, que é negação e transcendência da existência imediata, voltando-se para o interior de si. Pode-se compará-lo à semente de uma planta, que é o começo e o resultado da planta. A vida de um povo busca realizar o seu princípio. Todavia, ao contrário do vegetal, na história, a semente, ao tornar-se fruto, vira veneno para o povo. O povo toma o seu próprio veneno, destrói-se, para que haja o surgimento de um novo princípio em outro povo. Os princípios dos espíritos nacionais são momentos do espírito universal, que, através deles, se eleva a uma totalidade abrangente. Mas, apesar da sucessão dos povos e das fases diferentes, o espírito é sempre idêntico a si. O conjunto da história universal é um presente, por mais longo que seja o passado, porque não há tempo em que o espírito não tenha estado e não estará. Ele não foi e não está ainda por ser. Ele é um eterno agora. A ideia está sempre presente, o espírito é eterno, em si e por si, não é ontem nem amanhã, mas agora, uma presença absoluta. A fase atual do espírito supera-conserva todas as fases anteriores. Estas se desdobraram sucessiva e separadamente, mas o espírito é o que ainda é e sempre foi. As distinções entre essas fases não são mais do que o desenvolvimento de sua natureza essencial. Os momentos que o espírito deixou para trás, ele ainda os possui na profundeza do seu presente (HEGEL, 1999 [1821]; HEGEL, 1945, 1986, 2001 [1837]).

c) A "história filosófica": as fases da história universal conduzem à Europa

A "história filosófica" é uma história mundial, global, em que Hegel apreende a interdependência entre as histórias das nações e continentes, concentrando-se nos eventos decisivos, distinguindo povos principais e secundários, em função do seu papel na marcha da liberdade. Para D'Hondt, n'*As lições*... Hegel abriu um novo domínio da história, fundou uma disciplina histórica, que deve conceber e analisar a unidade e racionalidade de conjunto dos eventos do mundo, sob o ponto de vista da Razão. Os historiadores recusam essa perspectiva global em historiografia, mas, contraditoriamente, os melhores a praticaram, de Marx e Braudel a Wallerstein, e uma "história total" foi a utopia da Escola dos Annales. No final do século XX, uma história econômica, geopolítica e do meio ambiente planetário tornou-se uma exigência incontornável, atualizando e realizando a lógica hegeliana: a vida dos povos tornou-se interdependente, e a natureza, como matéria e distância, foi absorvida pela história globalizada, tornou-se um problema humano e tende à idealidade, ao domínio absoluto do espírito. O espaço é absorvido pelo tempo, a massa física do planeta minguou à medida do nanossegundo, do trem-bala, do avião supersônico, das redes bancárias e de comunicação mundial *on-line*. E, provavelmente, enquanto escrevo estas linhas, novos engenhos ainda mais velozes já engoliram e suprimiram grandes porções de matéria e distância. Tudo tende a entrar na órbita histórica, todo exterior dirige-se para o interior, e a história mundial realiza cada vez mais uma dialética de exterior-interior (VIRILIO, 1997; BOUTON, 2004).

A "história filosófica" hegeliana aborda as objetivações do espírito na história universal buscando constatar e verificar empiricamente os princípios e a direção da sua "filosofia da história". O seu objeto são os "espíritos objetivos", as determinações do espírito universal em sua marcha para a consciência absoluta de si. O fazer do espírito é tornar-se objeto de sua própria consciência, ele se explicita e se concebe e, a cada explicitação e concepção, se eleva a uma consciência maior de si mesmo. O espírito se eleva através da sucessão dos povos, Estados e indivíduos. Essas figuras desaparecem, mas o espírito prepara e elabora sua passagem a uma etapa próxima e superior. O povo portador de uma "proposição universal" tem a delegação de executar esse princípio e torna-se o povo dominante na história mundial nessa fase, podendo fazer época somente por uma única vez. Face ao seu direito absoluto de portador do princípio universal na etapa presente do desenvolvimento do espírito do mundo, os outros povos estão sem direito.

O povo dominante não domina porque é o mais forte, mas porque é o mais livre. O tribunal da história não legitima a vitória pela força, mas a vitória da Razão. Somente os povos que avançaram em constituições que ampliaram a liberdade podem pretender ser vitoriosos. A ideia de liberdade é o princípio que permite julgar o direito de um povo de pretender ser a liderança da história universal. Hegel não justifica a vitória militar, mas a vitória do direito, da justiça, da Razão. O povo vencedor e hegemônico na história universal ultrapassou os outros não por ser o mais violento, mas por defender um direito superior. Contudo, o povo vitorioso tem um destino trágico: aparece, cresce, lidera, declina e desaparece ou torna-se seguidor do novo líder mundial, após ser derrotado em uma guerra brutal. A história mundial como dialética infinita do encadeamento dos destinos dos povos particulares é trágica: as grandes civilizações desaparecem, os heróis se arruínam, o povo dominante cede lugar ao princípio superior que chega em outro povo (HEGEL, 1999 [1821]; HEGEL, 1945, 1986, 2001 [1837]).

Na história universal, a ideia do espírito se manifesta em uma sequência de formas exteriores, cada uma sendo um povo que realmente existiu, cada povo, com o seu espírito singular, tem uma mensagem única, sua, a oferecer à humanidade. A existência de um povo é no tempo e no espaço. A natureza é a base exterior da história dos espíritos nacionais, o "espírito de um povo" é uma interioridade que se articula a uma geografia. Há uma relação particular entre o solo e o caráter do povo, e a história universal não pode ser avaliada sem se levar em conta os elementos naturais, mas eles não devem ser nem sobre nem subestimados. A natureza é importante, mas "o solo da Jônia não é suficiente para produzir Homeros", mesmo que tenha contribuído para a criação dos poemas homéricos. Para Hegel, a natureza é tão determinante que considera as zonas frias e quentes não propícias aos povos históricos, porque são forças naturais que impedem a sua conquista da liberdade. O alto grau de frio ou de calor impede a construção de um mundo histórico, pois a necessidade se impõe e nunca será superada em liberdade.

O verdadeiro teatro da história universal é a zona temperada e, em particular, a parte norte, que se divide em Velho e Novo Mundo. Para ele, o centro da história universal é o Velho Mundo: a Europa mediterrânea. O Mediterrâneo une as três partes do Velho Mundo: a Grécia, o ponto luminoso da história; Jerusalém, o centro do cristianismo e do judaísmo; e as nações do sul da Europa, a Itália, a Espanha e a França. A Europa setentrional, inclusive a sua Alemanha, entrou mais tarde na história universal, quando Júlio César atravessou os Alpes e conquistou a Gália, realizando o primeiro gesto pela unificação da Europa. A história universal se agita em torno do Mar Mediterrâneo. O sol exterior se levantou no Oriente, mas ao chegar à Europa Mediterrânea tornou-se luz interior e a história universal verdadeiramente começou. A história universal vai do leste (sol exterior) ao oeste (luz interior). A Ásia é o começo, mas um começo exterior, que não leva ao progresso do espírito. A Grécia é o verdadeiro começo interior, e a Europa, sobretudo após as "invasões bárbaras" que reuniram a Europa setentrional e a mediterrânea, é o fim e o destino dessa história universal. Na Europa, nasceu o sol interior da consciência de si, que se expande, superior, por todo o mundo, absorvendo e incluindo em sua história a América, a África e a própria Ásia (HEGEL, 1999 [1821]; HEGEL, 1945, 1986, 2001 [1837]).

d) Os povos que não integram a história universal: os "inferiores"

Em sua história filosófica, Hegel descreve a marcha do Espírito universal do leste ao oeste, da Ásia à Europa. Mas, antes de começar a sua narrativa da superioridade europeia na história universal, ele se refere àqueles povos que estão fora dessa marcha porque não possuem ainda a luz interior do espírito e, por isso, não conseguiram se organizar em Estado e foram eliminados pelos europeus em sua expansão. Os povos autóctones dessas regiões estão fora da história universal, mas, após a conquista e a colonização europeias, essas regiões passaram a integrar a "humanidade". Os europeus têm a responsabilidade de "humanizá-los" e "salvá-los" e não fracassarão nessa sua missão.

1) A América

Para ele, as civilizações do México e do Peru eram "civilizações naturais", que naufragaram quando o espírito (Europa) se aproximou. A América se mostrou sempre e ainda é impotente do ponto de vista físico e moral, e os indígenas sucumbiram com a chegada dos europeus, que os reprimiram, escravizaram e exterminaram. Eles sucumbiram porque eram inferiores em tudo: estatura, força física, organização social. Os jesuítas os tratavam como menores, organizavam a sua vida e o trabalho e até tocavam o sino à 0h para lembrar-lhes os deveres conjugais! Os indígenas eram fracos e decaíram ainda mais com a aguardente. Por isso, foi preciso levar para lá os negros africanos, que recebiam bem melhor a civilização europeia, estudavam, tornaram-se bons padres, bons médicos. Os indígenas nunca conseguiram estudar. A população autóctone desapareceu e a população ativa americana é a que veio da Europa. A América ofereceu riqueza e carreira àqueles que não podiam obtê-la na Europa.

A América do Norte prosperou, desenvolveu a indústria, a população é urbana, vive em ordem e em sólida liberdade, o Estado está bem organizado em moldes europeus. Ao contrário, na América do Sul, de clima tropical, as repúblicas repousam sobre a potência militar, a história é uma revolução contínua, Estados se separam e se unem sucessivamente. A América do Norte é protestante, a do Sul, católica; a do Norte foi colonizada, a do Sul, conquistada. A Constituição do Norte é sólida, o presidente é eleito por quatro anos, há proteção da propriedade privada e poucos impostos. A sociedade se baseia no interesse privado. Os comerciantes americanos têm a má reputação de blefar e enganar sob a proteção da lei. As duas Américas constituem um enorme território, que está sendo ainda conquistado e ocupado pelos europeus. Hegel é otimista em relação ao futuro dos Estados Unidos, o Novo Mundo da zona temperada: é o país do futuro, o centro de gravidade da história universal. Os europeus sonham com essa América e emigram em massa, transformando-a em uma "Europa fora da Europa". O que aconteceu lá até hoje são "ecos do Velho Mundo". Mas, como país do futuro, os Estados Unidos não o interessam ainda, pois, em relação à história, o que interessa é o que foi e o que já é. O Novo Mundo é ainda o lugar do sonho, do futuro, e o que ocorreu lá, o seu passado indígena, está fora da história da humanidade (HEGEL, 1945, 1986, 2001 [1837]).

2) A África

Hegel divide a África em três: abaixo do Saara, a África propriamente dita, montanhosa, desconhecida; ao norte do deserto, a África europeia, um país costeiro; na bacia do Nilo, a África da planície, que se une à Ásia. O espírito egípcio não é africano. A África propriamente dita permanece fechada, sem relação com o resto do mundo, está aquém da história, envolvida "na cor negra da noite". A consciência dos negros não atingiu a objetividade do pensamento de Deus, da lei. O negro é o homem natural em sua selvageria e petulância. Não se pode encontrar nada em seu caráter que lembre o homem! A sua religião não tem a representação de um ser superior, mais forte, pois são mágicos e se representam como a potência mais alta. Se não adoram a Deus, não podem ter uma lei. A sua magia comanda a natureza. Eles têm rituais para controlar a chuva, o vento. São fetichistas: uma árvore, um animal, representa o seu poder. O espírito negro não conhece nada em geral, desprezam o direito e a moralidade. Na África, a tirania não é uma injustiça, e o canibalismo não é proibido. Quando um rei morre, mata-se e come-se gente às centenas. Os prisioneiros são vendidos no mercado, e o rei vencedor devora o coração do inimigo massacrado. Eles são vendidos na América como escravos, mas na própria África a escravidão é absoluta. Nos negros, os sentimentos morais são inexistentes: pais e filhos se vendem uns aos outros, a poligamia reina para se ter muitos filhos e vendê-los como escravos. O negro dá pouco valor à vida, despreza o homem.

A África não é parte do mundo histórico, não tem história, está no limiar da história universal, pois está fechada no espírito natural. Não há Constituição, mas a força do arbítrio. O que pode preservar o Estado é só a potência exterior, o rei é o déspota violento. Eles foram sempre o que se via ainda em sua época, e o único laço que mantêm com os europeus é o da escravidão. O que é bom para eles! A escravidão é em si e por si injustiça, pois o ser do homem é a liberdade, mas o seu convívio com os europeus, mesmo na condição de escravos, fez nascer neles a "humanidade". Enfim, os europeus têm a responsabilidade de "salvá-los", de integrá-los à "humanidade", e não fracassarão nesta sua "sublime missão" (HEGEL, 1945, 1986, 2001 [1837]).

e) A marcha do espírito a caminho da "consciência europeia"

A América e a África, portanto, não contam na marcha do espírito, pois não conheceram nem o germe da liberdade, e os povos desses continentes só virão a participar da "humanidade" quando aceitarem a liderança europeia. A busca da liberdade se realizou em quatro princípios e povos históricos: o oriental, o grego, o romano e o germânico. Cada um desses povos desenvolveu uma "proposição universal", um princípio, em que o espírito se reconheceu mais livre. Hegel compara a história do espírito do mundo ao desenvolvimento do indivíduo: os impérios orientais são a infância, o chinês é a adolescência, o grego é a juventude, o romano é a idade viril, o germânico é a velhice. No Oriente, a liberdade existia em germe: somente um era livre; na Grécia, a liberdade se ampliou a alguns; no mundo germano-cristão, todos são livres. No Oriente, o despotismo; na Grécia, a democracia; em Roma, uma aristocracia inflexível, que se opõe ao povo; no mundo germânico, uma ampliação da democracia grega? Da China ao mundo germânico há uma história de "progresso", de "melhoria", de "aperfeiçoamento" das relações entre esses Estados e os indivíduos: o poder se interioriza, torna-se cada vez mais "reflexivo" e individual, a lei e a moral são cada vez menos exteriores e coercitivas e cada vez mais uma consciência interior e universal se exterioriza (HEGEL, 1999 [1821]; HEGEL, 1945, 1986, 2001 [1837]).

1) Na Ásia, infância da humanidade, o Espírito do mundo tem por princípio a substância como uma totalidade natural indivisa. Os indivíduos, em sua singularidade, não se justificam por si mesmos. O Estado é teocrático, e os indivíduos se submetem ao poder do déspota, que é também o grande sacerdote. Os indivíduos estão subordinados, sem direitos, a esse poder político-religioso. As posições sociais são castas naturais, rígidas. A vontade subjetiva se vê como obediência cega ao Patriarca. Só a vontade do Patriarca é livre. A Razão se realiza como liberdade apenas no Patriarca, que impõe a todos os mandamentos e a moral, e nenhum indivíduo pode se separar dessa ordem exterior pela liberdade subjetiva, reflexiva. A liberdade subjetiva,

individual, está mergulhada e dominada pela substância, e fora da substância nada existe de forma independente.

O Estado oriental é estável porque tem uma temporalidade natural, espacial. Não são "estáveis", mas "estagnados", "petrificados", que é uma forma negativa de estabilidade. A vontade subjetiva é regida por leis como por uma potência exterior. Tudo o que é interior, caráter, consciência, liberdade pessoal, não existe. As leis e a moralidade são coercitivas, dirigidas exteriormente. O espírito não se interiorizou, é ainda uma espiritualidade natural. Não se tem consciência do que chamamos de Deus, o homem não tem a intuição do seu querer próprio, mas de um querer que lhe é exterior. Na China, na Mongólia, na Índia, o patriarcalismo é o princípio dominante: o chefe do Estado concentra a subjetividade e só ele conhece e pode decidir sobre o Bem. Os indivíduos não têm poder sobre eles mesmos, não são livres, e estão organizados por castas fixadas pela religião, que é também o poder temporal. Aqui, a representação que o espírito tem de si mesmo é o sol, a luz natural, exterior.

No império chinês, o mais antigo, o domínio do soberano impede a reflexão de si do indivíduo. O povo chinês tem historiadores, pois o Estado chinês existe desde 3.000 a.C. Eles têm seus livros sobre a sua história, Constituição e religião, os *Kings,* mas o espírito chinês foi sempre o mesmo: imposição do espírito substancial sobre o espírito individual. O espírito familiar se estende sobre o país. A vontade geral se impõe sobre o indivíduo sem subjetividade reflexiva. A vontade geral diz o que o indivíduo deve fazer, e este obedece sem refletir. A substância é imediatamente um sujeito, o imperador. O Estado chinês repousa sobre a piedade familiar: os chineses são filhos do imperador, o seu poder patriarcal segue o modelo do poder paternal. Esses "impérios espaciais" são minados pela ação do tempo, mas é uma história sem história, pois repetição de uma ruína majestosa. As mudanças não trazem progresso, mas uma nova forma exterior, igual à anterior: quanto mais muda, mais é a mesma coisa. No império chinês, a história da Ásia é comparável à adolescência, que não tem a tranquilidade e a confiança da criança, que só coleta e combate. Na China e na Índia não havia progresso, pois o progresso só é possível quando o espírito se separa da natureza e, reflexivo, toma-se como objeto e se impõe ao exterior.

2) A passagem ao conceito grego partiu do espírito egípcio, mas o Egito tornou-se uma província do Império persa, e a passagem concreta se deu no contato do mundo persa com o mundo grego. Aqui ocorreu, pela primeira vez, uma passagem histórica: o império persa desapareceu e transmitiu a outro povo a liderança da história universal. Por que a Pérsia desapareceu

enquanto a China e a Índia permaneceram? Hegel insiste que se deve evitar o preconceito de que a duração é superior à desaparição: "os montes imortais não têm mais valor do que a rosa fugaz". A Pérsia desapareceu, mas foi com ela que a história universal começou o seu progresso em direção à liberdade. O seu lugar na história é mais importante do que o da China, que tem uma milenar espiritualidade natural. Na Pérsia, o espírito se separou da natureza, mas, como era politicamente mais fraca, foi derrotada, e o seu princípio passou à Grécia e floresceu. Na Grécia, o espírito se liberou ainda mais, interiorizando-se, entrando mais profundamente em si mesmo. Com os gregos, já estamos plenamente no terreno do espírito, e a história universal realmente começou a progredir (HEGEL, 1999 [1821]; HEGEL, 1945, 1986, 2001 [1837]).

No mundo grego, a juventude da humanidade, o espírito tem por princípio a unidade do finito e do infinito. O mundo grego pode ser comparado à juventude, pois aqui as individualidades se formam. As leis e a moralidade não se impõem do exterior à individualidade, porque o livre querer dos indivíduos prevalece. Tem-se aqui a união do princípio moral e da vontade subjetiva ou o reino da "liberdade bela". O princípio da individualidade pessoal é efetivado nele mesmo, mas mantido em sua unidade ideal na cidade. Atenas é um reino de harmonia verdadeira, mas ingênuo, e desapareceu cedo. Na cidade grega, o indivíduo se acha em uma unidade ingênua com o fim geral, a vontade individual se conforma aos costumes, hábitos, leis. A Grécia é a juventude da humanidade não porque aberta ao futuro ou inacabada, imatura, mas porque era a "fresca vida do espírito". O espírito se conquista pela primeira vez como matéria do seu querer e saber. O Estado se une ao indivíduo e este ao Estado. A Grécia é a substância que é ao mesmo tempo individual. O mundo grego era de uma multiplicidade de ilhas, heterogêneo, e unificou-se, triunfou sobre si mesmo. Não foi a geografia que produziu a unidade grega, pois a sua unidade não era exterior.

O espírito grego se põe por si mesmo, se conquistou e se impôs ao exterior. O homem começa a olhar para o mundo exterior, de dentro para fora, e a impor-lhe a sua vontade. A moral existe como ser e querer próprios da alma e da subjetividade particulares. A "bela individualidade" grega transforma a natureza em sua própria expressão. O espírito se expressa na natureza, como o artista plástico, que faz da pedra uma obra de arte. A natureza não se impõe mais ao espírito e ganha uma forma espiritual. Na beleza grega, o sensível é sinal, a matéria é expressão do espírito. A "bela individualidade grega" se realiza como obra de arte. O espírito conquistou sua autonomia e cria o mundo histórico, esculpe a natureza, o corpo, organiza a cidade, impõe ao mundo exterior a sua "bela liberdade individual". As leis da cidade não se impõem sobre os indivíduos: há uma unidade moral entre o finito e o infinito. Os indivíduos "reconhecem" a legitimidade da lei da cidade, pois participaram da criação da sua constituição e ao obedecê-la, obedecem a si mesmos. O poder não se impõe do exterior, porque é um exterior que nasceu do interior.

Para Hegel, esse foi o momento em que as relações entre a Razão e História foram as mais felizes: o finito se integrou ao infinito, o indivíduo se integrou à cidade, a história se uniu à Razão em um mundo de liberdade. Esse momento era a sua referência para pensar o futuro da Alemanha unida e líder da humanidade. Contudo, pode-se interrogá-lo: não estaria idealizando a "harmonia democrática" grega? A Grécia realizou realmente o sonho da democracia direta ou este é apenas o mito de origem da identidade europeia? Essa integração plena e total do finito no infinito, do indivíduo na pólis, é um projeto democrático ou totalitário? Nossa hipótese é a de que, talvez, a democracia ateniense jamais teria existido, não passando de uma construção idealizada das origens europeias, que serve apenas para elevar a sua autoestima e nortear a sua ação conquistadora e colonizadora. A Grécia foi realmente "o ponto luminoso da história universal" ou o início do projeto de conquista do planeta pelos europeus?

3) No mundo romano, a idade viril, ocorre a cisão da vida moral em dois extremos: a consciência de si privada e pessoal e a universalidade abstrata. A oposição se efetiva entre uma aristocracia estatal contra o princípio da livre personalidade. Todos os seres particulares decaem em pessoas privadas e são mantidas juntas apenas por uma vontade arbitrária. O terceiro momento da marcha progressiva do espírito é o do reino da generalidade abstrata. O Império Romano é a idade viril da história porque o indivíduo desaparece e só atinge o seu próprio fim no fim universal. O Estado sacrifica os indivíduos ao seu fim. Os indivíduos se oferecem ao serviço da generalidade abstrata. No Império Romano não há mais alegria, como em Atenas, mas um trabalho rude; a generalidade impõe aos indivíduos o seu jugo. Eles devem renunciar a si mesmos e assumirem uma forma geral.

O fim do Estado consiste em que os indivíduos lhe sacrifiquem a sua vida moral, porque o seu fim é a dominação universal. Em Roma, encontramos uma livre generalidade, uma liberdade abstrata, que submete os indivíduos a uma dura disciplina. Essa liberdade abstrata põe de um lado o Estado abstrato, a força, a política, que submete a individualidade concreta exteriormente; de outro, cria a personalidade, a liberdade do espírito universal em si, que é necessário distinguir da individualidade. A personalidade é determinada pelo direito e se manifesta na propriedade, indiferente às determinações concretas do espírito vivo da individualidade. Esses dois fatores que formam Roma, a generalidade política e a liberdade abstrata do indivíduo, são compreendidos na forma da interioridade. Essa interioridade, esse retorno sobre si, que levou à ruína o espírito grego, abre um aspecto novo na história universal. No mundo romano não se trata de uma vida concretamente espiritual. Lá o princípio da história universal é a abstração da generalidade, e o fim é perseguido como uma dureza sem criação. É uma dominação que faz valer essa abstração. Uma aristocracia flexível se opõe ao povo. O todo é dividido, mas luta junto. Não há multiplicidade, mas dualismo.

O princípio do Império Romano é a "interioridade subjetiva", que tem como conteúdo uma vontade particular de dominar, governar. As personalidades só podem ser mantidas juntas por uma potência despótica. A originalidade romana: o Estado impõe a disciplina mais dura, o sacrifício das individualidades, para garantir a associação. O Estado repousa sobre a violência e é mantido à força. Não há laço moral que ligue, mas uma subordinação. A virtude romana é a coragem pessoal e de grupo. Todo cidadão era um soldado, pois o Estado repousava sobre a guerra. Na guerra, cada cidadão tinha de se manter por si mesmo. Os fundadores de Roma são irmãos em guerra. Não havia amor familiar, e as mulheres eram conquistadas pela violência. Era uma vida dura, rígida. A mulher era propriedade do homem, e o casamento era uma venda. Os filhos estavam subordinados ao poder do pai. O romano era oprimido pelo Estado e tirano na família. A grandeza romana era essa inflexível rigidez na unidade dos indivíduos com o Estado, suas leis e ordens. Para Hegel, apareceu nos romanos "a prosa da vida", a consciência da finitude, a abstração do entendimento e a dureza da personalidade. A unidade é imposta e garantida pela generalidade abstrata. A eles devemos o direito positivo, um princípio jurídico exterior, sem intenção e sem alma. A disciplina era a religião dos romanos. A interioridade romana não se elevou a um conteúdo livre, espiritual, moral. O mundo romano fez nascer a ruptura com a realidade, e o desejo de uma satisfação espiritual privada, interior, preparou um mundo espiritual superior: a religião cristã.

4) O mundo germano-cristão é a velhice da humanidade, não como fraqueza, mas como maturidade perfeita. Esse mundo começou com o cristianismo e se desenvolveu concretamente graças às nações germânicas. Os povos germânicos fornecem suporte histórico e político ao princípio cristão. O princípio da liberdade espiritual foi posto nas almas incultas desses povos, e eles têm a missão religiosa de efetivar a liberdade no mundo. Os germanos, ao contrário dos gregos e dos romanos, depois de se precipitarem para fora, depois de derrubarem Estados caducos e podres, voltaram-se para o seu

interior. O mundo ocidental se lançou para fora com as Cruzadas, conquistou a América, mas não encontrou, fora da Europa, um povo histórico e não quebrou um princípio que até então dominava o mundo. A relação com o exterior lhe trouxe evoluções interiores.

Para o mundo moderno, o fator determinante não é mais a relação com o exterior, o mundo cristão não tem nada de exterior, mas um exterior relativo que foi vencido. No mundo germano-cristão, vive um espírito completamente novo, que devia regenerar o mundo, i.e., o espírito livre, que repousa sobre ele mesmo, o sentimento autônomo da subjetividade. Diz-se que as nações germânicas estavam destinadas a ser os suportes do princípio cristão e a realizar a ideia enquanto fim absolutamente racional. O espírito cristão, através das nações germânicas, deve se realizar no mundo e superar a sua agitação guerreira. A agitação do mundo torna-se uma questão espiritual. No Ocidente começou esta longa evolução da história universal para a purificação do espírito concreto. Na época moderna, o mundo germânico conquistou o mundo e o espírito se sabe livre, querendo ser mais livre, universal, em si e por si (HEGEL, 1999 [1821]; HEGEL, 1945, 1986, 2001 [1837]).

A Reforma foi uma primeira radicalização dessa purificação do espírito. A Reforma transfigurou tudo, rompendo com a violência da Igreja, com o seu abuso de autoridade, pois o espírito superior já a tinha excluído do seu desenvolvimento. A Igreja tornou-se finita, exterior, positiva, e, portanto, corrupção e ruína, superstição, submissão, luxúria, hipocrisia. A salvação tornou-se uma operação exterior, vendida por dinheiro. A velha interioridade do povo alemão veio realizar a revolução, e Lutero reencontrou a interioridade, a infinita subjetividade, a verdadeira espiritualidade: Cristo não é exterior. A exterioridade afastada, todos os dogmas se reconstruíram, a fé voltou a ser a certeza subjetiva do eterno, da verdade existindo em si e por si, Deus. O indivíduo sabe que está cheio do espírito divino e toda condição exterior desaparece. O sujeito deve tornar-se verdadeiro, renunciando ao seu próprio conteúdo pela verdade substancial. Ele se libera do espírito subjetivo, nega seu ser particular e se reconcilia com o universal. Hegel se considera um porta-bandeira da Reforma, do espírito livre, que é nele mesmo e na verdade. Esse princípio se realiza na cultura, no direito, na propriedade, na moralidade, na constituição, no governo, e, neste sentido, o Estado se funda sobre a religião. Este é o conteúdo essencial da Reforma: o homem se determina por ele mesmo a ser livre. Ele sabe que o espírito existe nele, o Bem o habita. A Reforma teve uma influência profunda sobre o Estado. A monarquia se fortaleceu e os alemães se uniram.

Hegel se apresenta não só como porta-bandeira da Reforma, mas a conserva-superando com a sua filosofia dialética, radicalizando o seu princípio da interioridade ao transformá-la na atividade abstrata do pensamento. A interioridade da fé torna-se pensamento. O pensamento é a liberdade abstrata, o ponto culminante da interioridade, que realiza a liberdade do homem. O pensamento é o maior grau a que o espírito chegou, pois, agora, ele tem somente a si como objeto. Como pensamento, como conceito, o espírito reconcilia o exterior e o interior. O conteúdo interior não é mais uma revelação religiosa inefável, fé, mas um discurso especulativo que reconcilia dialeticamente interior e exterior, vida e pensamento. Logo, a filosofia dialética da história de Hegel é a realização máxima da consciência de si e para si do espírito universal!

Para Hegel, este é o último estágio da história: o mundo europeu germânico-cristão, cuja consciência é articulada pelo seu pensamento. A vontade é livre na medida em que não quer nada exterior, pois seria dependente. Ela é livre enquanto é ela mesma e se impõe ao exterior. Na França, a liberdade significou a tomada de posse do mundo exterior. Na Alemanha, a liberdade significou a posse do mundo interior. A consciência alemã é fundada na teologia, no protestantismo, que valoriza a intenção, e essa consciência reformista já tinha melhorado a realidade alemã. A "via prussiana" de acesso à liberdade não é pela destruição do exterior e do passado, mas pela sua organização e integração à Razão, como o artista plástico fazia na Grécia. É o pensamento conduzindo a história, esculpindo-a e transformando-a em uma "bela obra de liberdade". A consciência alemã saiu da filosofia e tornou-se uma verdade viva, concreta, regendo a realidade e construindo a história segundo a Razão através de um Estado monárquico e constitucional. Todo cidadão pode aceder às funções desse Estado promotor da liberdade, da integração do finito ao infinito, desde que tenha habilidade para torná-lo cada vez mais eficiente na objetivação do espírito livre. O governo é feito por funcionários competentes, i.e., capazes de argumentação e ação racionais, liderados pelo monarca.

Este é o verdadeiro "nascer do sol", a revolução alemã! Todos os seres pensantes devem celebrar essa época, que abriu ao mesmo princípio de liberdade quase todos os Estados modernos. O mundo feudal foi suprimido, e o princípio da liberdade, da propriedade e da pessoa tornou-se fundamental. E Hegel só fez essa recapitulação da história universal para demonstrar a superioridade dos povos germano-cristãos, isto é, das nações europeias, para defender o seu direito de exercer o domínio universal sobre todos os outros povos, que são "menos livres", "atrasados" e que serão "salvos" quando a Europa os incluir em sua história de tal forma que todo o planeta poderá se chamar

"Europa" ou, talvez, e melhor, "Germânia". Hegel parece propor à Alemanha que, após a sua autoconquista, retomasse as "invasões bárbaras" que destruíram o Império Romano, que desse continuidade à descoberta do Novo Mundo e conquistasse o planeta, começando pelos seus vizinhos europeus, impondo a todos os diferentes povos a sua vontade, o seu espírito em si e para si, a sua interioridade luterana, o seu pensamento dialético, únicos conhecedores da Razão e da liberdade (HEGEL, 1999 [1821]; HEGEL, 1945, 1986, 2001 [1837]).

A "reconciliação total" entre tempo, história e narrativa

A mitologia cristã conta que o homem perdeu a sua unidade original com Deus, o seu estado de beatitude absoluta, por ter comido do fruto de uma determinada árvore, a da ciência do Bem e do Mal. O pecado, portanto, é o conhecimento, pois dele resultou a separação do finito e do infinito. Foi o conhecimento que levou o homem à finitude, à "Queda". O Éden era como uma paisagem eterna, onde, em estado de inocência, os homens conviviam em harmonia com os animais e na presença de Deus. Contudo, quando tomou consciência de si pelo conhecimento do Bem e do Mal, o homem se separou da paisagem, diferenciou-se dos animais, tomou distância de Deus, para conhecê-lo, e, assim, perdeu o Éden. O conhecimento é pecado porque é da lógica e do funcionamento da "vontade de Deus", que permitiria o seu controle, tornando o homem senhor do Senhor. Nesta situação de ruptura de um amor divino, os três, a paisagem-mundo, os homens e Deus não se "reconheciam" mais! O homem foi condenado à prisão do tempo, dimensão do "não reconhecimento" entre ele, o mundo e Deus. A Queda cristã é o mito do homem/eterno que decaiu em homem/tempo, em homem/discurso. O tempo é separação, ausência, impossibilidade da visão do todo, da Presença. O tempo aparece como uma nuvem de fumaça ou como um véu, para impedir a visão total de Deus, protegendo-o, impossibilitando o conhecimento humano. O tempo pode aparecer ora como uma leve cortina translúcida, ora como uma persiana, ora como uma blindagem, ora como uma senha secreta de acesso a Deus. Coberto pelo tempo, Deus tornou-se "incontemplável". Então, em sua finitude absoluta, o homem se sente isolado, só, abandonado, sem sentido. Ele sofre e tem nostalgia, quer reintegrar-se à felicidade da paisagem da origem, busca a reconciliação total com o infinito, mas não quer perder aquilo que o fez cair: a vontade de saber (BOURGEOIS, 1991; FESSARD, 1990).

Para o cristianismo, este seria o sentido da história universal: a subjetividade separada de Deus retornará a Ele. O (re)conhecimento de sua subjetividade trará ao homem o (re)conhecimento de Deus e da sua verdade.

Então, a subjetividade atomística, que se relacionava somente consigo e objetivamente com o mundo, vai se descobrir como universal, o espírito finito se redescobrirá como um momento de Deus. Esta é a unidade oferecida pelo cristianismo: o homem se reconhecerá como parte de Deus. Contudo, essa unidade é uma escatologia, que precisa da história universal para se realizar, mas se realizará somente com o fim dos tempos. O Mal-tempo vivido na história é necessário como caminho que leva à reunião do homem com Deus-eternidade. Cristo veio, um homem que é Deus, um Deus que é homem, e trouxe a "boa nova": Deus perdoará o homem, vai "reconhecê-lo", e a reconciliação total entre o tempo e a eternidade ocorrerá com o fim do castigo que lhe foi imposto, a experiência da finitude na história universal. A relação amorosa entre Deus, os homens e o mundo vai ser reconstituída no fim da história e essa nova eternidade será perfeita, pois não haverá a possibilidade de uma nova Queda (HYPPOLITE, 1983; FESSARD, 1990; BOURGEOIS, 1991).

A mitologia judaica narra de outra forma a separação entre o homem e Deus. Na história de Abraão, Hegel acredita descobrir o sentido do povo judeu: ele se separou da sua pátria e família, quebrou os laços do amor, afastou-se das lembranças de juventude. Ele quis ser independente, para si, e a sua separação total do seu povo tornou-se o espírito do judaísmo. Houve uma ruptura da relação entre homem, mundo e Deus. Abraão não queria mais amar e permanecia estranho a todos os povos que conhecia, o seu espírito era de hostilidade ao mundo e aos outros homens. Era um estrangeiro na terra. Abraão não podia mais considerar as coisas como vivas e as usou para seu prazer e segurança. Sua relação com o mundo é objetiva. Deus está além, inacessível, e não se pode encontrá-lo no seio da vida. O judeu é só intelecção, astúcia, preocupação consigo. Ele despreza o mundo. O judeu é escravo de Deus e o seu Senhor terrível o comanda de dentro. O povo judeu é reflexão total, ruptura total com a vida. A única relação possível entre os seres é a de senhor/escravo, pois o finito foi separado do infinito. Abraão é o fundador do povo judeu e o tornou o mais infeliz dos povos, porque se separou de todas as formas particulares de vida. Ele não sabe mais amar, não se liga às coisas finitas. Ele concebe Deus além dos vivos determinados, um Deus infinito exterior ao mundo. A transcendência do Deus judeu é absoluta: não está em parte ou coisa alguma. O povo judeu vive a mais cruel separação, não participa mais do mundo, e Deus não é alcançável. A reconciliação total entre Deus, o mundo e os judeus é o que nutre a esperança na vinda do Messias (HYPPOLITE, 1983).

Jesus apresentou-se como esse Messias, que veio para "salvar" o seu povo, reconciliando-o com o mundo e com Deus, oferecendo-lhe o caminho do amor e da paz. Ele queria suprimir aquela relação senhor/escravo entre

Deus e o seu povo. Mas, proibido pelo Estado de se dirigir ao seu povo, passou a se dirigir aos indivíduos e abandonou o seu povo ao seu destino. Este é o espírito do cristianismo: a ruptura do cristão com o Estado, com esse mundo. O reino de Deus não é desse mundo, e essa ruptura marcará o mundo moderno e o distinguirá do mundo antigo. O cristianismo é uma religião privada, o espiritual é cortado do temporal, a liberdade individual é fuga do mundo. Ao escolher o amor, Cristo se separou do seu mundo temporal e fugiu do destino do seu povo, que é não amar. O cristão é o contrário do judeu: despreza a riqueza, porque despreza este mundo. Para ele, a realidade não é de coisas, mas a pureza do coração. O reino de Deus é interior e está em cada um. Hegel tem uma visão trágica do cristianismo, porque a Salvação do cristão o obriga a se separar do mundo. Cristo é a "bela alma", que renuncia combater pelo seu direito e se subtrai a todas as relações do mundo (Hyppolite, 1983; Fessard, 1990; Bourgeois, 1991).

As religiões ocidentais, portanto, enfatizam a ruptura total entre o tempo e a eternidade, entre os homens e Deus, para prometerem a reconciliação total entre eles no além, após o fim da história. Essa ruptura total teria oposto "conhecimento" a "reconhecimento", "discurso" a "silêncio", "filosofia" a "religião", "pensamento" a "amor". O Messias viria reconciliar os homens com Deus pelo amor, seria uma espécie de antídoto ao veneno do fruto comido por Adão. Mas, em vez de realizar a sua promessa, pelo contrário, a separação total se radicalizou. Para Hegel, o judaísmo e o cristianismo não resolveram o grande problema da história universal, o da reconciliação entre finito e infinito, entre Razão e História. A religião fracassou, a fé revelou-se ineficiente ao decair em "religião positiva". O otimismo de Hegel quanto ao seu lugar na formulação da consciência histórica ocidental é enorme: ele acreditava que o seu sistema filosófico teria vindo superar (conservando) o fracasso das religiões ocidentais por compreender que o espírito absoluto final se realizará neste mundo, sem a necessidade da sua destruição, como uma sociedade ético-política, uma "bela totalidade". Ele se inspirava na "bela totalidade ética" da cidade grega que, para ele, em toda a história, foi o único momento de reconciliação total, mas frágil, transitório. O povo grego foi o mais feliz da história universal, pois conseguiu conciliar a vida finita e o pensamento. A "bela cidade grega" era um reino ético, o cidadão grego era livre porque não opunha a sua vida privada à vida pública. A cidade não o oprimia, e ele obedecia às leis que se dava. O indivíduo se integrava ao todo. Não havia cisão. A parte eterna do indivíduo era a cidade, o finito e o infinito estavam unidos. O espírito grego se impunha ao exterior e construía o mundo como um artista esculpe a matéria, imprimindo nela o seu sentido, a sua liberdade.

Mas a "consciência feliz" grega durou pouco. A ruptura se reinstalou com a vitória do Império Romano e da sua religião oficial, o cristianismo. A consciência passou a viver em dois mundos estranhos um ao outro: o da realidade social e política e o mundo do espírito. O temporal e o espiritual se separaram. O Império Romano era sem espírito, apenas terras juntas e homens superpostos. O Estado era distante e hostil e os indivíduos se fecharam em si mesmos, em uma forma de "consciência infeliz" em que a vida privada predomina, a liberdade espiritual não se realiza no Estado. A decomposição da cidade grega trouxe a cisão de duas formas: no Estado romano, que se tornou uma potência estranha, que obrigou o indivíduo a se fechar em sua atividade particular, finita, privada; no cristianismo, com a sua "consciência infeliz" que, separada deste mundo e da religião positiva, perdeu o sentido do eterno. Contudo, para ele, essas rupturas eram necessárias, a "consciência infeliz" era necessária, assim como a guerra é necessária, porque o indivíduo experimenta a falta da unidade e sente a necessidade imperiosa da reconciliação. A guerra não é o ódio entre os povos, mas a saúde deles, que, sem ela, perderiam o sentimento da liberdade e adormeceriam. A guerra é uma negação da negação, que faz emergir a liberdade, é desejo de reconciliação com o infinito. A "consciência infeliz" também, como a guerra, é necessária, pois é uma exigência de negação e de reconciliação total, de restauração do amor universal.

Para Hegel, este é o problema posto pela história universal: como reencontrar a relação harmoniosa do indivíduo com a cidade? Os mitos religiosos apresentam metaforicamente esse problema ético-político e fazem depender a reconciliação total da destruição do tempo e da História. O Éden deve ser entendido como a primeira "bela totalidade" ético-política, a primeira "cidade de Deus". O Estado é Deus neste mundo e a reconciliação entre o indivíduo e o Estado será também entre a História e a Razão. A busca do espírito pela liberdade significa concretamente a realização de um Estado ideal e planetário, que seria a determinação superior de "Deus neste mundo". Otimista, Hegel radicaliza a esperança da Revolução Francesa, inspirando-se também na Reforma, ao esperar, depois delas, que a história universal, de modo não escatológico, encontre a reconciliação total entre finito e infinito, entre historicidade e Razão.

Para ele, é a sua filosofia que compreende e articula em linguagem essa "reconciliação total". A sua filosofia dialética vai realizar a promessa que as religiões ocidentais não conseguiram cumprir: a reconciliação total será uma obra do pensamento e não do sentimento religioso. A filosofia dialética é a narrativa mais completa e verdadeira, pois não nega nem desvaloriza o tempo e a historicidade. Ela oferece o Conceito do tempo e da história, em vez de desprezá-los e lutar contra eles. Para ele, o espírito é o Conceito realizando-se no tempo. O tempo é a Razão existindo concretamente, o Conceito existindo empiricamente. O Conceito é histórico, pois o sentido universal se determina em sentidos particulares. E esta unidade entre finito e infinito se dá ao conhecimento especulativo. O Conceito não é além do tempo, abstrato, o seu trabalho na história aparece no discurso filosófico. A história tende à reconciliação total entre ser, tempo e discurso. A sabedoria filosófica não é silêncio diante do inefável, mas discurso sobre a unidade entre Razão e História. A ontologia de Parmênides e Platão buscava o ser único, homogêneo, atemporal, imutável e o discurso que coincidisse com este ser seria único e verdadeiro. Este ser único não conhece as diferenças temporais, pois não é no tempo. Ele é uno e indivisível. É eterno. Mas, para Kojève, o discurso parmediano se refuta a si mesmo, pois é impossível falar do uno. O uno é inefável. O ser-tempo é aquilo do qual se pode falar, porque é "idêntico na diferença": o ser é tempo e discurso (KOJÈVE, 1947; 1990).

Para Hegel, o ser só se dá ao discurso filosófico porque é tempo: ser e nada. A dialética substitui a teologia na abordagem do ser porque não fixa, separa e opõe os termos finitos, mas os transforma em mediações que se encadeiam e se articulam em um todo. O ser não pode ser separado do nada, pois é em relação ao nada. O ser é triádico: ser, nada e diferença. O ser é sucessão temporal, devir: o ser desaparece no nada e o nada reaparece no ser. Se eliminássemos a diferença temporal entre ser e nada teríamos o uno e seríamos obrigados ao silêncio. Mas, porque há diferença, pode-se falar do ser. A temporalidade é o Conceito, porque o Conceito é a "identidade do diferente". O Conceito é a integração, a totalidade das essências distintas das existências. A temporalidade é a essência do ser, o ser presente passa/ se nega no passado e torna-se futuro. A existência é diferença do idêntico apreendida pelo Conceito. O ser se nega tornando-se passado e futuro, e o discurso o apreende no tempo e não fora dele. O discurso do ser isolado do discurso do nada é vazio. Em Hegel, a filosofia é saber discursivo, é conceito e tempo. Se fosse discurso do eterno, seria silêncio, fé. O discurso dialético é triplo: explícito em relação ao mesmo (tese), implícito em relação ao outro (antítese) e implícito sobre a relação entre o mesmo e o outro (síntese). Os discursos sobre o mesmo e o outro não podem ser isolados um do outro. O discurso dialético, por não separar o ser e o nada, o pensamento e o ser, o finito e o infinito, a História e a Razão, Deus e o mundo, tempo e eternidade, produz a verdadeira reconciliação total (KOJÈVE, 1947, 1990).

Portanto, para Hegel, o espírito não "decaiu" no tempo, não houve ruptura entre a eternidade e a história. Há unidade entre tempo e eternidade, mas essa unidade não é imediata e é o "conhecimento dialético" que poderá reunir as partes finitas em uma totalidade, realizando as mediações, articulando as transições, soldando as divisões, superando as oposições, sintetizando as contradições. O tempo é o Conceito existente. Hegel compreende o ser não como uma unidade imutável, eterna, mas como um processo em três momentos: unidade, separação, reunificação. O ser é a unidade original que se diferencia no tempo e retorna a si. Ele busca a unidade perdida em uma unidade superior, como uma "nostalgia" que se dirige ao futuro, movida pela busca do ser pela autoconsciência absoluta. A história é um processo, um tribunal, onde o espírito busca o reencontro consigo e que já se realiza a cada instante do processo. O espírito é história em ato. A história não é sem sentido e não é declínio para o pior, não pode ser caos, sofrimento, repetição insensata, catástrofe, errância, mas um movimento em direção à Razão (liberdade), fim que já é realizado a cada instante. O final não será um amor universal inefável, mas uma autoconsciência absoluta articulada pela narrativa dialética, que ressignifica e inclui esse amor universal. Hegel oferece em sua narrativa não "a emoção da Presença divina", mas a "gnose de Deus", uma emoção universal articulada pelo pensamento. O cristão poderia objetar: se é o conhecimento que trará a reconciliação total, e não o amor, então Adão teve razão em comer daquela árvore e cometer o pecado de conhecer a diferença entre o Bem e o Mal. A narrativa dialética hegeliana, ao oferecer a "gnose de Deus (!)", não seria, então, uma reafirmação, uma legitimação da Queda e, portanto, uma "nova Queda", uma reinauguração do inferno da história universal? Pode o pensamento substituir o amor na reconquista da eternidade? Pode a Ideia "dissolver" o tempo ao inserir o finito no infinito? (D'HONDT, 1966).

Hegel responderia, talvez, que Adão, ao preferir o caminho do conhecimento, fez a escolha mais humana, a única que o homem poderia ter feito, pois é o pensamento que diferencia o homem. Adão foi a negatividade que tornou necessária a existência da história como busca da negação da negação. O pensamento é o melhor caminho porque não decai, como a religião, em "positividade". E o pensamento dialético não poderia se opor ao sentimento religioso, pois teria fracassado. O pensamento dialético é vivo, dinâmico, autocrítico e busca a autoconsciência sem se proteger da negação; pelo contrário, não se refugia no dogma e radicaliza a sua negatividade. Para Hegel, a reconciliação total pela narrativa dialética não suprimirá o tempo pela Razão, não negará todos os momentos do passado/presente/futuro, pois o tempo não pode ser negado, e essa é a tarefa do seu pensamento: evitar a oposição e reconciliar totalmente tempo e eternidade. A historicidade é fundada na interiorização da lembrança, na capacidade do espírito de ultrapassar e conservar o passado na atualidade de um presente. O espírito guarda em sua interioridade as etapas que deixou atrás dele. Por um lado, a historicidade é uma época inultrapassável, o indivíduo é filho do seu tempo e não pode ir além. Ele é o que é historicamente, e o passado se isola do presente. Mas, por outro, em cada presente, o espírito supera/conserva o passado de forma viva. O passado é o que foi e não é mais e o que é ainda no presente. Para Hegel, a "supressão do tempo" não significará a sua destruição, mas a sua inclusão em um presente destemporalizado. Hegel pensa um "presente vivo", que não é só finitude, mas um todo, que suprimiu o passado apenas como "positividade". O presente vivo que integra todo o passado será um todo ético, um presente absoluto, uma reconciliação total entre espírito e tempo (KOJÈVE, 1990; BOUTON, 2000).

O Conceito universal, última figura da consciência, será a forma desse presente absoluto, superando a divisão do tempo em três dimensões. Como totalidade, o presente reúne passado/presente/futuro. O espírito presente integra em si o passado e não tem mais futuro. A dialética é a autossuperação de determinações finitas. O filósofo não constrói esse movimento pelo pensamento, mas participa de um movimento que se produz historicamente. O pensamento é igual ao ser. O racional é real. Não se trata de uma linha que vai em direção ao futuro, mas de uma espiral em direção ao centro. O presente é unificador, totalizador. A eternidade é o presente absoluto do espírito, a sua presença de si a si, que se realizará na história como eternidade viva e concreta. A verdade do tempo, que a narrativa dialética revela, é que a dispersão dos seus momentos finitos implica retorno à unidade. Hegel não abole o tempo, que é a vida e inquietude do Conceito. O objeto do conhecimento dialético é o "sendo", o ser existindo temporalmente, uma lógica concreta. O Conceito é o pensamento unificador pelo qual o espírito se apropria de sua verdade. A essência do Conceito é reunir, completar, unificar. No saber absoluto, o espírito rememora a sua história, a interioriza e religa em uma unidade o conjunto das suas figuras do passado. A unificação é obra de pensamento. O tempo é o espírito exterior a si, fora dele; o Conceito é a interiorização dessas experiências temporais. O saber absoluto recapitula o passado e o que era dispersão é conectado pelo Conceito, o que era contingente torna-se necessidade lógica. O Conceito realiza a unidade da consciência interior e da sua exteriorização temporal. O espírito é o ser que se lembra e se reúne. O passado deixa de ser uma positividade morta e se integra à vida do espírito (BOUTON, 2000).

Hegel se dedicou ao problema da história intensamente. A história "é séria" e a tarefa é "pensar a vida", e a sua narrativa dialética não desrespeita a historicidade, desenhando um futuro antecipado, uma utopia. A sua narrativa chega quando um mundo acabou, o voo da coruja anuncia o fim de um mundo, pois só se conhece uma civilização quando esgotou o seu potencial. Mas o seu desaparecimento significa também que ela se realizou plenamente e que, depois dela, a história avança. A consciência filosófica tardia é este voo noturno de coruja, que aparece no crepúsculo das civilizações, e, ao mesmo tempo, como o canto do galo na aurora, é anunciadora da bela manhã. A filosofia aparece como "coruja e galo" e surge porque é uma exigência histórica, e não uma evasão. A reflexão sobre a experiência vivida é uma exigência da própria experiência vivida e, então, o filósofo se retira para compreender a marcha do espírito e se reconciliar com o seu mundo. Ele sabe que o espírito vai migrar e calcula o que foi destruído e interpreta os sinais do novo mundo. A narrativa hegeliana da história ensina a viver, reconhecendo experiências vividas e limites, para que se possa avançar com mais confiança e segurança em direção à Razão/liberdade. A realização da reconciliação absoluta será, em um futuro inantecipável, em um "Estado Mundial", uma determinação a mais universal de "Deus neste mundo". O Céu será uma "cidade de Deus" na Terra e no tempo.

Quando ocorrerá essa reconciliação total entre Razão e História, prometida pela sua narrativa dialética? O seu sistema já era o último, o seu mundo prussiano já seria essa reconciliação final ou, depois da época germânica, a velhice, viria a morte do seu mundo e o surgimento de outro mundo, de outro povo, defensor de uma nova "proposição universal", que ofereça mais liberdade? Qual será este "Estado Mundial" final? Hegel é ambíguo em relação ao fim da história, o que gerou leituras diversas. Na representação da perfectibilidade, o progresso da história mundial parece infinito. Mas ele também sugere que o espírito busca um fim último absoluto e determinado: produzir para si o conceito de si mesmo, retornar ao interior de si e reconhecer-se em sua exteriorização. Neste sentido, o objetivo da história mundial é a reconciliação total que se objetiva em um mundo real. É um objetivo que, quando atingido, porá um termo à história? Ou, talvez, se inaugure a partir daí uma nova historicidade, que aperfeiçoaria o que foi definitivamente atingido? Se fosse um termo, seria um retorno à escatologia. Para ele, esse futuro de aperfeiçoamento será a realização efetiva da verdade proclamada pela Revolução Francesa. Os povos da África e da América do Sul deverão aceitá-la e se alçarem ao nível da vida moderna ocidental e, talvez (ele já conseguia ver no início do século XIX!), os Estados Unidos ou a Rússia venham a se tornar os líderes da história mundial! (HARTMAN, 2001).

A Prússia do seu tempo não era o "Estado Mundial" final. A Razão não se perde em suas objetivações, em sua positividade histórica, pois retorna a si e se nega, todo momento histórico é negado e superado-conservado. A consciência é retrospectiva, uma interiorização pelo espírito da sua marcha.

O passado se dirige ao presente, continua no presente, que deve a ele a sua existência e, por isso, pode compreendê-lo. A essência é um progresso interior, o espírito toma consciência de si, desdobrando as suas figuras implícitas. O curso da história é um desenvolvimento interior, uma conquista de si, uma interiorização. O homem se conquista. Ele se busca na história, e o movimento da história é um círculo. Mas não é retorno ao mesmo ou à origem. O círculo hegeliano se move e se expande. Hegel não aceita a linha reta, pois a história é vida infinita do espírito e seu movimento é para dentro, para o seu centro. A história em Hegel possui uma teleologia, mas o fim da história não será o fim do tempo. Para a escatologia cristã, o tempo terá um fim. Em Hegel, o ser é tempo, que não poderá ser suprimido. A humanidade continuará no devir, mas, no "Estado Mundial", ela não evoluirá mais e será transparente a si. O que será essa existência é impossível de imaginar. O tempo é que será o "revelador" da forma e do conteúdo que a liberdade universal tomará na história. Esse novo "Estado Mundial", essa nova "Presença de Deus no mundo" é inantecipável, e só o tempo dirá! No início do século XXI, a sua Europa tenta retornar à liderança mundial como "Comunidade das Nações Unidas". Pode-se supor que a vitória do pensamento hegeliano da história significará o "retorno da Alemanha" à liderança da Europa, como portadora da nova "proposição universal" que dará ao Espírito a sua forma superior de liberdade no Estado Mundial? (WEIL, 1970; HARTMAN, 2001).

Hegel e os seus críticos: quem deveria "renunciar a Hegel"?

A filosofia hegeliana da história é "válida", ainda hoje, i.e., ela inspira e orienta o presente, é ainda a expressão mais confiante da consciência histórica europeia e ocidental? Para os que a combatem, a sua hegemonia está em crise profunda, pois a consideram a responsável pelos males dos séculos XIX e XX, por guerras mundiais e genocídios, pelos imperialismos, pelo domínio incontestável e violento do Ocidente capitalista sobre o planeta. Para os que a defendem, ela está mais viva do que nunca, porque, apesar dos horrores vividos nos séculos XIX e XX, somente o projeto de uma história que conduza à liberdade universal pode representar uma esperança para a humanidade. Só a "Razão crítica" pode se opor aos excessos da "Razão instrumental", só o caminho da autoconsciência e da liberdade pode conduzir à negação-superação das vontades de potência particulares, só o Ocidente pode conduzir a humanidade ao porto seguro de uma organização racional da sociedade. O ideal de liberdade continua sendo o critério de justiça em todos os códigos jurídicos e constituições políticas do mundo sob a influência ocidental, seduzindo aqueles povos que ainda resistem a esta influência. Para Bouton, a presença da filosofia hegeliana da história, hoje, é irregular, heterogênea, combatida, e, para avaliá-la, ele a repartiu em cinco princípios: *liberdade, factibilidade, inteligibilidade, historicidade e reconciliação*. Para ele, destes cinco princípios, dois foram menos atacados e três não só foram atacados como vistos como grandes ameaças à própria civilização Ocidental, a cujo fortalecimento e expansão deveriam servir (BOUTON, 2004).

Para Bouton, o "princípio da liberdade" foi o menos contestado, e até o próprio Marx, o seu crítico interno mais radical, retomou o tema do "reino da liberdade". E se os que defendem a democracia liberal, como Francis Fukuyama, acreditam que, no mundo pós-1989, o progresso da liberdade atingiu a sua última fase e o espírito encontrou a sua forma absoluta, os que contestam a vitória do neoliberalismo como fim da história continuam ainda hegelianos, pois esperam que a história continue a sua marcha em busca da liberdade. Para liberais, socialistas e outras alternativas, o horizonte-de-expectativa ocidental continua e continuará sendo o mesmo: a busca da liberdade. Para todos os que insistem na marcha da liberdade, o Estado Mundial trará a cidadania geral e irrestrita. É o final feliz da história universal desejado por todos, à direita e à esquerda. No horizonte da humanidade brilha, com força cada vez maior, o sonho que a Europa ofereceu à humanidade: o mundo livre efetivado em um Estado Mundial em que os homens se reconheçam como iguais perante a lei, onde os direitos universais do homem não sofram limitações e transgressões. Mas, este princípio pode ser também contestado: a vitória da "liberdade" não exigirá necessariamente a eliminação das diferenças e alteridades humanas, a submissão da pluralidade das histórias a um único padrão de homem, o Ocidental, a submissão do planeta ao centralismo histórico autoritário dos brancos? (BOUTON 2004; HABERMAS, 1981; 1985).

Outro princípio hegeliano pouco atacado é o "princípio da historicidade". Os críticos de Hegel aceitam parcialmente a sua visão da história se for possível separar o "princípio da historicidade" da teleologia. Todos concordam que cada indivíduo é filho do seu tempo, que o que somos o somos historicamente, que o homem não pode saltar sobre o seu tempo. Tende-se a explicar as ideias, as religiões, as artes, as políticas, os sentimentos, os comportamentos, as expectativas, os indivíduos e os grupos por seu "período histórico", que articula em seu presente um espaço-da-experiência e um horizonte-de-expectativa. A história explica tudo! É um super-saber e, talvez, nas várias hierarquias das ciências já concebidas, como a de Comte, por exemplo, a história seja a primeira, pois a astronomia, a matemática, a física, a química, a biologia e as ciências humanas não se explicam por si mesmas e, para se compreenderem, exigem uma história da astronomia, uma história da matemática, uma história da física, uma história da biologia, uma história das ciências humanas e até a própria história e a própria filosofia exigem uma história da historiografia e uma história da filosofia. Nada é exterior à história e tudo se explica historicamente. O supra-histórico, Deus ou a Ideia, não podem explicar o mundo, pois não pode existir o que é fora--do-tempo ou anterior-ao-tempo. Tudo é no tempo e a história, como saber dos homens e da natureza no tempo, tende a se tornar uma superciência, a ciência das ciências, o saber dos saberes. O "historicismo hegeliano" é tão pouco atacado que pode decair em "religião da historicidade" ou em um reducionismo cientificista da historicidade. Mas pode se tornar também uma arma anti-hegeliana: se tudo é histórico, não existe o supra-histórico, o universal, a síntese superior, e cai-se no relativismo dos valores, das leis, dos costumes, da pluralidade das histórias, das divergências das "liberdades".

Os outros três princípios da filosofia hegeliana, segundo Bouton, foram abominados! O "princípio da factibilidade", que sustenta que o homem é o meio e o fim do espírito para se realizar, tornou-se uma ameaça aos próprios europeus. A pergunta é: este Estado Mundial, o reino da liberdade, é "factível", i.e., haveria homens histórico-cósmicos, grandes heróis, com o poder e o direito de realizá-lo? No século XX, o princípio de que "os homens fazem a história" tornou-se perigoso, assustador. Para Arendt, o "fazer a história" tornou-se uma ilusão perigosa, pois não há sujeitos históricos que possam controlar o emaranhado dos eventos. E, se o homem faz a história, então, tudo é possível e permitido, e a destruição da história torna-se uma possibilidade tão real quanto a conquista do mundo livre. Os religiosos consideram essa tese hegeliana arrogante, orgulho humano puro e duro, que só poderá trazer o declínio e a ruína. O homem deve renunciar à pretensão de fazer a história, pois o sentido da vida humana é misterioso, enigmático, e todo esforço de des/velá-lo levará necessariamente à violência. Hitler e Stalin levaram ao descrédito o "grande herói", e o Ocidente não confia mais na capacidade do "grande homem" de conhecer a proposição universal e cassou-lhe as credenciais de líder de multidões e "parteiro da história".

E se os homens não devem pretender "fazer a história" é porque outro princípio hegeliano, o "princípio da inteligibilidade" do processo, foi posto em dúvida, ou seja, duvida-se que "a Razão governe o mundo". Para Burkhardt, a filosofia da história é um monstro híbrido, que une a história (negação da filosofia) com a filosofia (negação da história) e reprova em Hegel o seu espírito de sistema, que organiza em excesso a experiência vivida. Hoje, a premissa "a Razão governa o mundo" está longe de ser uma evidência e não há como demonstrá-la historicamente. A tese do progresso é inaceitável, pois concede ao presente uma improvável superioridade em relação ao passado como se a humanidade presente fosse superior à passada. O próprio conceito de "Razão", de autoconsciência, de saber reflexivo, de sujeito autônomo, foi quebrado pela impossibilidade da reflexão total posta pelo novo conceito de "inconsciente". Freud e Marx puseram em dúvida a racionalidade da história e a viram mais dominada pela força do desejo e pela luta pela satisfação de interesses materiais do que pela busca do autoconhecimento e da liberdade. Não há uma subjetividade consciente e cada vez mais plenamente consciente de si mesma, porque a Razão é governada por forças abaixo dela: desejos, interesses, instintos, vontade de potência, que não possuem uma lógica reflexiva e dialética.

Para Ricoeur, o princípio de que "a Razão governa o mundo" não tem mais credibilidade, pois não é uma tese filosófica, mas ideológica. A expressão "astúcia da Razão" é repugnante e, para ele, "devemos renunciar a Hegel", porque não procuramos mais a fórmula básica da história do mundo nem temos certeza se a palavra "liberdade" é o seu centro. A saída do hegelianismo, para Ricoeur, significa a renúncia a decifrar a suprema intriga, a intriga das intrigas, o segredo da história universal. Contudo, para Ricoeur, se não pensamos com Hegel, pensamos após Hegel e, embora seja preciso fazer o trabalho de luto, ele duvida da capacidade da civilização Ocidental de renunciar a Hegel, pois é impossível abandonar a reflexão sobre o absoluto e viver sem utopia. E, se renunciamos à decifração do segredo da história universal, então, talvez, retornemos à situação da esfinge: a história nos devorará! Em todo caso, é o Ocidente que deve responder a esta questão "devemos renunciar a Hegel?", pois foi nele e para ele que Hegel criou o seu sistema e foi ele que o absorveu como consciência de si mesmo. O Ocidente teria outra alternativa à filosofia hegeliana da história? Ele pode mudar o seu discurso de legitimação da sua ação na história contemporânea e continuar reivindicando ser a liderança e a referência para o planeta? Qual seria o custo político da renúncia a Hegel para o mundo Ocidental? (RICOEUR, 1983/1985).

Contudo, o princípio mais exposto às críticas contemporâneas é o da "reconciliação total". Hegel respondeu de forma otimista ao problema do Mal: "a reconciliação entre finito e infinito integra e supera o caos". Ele quis demonstrar que, apesar da contingência, da dor, do trágico, que a finitude impõe à experiência humana, a Razão infinita vencerá. A Razão governa o mundo, e a reconciliação significará a vitória do Bem universal sobre a paixão particular. No tribunal do mundo, a liberdade vence por seu direito absoluto. A reconciliação não nega a existência do Mal, mas, ao lhe dar um sentido universal, ele é vencido, pois passa a participar do Bem. Para Ricoeur, nesse otimismo da reconciliação entre o Mal e o Bem está a maior fraqueza de Hegel, pois a proposição da reconciliação das vítimas com os seus carrascos é intolerável. Como pensar em reconciliação após Auschwitz, após a *Shoah*? Para ele, a confiança hegeliana da marcha para o Bem está abalada e, talvez, seja mais prudente pensar em uma marcha para o "menos pior"! Para Horkheimer, esse "espírito universal", que integrará a paixão particular, é uma "abstração vazia, uma ilusão". Os críticos tendem a considerar o discurso hegeliano da reconciliação total como cínico, porque legitima sofrimentos e mortes e dá sentido ao que não tem sentido. A vitória ocidental pós-1989, a globalização capitalista podem ser interpretadas como a vitória do Bem? (RICOEUR, 1983/1985; 1990; BOUTON, 2004).

Para Kierkegaard, um dos inúmeros interlocutores existencialistas de Hegel, ele deve ser censurado por não ter dado nenhum lugar à "existência". O seu sistema sobrevoa a história, e o existente, com a sua angústia existencial, com os seus paradoxos, hesitações, é suprimido. Para Kierkegaard, a existência não exprime uma essência anterior a ela, pelo contrário, "a existência precede a essência". Hegel introduziu a noção de "conflito", de "contradição", para submetê-los e dissolvê-los em uma síntese superior. O seu método dialético funciona como uma aguarrás de seres reais, determinados, finitos, existentes, individuais, concretos, que perdem a sua imediaticidade e se dissolvem na totalidade. A síntese superior, a negação da negação, tornou-se uma ameaça à pluralidade, à heterogeneidade, à diversidade dos projetos humanos, negando a democracia como modelo ideal de convivência entre os homens. Se os indivíduos são assimilados e dissolvidos no todo, o seu ideal de Estado Mundial seria realmente uma democracia onde vigoraria a cidadania geral e irrestrita? Afinal, a democracia deveria ser a possibilidade do exercício da diferença, da alteridade, e não a imposição da "igualdade" a todos (HYPPOLITE, 1965).

Portanto, nos séculos XIX e XX, o otimismo hegeliano de que a história tenha um sentido deixou lugar ao historicismo, ao relativismo, ao pessimismo, ao medo da vitória do Mal travestido de Bem. As categorias do sentido perderam sentido: progresso, finalidade, liberdade, eternidade. A história é vista como um jogo de forças sem direção, uma pluralidade de eventos não totalizável. A filosofia hegeliana da história tornou-se um projeto metafísico condenado, acusada como responsável por todos os crimes europeus do século XX, assim como a catequese cristã, a expansão da fé, foi considerada a responsável pelos desatinos europeus na América, África e Ásia entre os séculos XV e XVII. Contudo, essa desconfiança em relação ao seu sistema tornou-o o interlocutor central do pensamento histórico contemporâneo. A filosofia hegeliana da história é, talvez, o discurso sobre a história mais combatido, o que revela a sua centralidade no conjunto dos discursos que constituem a consciência histórica Ocidental. Ele foi o grande interlocutor dos marxistas, dos existencialistas, dos estruturalistas, dos freudianos, dos nietzschianos, dos religiosos, dos pós-modernos. Todos o combateram com virulência, mas será que Hegel foi vencido? A sua presença insiste em brilhar no fundamento do pensamento de todos os seus adversários que, todos ocidentais e cristãos, apenas o enriquecem, o ampliam, o ressignificam, o reelaboram, o corrigem, e há os que, finalmente, se rendem e retornam, reconhecendo em sua narrativa dialética da história universal a imagem mais completa, mais integral, mais clara e distinta, que o homem ocidental construiu de si mesmo (BOUTON, 2004).

Outra poderosa frente de ataque à filosofia hegeliana da história, que Bouton não considerou, são os historiadores profissionais, que lhe fizeram um duro combate e colocaram a obra de Hegel no índex da historiografia contemporânea. Nesta nossa reflexão sobre a consciência histórica ocidental contemporânea, devemos nos deter um pouco mais neste debate truculento entre Hegel e os historiadores, que já abordamos em obras anteriores. No século XIX, a influência metafísica da filosofia sobre o conhecimento histórico foi substituída por uma atitude realista e empirista. Para os historiadores, a metafísica é impossível, seus enunciados são inverificáveis e incontroláveis, e só é possível conhecer os fatos apreendidos pela sensação. Um pensamento radicalmente positivista e historicista considera que as filosofias racionalistas e metafísicas não revelavam nada da história (ORTEGA Y GASSET, 1986; REIS, 2003; 2011).

A "história científica" que surgia parecia não pretender mais discutir o "sentido histórico", a "história universal", a "utopia da liberdade", mas produzir um conhecimento positivo do passado, observando os fatos e constatando as suas relações. Acreditou-se que o conhecimento histórico tinha finalmente se estruturado em bases positivas ao encontrar um método seguro, objetivo, confiável, empírico. O método crítico não poderia oferecer "cientificamente" o conhecimento de um princípio geral *a priori*, que conduzisse a história universal e permitisse o seu conhecimento total. Ele apenas podia oferecer o conhecimento das diferenças humanas no tempo, única realidade passível de um conhecimento controlável por documentos e técnicas. Apoiada em seu novo método, a história dará ênfase ao evento irrepetível, singular, individual, único, cultuando o *fato realmente acontecido*. O objeto do historiador torna-se o fato localizado e datado no passado. Há a recusa de princípios essenciais, invariantes, que determinem a realidade humana. O fato individual não se submete a princípios absolutos. Para os historicistas, não há um modelo imutável, supremo e transcendente de

Razão. A Razão se reduz à história. A consciência humana é finita, limitada, histórica (IGGERS, 1984; DILTHEY, 1988).

Esse espírito positivista e historicista do século XIX, explicitamente, recusava a filosofia da história hegeliana: o sistema, a história universal, a Razão que governa o mundo, o progresso, a promessa do auto(re)conhecimento e da liberdade. As relações entre a filosofia e a história se inverteram. Agora, a filosofia não fundamenta mais a pretensão dos historiadores de conhecerem a vida dos homens, pelo contrário, é a história que fundamenta a especulação filosófica. O sistema hegeliano não explica mais a história, mas é explicado por ela. A filosofia é histórica, condicionada pelas experiências de um povo em uma época, e toda pretensão filosófica de conhecimento de uma verdade a-histórica e atemporal revelou-se absurda. O historiador ostenta uma nova atitude, positiva e crítica, o conhecimento histórico aspira à objetividade científica. Não se quer mais discutir a universalidade ontológica da história, mas a possibilidade de uma universalidade epistemológica. A questão da universalidade passa do objeto ao conhecimento, a objetividade se constituiria na formulação de enunciados de validade universal, em leis gerais, apoiadas em fatos e documentos, e não no conhecimento especulativo do segredo do sentido da história em si. No século XIX, retornou-se à intuição fundadora dos historiadores gregos: fábulas, lendas e *a priori* metafísicos são inverossímeis, irreais. A história procura conhecer fatos reais, concretos, verossímeis, i.e., que não contradizem a marcha natural das coisas, e se distancia da ficção e da especulação. Os historiadores querem fazer uma história tão "científica" quanto as ciências naturais e se opõem enfática e rudemente a toda especulação filosófica sobre a história universal (IGGERS, 1984; SCHNADELBACH, 1984).

Diante dessa atitude objetivista, realista, empirista, factualista, dos historiadores novecentistas, o sistema filosófico hegeliano teria sido, finalmente, refutado? Essa "história científica", que quer conhecer retrospectivamente o passado pelo passado, que não quer especular prospectivamente sobre o futuro nem interferir no processo histórico, mas apenas registrá-lo, que exclui o presente do seu campo cognitivo, teria sido a primeira ruptura com o projeto moderno da busca da liberdade? A história realista do século XIX teria de fato abandonado a busca judaico-cristã-hegeliana do "sentido histórico" e se contentado em apenas registrar positiva e objetivamente os fatos? Nossa hipótese é a de que os "historiadores cientistas" dos séculos XIX e XX continuavam ocidentais e cristãos e, portanto, ainda, e mais radicalmente, hegelianos. Eram duplamente hegelianos: 1º) em sua busca de uma "verdade objetiva" da história; 2º) em sua defesa do hegelianismo como a "verdade histórica" do mundo contemporâneo. Se a filosofia hegeliana da história é uma cultura ou uma "ideologia", que universaliza o interesse europeu como universal, a "ciência da história" não só aceita e incorpora essa ideologia ou cultura como a transforma em "verdade objetiva", tornando-se um "fundamentalismo da Razão". A "história científica", armada dessa verdade inatacável, incontestável, absoluta, desse "fundamentalismo racional", embora se declarando neutra e sem pressupostos, continuará a narrar a história universal do ponto de vista da centralidade da Europa.

Em primeiro lugar, portanto, do ponto de vista da "objetividade da verdade", Hegel já pretendera ter vencido a fé impondo-lhe o logos grego, a sua filosofia da história já buscava uma "verdade objetiva", na medida em que o pensamento não se diferencia do real. O real é racional. Contra Hegel, os historiadores reivindicaram Heródoto e sobretudo Tucídides como referência da sua história objetiva, mas essa "história científica" realizava o próprio projeto hegeliano de acesso a uma verdade objetiva e única da história. O que eles queriam era a mesma coisa: a coincidência entre o pensamento e o real, uma representação fiel do real. Essa "história científica" conservava a ambiguidade ocidental em relação ao conhecimento histórico: era ao mesmo tempo grega, realista, objetivista, "científica", e ainda judaicocristã-hegeliana, ao manter uma teologia-filosofia da história implícita como fundamento do seu conhecimento da verdade. Sob os eventos, ela procura uma "verdade oculta", que o historiador deve saber reconhecer. E mesmo querendo se diferenciar de Hegel e dos Iluministas franceses, os "historiadores cientistas" estavam impregnados de metafísica. Os historiadores cientistas só eram antifilosóficos em suas declarações, na prática, ocultavam a sua dependência das ideias e dos conceitos da filosofia da história. O que fizeram foi um esforço de rompimento com a metafísica, procurando imitar as ciências naturais, mas o próprio projeto de *resgatar o real tal como se passou* é metafísico. O projeto de conhecimento de uma *história em si e tal como se passou* é hegeliano, pois o que se busca é a coincidência entre o pensamento e o real. O evento enquanto puro evento é impensável e só pode ser "registrado" quando articulado a um sentido que o sustente. O evento singular não se autoexplica, pois o irrepetível é pura mudança, e o seu sentido o transcende (IGGERS, 1984; REIS, 2004).

Na "história científica" o evento era ainda organizado pela metanarrativa dialética hegeliana, era uma teleologia que dava sentido à origem e à sucessão dos eventos. A ciência histórica dos séculos XIX e XX, portanto, continuava e realizava o projeto hegeliano de conhecer o real enquanto tal. Comte era um filósofo da história hegeliano, que esperava a vitória da Razão. Marx radicalizou o discurso hegeliano moderno sobre a história atirando-se com confiança ao futuro, esperando a vitória da sociedade justa e moral, conforme a Razão. Dilthey, embora crítico histórico da Razão, embora procurasse mostrar o lado efetivo, afetivo e empático da Razão, era neokantiano e neo-hegeliano. Os espíritos positivista, historicista, marxista e estruturalista, dos séculos XIX e XX, combateram vigorosamente a filosofia da história hegeliana, mas, finalmente, a realizaram ao buscarem fazer coincidir o pensamento e o real, ao pretenderem produzir uma ciência histórica que trouxesse a "tomada de consciência" que permitiria intervir no real, seja para o controle da mudança ameaçadora ou para a produção da "mudança para o melhor". Hegel foi o que deu sentido à ciência como solução para os males da história universal, foi ele quem mostrou o "conhecimento", origem do pecado, como caminho real para a superação do Mal. Após Hegel, no Ocidente, todos querem, e mesmo os seus críticos mais radicais, a "reconciliação total entre tempo, história e narrativa".

Contudo, a "história científica" dos séculos XIX e XX, em suas várias orientações, sustentava que não queria pensar a história com "*a priori* inverificáveis", que não queria falar sobre o dever-ser histórico, sobre o futuro, sobre o que fazer?, sobre o sentido final da história, mas sobre a história tal como aconteceu, como fato positivo, como ocorrência, como passado, como conhecimento retrospectivo de eventos únicos e irrepetíveis, singulares, situados documentalmente em uma data e lugar. E, para fazerem essa "nova história", os historiadores cientistas diziam preferir a referência dos historiadores gregos. O historiador cientista está diante de uma aporia cujos termos não compreende: está dominado ainda pela filosofia da história e quer se referir ao real enquanto tal! Ele considera que, para obter esse resultado, teria que se livrar daquela dominação. Contudo, o projeto científico para a história é uma radicalização da metafísica, e não uma ruptura com ela. O historiador-cientista se apoia em uma especulação sobre o sentido histórico e somente nesta medida pode pretender oferecer a "verdade objetiva", i.e., uma representação realista do que de fato ocorreu. Por ser metafísica, a história científica não busca uma *reconstrução* do processo histórico, mas a sua *reconstituição* verdadeira. Nessa perspectiva, a história efetiva e o conhecimento histórico se recobrem: o segundo representa fielmente o seu objeto-processo. O que antes fora questionado e descartado como "especulação" tornou-se uma representação adequada e incontestável do real. A história científica diz recusar na filosofia da história o seu caráter especulativo, mas apropria-se dela chamando-a de "ciência" e é somente porque fez essa conversão que pode esperar *conhecer os fatos objetivamente*. Portanto, do ponto de vista cognitivo, da busca da verdade objetiva, a história científica é profundamente hegeliana e não refutou o sistema filosófico que garantia que a história é a marcha do espírito em busca da autocons/ciência.

Em segundo lugar, do ponto de vista do projeto político germano-europeu de conquista do mundo, a "história científica" não só continua a filosofia da história hegeliana como radicaliza esse projeto considerando-a como a "ciência da história". A questão do historiador cientista era hegeliana: haveria uma ordem, um princípio organizador e unificador dos eventos? Se não houvesse, como organizar e coordenar os eventos históricos, como construir a narrativa histórica? Eles acabaram aceitando, sem explicitá-la, a hipótese da filosofia hegeliana da história sobre o sentido histórico: *a Razão governa o mundo e todos os eventos são a sua expressão*. O historiador-cientista continuará a representar a história como um desenvolvimento progressivo, racional e contínuo do povo e do Espírito em busca da liberdade. Eles usarão expressões tais como "espírito do tempo", "espírito de uma época" e farão do Estado, o universal determinado, o principal personagem da sua história, assim como darão ênfase aos grandes homens, aos indivíduos histórico-cósmicos, aos heróis Ocidentais. A história política predominante no século XIX será feita com *a priori* filosóficos e, apesar das declarações antifilosóficas, a história é narrada de forma contínua e com um sentido final único. Esta ciência da história se diferencia de Hegel apenas na medida em que transforma o tempo histórico em "positividade", congelando o processo para impedir a mudança. Talvez se possa sustentar que o que a "história científica", fruto do espírito da Restauração, fez com a filosofia hegeliana não foi recusá-la, mas embalsamá-la, congelá-la, para impedir que o seu caráter explosivo do presente impedisse a vitória Ocidental (Koselleck, 1979; 1990).

Para nós, o olhar científico novecentista significou a radicalização da confiança na filosofia da história, que deixa de ser vista como metafísica para se tornar a própria lógica, agora, dita "científica", da dinâmica histórica real, cujo sentido é a "salvadora" conquista do planeta pela Europa. E, por isso, Hegel continuou valendo como nunca! Com o seu apoio, agora, considerado como "científico", o historiador poderá diferenciar "povos inferiores" e "povos superiores", "povos mais livres e menos", "povos mais avançados e mais atrasados". Em relação a quê? Em relação à filosofia da história, que sustenta que a Razão governa o mundo em busca da autoconsciência e da liberdade. A verdade histórica científica continuava política e moral. A "ciência histórica" ao mesmo tempo recusa e executa uma verdade moral: há povos mais morais e mais livres, superiores. Essa verdade moral, alerta Koselleck, ao mesmo tempo esconde e executa um projeto político: "os povos mais morais têm o direito à centralização do poder e até à violência". Estes povos morais e livres são as nações europeias, que são a locomotiva da história universal, são elas que buscam a autoconsciência e a liberdade de si mesmas (Koselleck, 1979; 1990).

A história científica prossegue, reinventando-o, adaptando-o às novas circunstâncias do século XIX e radicalizando-o, o projeto moderno europeu de conquista da história universal e de controle do sentido histórico. A "história científica" consolida o projeto político da filosofia da história hegeliana: a Europa como centro e vanguarda da história universal. Ela é a guardiã e executora do "sentido histórico científico", contra o qual não há apelação nem religiosa nem especulativa. As nações europeias são apresentadas como a incontestável expressão superior do Espírito universal. Elas realizaram as suas determinações mais avançadas e livres, mais civilizadas e estão *espírito-atualizadas*. O seu papel civilizador, espírito-atualizador das outras partes do mundo, que elas "descobriram", é legítimo. Se são obrigadas à violência é por obra da "astúcia da Razão", que faz o Bem através da violência. A história dita "científica", baseada na filosofia da história hegeliana, se pôs a serviço do eurocentrismo, oferecendo argumentos, documentos, informações e legitimação ética. A sua "narrativa científica" é a narração real e verdadeira do drama da história do Espírito em busca da liberdade, uma reprodução, um mapa vivo da marcha do espírito! "O real é racional", i.e., a realidade histórica e a narrativa histórica se recobrem. A ciência histórica é a autoconsciência de si da humanidade em marcha. O conceito histórico não é exterior ao real, mas o próprio real em movimento. "Fazer-história" e "fazer-a-história" coincidem: ação e conhecimento não se separam. A relação entre narração histórica e experiência vivida é transparente, a ação executa a narrativa, que é cons/ciência do real, a "verdade objetiva" e a "verdade histórica" coincidem e se recobrem (KOSELLECK, 1979; 1990).

Há um culto da história, entendida como portadora do novo, do mais perfeito, da liberdade, como um processo que leva das trevas irracionais do passado à luz da Razão no futuro. Conhecedor do segredo da história, do seu sentido final, o historiador será crítico e juiz, segundo a Razão, dos personagens e feitos. É o fim já conhecido *a priori* que organiza a trama. A explicação histórica é teleológica: tudo é desencadeado e posto em movimento pelo fim/liberdade. O historiador se considera conhecedor do sentido da história e se torna um juiz e sua obra, um processo jurídico. Juiz, o historiador é um defensor dos valores modernos, i.e., burgueses, europeus ocidentais. A história-conhecimento torna-se eficaz politicamente e serve aos grupos em luta pelo "controle moral" do sentido histórico universal. Ela se torna "cientificamente" a expressão da vontade do Estado e das instituições da sociedade burguesa. A ideologização do discurso cientificista sobre a história é total: os interesses particulares dos Estados e dos líderes nacionais ocidentais se tornam a expressão da liberdade universal. Em nome da liberdade futura, todas as ações dos Estados e líderes políticos europeus são legitimados e defendidos, mesmo se são violência pura e simples, puro interesse particular. O Ocidente, no século XIX, está cientificamente convencido de que é o portador da "verdade histórica", de que conhece o sentido da dinâmica da vida humana, de que é o "povo eleito" que tem a missão de salvar os povos não europeus, os quais não conhecem ainda a Razão.

Nos séculos XIX e XX, os discursos hegeliano e iluminista francês tornaram-se o fundamento do conhecimento histórico e da ação histórica não como "verdade ontológica", mas como uma "verdade histórica" que legitima a vitória do Ocidente. Eles legitimarão a conquista do planeta pela Europa diferentemente. Na perspectiva das Luzes francesas, há duas orientações: a evolutiva e a revolucionária. A primeira defende o progresso gradual e inevitável para a perfeição, pela reforma do Estado e da sociedade através da crítica racional, pelo esclarecimento do Príncipe; a segunda, que Rousseau representa melhor, defende a radicalização da crítica racional – propõe a ação concreta e imediata, aqui e agora, contra o presente-passado. O historiador gradualista será o juiz portador dos valores modernos: condenará e absolverá; o historiador revolucionário, mais convencido ainda da verdade dos valores ocidentais, agirá concretamente, fisicamente, politicamente. Ele será um militante, um soldado do futuro. O marxismo prosseguiu e aprofundou essa segunda tendência iluminista. As Luzes gerarão dois tipos de conhecimento histórico: a história como "consciência crítica" de uma época, reformista e discursiva, e a história como "consciência crítico-prática", uma arma de combate. Na perspectiva hegeliana, a legitimação dos atores históricos e do Estado será revolucionária. O progresso, aqui, não é um desenvolvimento gradual e tranquilo, mas produzido pela negatividade revolucionária do espírito, violenta e tragicamente e de modo não linear. No entanto, por maior que seja a tragédia vivida, o final será feliz. O espírito estará mais livre, superior, autoconsciente, integrado, após a tormenta. O espírito vive em um eterno retorno a si mesmo e em um profundo presente (HABERMAS, 1985; 1987; RICOEUR, 1990; LYOTARD, 1979).

Portanto, a filosofia hegeliana da história foi contestada desde quando surgiu e, no final do século XX, tornou-se uma má consciência de si do Ocidente, um mal-estar que aparece em um forte sentimento de culpabilidade, em uma angústia profunda diante de uma história plena de males irreparáveis. Hegel é fortemente rejeitado pelos críticos internos e externos da vitória do Ocidente, que o consideram um lamentável assessor da consciência histórica ocidental por fazer a apologia da guerra como meio de esclarecimento do espírito, de solução concreta dos conflitos. Para Hegel, a guerra mantém a saúde moral dos povos ao protegê-los contra o hábito, "assim como o vento evita a corrupção das águas". Ao contrário de Kant, não era um defensor da "paz perpétua", pois não acreditava em soluções formais para os conflitos entre as nações. Para ele, a guerra significa a independência do curso do mundo, a reposição em movimento das forças estagnadas. Não existe uma moralidade *a priori* que legisle sobre o justo e impeça a guerra, o curso do mundo segue as regras de um código moral real: a busca da liberdade. Quando os direitos entram em colisão, a guerra decidirá. A paz não é necessariamente justa, pois, ao preservar privilégios, torna-se uma violência inaceitável. Hegel prefere a guerra a uma vida vegetativa, ao convívio com uma paz injusta. Sem a Revolução Francesa, o Antigo Regime teria subsistido. As guerras impedem a estabilidade, o congelamento, a estagnação, a esclerose, promovem a mudança, o movimento, a atividade, a invenção, o progresso. A guerra é necessária para sacudir a ordem estabelecida, para trazer à luz o mundo novo. O futuro de liberdade depende da guerra, a história impõe a guerra. Hegel despreza os que se evadem, as "belas almas retráteis", que acabarão vítimas do tribunal do mundo (WEIL, 1970; HYPPOLITE, 1983; D'HONDT, 1966; 1998).

Em Hegel, o Mal da guerra tem um sentido, torna-se um Bem, quando superado no sentido universal da liberdade. Diante da guerra, é preciso analisá-la objetivamente e ver a sua necessidade universal, e não fazer uma análise moralista e abstrata. A análise moralista fecha-se no Mal, no pecado, é uma visão unilateral e dogmática. A sua perspectiva é amoralista: a ação particular se integra em um dinamismo universal! Essa sua lógica implacável, justificando a guerra, o terror, a tirania, considera os profetas da paz perpétua como utópicos. A sua concepção da liberdade é heroica: o homem livre é o que não teme a morte. A liberdade nega toda determinação e não teme a negatividade, a morte. O absoluto como negativo é pura liberdade. O homem livre não é escravo da existência, a sua virtude é a coragem, a aristocracia dos corajosos é a dos homens livres, que são capazes de pensar o todo e de sacrificar a vida pelo seu povo. A guerra é uma necessidade não para pilhar, pois a luta material é aparente, mas para que o espírito não se torne natureza. O ser só chega a si pela experiência do negativo, da contradição temporal, do conflito, que, quanto maior, mais liberdade oferece. Hegel é o Ocidente em guerra! (D'HONDT, 1966; 1998).

Ele defendia a guerra porque a queria para a Alemanha. Ele se irritava com a passividade dos seus compatriotas, que preferiam a quietude do seu lar, indiferentes à infelicidade da pátria. Os franceses, ao contrário, enfrentavam corajosamente a morte, e era essa guerra nacional, cívica, revolucionária que o "jovem Hegel" aplaudiu e que o "velho Hegel" desejava que mobilizasse a Alemanha. As forças da Restauração, vitoriosas sobre Napoleão, desejavam a paz porque temiam as consequências revolucionárias, mas a Restauração impôs uma paz opressiva, e Hegel, neste contexto, defendia a necessidade histórica da guerra, a sacudida da ordem estabelecida. O futuro de liberdade tornava necessária a continuidade da guerra francesa, que abalara a Alemanha. Mas a sua Alemanha não era um Estado ainda, não tinha unidade nem territorial, nem militar, nem financeira, nem política. Hegel fazia a defesa da luta pela unificação nacional da Alemanha, sob a liderança da Prússia. Ele acreditava que somente a força de um "grande homem" podia criar a unidade alemã e clamava por um Bismark, por uma tirania justificada pela necessidade histórica, que não iria durar, porque o tirano, quando não é mais necessário, torna-se uma particularidade não universal e, ou se retira espontaneamente, ou será destruído.

O "velho Hegel" fez uma leitura diferente da do "jovem Hegel" da situação alemã e europeia. O "jovem Hegel" ficou fascinado com a ação revolucionária francesa que destruiu o passado, considerando-o impossível de ser integrado ao presente, e, por um momento, até aplaudiu a vitória francesa e admirou Napoleão, o invasor. Mas Hegel é profundamente alemão, e foi a situação alemã que o chamou à filosofia. Ele sentia com angústia os atrasos, os entraves, a miséria alemã, a sua filosofia é um esforço para pensar essa história alemã e se reconciliar com ela. Ele sempre viveu na Alemanha, faz parte do Idealismo Alemão, a sua cultura é germânica, e as preocupações nacionais aparecem permanentemente em sua obra. Ele queria ser um assessor, um conselheiro do seu mundo na mudança que deveria fazer. Para ele, o espírito só existe objetivamente sob a forma nacional, e a sua esperança era que o seu próximo avatar fosse a nação alemã. A Alemanha devia se tornar ativa como a França, mas com a sua estratégia própria. Uma nação só prevaleceria se agir segundo o seu modo próprio de ser, e a Alemanha precisava criar a sua estratégia nacional. Os alemães eram passivos e as mudanças ocorridas em sua vida interna vieram de uma ação exterior. Eram um povo inerte, que pensava em vez de agir. A participação da Alemanha na história universal, até então, era intelectual, e era esta a sua característica: uma "interioridade profunda", que a experiência da Reforma tornou ainda mais profunda. Alemães e franceses percorriam o mesmo caminho, o caminho do Ocidente, mas de formas diferentes: os primeiros agindo, destruindo o passado, revolucionando o presente; os segundos, pensando e, apenas, reformando o passado e o presente. Kant, Fichte, Schelling exprimiram o espírito da Revolução que os franceses faziam.

Hegel propôs uma "solução dialética" para a vontade de potência alemã: extrair a sua força da sua fragilidade, transformar a sua força interior em força exterior. Se os alemães preferiam viver na interioridade do espírito, a ação revolucionária alemã deveria se apropriar do estilo alemão: o pensamento deverá construir o mundo exterior e se reconstruir nesta relação com a história. E era otimista: ao contrário do "nascer do sol" francês, que foi derrotado, o da Prússia seria vitorioso! A Prússia não faria a guerra a si mesma, não viveria a guerra civil francesa, não decapitaria o imperador, mas se unificaria através da luta contra o estrangeiro. O movimento do espírito para o interior, para o autoconhecimento e a libertação, era um movimento do espírito nacional alemão, que Hegel generalizou para a humanidade! Ao seu estilo, os alemães tinham agido antes dos franceses com a Reforma protestante, que não foi só um movimento religioso para o interior, mas uma reforma político-social profunda, que eliminou os abusos feudais, provocou uma conversão dos espíritos; o passado não foi destruído, mas transformado e integrado ao presente e a favor do futuro. O caminho alemão para a liberdade era o da Reforma da realidade por um Estado racional, esclarecido, por uma ação que articulasse interior-exterior, pela imposição do pensamento à matéria/natureza, como faziam o artista plástico e o cidadão na cidade grega.

Para o "velho Hegel", o caminho que a Alemanha ofereceria ao Ocidente era o da mudança conduzida pelo pensamento, o da imposição da Razão à história universal, pela eliminação de toda forma não racional de humanidade. Este seria o caminho próprio da Alemanha, que, primeiro, se conquistaria, depois, conquistaria a Europa e, finalmente, o planeta: a imposição universal e sem hesitações da Razão, a imposição da força da interioridade alemã, com a lógica implacável do pensamento alemão e com a fé inabalável de um luterano na vitória da liberdade germano-europeia. Um Estado mundial, sob a liderança alemã, dominado pela Razão absoluta, total, universal, homogênea, transparente, autoconsciência integral de si, seria moral, justo, igualitário, democrático e livre... Ou seria vítima de uma "razão instrumental e cínica", de uma tecnocracia-religiosa, que imporia uma ordem mundial ainda mais totalitária do que a dos vitoriosos Aliados?

Capítulo II
A consciência histórica ocidental pós-1871: Nietzsche e a legitimação da conquista europeia do planeta – o projeto alemão

Nietzsche, um "pensamento-martelo" contra a "cultura histórica moderna"

Friedrich Wilhelm Nietzsche nasceu em Röcken, Prússia, em 15 de outubro de 1844, e morreu em 1900. Em 1849, ficou órfão do pai e, com a sua mãe e a irmã Elizabeth, foi instalar-se na casa da avó em Narembourg. Viveu a sua infância em um ambiente pietista, educado por mulheres de costumes severos. Herdou do pai uma doença sem diagnóstico e sem tratamento conhecido, em sua época, alternando estados de depressão e euforia, ficando louco e cego no final da sua curta vida. O seu estado de saúde era desesperador: problemas estomacais, dores nos olhos, enxaquecas, problemas cerebrais e mentais. Havia ainda os problemas emocionais, como a vida profissional que não se consolidou na universidade, a educação severa em casa, a formação luterana para tornar-se pastor, os amores não correspondidos, como os de Lou Salomé, Cosima Lizst e Wagner, as relações tensas com a irmã, a extrema solidão no autismo. A perda do pai, a infância solitária, a doença o deixaram insatisfeito com as respostas da fé. Ele se interrogava sobre o problema do Mal: como considerar Deus bom diante de tantos males? De onde vem o mal físico, a morte? Nietzsche viveu 56 anos de doença, sofrimento, delírio, solidão, rejeição, desequilíbrio e intensa reflexão. Era como se cultivasse o caos ou não evitasse a dor para produzir o seu pensamento profundamente original.

Filho e neto de pastores, começou a estudar teologia em Bohn, em 1869, para tornar-se também pastor, mas acabou perdendo a fé, abandonando a teologia e mudando o seu interesse para a filologia clássica. Contudo, não publicou trabalhos de filologia, que também renegou, dirigindo-se autodidaticamente à filosofia. Ele trocou a teologia pela filologia clássica, porque, para ele, a teologia envenena o espírito, e trocou a filologia pela filosofia, porque esta é o antídoto à teologia ao criar novos valores. Ainda sem o doutorado, com a indicação do seu professor Ritschl, em 1869, assumiu a cátedra de filologia clássica na Universidade de Basel, na Suíça, onde manteve relações amigáveis com o historiador Jackob Burkhardt, que o auxiliou nas crises de saúde. Em 1879, após a publicação do seu primeiro livro, *O nascimento da tragédia*, que teve uma repercussão muito negativa na universidade, teve de renunciar à carreira universitária. Aposentou-se com um pequeno salário, tornando-se um nômade, indo de hotel em hotel pelas cidades do sul da Europa, Gênova, Veneza, Nice, em busca do seu melhor remédio, o sol. Afastou-se das coisas e dos amigos e tornou-se ainda mais solitário, dedicando-se apenas à sua obra. Para os que o achavam "louco", em *Ecce Homo*, afirma que se sentia apenas um filho do seu tempo decadente e a diferença entre ele e os outros é que sabia da decadência da sua época, não era doentio e se cuidava. Como um Cristóvão Colombo, atirava-se a um futuro incerto (LEFRANC, 2003).

Foi na Itália, sob o sol do sul da Europa, naquele ambiente que amenizava a sua dor, que teve a primeira visão do Zaratustra. No sul da Itália, Nietzsche ressuscitou: esqueceu a filologia, a universidade, a cátedra e o pessimismo. E passou a adorar um novo deus: Dioniso. Ali, sob o sol do *midi*, onde teve a sua menor sombra, teve a visão do "eterno retorno", o sentimento que temos em alguns momentos de já tê-los vivido inúmeras vezes exatamente como vivemos agora, este instante presente, sem modificação, única realidade, com os mesmos seres, atitudes e gestos idênticos. Isto quer dizer que, para ele, o sentido da vida não estava na realização de um telos nem no além, pois o seu objetivo é atingido a cada instante presente, que voltará idêntico. O tempo só é o desdobramento cíclico desta móvel e invariável realidade. Para Spenlé, ali, ele viveu a experiência de sua principal tese sobre a história: "viver é ressuscitar a cada instante!" (SPENLÉ, 1943).

Em 1882, conheceu e apaixonou-se por Lou Salomé, uma jovem e culta russa, e, além de pedi-la em casamento (ela não consentiu), compôs com ela uma música, em 1887, o *Hino à vida*. Será que ele queria realmente vencer a sua misoginia e se casar com Lou Salomé? Afinal, para ele, "ser solitário é ser fiel a si mesmo, criar o próprio sentido". Ele padecia de uma certa "anorexia afetiva", evitava prender-se a lugares e pessoas, a pátrias, mulheres e família. Segundo Lefranc, Salomé o desprezava por sua polidez excessiva, sempre gentil e amável com todos. Os italianos de Gênova o chamavam de *"il picollo santo"*. Nietzsche olhava o seu passado, via o seu pai doente e pressentia o seu futuro idêntico e, delirando, criava outra origem, eslava, grandiosa! Ele não se enraíza, põe-se sempre em risco, "à beira do Vesúvio". Ele recusa todo abrigo, todo refúgio, sobretudo o da fé. Uma "imagem totêmica" o protege: a águia. Esta imagem descreve bem o seu esforço: subir alto, olhar longe, dominar o espaço e o tempo, conquistar o futuro. De um lado, um Nietzsche real, como uma serpente, o outro totem que o protege, a deslizar sábia e prudentemente pelos cantos e desvãos do mundo, visível nas praias e praças das cidades italianas e francesas: um homem de óculos, bigodudo, solitário, taciturno, hóspede anônimo, modesto, polido, de hotéis e pensões, com suas caixas de livros e notas, para lá e para cá; de outro, uma águia, um personagem ficcional, mutante, invisível, o profeta itinerante, visionário, cantando e dançando, adorando o sol e o vento do mar. Nietzsche não se conhecia e não queria se conhecer: mascarava-se, parecia um feliz andarilho, leve, mas escondia um homem de disciplina rude (LEFRANC, 2003).

A música foi uma das fontes principais do seu pensamento. O seu sonho de "cultura viva" não era nem a teologia, nem a filologia, nem a filosofia, mas a música, que, para ele, manifesta diretamente a vontade de viver. Nietzsche foi formado mais em um ambiente musical do que nas discussões filosóficas, em que, aliás, não teve uma formação regular. Ele conhecia Berlioz, Liszt, Mozart, Beethoven e Wagner. Para ele, uma sinfonia de Beethoven é uma exaltação. E Schopenhauer só teve grande impacto sobre o seu pensamento porque também era um "metafísico da música". Nietzsche tinha um talento musical não desenvolvido, tocava piano e fazia composições, que adoraria que fossem reconhecidas. Enviou partituras a Richard Wagner, que as recebeu polidamente, mas, segundo Lefranc, próximos de Wagner disseram que este considerava as suas composições antimusicais e aberrantes. Nietzsche compreendeu que não poderia ser reconhecido como músico mais do que fora como filólogo. Para ele, a música é dionisíaca, trágica, paixão, vontade, vida efetiva, corporal. A dança afirma o devir, o rir, o jogo, o acaso. Nietzsche adora Dioniso, porque é um deus músico e dançarino! Contudo, para muitos intérpretes, se ele não realizou a sua musicalidade em partituras eternas, a sua retórica filosófica é musical. Os temas do seu pensamento, a morte de Deus, o Super-Homem, o Eterno Retorno são como momentos de uma sinfonia. Ele era um filósofo-compositor (LEFRANC, 2003; EDELMAN, 1999).

As referências do seu "pensamento musical" são os filósofos gregos pré-socráticos, os conquistadores romanos, o navegador Cristóvão Colombo, os super-homens do Renascimento, como Maquiavel e César Bórgia, e em sua época, Schopenhauer e Wagner. O seu estilo de pensamento teve muitos sucessores, tornou-se uma referência para poetas, literatos, artistas, políticos, historiadores e filósofos. Ele é reconhecido como um grande escritor, com forte influência dos moralistas e filósofos franceses dos séculos XVII e

XVIII, como La Rochefoucauld, Montaigne, Voltaire, La Bruyère, Fontenelle. Nietzsche tinha a ambição de dizer em um breve aforismo o que outros não conseguem dizer em todo um livro. Ele escrevia em sentenças porque não queria somente ser lido, mas decorado. As sentenças/aforismos, para ele, eram como "cimos das montanhas, por onde só podem caminhar aqueles que têm pernas longas, grandes e altaneiras, no ar puro e raro" (NIETZSCHE, *Par delà-Bien et Mal*; PIPPIN, 2006).

Nietzsche não queria ser um filósofo universitário, laborioso, construtor de sistemas, que avança prudente e metodicamente. Ele queria ser um filósofo da intuição e não prestar contas a outros. Não tinha um sistema filosófico, uma teoria da verdade, uma explicação do mundo. O seu problema filosófico são os juízos de valor, com os quais damos um nome e uma significação às coisas. Para ele, o homem é o animal que mede, julga, estima e, se não faz isso, é decadência, pessimismo, desesperança, niilismo. Para ele, inspirando-se nos moralistas franceses, a filosofia é esta faculdade de juízo e os seus juízos, os de Nietzsche, são favoráveis aos valores aristocráticos. Em *A genealogia da moral* revela que a origem dos valores não é metafísica, mas emergem das forças deste mundo em combate. Para civilizar, tornar previsível, por exemplo, foi preciso implantar uma memória no animal humano, inculcar-lhe um "você deve" ou "você não deve". A "fera loura" foi domesticada pelo costume e pela crueldade dos castigos. Para ele, a história da civilização é um campo de batalha histórico-biológico, a humanidade não é homogênea, não tem as mesmas concepções do Bem e do Mal, não segue um plano divino, não progride de forma contínua e linear, como era a visão da filosofia da Revolução Francesa (NIETZSCHE, *La généalogie de la morale*; LEFRANC, 2003).

Um obstáculo à sua interpretação é seu desequilíbrio emocional e mental, já que toda a sua filosofia é a tradução de sua experiência pessoal. Ele esteve internado várias vezes em hospitais psiquiátricos e está ligado a algumas ideias anedóticas: "sejamos duros", as "feras louras", ele, chorando, abraçado a um cavalo batido por um cocheiro nas ruas de Turim, o bilhete de amor enviado a Cosima, mulher de Wagner, em que assina "Dioniso". Que contraste entre o homem e o pensador! Ele era doente, fraco, desarmado, tímido, inseguro, mas aceitava o risco, a morte, porque, para ele, o mundo não foi criado e não está feito, mas deve ser feito/criado a cada instante. Os seus críticos mais radicais desqualificam o seu "pensamento diferente" atribuindo-o ao desequilíbrio provocado pelo uso intenso de drogas, para o controle das dores, e à doença mental. Para estes críticos, ele produziu um "pensamento desequilibrado" para "desequilibrados"! Contudo, a sua obra filosófica deveria ser desacreditada como fruto de um delírio, filha da demência? O eterno retorno é um delírio? Qual filósofo escaparia do desequilíbrio, Descartes? Para Heidegger, Nietzsche se sentia com uma missão: vencer a decadência pela afirmação de si. Ele fala muito de si mesmo em *Ecce Homo*, faz um autoelogio, dá uma grande importância a si mesmo e à sua obra, mas não é sintoma da alienação final, não é narcisismo vão; ele se tomava em suas mãos e se cuidava assim (HEIDEGGER, 1971a; CHAIX RUY, 1977).

Nietzsche produziu uma vasta obra entre 1872 e 1888: *O nascimento da tragédia no espírito da música* (1872), *Considerações extemporâneas (4):* 1ª) *David Strauss, O devoto e o escritor* (1873), 2ª) *Da utilidade e desvantagem da história para a vida* (1874), 3ª) *shopenhauer, educador* (1874), 4ª) *Richard Wagner em Bayreuth* (1876), *Humano, demasiado humano* (1878), *Miscelânea de opiniões e sentenças* (1879), *O andarilho e sua sombra* (1879), *Aurora* (1881), *A gaia ciência* (1882), *Assim falou Zaratustra* (1883), *Para além do Bem e do Mal* (1886), *O niilismo europeu* (1887), *Para uma genealogia da moral* (1887), *O caso Wagner* (1888), *O anticristo* (1888), *Ecce Homo* (1888), *O crepúsculo dos ídolos ou como filosofar com um martelo* (1888) e o polêmico *A vontade de potência*, que muitos acreditam que tenha sido forjado por sua irmã Elizabeth Förster Nietzsche. Para Heidegger, a sua obra original foi produzida entre 1881 e 1889, período em que escreveu o *Assim falou Zaratustra* e compôs o plano da obra *A vontade de potência*, a sua "obra capital". Para Heidegger, em vida, Nietzsche não publicou uma "obra", mas "*hors d'oeuvre*" (não é a obra principal), e a sua filosofia propriamente dita deve ser procurada em sua obra póstuma *A vontade de potência*, publicada um ano após a sua morte, em 1901, e ampliada e reeditada em 1906, seguindo o seu plano de 1888. Em 1911, os Arquivos de Weimar fizeram, enfim, uma edição definitiva das suas obras, sem distinguir as publicadas por ele e as póstumas, incluindo *Ecce Homo* e a mais vasta correspondência. As obras completas foram publicadas sob a direção da irmã Elizabeth, que o "rebanho nietzschiano", em nome de uma impossível coerência de Nietzsche, descreve cristãmente como uma... "pessoa má"! Ou seria apenas "nietzschiana", "além do Bem e do Mal"? Heiddegger não só não se importou como apoiou e, provavelmente, colaborou com as suas interferências na obra do irmão (HEIDEGGER, 1971a).

Esses seus livros, claro, não foram bem recebidos pelo seu tempo, que, sentindo-se ultrajado e amedrontado, esqueceu-os nas livrarias e bibliotecas. O seu texto é labiríntico, sem apresentar um sentido último ou uma verdade. Ele destrói a tradição hermenêutica sem pretender fundar uma "ciência nova". Na verdade, ele deveria renunciar à linguagem ou criar um texto fora da tradição, pois o seu martelo destrói em primeiro lugar a própria linguagem, por considerá-la sempre contaminada pela metafísica. Ele desconstrói a linguagem e afirma que "não fala com palavras, mas com raios". Por isso, ele se sentia um "autor nascido póstumo", pois sabia que seus leitores somente nasceriam dali a um século! Nietzsche pediu aos prováveis leitores desses livros que não o seguissem, que não se tornassem seus discípulos, porque ele não queria ser o profeta de uma nova religião. A sua "filosofia da vida" sugeria a cada indivíduo que "criasse", que "inventasse" um sentido para a própria vida, propunha que cada homem dispensasse Deus, a Ideia, e a ele, Nietzsche, e se tornasse o seu próprio criador. Contudo, a sua filosofia parece realmente corrompida pela teologia, pois o seu tom de antipastor acabou atraindo, contra a sua vontade, milhões de seguidores dogmáticos, fanáticos, que não entenderam o quão profano e deste mundo queria ser o seu pensamento. Aliás, a história da filosofia, apesar da sua permanente recusa da fé, pode ser vista como a história do fanatismo: socráticos, aristotélicos, tomistas, cartesianos, kantianos, hegelianos, marxistas e até nietzschianos se engalfinham em uma luta de vida ou morte! Nietzsche não escapou deste "espírito religioso" da história da filosofia e se viu cercado e seguido por milhões de discípulos pseudoateus, dos quais se tornou o "profeta", o "guru" ou até mesmo o novo "Salvador" (MARTON, 2006; CLÉMENS, 1972).

Em *Ecce Homo* reflete sobre o seu próprio lugar na história da filosofia. Por um lado, é curioso que se sentisse deprimido com a não recepção da sua obra em sua época, já que desprezava os seus contemporâneos, por serem "modernos". Por outro lado, achava "compreensível" que não o ouvissem, pois se sentia fora do seu tempo. Mas acreditava que, no futuro, seria preciso criar instituições "em que se viva e se ensine como eu entendo viver e ensinar e cátedras serão criadas para a interpretação do *Zaratustra*". Ele não esperava que os seus contemporâneos "modernos" pudessem lê-lo, mas tinha a estranha esperança de que um dia seria "seguido"! Ele explica por que não podia ser lido em seu tempo: "seus escritos não falam de vivências frequentes e são uma primeira linguagem para uma nova experiência. Os que acreditavam que o ouviam, apenas ajustaram o seu texto à própria imagem. Eram ainda idealistas, o oposto do que ele era". Nietzsche se apresentava inspirado por Dioniso, que falava aos sátiros e contra os santos. Ele não prometia "melhorar" a humanidade no futuro, destruía os ideais, que via como mentiras que privavam a realidade do seu valor. Para ele, o mundo ideal é uma "evasão da vida", fruto da covardia, e nem se preocupa em refutá-lo: quebra-o com o seu pensamento-martelo. Ele preferia frequentar o proibido, conhecer as histórias escondidas. O seu personagem-sábio Zaratustra não oferece uma vida ideal, não funda uma religião, não exige crença. Ele diz o contrário do que diz o sábio, o profeta, o santo: "você deve me perder e vos encontrar.

Reneguem-me e recomecem. Vão embora sozinhos. Defendei-vos de mim, pois posso tê-los enganado" (NIETZSCHE, *Ecce Homo; Ainsi parlait Zaratustra*).

A filosofia de Zaratustra não é dialética, que é, para Nietzsche, o sintoma supremo da decadência que atingiu o Ocidente desde Sócrates. Em decadência, aliás, Nietzsche era experiente, pois a sua longa vida foi uma eterna convalescença. Mas, decadente, tomou-se em suas mãos e se cuidou. Para ele, a decadência se manifesta sobretudo na incapacidade de se tratar. Para o homem sadio, o estar doente pode ser um estímulo à vida, pois passa a se querer bem e a se cuidar. A doença o fez menos pessimista e niilista, porque para "um homem saudável, o que não o derruba o torna mais forte". O homem forte não se deixa abalar pela infelicidade, pela culpa ou pela doença. Nietzsche se considerava o oposto de um decadente, porque, doente, não era doentio. Ele estava atento aos instintos sadios e cultivava a fórmula para a grandeza no homem: o *amor fati*. O homem saudável não deseja que o mundo fosse de outro modo e nem apenas o suporta ou dissimula que não o quer assim. Ele ama o mundo tal como ele é. Ele aceita a vida com suas dores e prazeres e sofre e tem prazer intensamente. Ele não evita a dor, porque sabe que o custo será a perda do prazer da própria presença. Nietzsche escreve pensando na superação da decadência. O seu problema é o da decadência, o da perda da vontade de ser e viver. Sua obra propõe uma medicina antiteológica, o "tratamento da vida" pela aceitação do ser no tempo, pela recusa de toda estratégia de evasão (NIETZSCHE, *Ecce Homo*).

O estilo de Nietzsche choca e, diante de sua obra, têm-se duas reações possíveis: ou uma empatia imediata, entusiasta, com a sua polifonia filosófica, ou uma leitura que quer controlar a sua errância obrigando-o a entrar em um "sistema", que era o que ele mais temia. As suas obras são contraditórias, heterogêneas: haveria uma unidade, mesmo complexa, uma articulação das partes em um todo, incluindo os fragmentos póstumos? Seria a obra de um autor coerente e estável ou deve-se vê-la como diversos e diferentes momentos do pensamento de um autor nunca fiel a si mesmo? Haveria uma harmonia em profundidade, um fio condutor contínuo, onde as contradições se ordenariam como expressões progressivas de uma mesma personalidade? Nietzsche teve predecessores, teve sucessores? É irracionalista ou produz ainda um conhecimento racional, científico, iluminista? Pode-se falar de um único e autêntico Nietzsche ou de vários "impostores"? Deve-se pensar na evolução e aperfeiçoamento do pensamento de um jovem a um velho? Deve-se ver a sua obra dividida em fases ou, como um jantar, em "*hors d'oeuvre*" e "obra capital"? Pode-se separar a sua obra do desdobramento da sua vida? As obras posteriores já estão presentes nas anteriores e deve-se ver as primeiras como esboços e as últimas como a obra acabada? O seu pensamento se construiu sem recorrer a conceitos, faltando-lhe, portanto, "rigor e seriedade"? Nietzsche seria o sujeito da sua escrita?

As avaliações da obra de Nietzsche são múltiplas, mas todas admitem um ponto comum, um espírito que as reúne: o "alegre saber". A esfera do conhecimento deve ser unida à da alegria, ao riso. Ele se opõe à filosofia como repressão dos instintos naturais, como abstração do mundo sensível, como condenação da existência, e é contra aqueles que associam a alegria à mentira, à vaidade e ao riso do demônio. Para Heidegger, Nietzsche faz uma "festa do pensamento" que o cristianismo não conhece. Para Boudot, uma renovação total do seu pensamento ocorre em cada um dos seus livros. Ele nunca escreve um mesmo livro. Ele oferece ao leitor liberdade de criação, ao leitor, que é vítima de livros que lhes impõem dogmas, doutrinas, ideologias, que enfatizam uma pretensa evolução da humanidade. O que "compreendeu" Nietzsche não é nietzschiano, pois o nietzschiano não é um seguidor de sistemas, realiza "atos criadores". Ele queria despertar no leitor uma percepção da liberdade como criação e não como submissão a um plano universal. O estilo de Nietzsche reúne poesia, literatura e filosofia. O *Zaratustra* é filosofia e poesia. Não é obra de arte/literatura, mas uma "filosofia poética". O seu pensamento é antiplatônico: valoriza a forma, a estética, o sensível, contra a essência metafísica. A "verdade" é obra de arte/linguagem. Tudo o que os artistas chamam de forma, ele já chama de conteúdo. Para ele, forma e conteúdo são a mesma coisa. Todo conteúdo é formal, inclusive a nossa vida. A sua "alegre sabedoria": queremos mais que sobreviver, viver! (BOUDOT, 1971; LACOUE-LABARTHE, 1972; COLLI, 1996; STIEGLER, 2005).

Para Lefranc, em cuja biografia de Nietzsche nos apoiamos, geralmente, se distingue três períodos em seu pensamento ou três filosofias: o "pessimismo estético" (*O nascimento da tragédia* e as *Intempestivas*), o "transformismo intelectualista" (*Humano, demasiado humano; Aurora; A gaia ciência*), a "cultura filosófica" (*Assim falou Zaratustra*). A última parte seria o pensamento de Nietzsche que se acaba e "encontra a si mesmo"! (Mas ele se encontrou ou quis se encontrar algum dia?) Embora essas três delimitações sejam geralmente aceitas, considera-se que há um ponto mais elevado da sua obra, que permite ver e compreender o todo: o *Zaratustra*. Para a maioria dos seus intérpretes, o *Zaratustra* é o centro da sua obra, entre *O nascimento da tragédia* e *A vontade de potência*, e o próprio Nietzsche reconheceu esse lugar central. Mas, o *Zaratustra* não é o seu último pensamento, pois há ainda a publicação póstuma de *A vontade de potência*. Enfim, qual obra seria a mais central: o *Zaratustra* ou *A vontade de potência*? Esta última poderia ser a sua "obra capital" ou foi apenas uma desonesta composição da sua irmã e equipe? E o fato de ser "a última obra", "o último pensamento", garante a ela uma "centralidade conclusiva" de toda a obra? Toda periodização da sua obra é só uma indicação, uma comodidade, que pressupõe uma interpretação geral. A compreensão do seu pensamento não pode ser de obra em obra, cronologicamente, como um progresso. A sua obra não pode ter internamente o que ele negava para a vida, um "sentido histórico". As obras trazem as marcas do quando/onde ele estava. Ele escreve de forma autobiográfica, o seu pensamento traz as marcas de sua doença e da sua peregrinação. Uma filosofia vivida, sentida, antes de ser pensada ou escrita. "Compreender Nietzsche", para Lefranc, é apreender a coerência dos temas maiores sempre retomados em suas obras e descobrir um "ego filosófico", uma unidade não lógica, que não proscreve a variedade (LEFRANC, 2003; CHAIX-RUY, 1977).

Nietzsche queria que a sua obra fosse discutida no futuro. Ele se via como um autor póstumo e, talvez, por isso, sua irmã acreditasse estar realizando o seu desejo reeditando as suas obras completas e Heidegger considerasse a sua "obra capital" a póstuma *A vontade de potência*. A glória póstuma, a sua irmã Elizabeth Förster Nietzsche a organizou. Ela editou as suas obras, publicou uma longa biografia em três volumes, uma obra sobre as relações entre Nietzsche e Wagner, todas com numerosos fragmentos inéditos. Ela fundou os Arquivos Nietzsche em Naumbourg, em 1894, e, depois, em Weimar, em 1896, na casa em que Nietzsche morreu. É ela quem controlava a publicação das obras inéditas e da correspondência de Nietzsche. Ela teve muito poder sobre a sua imagem póstuma. Contudo, as relações de Nietzsche com sua irmã não foram tranquilas, ele detestava o marido dela, um antissemita militante. Elizabeth Nietzsche apagou todo conflito familiar, omitiu a hostilidade do irmão pelo nacionalismo alemão e pelo antissemitismo. Os "seguidores" de Nietzsche procuram protegê-lo da sua "influência nazista": ela manipulou, falsificou, convidou Hitler para visitar o Arquivo Nietzsche, e, desde então, Nietzsche é associado ao nazismo. E lançam suspeita sobre a edição dos fragmentos póstumos. Para eles, *A vontade de potência* foi realmente prometida por Nietzsche, mas é póstuma e não se pode garantir que ele a publicaria tal como foi publicada. Ninguém pode dizer o que esses fragmentos seriam se fossem desenvolvidos por Nietzsche, e acusam Elizabeth de fazer um uso arbitrário, abusivo, dos manuscritos de seu irmão (EDELMAN, 1999; Prefácio de Elizabeth Nietzsche em *La volonté de puissance*).

Contudo, embora não tenha sido escrita por Nietzsche, é inegável que a obra póstuma continuou o seu projeto central: uma história da moral, que propõe uma "revolução axiológica", que conduza dos valores antigos aos novos. No prefácio, a irmã afirma que ele planejou escrever um grande tratado filosófico que resumiria sistematicamente as suas ideias entre 1881/1888, porque a expressão poética da sua filosofia no *Zaratustra* não foi bem compreendida. Ele queria oferecer aos seus leitores uma "visão unificada" (um sistema?) da sua filosofia. Mas, como ele se ocupou com a escrita de muitos prefácios para outras edições das suas obras anteriores, foi deixando para depois o projeto da sua "obra perfeita" e só deixou esboços dela. Em 1889, ele teve um ataque de apoplexia, que ela atribuiu ao excesso de trabalho intelectual e ao abuso de narcóticos. A sequela foi uma "paralisia cerebral", que pôs fim aos seus projetos intelectuais. *A vontade de potência* não pôde ser continuada, mas Nietzsche a deixou em muitos fragmentos datados de épocas diferentes, que deram um enorme trabalho a ela e à sua equipe para serem decifrados. Outro problema era a interpretação e a sistematização desses fragmentos. Ela explica que procurou ser fiel a Nietzsche, usando o esboço da obra que ele próprio elaborou e criando títulos a partir de suas notas. A ordem dos textos e a lógica da obra, portanto, não foi elaborada por Nietzsche: pode-se, então, considerá-la a sua "obra capital", o seu "livro perfeito"? (Prefácio de Elizabeth Nietzsche em *La volonté de puissance*).

Para Heidegger e Elizabeth, sim, a sua "obra capital" é *A vontade de potência*, este conjunto de aforismos, fragmentos, esboços, observações fugitivas, retalhos, que eles próprios "costuraram". Heidegger faz o elogio dos editores, é um divulgador/defensor/consolidador e, provavelmente, um colaborador. Heidegger parece muito implicado na edição da obra, ao lado da irmã de Nietzsche, e com o Arquivo e a visita de Hitler. Para ele, o *Zaratustra* não é o centro ou o ponto culminante da sua obra, pois isso seria esquecer a sua obra póstuma. Para Heidegger, não se pode dizer também que o *Zaratustra* é a obra poética e *A vontade de potência* a obra filosófica, em prosa, do pensamento de Nietzsche. *A vontade de potência* é tão poética e o *Zaratustra* é tão conceitual. O *Zaratustra* seria o suntuoso pátio de entrada ("peristilo") e *A vontade de potência* o edifício principal. Para ele, não há uma evolução no pensamento de Nietzsche. Quanto mais um filósofo é original, mais ele retorna sobre si mesmo, o seu pensamento é um círculo que retorna. Cada frase do pensamento de Nietzsche exprime a totalidade da sua filosofia, cada frase corresponde a outras, implicitamente. Para Heidegger, o que interessa é ouvi-lo, questionar com ele, através dele e contra ele a única questão da filosofia ocidental: "o que é o ser?" (HEIDEGGER, 1971a).

Contra a presumida fragmentação, Picon (1998) também afirma a unidade da filosofia de Nietzsche: é uma "ciência do homem", que tem por método uma psicologia naturalista e desenvolve uma teoria da cultura que permite avaliar as diferentes escalas de valores como sintomas que revelam a atitude adotada em relação à vida. Nietzsche é um historiador da cultura e nos situa na duração, analisa um conjunto de crenças e juízos que pertencem a uma civilização localizada no tempo e espaço, um estudo datado da sensibilidade e do pensamento. Mas, como teórico do conhecimento, adota uma perspectiva atemporal e pertence à tradição dos grandes autores. Ele se explica por ele mesmo e não pela recepção que teve ou pelo contexto histórico. A contextualização do seu pensamento não toca no essencial. A sua obra trata de muitos temas, mas há uma unidade: é o homem universal que Nietzsche pretende buscar e atingir. Ele se apresenta como um "aventureiro", circunavegador da vida interior do homem. Contudo, não busca uma essência imutável do homem, que, para ele, está ligado ao tempo e espaço em sua sensibilidade, comportamento e pensamento. É o homem histórico, vivo, que ele estuda. É uma "teoria idealista": a cultura tem um papel independente e determinante, mas não é uma cultura a-histórica, fora do tempo e lugar. O pensamento é a expressão da vida. Nada é fora da natureza e escapa às suas leis. Para Picon (1998), enfim, a sua teoria da civilização seria ao mesmo tempo "idealista e naturalista".

Derrida se diz devedor do estilo de Nietzsche. Para ele, a questão do estilo é sempre de um "objeto pontudo", um estilete, que corta a matéria filosófica, para deixar uma marca. Nietzsche tem um estilo de espora, perfurante. Nele, a antiga estética de consumidores apenas receptivos é substituída por uma estética de produtores. A uma estética feminina opõe uma estética masculina, viril: criatividade, atividade, presença manifesta. A filosofia é também poder e diz o que não deve ser dito às forças dominantes, com suas leis e polícia. Nietzsche afirma a força do texto e da leitura/interpretação, destrói a tradição hermenêutica da busca do sentido estável, quis quebrar o conceito de história universal determinada pelo sentido final, passando à história material, heterogênea, da emergência dos discursos e dos valores. Em seu estilo-estilete, a interpretação/escrita/leitura ultrapassa a moral essencial e destrói a verdade-fundamento. O seu pensamento-martelo quebra, corta e fura, "implode" a fé e a verdade, os valores, da consciência histórica Ocidental. Contudo, pode-se interrogar a Derrida: o seu estilo-martelo o teria distanciado e colocado fora da história do pensamento alemão e Ocidental? (DERRIDA, 1973; HEIDEGGER, 1971a; LACOUE-LABARTHE, 1972; STIEGLER, 2005).

Nietzsche, a cultura alemã e a Europa

Como vê-lo de forma mais central na cultura alemã, qual foi a sua intuição original entre os alemães? Para o século XIX, para a cultura de Weimar, hegeliana, goethiana, os seus livros eram "disparates". Aliás, ainda bem que não foram lidos, porque o único que foi lido e discutido, *O nascimento da tragédia*, custou-lhe a carreira universitária. Ele poderia ter tido uma carreira acadêmica brilhante, mas, além de ter sido impedido, também não queria ser um professor erudito: "fujam da casa dos eruditos. Os eruditos são homens-relógio, trabalham como moinhos/pilões: transformam grãos em fina poeira. Não temos nada em comum". Marginal, ele sabia que seria compreendido após a Primeira Guerra Mundial, cuja possibilidade real já pressentia, e, em *Ecce Homo*, julgava-se o primeiro espírito do século XX, um "profeta da história", um filósofo prospectivo, um anti-historicista. Para Bernat-Winter, de fato, ninguém foi mais sensível do que ele ao caráter prospectivo da história: o presente só pode ser esclarecido e apreendido a partir do futuro. Ele levantou profeticamente problemas que a Europa viveria depois, mas, lamenta Bernat-Winter, o profeta foi internado em um hospício de Weimar! Era um estranho na cultura europeia, para ele, uma civilização sombria e decadente (NIETZSCHE, *Ecce Homo*; BERNAT-WINTER, 2005).

Dentro da cultura alemã, o seu interlocutor era Richard Wagner, que o fascinava, como músico e como homem. Para ele, era um super-homem, se superava, dava sentido à própria vida, vivia perigosamente, guerreiro e conquistador, e soube expressar musicalmente a alma alemã. Wagner se inspirava nos trágicos gregos, que eram poetas-músicos, em cuja obra se exprimiam as aspirações, os temores e tormentos de um povo. Nietzsche aceitou ser epígono de Wagner, por algum tempo, porque a música e a nova cultura alemã os uniam. Contudo, para ele, Wagner entrou em decadência com uma retórica musical para a multidão e deixou de representar a "Nova Alemanha", pois só buscava o seu próprio triunfo. Wagner tornou-se presunçoso, um ator, um comediante, ávido de glória, de sucesso, e manipulava espectadores e auditórios. A sua obra foi servida como entretenimento, e os seus empresários ganharam dinheiro desfigurando-a. Nietzsche preferiu perder a amizade de Wagner e seguir só. Mas por que a decepção? Se Wagner "fazia teatro", se não era "autêntico", era só mais um "dissimulado" que exercia a sua "vontade de potência". Talvez, Nietzsche tenha sentido ciúme e inveja de Wagner por ter tudo o que ele desejava: era um músico excepcional, reconhecido, um sucesso nacional, rico, casado com Cosima Liszt, a quem ousou enviar uma mensagem de amor e, talvez, seja essa a causa real do desentendimento entre eles. Afinal, inveja e ciúme do talento, do sucesso e da mulher de amigos são sentimentos bem humanos! (MANN, 1939; NIETZSCHE, *4ª consideration inactuelles*; CHAIX-RUY, 1977).

Se Wagner procurou se integrar, Nietzsche preferiu continuar excêntrico. Contudo, a sua marginalidade revelava a sua ambição de ser o centro de uma "Nova Alemanha". A história deu-lhe um lugar único e incomparável, central, quanto às suas implicações, no pensamento alemão. A sua solidão era fruto da sua resistência à corrente dominante da dialética hegeliana, à Razão totalizante, ao lugar do sujeito na história, aos valores cristãos. Ele se opôs ao Estado prussiano, porque reduziu os filósofos alemães a burocratas legitimadores do seu poder. Hegel marcara o momento da aliança da alta intelectualidade alemã com a política prussiana ao afirmar a afinidade entre o Estado prussiano e a sua filosofia, que se sentiu protegida. Nietzsche preferiu o pessimismo de Schopenhauer a esse otimismo inconsistente da cultura histórica bismarckiana-hegeliana. Ele não desejava consolidar o Estado, porque não queria manter uma relação despótica/exterior com a realidade alemã. Ele fez da filosofia uma "máquina de guerra móvel", desvinculada da "máquina racional administrativa". A "Nova Alemanha" exigia uma nova política cultural. Se Hegel colocou a alma alemã em sistema e Wagner em música, Nietzsche a colocou em poesia e aforismos. Mas, para nós, os três tratavam intensa e apaixonadamente de um mesmo tema: a identidade nacional alemã e a vitória alemã na Europa (SPENLÉ, 1943).

Nós sustentamos a hipótese de que, para compreender o duplo lugar de Nietzsche na cultura alemã, marginal e central ao mesmo tempo, é preciso situá-lo em seu momento histórico. Os alemães venceram em 1871 e, durante a guerra, em que se engajou como enfermeiro, Nietzsche expressava um forte sentimento patriótico em sua correspondência. Por algum tempo, foi um entusiasta patriota alemão, sarcástico com a França vencida, admirava Bismarck, mas mudou de posição após a guerra. Mas, se a vitória alemã trouxe a unidade política, a potência econômica, o bem-estar social, a prosperidade, ele não deveria estar otimista? Em 1873/4, ele lançou as suas *Considerações intempestivas* onde refletia sobre o seu presente e denunciava os perigos da mentalidade festiva do pós-guerra e lembrava que uma grande vitória pode degenerar em derrota. Para ele, a mais irritante consequência da guerra era a ilusão de uma "cultura alemã vitoriosa". O que essa vitória provava? Apenas que a Alemanha possuía um exército superior, e não que ela fosse uma nação superior. Uma nação superior tem mais que um Estado poderoso, tem uma "cultura superior". Uma "cultura viva" não se improvisa do dia para a noite, constitui um "estilo de vida", que marca todas as manifestações de um povo – modo de vestir, móveis, comportamento, expressões, costumes, gostos, formas de sociabilidade. Saber muita coisa não é marca de cultura. O contrário da cultura é a falta de estilo ou o caos de todos os estilos. Para ele, a Alemanha não tinha cultura nenhuma, somente uma simples teoria universitária da cultura clássica. A Alemanha da sua época era isso: uma mistura caótica de estilos (Nietzsche, *Par-delà Bien et Mal*; SPENLÉ, 1943; EDELMAN, 1999).

Contudo, por se opor ao seu tempo, por ser intempestivo, Nietzsche teria lamentado a vitória alemã em 1871? Não, pelo contrário. Ele era crítico dessa vitória pequena, pouca, desse Estado precário, que mantinha a unidade alemã à força. Ao contrário de Hegel, via o Estado prussiano como muito perigoso para o sucesso da Alemanha. No século XIX, a Alemanha queria ter o seu "grande século". A literatura alemã se tornou nacional. O culto de Goethe foi proclamado culto nacional e a ele foram dedicados congressos, periódicos, revistas, professores encarregados de doutrinar as jovens gerações. Nietzsche admirava Goethe como gênio solitário, mas manifestou-se agressivamente contra essa cultura universitária, uma "cultura dos textos clássicos", da qual Goethe era o centro. Que interesse vivo podia oferecer esse ensino às novas gerações? Nietzsche queria que a Alemanha se tornasse uma nação profundamente unida, pelo interior, e uma Alemanha com vontade de ser o centro e a sede da Europa. Mas, para realizar essa conquista, teria de criar uma nova identidade cultural. A sua pátria era a Europa germanizada e queria ser protagonista da história e da cultura europeia. Se Hegel assessorou a Alemanha em sua unificação burocrático-Estatal, que precisou da guerra contra a França, Nietzsche queria assessorá-la em sua verdadeira unificação, a cultural, o que exigiria a sua expansão pela Europa e pelo mundo. A única forma de a Alemanha ampliar a sua potência, expandir-se, atingir o seu "grande século", era através da guerra europeia. Só através de uma "grande guerra" ela poderia se reinventar, criar um "estilo alemão", próprio, que tornasse legítima a sua vitória militar e liderança política (SPENLÉ, 1943).

Portanto, o grande tema da sua filosofia era o mesmo da filosofia de Hegel: o "problema da Alemanha". A sua preocupação também era com a identidade nacional alemã, com a "alma alemã". A diferença entre eles era o ufanismo de um e a insatisfação do outro com a "cultura nacional" bismarckiana. A cultura hegeliana-bismarckiana foi suficiente para a burocrática unificação nacional, mas seria insuficiente para a conquista da Europa e do mundo. Embora tivesse outra concepção da Alemanha, Nietzsche era um nacionalista ainda mais radical do que Hegel. Ele teve de sair da universidade do Estado para escrever a sua obra, onde discute muito as relações entre educação, cultura e Estado. Em suas *Considerações intempestivas*, discute a inimizade entre a cultura e o Estado. Para ele, a cultura cedeu muito ao Estado e se subordinou totalmente a ele. Ele lamenta a degenerescência da língua alemã e defende uma cultura autêntica, aristocrática, antimoderna, anti-histórica, antiacadêmica. Para ele, a juventude alemã se achava em estado de indigência cultural, porque o instinto filosófico foi destruído pela "cultura histórica". Ele não se identificava com "aquela nação alemã": "não os suporto, os meus contemporâneos, nem nus e nem vestidos. Estéreis é o que vocês são. Vocês não criam, são irreais. Não encontro pátria em lugar nenhum. Sou exilado de pátrias e terras maternas, errante em toda cidade. Pelo futuro, quero resgatar este presente" (NIETZSCHE, *Segunda consideração intempestiva*; COLLI, 1996).

Bismarck transformara a Alemanha em uma nova potência militar, mas não tinha um novo pensamento, uma perspectiva nova, uma visão do futuro. A Alemanha bismarckiana não abria o horizonte de uma nova ordem europeia. Que valor superior ela representava entre as grandes potências europeias? Nietzsche até punha Bismack entre os grandes alemães, pelo realismo político, um imoralista maquiavélico, frio, lúcido, tenaz e flexível na diplomacia, manipulava homens e ideias sobre o tabuleiro, reservando-se o momento da decisão. Mas faltava a esse realista um horizonte mais amplo: era um senhor feudal prussiano, ligado pessoalmente ao rei, uma mentalidade rural, conservadora. O Estado alemão ficava cada vez mais "moderno": democrático, parlamentar, com partidos políticos, deputados, jornalistas. Uma decadência a mais no caos europeu. A Alemanha bismarckiana era apenas um Estado alemão particular, a Prússia, que tinha se imposto aos outros governos alemães regionais. A Alemanha bismarckiana era contraditória: um Estado unitário e uma confederação, uma monarquia absoluta e uma democracia parlamentar. Era um Estado de compromisso entre o poder central e os particularismos regionais. As contradições se mantinham equilibradas por esse compromisso garantido pela força e pela burocracia. Que futuro esse Estado poderia oferecer à Alemanha? (SPENLÉ, 1943).

A intelectualidade alemã hegeliana era impotente ou omissa na busca de uma solução para esse problema alemão-europeu. A filosofia se refugiava na história da filosofia e abandonava a elas mesmas as forças poderosas que a vitória alemã despertara. A intelectualidade não apontava para o futuro, olhava receptivamente para o passado, e se satisfazia com uma unidade política de fachada, precária, exterior, realizada por um golpe de força, à qual não correspondia nenhuma "unidade cultural profunda". O orgulho alemão se limitava à vitória militar e ao sucesso material. O império bismarckiano era do século XIX e só buscava a nacionalidade organizada burocraticamente. Diante de um grande político europeu, Bismarck era pequeno. Para Nietzsche, a Alemanha havia apenas despertado em 1871, e todas as suas energias deveriam estar direcionadas para o dia que começava. A Alemanha tinha de "tornar-se o que ela é": grandiosa! Para isso, ela precisava de se unir (re)construindo a sua "identidade nacional". A Alemanha criou grandes gênios solitários, milagres sem sequência, que era preciso integrar em uma "cultura contínua, consciente e refletida". Ele conclamava os fortes e poderosos contra o Estado alemão. A juventude devia se libertar do Estado, que é uma potência hostil à cultura, que escraviza o pensamento. Nietzsche previu o início de um período de guerras, para a Alemanha e as nações europeias. Segundo Mann, em 1880, ele tinha um espantoso conhecimento da crise mundial, que se aproximava. Para ele, o próximo século seria o da luta pela soberania na Terra e a Alemanha devia vencer. Mas, ele nem imaginava o grau de violência e crueldade que essa guerra atingiria. Ou imaginava, mas... para ele, a humanidade devia "construir a sua casa à beira do Vesúvio"! (MANN, 1939; SPENLÉ, 1943).

Nietzsche formulou a questão política alemã e europeia em novos termos. Para ele, a política não se restringe ao Estado, às questões sociais, à justiça, à administração pública. A sua teoria política é a sua teoria da vontade de potência, do poder presente e disseminado nas relações entre todos os grupos humanos. A sua discussão da moral é política. A política nacionalista do Estado alemão, para ele, era a "pequena". A "grande política" teria começado a partir dele: a afirmação da vida, de uma vontade de potência superabundante. A sua "grande política" respondia ao niilismo europeu, que marchava para a democracia e o socialismo. Ele esperava a formação de novas raças supranacionais e nômades de europeus. A hierarquia entre senhores e escravos deveria se manter na Europa, onde os senhores serão cada vez mais fortes. A sua nova política funda o vínculo social nos valores dos senhores. A sua política não é a busca da felicidade para o maior número, o encaminhamento da vontade geral. Ele é também crítico do liberalismo, que representa a vitória da mediocridade do meio termo. O socialismo e o liberalismo, ele os abomina. Para ele, a moral e a política da igual dignidade de todos os homens significou a deterioração da raça européia, o niilismo europeu. Ele propunha o retorno à amoralidade grega e aos valores do hierarquizado, orgulhoso e nobre Antigo Regime (SPENLÉ, 1943).

A Europa tornara-se um mundo de pequenos, fracassados, ainda cristãos, mesmo após a morte de Deus. Zaratustra não fala a assembleias, não se dirige ao povo, mas aos homens superiores. É preciso ser superior e desprezar os fracos. Ao respeito universal que igualiza é preciso substituir o desprezo que hierarquiza. O super-homem não pode ser confundido com o "homem superior". O "homem superior" é o niilista, e o super-homem será posterior à "transvaloração dos valores" e praticará o "pathos da distância". Nietzsche foi crítico da democracia e do socialismo e, citações bem escolhidas de *A genealogia da moral*, do *Zaratustra* e sobretudo de *A vontade de potência*, podem autorizar a interpretação de ele ser um nacionalista radical, um belicista, defensor de uma "revolução conservadora". Como os seus contemporâneos franceses, ele acreditava na hereditariedade dos caracteres adquiridos, no eugenismo, na possibilidade de se formar raças humanas como as raças animais. Ele retoma os critérios da antropologia física na classificação das raças humanas: cor da pele, dos cabelos, forma alongada ou arredondada do crânio, a decadência racial da Europa. Tudo isso ele retomou de Gobineau, Taine, Renan. Essas considerações raciais eram bastante difundidas na Europa. Ele não tem uma concepção só cultural de raça. É um racista fisiológico e quer para a Europa uma unidade racial (LEFRANC, 2003; MANN, 1939; SPENLÉ, 1943).

Portanto, a sua obra é central para a compreensão do "problema europeu" na passagem do século XIX ao XX. Ele propunha um novo mundo, que a nova cultura alemã faria vir à luz. Será o mundo do "super-homem", cuja chegada foi anunciada pelo profeta Zaratustra. O super-homem não é divino ou satânico; é o homem que dá sentido ao seu devir humano. "Torne-se o que você é", i.e., torne-se um super-homem: um homem que se supera. Não é dialética. É uma superação que vence e domina e não conserva. O grande homem sabe morrer e não busca sobreviver. O super-homem é precário. Não há uma Providência ou uma evolução irresistível, um sentido da história, que o protejam. Ele é exceção, solitário, contra o rebanho. Ele é difícil de aparecer e não será um resultado necessário do processo histórico. "Viver perigosamente" é a condição de toda superioridade. Eles são amigos e respeitosos entre si, mas ferozes contra os estrangeiros. Ele não é o "bárbaro", pois se realizou na cidade grega. Ele é o futuro do homem que "se tornará o que ele é". Ele é o "eu posso" contra o "você deve". O super-homem é o sentido da Terra, uma transcendência terrestre. Os grandes homens já conhecidos, como Napoleão, foram um aparecimento fortuito, improvável. O super-homem não tem que ser necessariamente um guerreiro, um conquistador: Goethe, Shakespeare, César Bórgia são prefigurações do super-homem. O grande super-homem é o profeta Zaratustra, o primeiro imoralista, uma abundância de vida, seguidor de Dioniso, o deus que torna o homem mais forte, mais profundo, mais cruel.

Depois disso tudo, seria inexato fazer de Nietzsche o filósofo-poeta-músico do imperialismo alemão? O seu Zaratustra não seria uma ideologia de senhores para controlar e dominar a massa de escravos? Os seus "seguidores" não admitem que tenha sido um defensor do imperialismo alemão, porque foi severo em relação à política bismarckiana, era contra o antissemitismo, contra o nacionalismo. E concluem: é um absurdo ver nele um racista e um pré-nazista! Para eles, essa interpretação foi provocada por sua irmã na direção do Arquivo Nietzsche. A irmã, sim, era nazista e transferiu a Nietzsche essa famigerada reputação. A sua irmã chegou a identificar o super-homem ao Duce e a Hitler. Mussolini lia Nietzsche. Desde então, Nietzsche é sempre identificado ao fascismo. Para Deleuze, "não temos de escolher entre um "autor anarquista com declarações reacionárias" ou um "pré-nazista, racista e antissemita". O erro é pretender julgar a sua filosofia a partir de categorias políticas rígidas e pre-determinadas. Se a sua obra nutriu jovens fascistas, o seu texto não tem uma identidade fixa: pode ser fascista, burguês e revolucionário. Solução: buscar nele a força revolucionária. Só é fascista quando lhe atribuímos este sentido e, então, o leitor é que é fascista. Nietzsche é nômade, desloca intensidades, é irônico e humorista. Ele mistura os códigos, ri intensamente. Não cultua a interioridade. Pode também inspirar um pensamento de esquerda, decepcionado, desencantado, pessimista, que aparece na obra de Sartre e da Escola de Frankfurt. Nietzsche está na base da nossa contracultura, desejando uma outra vida, um outro corpo e saúde. Ele queria retornar à Terra. Ele recriou a escrita filosófica, o seu texto exige imaginação e não interpretação. E podemos embarcar no seu texto... ou não" (DELEUZE, 1973).

E Deleuze tem razão: é o leitor que transforma um autor em diabo ou Deus, dependendo da apropriação que faz dele. Mas é fundamental que o texto seja apropriado pelo leitor como um "sentido para a vida", e não se pode fugir na indeterminação, na indefinição ou no silêncio dos seus sentidos possíveis. Um pensamento decadente, para o próprio Nietzsche, é aquele que não avalia, não julga, não combate. A nossa perspectiva sobre a obra de Nietzsche o trata como um pensador da Europa germanizada, por mais brilhantes e intensos que sejam os seus aforismos. Assim como o método lógico-dialético de Hegel é tecnicamente fascinante, a genealogia nietzschiana também o é, mas não são métodos apenas estéticos ou puramente especulativos. São profundamente ético-políticos, históricos, na medida em que foram criados para "pensar a vida" e torná-la mais potente. Para nós, Nietzsche radicalizou a tese hegeliana "pensar a vida – eis a tarefa". E a sua vida era o presente-futuro alemão do final do século XIX. Se é possível que o seu pensamento não se restrinja a isso, para nós, seria também irresponsável ignorar que, a partir de 1871, o seu grande tema era a conquista da Europa pela Alemanha, como condição para a sua unificação cultural profunda. Depois, a Europa germanizada faria do Planeta o seu inimigo, para conquistá-lo e expandir a sua vontade de potência (FLAM, 1973; DELEUZE, 1973).

Afinal, a "Primeira Guerra Mundial", Nietzsche a previu ou a planejou? Ela era necessária à "Nova Alemanha" como foi necessária a Guerra

Franco-Prussiana. O discurso da "decadência e do niilismo europeu" era necessário para legitimar uma intervenção alemã radical. Em história, acertar na previsão do futuro é como "esconder a previsão atrás do arbusto" e, depois, claro, encontrá-la como se ela tivesse estado sempre lá! Se o alemão é hegeliano, Nietzsche teria realmente se oposto à lógica da interioridade em si e para si alemã? Nietzsche não teria tentado desempenhar o papel do herói hegeliano, aquele que conhece a "proposição universal" da "Nova Alemanha", que fará avançar o espírito em sua marcha universal em busca da liberdade? Se Hegel foi a coruja que levantou voo no fim do dia, para atribuir-lhe sentido, Nietzsche prosseguiu Hegel como um galo, cantando na aurora do dia seguinte, para anunciar a criação de um novo projeto político. A diferença: a "velha cultura" hegeliana atribuía apenas ao Estado o desejo e o projeto da vitória alemã; a "nova cultura" atribuía a cada alemão o desejo e o projeto de expansão da potência alemã. E lhe garantia: após a morte de Deus, você é o super-homem, a nova aristocracia, o salvador da humanidade! Você é o novo Criador! Torne-se um martelo, destrua esta Europa moderna e crie/amplie um (seu) novo mundo!

O método genealógico: *"verdade", valor e apropriação*

Haveria ainda algo de novo a dizer sobre Nietzsche ou tudo já teria sido dito/escrito em um certo número de textos já (re)conhecidos? Se aceitássemos que já se esgotaram as possibilidades de releitura da sua obra, então, possuiríamos a sua "verdade". Contudo, esta tese "Nietzsche está esgotado e já possuímos a sua verdade" é incompatível com a sua imagem da "verdade". O pensamento genealógico não é um pensamento sistemático, porque, para Nietzsche, nunca "possuímos a verdade". Todos os pensadores anteriores diziam "possuir a verdade", mas, para ele, só tinham uma "vontade de verdade", o que põe em questão a possibilidade de sua posse. No homem, a vontade se quer a ela mesma, é "vontade de vontade", e não busca da verdade como conhecimento da essência universal. O homem é "vontade de vontade" e prefere ter vontade de nada a não ter vontade. Não há, portanto, uma "verdade essencial" que se revele no pensamento de Nietzsche, que é fragmentário, aforístico, errático, semiopaco/semitransparente. O seu texto é ao mesmo tempo aberto e fechado, se oferece e se furta, seduz e se afasta, grita e silencia. Geralmente, os intérpretes procuram caracterizar a sua filosofia como uma "filosofia dos valores", uma "genealogia da vontade de potência", uma "história da moralidade". Vamos aceitar essas definições do seu método, mas abertos à sua própria abertura. Em Nietzsche, "definir, caracterizar, descrever de uma vez por todas" é matar a vida-devir, e tentaremos não cometer esse erro com o seu próprio método, embora também não queiramos dar-lhe uma cor indecifrável (DELEUZE, 1973).

A perspectiva genealógica de Nietzsche não busca a origem primeira, o fundamento, a essência original, mas o "começo", o início de uma vontade de potência, uma descontinuidade na história. Para ele, não há um puro começo histórico, uma pré-história anterior à história, que se desdobra, se desenvolve e continua para se reencontrar no fim. O método genealógico, que inclui pesquisas biológicas e fisiológicas, inaugura um novo conceito de história, que tem como objeto as "vontades de potência". A genealogia quer provar o direito de herança de uma família, defender a continuidade de uma raça, sustentar o poder de um grupo. Ela interessa às famílias aristocráticas, que mantêm o seu poder relembrando o que estava esquecido, revigorando um direito esquecido. A genealogia é o fundamento do direito aristocrático. Os "começos" aristocráticos são cruéis, não realizam o movimento da "consciência e responsabilidade", são um golpe de força. Para a genealogia, o trabalho do homem sobre si mesmo na história é de uma crueldade terrível. A história criou um animal paradoxal, um animal capaz de "prometer", de pensar o futuro. Mas, esta capacidade de "prometer" não se deve à sua "consciência responsável de si", mas ao medo de sentir o peso e a crueldade do credor. O historiador tem que ter instinto histórico para conhecer a crueldade do passado. O método genealógico é crítico, mas não é uma crítica neutra, objetiva, fria, e não tem nada de fundadora e universal. O sentido da moral e da crítica não tem o mesmo sentido que em Kant (LEFRANC, 2003; NIETZSCHE, *La généalogie de la morale*).

Neste trabalho, queremos apresentar Nietzsche como o crítico mais radical do discurso hegeliano sobre a história, que, para ele, era a "doença moderna da cultura". O pensamento hegeliano não apreendia o real e se equivocava quanto à significação da história, pois não está reservada ao homem nenhuma missão universal. A relação de Nietzsche com Hegel é de recusa sem concessões. Marx e Freud foram também críticos radicais de Hegel, mas acabaram dominados pela sua promessa de liberdade através da "tomada de consciência". Nietzsche não espera mais a liberdade através da "reflexão total". Pode-se considerá-lo como o primeiro filósofo "pós-moderno" porque destrói os três pilares do pensamento cristão-hegeliano-moderno: a) a confiança na capacidade do pensamento dialético de coincidir com o real e expressar a sua "verdade essencial"; b) a confiança nos valores cristãos como favoráveis à vida; c) a confiança hegeliana de que a história é "a marcha necessária do espírito em busca da liberdade". Nossa hipótese é que ele estende à cultura do seu tempo o seu próprio diagnóstico e terapia: ele e os alemães eram doentes e precisavam se tomar em suas mãos e se cuidar. Ele e os seus contemporâneos precisavam recuperar a saúde, a vontade de ser e viver, revalorizando os instintos, as paixões, o corpo, a vida neste mundo. O que ele temia era que o seu mundo já fosse tão decadente que seria incapaz de reagir. E, por isso, ele o alerta, o agride, pois queria bem ao povo alemão-europeu. O discurso nietzschiano foi o primeiro discurso pós-moderno, porque ao adotar o perspectivismo cultural, o pluralismo moral, recusou todas as ideias e instituições modernas: a democracia, o liberalismo, o humanismo, a utopia da liberdade, a verdade, a igualdade, o socialismo, a família, a ciência, a educação, a filosofia e a religião, que sustentam esses conceitos e valores, que, para ele, levam o Ocidente ao declínio. O seu pensamento foi um tipo de "implosão" da cultura ocidental. O seu "martelo" filosófico nada deixou em pé ou inteiro! Ou melhor: o seu martelo destruiu a casca do ovo, rompeu o casulo, para que a sua borboleta de estimação, a "Nova Alemanha", conquistasse o mundo.

1º) O pensamento não coincide "dialeticamente" com o real
e não expressa a verdade essencial e universal

Nietzsche é "pós-moderno", primeiro, porque desconstrói as pretensões universalistas da "verdade moderna". Ele sustenta que esta "verdade" é apenas o produto de um sistema que produz discursivamente o certo e o errado, o falso e o verdadeiro. Em *Sobre verdade e mentira no sentido extra-moral* (1873), ele desconstrói a epistemologia moderna, pondo em dúvida a capacidade da linguagem de exprimir as coisas. Orgulhoso, o homem imagina que o mundo gira em torno dele, acha que seu pensar e agir interessa a todo o universo e até coincide com o real. Mas, para Nietzsche, o seu intelecto lhe foi dado pela natureza apenas como arma, como instrumento de defesa. O intelecto é um meio de conservação do indivíduo, é o disfarce que permite ao mais fraco dos seres sobreviver. O homem se defende usando o intelecto na arte do disfarce: enganar, lisonjear, mentir, ludibriar, falar por trás, representar, mascarar-se, a convenção, o jogo teatral. A vaidade é a regra e a lei. Os homens nunca tiveram um impulso para a "verdade". Ele não sabe nada sobre si mesmo. Ele somente luta para se conservar e é para isso que serve o seu intelecto. Ao usar o seu intelecto, o homem não busca o autoconhecimento, pois é movido pela necessidade de se manter vivo, pela vontade de ampliar a sua potência e viver o mais intensamente possível (NIETZSCHE, Sobre verdade e mentira no sentido extra-moral).

Nietzsche contesta a interpretação platônica da "verdade". O verdadeiro não reside na identidade imutável, pois a vida é infinita diferenciação-diversificação. O real só pode ser visto pela diversificação de perspectivas múltiplas e irredutíveis umas às outras. Uma "coisa" só aparece através de uma diversidade de interpretações, de perspectivas diversas que a apreendem. O "real é vida" significa que ele nunca está nu. A mais simples cor só se oferece através de significações diversas que permanecem ocultas à consciência. A verdade não é identidade, mas infinita diferenciação, diversidade das aparências. Nietzsche abalou a verdade-identidade ao valorizar a aparência, que é verdade e ficção, identidade e diferença. Ele apresentou a "verdade" como diferenciação da identidade ou identidade não fixada. A sua crítica à redução da verdade à identidade é uma crítica ao "em si" realista. A realidade concebida como "realidade em si" é reduzida à identidade e separada das interpretações ou representações que pode suscitar (DELEUZE, 1973).

Ele desfaz a confiança na "verdade universal" que, para ele, é apenas um tratado de paz, para que os homens possam "viver em rebanho". Evita-se a guerra de todos contra todos fixando aquilo que deve ser tido como "verdade": uma designação válida e obrigatória das coisas. A palavra não pode captar e não pronuncia a "coisa em si". Entre as palavras e as coisas há um abismo intransponível! A linguagem designa as relações entre os homens e as coisas e não provém da essência das coisas. O conceito não se refere à "essência" da coisa. A palavra torna-se conceito quando não se refere mais à vivência individualizada e única à qual deve seu surgimento, mas quando tem de cobrir um sem-número de casos mais ou menos semelhantes, portanto, desiguais. Todo conceito é arbitrário, pois nasce da igualação do não igual, do abandono das diferenças individuais. O conceito impede a apreensão do real, pois visa apreender uma essência inexistente e dissimula as diferenças individuais. A natureza não reconhece nem formas nem conceitos. Para Nietzsche, a "verdade" é somente "um batalhão móvel de metáforas, metonímias, antropomorfismos, uma soma de relações humanas, que foram enfatizadas poética e retoricamente, transpostas, enfeitadas, que, após longo uso pareceu a um povo sólidas, canônicas e obrigatórias". As verdades são ilusões que se esqueceu que o são. A sociedade estabelece que se diga a "verdade", i.e., que se sirva das metáforas usuais. Deve-se mentir segundo a tradição. O homem cria um mundo de leis, privilégios, subordinações, limites, que oprimem o mundo intuitivo das primeiras impressões apresentando-se como o mais universal. A metáfora intuitiva é individual, mas o edifício dos conceitos é regular, lógico, rigoroso. A "verdade" é nunca pecar contra a ordem e a hierarquia. Apesar dos seus sistemas, construídos com conceitos, o homem não conhece as coisas em sua pureza. A sua verdade é antropomórfica. Ele metamorfoseia o mundo em homem (NIETZSCHE, *Sobre verdade e mentira no sentido extra-moral*).

O impulso à formação de metáforas é o impulso fundamental do homem, e quando este passa a construir conceitos, aquele impulso não é suprimido. Ele (re)aparece na arte, embaralhando os conceitos, forjando novas transposições, metáforas, metonímias, buscando dar ao mundo uma forma irregular, incoerente, nova, como a do mundo do sonho. A teia do conceito é rasgada pela arte. O mundo de vigília se enche de sonhos. O engano é aceito se não causa dano. Então, quanto mais fantástico, mais prazeroso. A arte entrecruza as metáforas, desloca as abstrações. Ela não é regida por conceitos, mas por intuições. Ela se afastou das abstrações. O homem racional e o homem intuitivo convivem, mas lutam. Ambos desejam ter domínio sobre a vida: o primeiro, buscando ser prudente, cauteloso, regular, atento à necessidade; o segundo, não vê aquelas necessidades e toma a aparência como real. Na Grécia Antiga, o homem intuitivo era mais forte, a arte dominava a vida. O homem intuitivo colhe de suas intuições contentamento, entusiasmo, redenção. Ele sofre com mais veemência e mais frequência, pois não sabe aprender com a experiência e repete; no sofrimento, grita alto e nada o consola. O homem racional, ao contrário, instruído pela experiência, deixa-se governar por conceitos. Ele busca a verdade, a imunidade a ilusões, não traz um rosto humano, mas uma máscara com digno equilíbrio, não grita e não altera a voz... (NIETZSCHE, *Sobre verdade e mentira no sentido extra-moral*).

Para Nietzsche, a verdade não pode ser revelada pela reflexão total, pela autoconsciência, pois não é possível a "consciência de si", a reflexão que leva à coincidência entre a experiência e a consciência de si. Se tentamos recapitular as nossas experiências vividas, a nossa vida, não a encontramos mais. Somos estranhos a nós mesmos, desconhecidos, não nos compreendemos. Cada um é para si mesmo o mais distante, nossos pensamentos jorram de nós mesmos como árvores que dão frutas e não como expressão de uma subjetividade universal ou de um espírito transcendente. O eu não é o sujeito dos seus pensamentos e de suas ações. Ele não é o autor, o fundamento, a origem e a causa nem de suas ideias nem de suas ações. Esse eu não é nem uno nem idêntico a si mesmo, mas pluralidade e diferenciação. A unidade individual é fictícia porque o eu não está por trás da diversidade de papéis. O sujeito é uma ficção gramatical, o eu é a ilusão da unidade dos estados similares em nós. O homem é criador e senhor de si mesmo e deve tornar-se o que é. Como criador, o indivíduo é soberano, singular, irredutível ao geral, criador de valores. Mas, se o eu é uma ilusão, se a unidade individual é fictícia, se não há subjetividade, como o eu pode ser o criador do seu mundo? Para Nietzsche, o eu-criador não é consciência de si, subjetividade livre, mas vontade de potência. No fundamento de tudo o que parece desinteressado, moral, divino, só se encontram desejos, instintos, forças vitais, necessidades orgânicas. A humanidade está dividida em duas: os aristocratas, os criadores de valores, e os "seguidores", escravos dos primeiros, por não criarem valores novos.

Nietzsche expõe o seu "método" em sua obra *A genealogia da moral* (1887), cujo subtítulo é "*Um escrito polêmico*", que é a sua marca. O método genealógico defende a vida contra os valores dominantes no Ocidente. Nietzsche toma o partido da necessidade do ateísmo, do imoralismo, e é esta tomada de posição que permite a proposição da sua genealogia da vontade de potência. Para o seu método genealógico não é possível "ter consciência" da origem do Bem e do Mal. Ele reformula a questão da origem: "em que condições o homem inventou os juízos de valor "bom" e "mau"? E que valor têm esses juízos de valor: favoreceram ou inibiram as experiências humanas? São sinais de decadência da vida ou exprimem a plenitude e a força da vida?". O método genealógico não é uma neutralidade científica, mas um combate cultural radical: faz a crítica da moral, põe em questão o valor dos valores, o que supõe o conhecimento das condições e circunstâncias do seu nascimento e de sua modificação, conhecimento que não existiu até o presente. Ele é "crítico" na medida em que formula a questão: este valor dominante do "Bem" é mesmo um "Bem"? Esta "verdade" dominante é mesmo a "Verdade"? E se este Bem e Verdade dominantes fossem também sintomas de regressão, um veneno, que impõe ao presente uma existência mesquinha? Talvez a moral seja o perigo dos perigos e a "genealogia crítica" seja a única proteção. A nova psicologia nietzschiana põe um novo desafio ético: aceitar o imoralismo, evitar a culpa, aceitar a vida com sua dor e alegria. O método genealógico quer servir a todas as ciências humanas, a história, a psicologia, a etnologia, a sociologia, a linguística, que são "ciências morais e axiológicas" (Nietzsche, *La généalogie de la morale*).

O método genealógico não quer oferecer a "verdade", nem metafísica, nem científica, nem histórica. Ele é contra o conceito, que fixa, e prefere a intuição, que apreende por imagens e símbolos. Nietzsche quer duvidar de todos os valores que o "prenderam" durante toda a sua vida alemã, filho e neto de pastores, uma dúvida mais radical do que a de Descartes. No "discurso do método" nietzschiano, Deus não pode mais enganá-lo, pois está morto! Deus não é mais um invisível atrás do visível, porque não há oposição entre o mundo verdadeiro e o mundo das aparências. Para Chaix-Ruy, ele realizou a verdadeira revolução copernicana: embora a Terra não seja o centro do universo, o universo é o único mundo ao qual a Terra pertence. A nova verdade que ele oferece: "Terra à vista!". Na Terra, o homem se quer a si mesmo assim como todos os seres do universo querem a mesma coisa: "tornar-se o que são". O ser é devir, movimento de tornar-se o que é, movimenta-se, faz o que for necessário para continuar existindo. Nietzsche oferece uma nova interpretação do mundo: os seres se querem a si mesmos, são todos vontade de potência. A natureza engloba todas as coisas, o universo é como um "anel de anéis", não é obra de Deus nem do homem. A natureza existe simplesmente, um fato dado, que vive em si mesmo. A lei universal da vida é o eterno retorno do mesmo. Como vontade de potência, o homem é um fragmento da dinâmica que envolve todo o universo (CHAIX-RUY, 1977; LÖWITH, 1962).

Para Nietzsche, a filosofia participa dessa força de afirmação e expansão de si universal. A "vontade de verdade" é vontade de afirmação radical de si, desejo de poder e domínio sobre si mesmo, sobre o outro e o mundo. Cada ser se percebe como centro do universo! O que cada ser deseja é continuar a ser e ampliar o seu espaço vital. Como instinto e desejo, a "vontade de verdade" é erotismo e amor: verdade-homem e verdade-mulher. Derrida se estende sobre a verdade como uma "relação erótica", em Nietzsche. A verdade filosófica é "verdade-homem", uma legislação ativa, possante, e não uma suplicação ou passividade feminina. Entretanto, as mulheres apenas simulam passividade e receptividade, pois querem também dominar a verdade-homem. Enfrentando esta verdade-homem, as mulheres se dedicam à aparência, são especialistas da ilusão, da manipulação do seu desejo. As mulheres amam os homens verdadeiros, guerreiros, isto é, que são parceiros potentes do seu jogo de poder. A verdade-mulher provoca e inspira a verdade-homem. A verdade-homem deseja possuir a verdade-mulher, que também quer possuir a verdade-homem. Nietzsche inverte Platão: o desejo de "possuir a verdade" é um caso da atração erótica original, que exprime uma avaliação, uma perspectiva e um combate erótico. A verdade-mulher não é nem segura, nem estável, nem eterna. A verdade-homem quer pensar tudo o que é, porque o seu "querer pensar tudo" é para dobrar, submeter, adaptar. A verdade-homem é uma vontade de querer viver inesgotável. Essa verdade-homem, Nietzsche afirma tê-la encontrado em todo vivente que encontrou: o servo tem vontade de ser senhor, o fraco é senhor de um mais fraco, e o já senhor arrisca a sua vida pela potência de ser ainda mais senhor. E mesmo onde há sacrifício, serviço, juras de amor, ele também viu a vontade de ser senhor. Os mais fracos dominam os seus senhores desligando o seu coração, roubando-lhes a potência. E, para ele, não se deve renunciar à vontade de potência, pois seria morrer e continuar vivo. Uma vida morta! Onde há "vida viva", lá se encontra a vontade de potência. Os valores devem servir à sua ampliação, e não à sua supressão. Viver é estar sempre em busca de uma nova dominação (NIETZSCHE, *La généalogie de la morale*; DERRIDA, 1973).

A verdade-mulher também é vontade de potência, de domínio da verdade-homem. Ela seduz, mantendo-se distante, invisível. A distância é o seu poder, e a verdade-homem precisa manter distância da distância, que é este canto e charme para dominar. A verdade-homem deve manter distância da distância, tanto para se proteger dessa fascinação quanto para experimentá-la e dominá-la. A verdade-homem não pode se deixar seduzir, o homem precisa se manter a distância da operação feminina de se manter distante. Aproximar-se da mulher é mortal, pois a sua vontade é de domínio. E, para conquistar e dominar a verdade-homem, ela se apresenta como não identidade, não figura, como simulacro, ela impõe o abismo da distância. Não há essência na verdade-mulher, pois ela se afasta dela mesma, manda toda essencialidade, toda identidade, toda propriedade, ao fundo sem fundo do seu ser. "Mulher" é um nome dessa ilusão da verdade. A "verdade é mulher", que usa o véu para cobrir a vontade de castidade e de devassidão. A verdade-mulher não é "revelação", mas sedução, charme, possibilidade, reticência, ironia, atração-ausência. Não é mentira, apenas jogo entre verdade e não verdade. O filósofo crédulo recebe da verdade-mulher golpes de véus. Portanto, para Nietzsche, a verdade é uma operação masculina-feminina e, ao mesmo tempo, intensamente, eroticamente, não se deixa possuir e quer ser possuída (DERRIDA, 1973).

A verdade-mulher é dissimulação, superfície que se torna profunda por efeito de um véu que a cobre. A verdade-mulher não crê, não se interessa, não se preocupa com a verdade-essência, apenas joga. É o homem que acredita na verdade-essência, mas para dominar, impor-se. É um fechamento da possibilidade de sentidos que prende, castra, domina. A verdade-homem ama a verdade-mulher porque ela resiste, joga, luta e quer também ser possuído por ela. Neste sentido, o "feminismo", que defende uma "essência da mulher", é masculino, dogmático, "fala a verdade", com objetividade, uma virilidade, que castra a verdade-mulher e que, talvez, queira ser possuída pela mulher. A mulher não quer uma explicação de si mesma, não quer uma essência/identidade. A mulher é hostil à verdade metafísica. A sua arte é a dissimulação, a ilusão da presença, a ausência da essência. Ela afirma a ela mesma, não se deixa castrar pela verdade-homem. A verdade-homem teme e é fascinada pela verdade-mulher, gosta de exercer fortemente a sua potência sobre a verdade-mulher. Mas também não há uma verdade em si, ontológica, da diferença sexual. Nietzsche se sentia um pouco perdido em relação à mulher, temia-a. Como era a vida sexual de Nietzsche? Sobre quem ele exercia a sua verdade-homem? Para nós, a sua imagem erótica da verdade parece recuperar algo da pederastia grega: o poder erótico exercido pelo mestre sobre o jovem belo. Na pedagogia grega misturam-se filosofia, política, erotismo e moralidade (DERRIDA, 1973; BARBO, 2008).

Em *A genealogia da moral*, Nietzsche trata também da genealogia do espírito científico. A ciência busca a verdade? Para Nietzsche, a pulsão de conhecer é vontade de potência, e não a busca de uma pura objetividade. O eu desejante é anterior ao eu conhecedor. A verdade é uma ilusão que nós esquecemos que é ainda ilusão. Para conhecer a "vontade de verdade" do cientista, ele propõe que se pesquisem os valores, as hierarquias, as perspectivas, as proveniências, as ramificações múltiplas da vontade de potência. A sua teoria do conhecimento é um "perspectivismo", que expressa a inexistência de um ponto de vista único, privilegiado. O perspectivismo envia os cientistas de uma perspectiva a outra, indefinidamente. Nietzsche afasta o dogmatismo do conhecimento da coisa em si, que acha que pode escapar a toda perspectiva, e afasta o ceticismo que faria todas as perspectivas indiferentes, equivalentes. O cientista é o animal-homem, que cria o mundo à sua imagem ou segundo os esquemas de ação de sua vontade de potência. A sua interpretação do mundo é um instrumento para o aumento de sua potência. O conhecimento se apoia sobre forças em luta, corporais, inconscientes. Os físicos falam em "leis da natureza", mas são interpretações. Elas não têm nenhum conteúdo real. A alma democrata moderna é que fala de "igualdade universal perante a lei", para a história e para a natureza. É o plebeísmo moderno que tem aversão a todo privilégio e a toda aristocracia que afirma a existência de leis no mundo natural e histórico. Mas a lei é uma interpretação. A ciência nos mantém em um mundo simplificado, artificial, forjado (LEFRANC, 2003; DERRIDA, 1973; PAUTRAT, 1973; NIETZSCHE, *Par-delà Bien et Mal*).

Para Nietzsche, filósofo-poeta-músico, continua Derrida, a história da verdade é um "processo de apropriação". A verdade é uma produção de velamento/desvelamento, homem e mulher trocam de lugar, trocam suas máscaras ao infinito. A mulher dá e, ao se dar, toma posse. Ela dá para possuir... Ninguém possui/é possuído. O homem não quer o saber pelo saber, a verdade do ser em si. A verdade em Nietzsche não é ontológica. O seu intelecto está a serviço do querer viver e a sua busca da verdade é uma "vontade de verdade". A verdade é um "processo de apropriação", que escapa à dialética e à ontologia. Na operação sexual, a apropriação é mais forte, porque indecidível: quem possui a quem? Assim também é a questão do ser e do sentido. O processo de apropriação organiza a totalidade do processo da linguagem e da troca simbólica, inclusive dos enunciados ontológicos. O próprio não é uma questão ontológica ou hermenêutica. A questão do próprio não é mais a questão do ser, que se tornou "apropriação". O próprio tem uma estrutura abissal, não fundamental, sem fundo, embora visível. Ele sempre passa a um outro, não é próprio ontologicamente a nada. A apropriação não é a da verdade do ser. Verdade é igual a não verdade, um jogo de desvelamento/velamento, esclarecimento/dissimulação. Um processo sem fundo. O evento advém sem ser. A verdade é mulher: oferece-se para apropriar-se, deixa-se tocar para vencer, deixa-se possuir para possuir. Não há oposição entre dar/possuir. Não há essência homem/mulher. A verdade em Nietzsche é desejo de ser, que não quer se saciar, que quer continuar fantasma para desejar ser sempre mais. A verdade como desejo de ser é inesgotável. Para ele, os filósofos do futuro não vão mais se esgotar na busca da verdade do ser e, sabendo já da sua inexistência, serão "experimentadores", "tentadores", "viajantes" (DERRIDA, 1973).

Como "apropriação", a verdade de uma coisa se distingue de sua utilidade e finalidade. Uma coisa existe e toma forma de uma maneira ou de outra porque foi interpretada de uma forma nova por uma potência superior que se apropriou, reelaborou e transformou, adaptando-a a um novo uso. Todo evento do mundo orgânico é uma maneira de dominar, subjugar, e toda dominação tem por equivalente uma nova interpretação em que o sentido e o objetivo anteriores desaparecem. Sempre se acreditou que a finalidade, a utilidade de uma coisa, instituição, era a causa do seu nascimento: o olho foi feito para ver, a mão para pegar, o castigo para castigar. Mas todo objetivo, toda utilidade, são sintomas indicando que uma vontade de potência se apropriou da coisa e imprimiu nela o sentido de uma função. Toda história de uma coisa, um uso, pode ser uma cadeia contínua de interpretações e adaptações sempre novas, cujas causas não estão sempre em relação umas com as outras, mas sucedem de forma acidental. A evolução de uma coisa, um uso, não é um progresso para um fim, não é um progresso lógico direto, mas a sucessão de processos de subjugação mais ou menos independentes uns dos outros. A forma é fluida, o sentido é mais ainda. A ideia de progresso só tem sentido como busca de mais potência. O progresso se alimenta de sacrifícios e de mortos. O progresso é a humanidade sacrificada em favor de uma só espécie de homens fortes. Este é o ponto de vista do método genealógico: em todo evento se manifesta uma vontade de potência. A vida é vontade de potência, forças agressivas, conquistadoras, capazes de dar lugar a novas interpretações, novas direções e formas e sob a influência das quais a adaptação é submetida (NIETZSCHE, *La généalogie de la morale*).

Pode-se afirmar que o pensamento genealógico de Nietzsche sobre a verdade seria, finalmente, a "verdade"? Para Deleuze, não há totalidade do texto de Nietzsche, que é nômade, aforístico, indecifrável. É um texto aberto, que ao mesmo tempo se oferece e não é decriptável. Para Derrida, o seu estilo é um misto de verdade-homem e verdade-mulher: cria novos valores, é uma nova legislação que quer se impor, e se oculta, não se deixa ver completamente, cobre-se de véus. Não há antinomia entre o verdadeiro e o falso, mas cores, nuanças, aparências, valores diversos. O nosso mundo não é alheio à ficção. Nada é mais real do que o nosso mundo de apetites e paixões, não há nada nem acima nem abaixo de nossos instintos. Onde vemos efeitos temos uma vontade agindo sobre uma vontade. Nossa energia agente pode ser qualificada de "vontade de potência". O mundo visto do interior é vontade de potência e nada mais. A sua genealogia da moral é uma genealogia do imoralismo. Enfim, como uma verdade-mulher, o seu texto se dá se escondendo. Não há "o que isto quer dizer". A sua escrita é simulacro e não há limite para a decifração do seu texto (DELEUZE, 1973; DERRIDA, 1973).

Contudo, para nós, Nietzsche "quis dizer claramente algo" e espera que o seu leitor receba como uma "verdade": era preciso destruir Hegel e o pensamento dialético, porque a negatividade é a supressão do eu-instinto, da vida animal, do patrimônio hereditário, da fisiologia. A dialética é metafísica, antibiológica, busca a essência do homem na história. Era preciso destruir toda ideia de progresso dialético. A humanidade não se torna melhor e mais moral. Ela se recompõe e repete, é um conjunto finito de possíveis. Eis a verdade! O que significa que a verdade que ele enuncia não é neutra, objetiva, universal, essencial, mas também não é tão oculta e indecifrável como se fosse um mistério insondável ou uma fé inefável. O seu texto é explicitamente um enfrentamento, uma perspectiva, uma vontade de combater um mundo alemão-europeu que tem vontade de destruir. Ele o afirma ostensivamente, com todas as letras e entonações. Nietzsche "tornou-se o que é" na história do pensamento ocidental muito mais pelo que defendeu do que pelo que silenciou. O seu pensamento não é do todo, mas uma perspectiva que se dá a conhecer e a combater. A sua verdade-homem é agressivamente política.

2º) Os valores cristãos não são a "verdade essencial"

Nietzsche é "pós-moderno", em segundo lugar, porque se opõe aos valores cristãos, que dominam o Ocidente desde os pré-cristãos Platão e Sócrates. Ele até admira o homem Jesus de Nazaré, que foi também intempestivo e sofreu o martírio daqueles que enfrentam o seu tempo. Mas a instituição criada por Paulo e Pedro tem a estrutura e o espírito do Império Romano e não tem nenhuma relação com a ação de Jesus. N'*O anticristo* (1888), Nietzsche combateu com uma coragem próxima da loucura, sem escudos e véus, este cristianismo pós-Cristo. Para ele, o cristianismo é só mais uma interpretação da vida, entre outras, imposta por determinadas forças em ação. Para ele, o homem que deve sobreviver não é o "pacífico animal de rebanho", o cristão. O cristianismo é contra a humanidade porque é contra o "homem superior", aquele que quer se tomar em suas mãos e se cuidar, e a favor do mundo dos decadentes, daqueles que não querem e não podem se cuidar, os fracos, os incapazes. A "religião da piedade" enfraquece os instintos e as paixões. A piedade opõe-se à lei da evolução natural ao defender os condenados pela vida. A piedade é hostil à vida, doentia e insalubre. Para ele, o "puro espírito" é uma estupidez, pois, se retirarmos o sistema nervoso, os sentidos, não sobrará nada. O cristianismo não mantém nenhuma relação com a realidade nem sonha, pois o sonho é ainda relativo à realidade. As imagens cristãs "Deus", "alma", "espírito", "livre arbítrio", "demônio", "salvação", "perdão", "graça", "castigo", "arrependimento", "juízo final" são dignas de um manicômio! O cristianismo é um ódio à realidade e um recuo para o Reino de Deus, que está no interior de cada cristão. O cristão não gosta de tocar o exterior nem de ser tocado e vive encarcerado, sofrendo, em seu mundo interior, que denomina de "reino de Deus". O cristianismo deu veneno a Eros, que não morreu, mas degenerou em vícios. A fé cristã é essencialmente um sacrifício de toda liberdade, de todo orgulho, de toda confiança em si mesmo. Ela é submissão, depreciação de si mesmo, mutilação. É a vitória do escravo sobre os valores antigos (NIETZSCHE, *O anticristo*; STIEGLER, 2005).

Em *A genealogia da moral,* Nietzsche faz uma história da moralidade ocidental e mostra como começou o mundo moderno. Foi quando a moral do homem comum venceu a moral dos senhores e não foi um progresso, mas uma descontinuidade e um declínio. O judaico-cristianismo foi um envenenamento do sangue dos europeus, pois o ressentimento dos escravos tornou-se criador de valores. Fracos, chamam de "felicidade" o repouso, a paz, o relaxamento do corpo, a passividade; dissimulados, recalcam-se, humilham-se; circunspectos, prudentes, representam o seu inimigo como mau. Ele é bom. Eles cultivam o ideal ascético: criam um sentido universal, negam o mundo real, são hostis à vida, desprezam os sentidos. O padre ascético nega a vida e a envia a uma outra existência, ensina a recusa de si mesmo. Quanto menos viva a sua ovelha, mais ele se sente poderoso. O asceta é uma vontade de potência astuciosa, que apenas conserva a vida. Sobrevive. É o homem domesticado, que deseja deixar de viver na Terra e ir para outro lugar. O padre é um repugnante inimigo da vida! Ele nega a sua própria realidade, o seu corpo. Que morbidez! Ele é o animal doentio, que se fere para continuar vivo. Esses doentes podem ensinar os outros a viver? Eles têm vontade de nada! Para Nietzsche, do ponto de vista da vida, não são os maus, as aves de rapina, o maior perigo para os homens, mas esses ascetas. Com eles, os homens perdem a autoconfiança, a confiança na vida. O desprezo de si é um veneno, pois sou o que sou e não posso me livrar de mim. Esses ascetas querem representar a justiça, o amor, a sabedoria, dizem-se os bons, os justos, mas são fracos e ressentidos, duvidam do direito à felicidade. O ascético é o médico doente, infectado, o seu reino é o dos sofredores, que ele domina. Ele defende seu rebanho contra os felizes e fortes. Eles são adversários de toda saúde, da potência, de tudo o que é rude e selvagem, duro e violento (NIETZSCHE, *La généalogie de la morale*; *O anticristo*).

O ponto de vista de Nietzsche é médico, quer restaurar a saúde da cultura moderna ocidental, destruída pela moral cristã. O seu "alegre saber" da moral revela que não se pode tratar a moral de forma a-histórica. Para ele, nada merece ser tratado mais seriamente do que a moral, para passarmos a viver mais levemente. Ele anuncia que fará outra "história da moral", uma "história genealógica" da vontade de potência. Para fazer esta nova história da moral, o genealogista deve buscar os documentos, o que é realmente constatável, o que realmente existiu, o texto hieroglífico, difícil de decifrar, o passado real da moral humana. A genealogia revela que a moral cristã não é o "Bem em si", mas uma interpretação do Bem que faz Mal ao homem europeu. As ações altruístas não são boas em si. O nobre e o escravo veem diferentemente o bom e o mau. A moral cristã estabeleceu *a priori* uma associação necessária entre a palavra "Bem" e as ações "não egoístas". Ao contrário, para a genealogia, "Bom" é um juízo de valor histórico. No Ocidente, para o moralista cristão, tudo o que é humano é "perigoso": o orgulho, a vingança, a perspicácia, o deboche, o amor, a sede de dominação. Eles são contra a guerra, impotentes. Os judeus são um povo sacerdotal, "vingadores intelectuais". Eles inverteram a lógica dos valores aristocráticos: "bom" é igual a pobre, impotente, sofredor, doente; "maus" são os nobres, poderosos, saudáveis, felizes. Com os judeus começou a revolta dos escravos na moral, revolta que começou há mais de 2.000 anos e foi vitoriosa com o cristianismo. O povo, o escravo, a plebe venceram! (NIETZSCHE, *La généalogie de la morale*).

O asceta diz ao fraco que ele é o responsável pela sua infelicidade: "você, cordeiro, é o culpado da sua dor!". E consegue com isso que o doente passe a se autodestruir e a não destruir o exterior. O padre é outra forma de ave de rapina: feroz como o tigre e doce como a raposa. É o senhor dos que sofrem. Ele fere para continuar tratando, envenena a ferida em vez de tratá-la. O doente dominado pela culpabilidade se autodisciplina, se vigia. O asceta se diz um médico-salvador, que consola, ameniza o sofrimento, com as seguintes terapias: 1ª) *aniquilação do sentimento da vida em geral*: não mais querer, não desejar, evitar paixões, não amar, não odiar, não se vingar, não enriquecer, mendigar, não casar. Renunciar a si mesmo, santificar-se, dormir um sono hibernal. Resultado: perturbações mentais, luzes interiores, alucinações auditivas e visuais. Mas o cordeiro agradece, pois quer viver no nada! As três grandes religiões, o budismo, o hinduísmo e o cristianismo, oferecem o sono profundo, uma vida parestésica, a que chamam de "união mística"; 2ª) *atividade maquinal*: a santificação do trabalho, ocupar o tempo e a consciência com uma atividade constante. A atividade maquinal implica regularidade, pontualidade, vida fixada, tempo ocupado, impessoalidade, negligência de si, disciplina; 3ª) *uma pequena alegria*: o amor ao próximo, boas ações, presentes, ajudas, apoios, elogios, consolos. Mas, sem querer, o padre estimula uma pequena vontade de potência, ao provocar sentimentos excessivos com uma linguagem moralista, falsa (NIETZSCHE, *La généalogie de la morale*; *O anticristo*).

A genealogia da moral mostra que esse tratamento não criou um "homem melhor", porque "tornar melhor" não pode significar domesticar, enfraquecer, desencorajar, desvitalizar. O método genealógico mostra que o doente ficou mais doente! O sistema nervoso foi arruinado: epilepsias, depressões, histerias, delírios coletivos, neuroses. Os europeus perderam a robustez, a saúde. A que servirão os livros, as ciências, todas as coisas modernas? Nietzsche agita o seu martelo: "servem para fazer vomitar!". É um idealismo efeminado, apagado, moralizante, falso. Esses homens bons estão infectados de moral. Qual deles suportaria uma verdade sobre o homem? Qual deles suportaria uma biografia verídica? O método genealógico vem oferecer o antídoto a tais terapias-veneno, negando o seu caráter de "verdade metafísica" e apresentando uma contramoral, uma moral aristocrática, valores que representem um sim a si mesmo. O nobre não é ressentido, diz sim a si mesmo com alegria e se sente bom, belo, feliz, saudável. Ele despreza o homem comum, lamentável escravo do trabalho, besta de carga. O homem nobre é cheio de confiança em relação a ele mesmo. Ele é instintivo, imprudente, se exprime diante do perigo. O ressentimento não o domina, porque ele não leva a sério nem seus inimigos, nem seus fracassos, nem os seus maus feitos. Ele tem uma superabundância de "força plástica", que permite a ele esquecer e se regenerar. O homem forte não tem que perdoar, porque esqueceu. Ele se livra do veneno que se apossa dos fracos. Ele respeita os seus inimigos, possui o "verdadeiro amor". As raças aristocráticas deixaram por todo lugar que passaram o conceito de "bárbaros", i.e., audaciosos, indiferentes à segurança do corpo, da vida, do bem estar. Ele era o "bruto louro germânico", o bárbaro, o homem-fera (NIETZSCHE, *La généalogie de la morale*).

O objetivo da história genealógica da moral é vencer o Deus cristão, vitória que a ciência não ofereceu. A ciência opôs a realidade a Deus, mas foi uma agitação falsa, porque a ciência não é o contrário do ideal ascético, mas a sua forma mais recente e elevada. Ela é uma cobertura para o descontentamento, para a falta de fé, para o remorso. Ela é também narcótico. Deus é a nossa mais durável mentira. E a versão dele como verdade absoluta domina ainda a ciência, que não problematiza a verdade. A ciência não é o antagonista do ascetismo, não criou valores novos. Os dois ideais superestimam a verdade absoluta, os dois empobrecem a vida. A ciência histórica também sucumbiu à moral cristã e não é aliada na vitória necessária sobre Deus. Os únicos inimigos verdadeiros do ideal ascético são os que ridicularizam este ideal. Só poderemos respirar no ateísmo absoluto. O cristianismo foi arruinado por sua própria moral. Estamos perto do seu final, porque ele morre por autodestruição. A Europa vai assistir a espetáculos assustadores nos próximos 100 anos, mas ricos de esperanças (NIETZSCHE, *La généalogie de la morale*; *O anticristo*).

A "mentira cristã" atende ao desejo de evasão dos fracos, dos doentes, dos oprimidos, dos decadentes, dos derrotados, dos impotentes, dos incapazes, dos vivos-mortos. O Deus cristão é o Deus dos humilhados, dos sem-orgulho, dos sem-coragem, dos sem-autorrespeito e sem-amor-próprio. Um Deus "bom" é um Deus impotente. Os deuses gregos tinham vontade de poder, e não vontade de nada. O cristão odeia os fortes, os nobres, os orgulhosos, os que têm orgulho e coragem e são livres. O cristão é contra os sentidos, contra a alegria de ser e de viver. Ele diz não à vida na Terra, ao poder, à beleza. Esse "ressentido" fabricou para si um outro mundo e desvalorizou a vida aqui. Eles não seguem a Jesus de Nazaré que, ao contrário, desafiou o "sistema sacerdotal judaico", foi um anarquista, um criminoso político e sofreu a tortura e a pena de morte. Ele foi intempestivo, extemporâneo, lutou contra o seu tempo por um outro tempo. Nunca houve um cristão, porque o "Cristo Salvador" foi uma invenção de Paulo e Pedro, servidores do Império Romano. Paulo inventou a mentira da "imortalidade pessoal", que destrói os instintos. A busca da "salvação da alma" é um atentado contra o que há de mais nobre sobre a Terra: o sentimento aristocrático da vida. Contra todos estes valores cristãos, Nietzsche sustenta que a "salvação" deve ser buscada aqui e é a do corpo vivo, e não a fábula da "ressurreição pessoal" pós-morte (STIEGLER, 2005).

Nietzsche admite que, ao ver a cultura ocidental tão envenenada pelo cristianismo, sente desprezo pelos homens do seu tempo! Ele despreza essa "humanidade moderna", da paz adormecida, que tudo perdoa porque tudo "compreende". Para ele, "bom" é o que desperta no homem a vontade de poder, a alegria de ser. A felicidade é a sensação do crescimento do poder e a vitória sobre a decadência. A guerra é preferível à paz, que é o caminho dos fracos, que devem perecer. Ele se considera livre do "vício da compaixão cristã". Nietzsche despreza o homem moderno, seu contemporâneo, pois vive no "manicômio do cristianismo". Para ele, continuar cristão em sua época era indecoroso, pois todos já sabiam que os padres mentem. O homem moderno é um monstro de falsidade! Se a fé nos "direitos da maioria" promove revoluções, isto é o cristianismo, que se insurge contra tudo o que é elevado. Ele é o evangelho dos "pequenos", a "moral de tchandala", que se impôs à moral nobre. O cristianismo também abomina a mulher, que fez o homem comer o fruto da "árvore da ciência". Deus proibiu a ciência, proibiu o homem de abrir os olhos e de tocar a realidade. O homem precisa continuar sofrendo e cego, para precisar sempre do guia-parasita, o sacerdote. A força e a liberdade nascem do ceticismo. As convicções são cárceres que nos impedem de ver longe, por baixo e por trás delas. A necessidade da fé é uma fraqueza. Os grandes espíritos não têm fé (Nietzsche, *La généalogie de la morale*).

Enfim, para Nietzsche, o cristianismo é uma conspiração contra a beleza, contra a saúde, contra a vida. Por continuar dominada por esta "cultura cristã", ele diz odiar a "ralé do seu tempo", as massas, a "canalha socialista", que minam o instinto, o prazer, o intelecto do operário, tornando-o invejoso e vingativo. Para ele, a injustiça não se encontra nos direitos desiguais, mas na pretensão aos direitos iguais. O socialista e o cristão têm a mesma origem. Ambos são decadentes, odeiam o que é grande, o que dura e promete futuro à vida. O cristianismo e a Igreja são a maior corrupção imaginável. A "igualdade das almas perante Deus" é uma ideia-explosiva que se tornou o princípio de degenerescência da ordem social, da revolução. É a dinamite humanitária cristã. Para ele, era urgente a transmutação de todos os valores! (Biser, 1972).

Contudo, além da referência grega pré-socrática, a filosofia nietzschiana talvez possa ser vista como uma refundação do cristianismo, se se considerar que ele admira Jesus de Nazaré, o aristocrata, o super-homem, e não o Deus-Salvador, criado por Pedro e Paulo. A sua "transmutação de valores" não levaria assim para fora do cristianismo, mas a uma "origem anterior à origem", porque o "primeiro cristão" era portador dos valores nobres. Nessa perspectiva, Nietzsche teria fortalecido de forma até mais radical a imagem de Cristo! Em busca da "pureza cristã original", ele seria um reformista mais luterano do que Lutero! De fato, a formação teológica e o estilo pastoral marcaram fortemente as suas obras. Ele experimentou o "veneno teológico", e a sua filosofia não conseguiu filtrá-lo completamente. Para nós, ele pensa como um antipastor e se expressa como um antiteólogo, i.e., escreve como um pastor invertido e a sua mensagem é como a de uma Bíblia ao contrário. A emoção da voz do pastor que conduz as suas ovelhas com as palavras "em verdade vos digo: siga este caminho, evite aquele" e o espírito do livro sagrado "faça isso, não faça aquilo", "a vida é isto e não aquilo", estão presentes em seus "selvagens antissermões". Ele "prega" a sua "boa nova", o seu caminho da Salvação: se o Ocidente voltasse a se inspirar e a viver no instante pré-socrático, iria se livrar do "cristianismo socrático-platônico" e estaria salvo, pois reencontraria a realidade desse mundo e se libertaria das "puras ficções" teológicas do outro mundo. O seu 5º Evangelho anticristão, o *Zaratustra*, quer nos salvar do Salvador. O homem precisa se superar, vencer o nada sem Deus. Nietzsche promete outra, mas ainda uma Salvação, que ainda tem Cristo como referência. Ele não superou a sua educação cristã, e a fé era ainda um problema para ele. Febvre diria que, assim como François Rabelais, Nietzsche seria um "crente da descrença" (LÖWITH, 1972).

Ele afirma ter posto fim ao, segundo ele, "maior erro", a "mentira" de mais de 2.000 anos! Ora, então, ele traz a "Verdade"? Ele seria a revelação da "nova Verdade, do novo Caminho, da nova Vida"? Ele seria o portador da Verdade maior? De certa forma, Nietzsche se apresenta tanto como um anticristo quanto como um "supercristo", um "Cristo corrigido". Esta sua provável "neo-Reforma" genealógica do cristianismo contesta a tese iluminista do progresso: Jesus foi um "começo" nobre, a Igreja foi o declínio. No *Zaratustra*, Nietzsche parece "perturbado" ao imitar um grande fundador de religiões. Zaratustra assim falava em tom de evangelista: "meus irmãos, em verdade vos digo, vi a verdade". É um texto poético, com parábolas, metáforas, um conjunto de meditações curtas que terminam: "assim falava Zaratustra", convidando o leitor a exclamar: "Amém! Aleluia! Oremos!". O Zaratustra é profeta, esteve na montanha e no deserto em busca da Verdade, prega, dá lições. O Zaratustra sugere o retorno de um novo Cristo, querendo desfazer o Mal que os seus apóstolos fizeram. Esta obra seria uma reescrita hipersagrada da Bíblia ou o riso do livro sagrado? Oremos ou... gargalhemos? Mas mesmo o riso não é completamente profano, pós-cristão. Deus já estaria efetivamente morto para Nietzsche? (BISER, 1972; LÖWITH, 1972).

3º) A história *não* é "a marcha necessária do espírito em busca da liberdade"

Nietzsche é "pós-moderno", em terceiro lugar, porque recusa a tese hegeliana de que a história é a "marcha necessária da Razão em busca da liberdade". Ele se opõe à confiança em um inexorável processo histórico-espiritual em direção à perfeição final, à autoconsciência e à liberdade. Para ele, nem uma origem singular nem um final unitário podem fornecer um sentido aos eventos que nos rodeiam. Não há significado universal a ser encontrado na mudança histórica. Ele é um crítico radical da lógica do "ressentimento" pela qual o futuro é colocado sob a obrigação de saldar as dívidas do passado. E faz uma desconstrução das metanarrativas modernas iluministas, denunciando os princípios universais que excluem outras possibilidades e a pluralidade. O progresso é uma falsa ideia moderna, porque "desenvolvimento" não significa forçosamente elevar-se, aperfeiçoar-se, fortalecer-se. O mundo moderno do século XIX, por exemplo, era decadente em relação à Renascença, que foi uma tentativa de transmutação dos valores cristãos, um esforço para dar a vitória aos valores nobres que Lutero, "este padre alemão desprezível", impediu, ao lutar pelo restabelecimento dos valores da Igreja. A história não é "desenvolvimento dialético", mas "devir" (NIETZSCHE, *O anticristo*; MATTEI, 2006).

Contra a ideia da história como um processo universal, faz o elogio da a-historicidade da cultura grega. Para ele, só a profundidade filosófica alemã podia se dizer herdeira legítima da Grécia. A nova cultura alemã devia se inspirar na a-historicidade da cultura grega, como já tinha feito antes a Renascença, com Maquiavel e César Bórgia, que se opuseram radicalmente aos valores cristãos. Nietzsche queria ser "grego": vivo, carnal, e não um espírito, um fantasma, um nostálgico do além. Para ele, a herança grega deve ser a "vontade" e não o "conceito". O grego pré-socrático foi o mais alto tipo de homem que já existiu. Ele quer retornar aos pré-socráticos, à polifonia musical da cultura grega, à pluralidade/multiplicidade da filosofia grega. Os pré-platônicos Heráclito, Tales, Pitágoras, Empédocles, Anaximando, Parmênides davam importância à luta: devir é desaparecer, criar e destruir, sem imputação moral, inocentemente. O caminho de Tales a Sócrates foi grandioso! Os primeiros filósofos eram homens de Estado, majestosos, heroicos, trágicos. Sócrates, ao contrário, era homem do povo, feio, astucioso, que se vangloriava de não participar da vida pública. Nietzsche estranha que Sócrates possa ter fascinado a juventude aristocrática de Atenas, pois era contra os valores aristocráticos. Ele foi o primeiro a se desviar das questões físicas, para se dedicar apenas às questões humanas. Os pré-socráticos, Nietzsche os chama de "físicos", "a-históricos" e "aristocratas" e deseja que a nova cultura, a segunda natureza, a nova identidade alemã, se inspire neles (FINK, 1972).

Nietzsche não acreditava que o Estado bismarckiano alemão fosse o último estágio da história universal. Para ele, não se pode confundir a cultura alemã e o Estado alemão, o seu esforço foi o de diferenciá-los, dando ênfase a uma reinvenção da cultura alemã. Uma cultura é caracterizada pelo "estilo" próprio, pela criação da identidade como uma "segunda natureza". A cultura se inscreve no corpo, é um processo de "incorporação de valores". A cultura é "educação", no sentido de criação-domesticação, e pode fazer do homem um não animal ou um superanimal. Nietzsche distingue duas culturas: a cultura a-histórica, grega, e a cultura histórica, moderna. A primeira duvida da utilidade dos estudos históricos para a vida, para o devir humano, e foi esta cultura a-histórica que elevou o homem ao máximo de saúde. A segunda, deixa-se dominar pela história. Nietzsche vê nos modernos historiadores positivistas que sucederam aos hegelianos um novo clero sobre o qual foi transferida a veneração que era dada aos padres. O positivismo é o historicismo científico: busca um ponto de vista histórico último, absoluto, e objetivamente verdadeiro. É uma recusa do perspectivismo e coloca-se em um lugar exterior à vida. O homem da objetividade renuncia à interpretação, a fazer violência, a corrigir, abreviar, suprimir, ampliar, falsificar. Esta vontade de se manter no fato é uma forma de ascetismo, como a recusa da sexualidade nos costumes (NIETZSCHE, *La généalogie de la morale*; LEFRANC, 2003).

Para Deleuze, não há possível compromisso entre a dialética hegeliana e a genealogia nietzschiana. Nietzsche é um antidialético absoluto: "ninguém salta sobre o seu tempo", dizia Hegel, o filósofo do crepúsculo da noite, que julgava e justificava a terrível história universal: "todo real é racional". Nietzsche se vê como o filósofo do crepúsculo da manhã, do nascer do sol, que tenta se superar na história/dia. Nietzsche não se supera especulativamente, pela reflexão absoluta, mas pelo pensamento intempestivo, inatual, extemporâneo, filho do seu tempo, mas contra o seu tempo. Ele problematiza a história e a cultura alemã. Para ele, os alemães e europeus precisavam evitar as fábulas conceptuais que criam um sujeito do conhecimento puro, estranho ao tempo, sem vontade e dor. Não há razão pura, espiritualidade absoluta, conhecimento em si, pois seria como um olho que não vê. Toda visão é perspectiva, todo conhecimento é perspectiva. E, quanto mais sentimentos deixarmos entrar em jogo sobre uma coisa, mais saberemos olhá-la, maior o nosso "conceito" dessa coisa, nossa "objetividade" será completa. Eliminar a vontade, afastar os sentimentos seria castrar o intelecto (SPENLÉ, 1943; DELEUZE, 1973).

Contra a ideia da história como um processo universal, Nietzsche defende o espírito científico, que, em sua época, chegou à conclusão de que "o mundo, unidade e totalidade de uma certa quantidade de forças ou energias, não tem finalidade nem significação. Em seu perpétuo devir, ele é a cada instante equivalente. Ele é desprovido de valor, pois não há critério de medida do valor. Não há consciência universal". Se eliminarmos a ideia de uma consciência universal criando fins e meios, elimina-se Deus. Para o fenômeno total da vida, a consciência é só um meio a mais para o aumento de potência. O mundo está além do Bem e do Mal, é inocência do devir. Ninguém preside e tem responsabilidade sobre o processo histórico universal. O ateísmo é um tipo de primeira inocência, pois devolve o mundo ao mundo. O super-homem do futuro vai livrar os europeus do niilismo e anunciar o meio-dia, que libera a vontade e dará à Terra os seus sentidos múltiplos. O anticristo é o antiniilista, o vencedor de Deus e do nada. O super-homem é o sentido da Terra e se prepara para assumir seu o domínio. O horizonte no qual o homem europeu fundou sua existência há 2.000 anos se evaporou, o que significa uma redescoberta do mundo. Para Spenlé, e já ficou claro que esta é também a nossa perspectiva, a sua concepção da vida como vontade de potência é fruto de uma experiência historicamente determinada: a vontade alemã de estender a sua dominação sobre a Europa e a Terra e suceder ao domínio de Deus. Se Hegel quis substituir Deus pela Razão, Nietzsche quis substituí-lo pela Vontade de Potência. Para ele, Deus era Deus não porque era autoconsciente e livre, mas porque era onipotente. Mas, quanto ao essencial, embora com métodos diferentes, estavam de acordo: como Prometeu, ambos tentaram roubar o fogo/força de Deus, para oferecê-la ao seu povo (SPENLÉ, 1943).

A obra:
Segunda consideração intempestiva: da utilidade e desvantagem da história para a vida (1874)

Nosso objetivo, nesta pesquisa, é discutir a representação da história de Nietzsche, que denominamos de "anti-hegeliana" e "pós-moderna". Nós a vemos como a primeira e a base das múltiplas interpretações da história que dominam os tempos ditos "pós-modernos": Foucault, Derrida, Deleuze, os filósofos, literatos e historiadores do *linguistic turn* americano, entre outros. Tomaremos como texto fundamental para avaliar a sua interpretação da história a *Segunda consideração extemporânea: da utilidade e desvantagem da história para a vida* (1874), em que denuncia todo o mal que a interpretação cristã-hegeliana da história fazia à cultura alemã de sua época. O tema da história é permanente em sua obra, aparecendo fortemente não só nesse texto, mas também em outros como *Para além do Bem e do Mal*, *Assim falou Zaratustra*, *A vontade de potência* e sobretudo *A genealogia da moral*. Vamos nos deter em sua *Segunda consideração extemporânea*, por mais que aleguem tratar-se de um "texto de juventude" ou "imaturo". Nesse texto, Nietzsche parece ainda buscar probidade, autenticidade, uma pura identidade nacional alemã e, por isso, muitos o consideram ainda sob o signo da "juventude".

Contudo, pode-se falar em "obra de juventude" e "obra de maturidade" para Nietzsche? É uma metáfora que lembra a árvore, cujos frutos são o resultado do "desenvolvimento necessário" de uma semente originária. Mas a obra de Nietzsche não desenvolve uma semente originária, o conhecimento dos escritos posteriores permite introduzir diferenças, autorizando leituras diferentes de um mesmo texto, assim como ele propõe que se faça com a cultura: reinterpretá-la, apropriar-se dela de uma forma nova. Julgamos indignos de Nietzsche os que dividem o seu pensamento em "1º Nietzsche" e "2º ou 3º Nietzsche" e, pior, que consideram que um "Nietzsche maduro" seria um "Nietzsche melhor" porque teria resolvido os conflitos de um "jovem Nietzsche". É provável que haja vários Nietzsche, mas é improvável que um deles seja o "verdadeiro Nietzsche". O Nietzsche mais velho não seria o "mais maduro" e muito menos o "mais verdadeiro". E, se há um "jovem Nietzsche", é o vigor da sua jovem ideia de história que nos interessa aqui. E o próprio Nietzsche preferiria talvez confiar na *maturidade* dos seus primeiros instintos, quando seu "animal sagrado" cavalgava a pleno galope.

Para nós, pode-se ter pelo menos três avaliações deste texto de 1874. Em primeiro lugar, e essa interpretação é hegemônica, pode-se encontrar ali um Nietzsche contra a cultura histórica e a historiografia. Nietzsche discute o mundo universitário do seu tempo, nesta S*egunda intempestiva: as vantagens e desvantagens da história para a vida,* cujo título teve traduções diferentes em português: *Segunda consideração extemporânea, Segunda consideração inatual, Da utilidade e desvantagem da história...* São termos ao mesmo tempo sinônimos e originais, diante de cada palavra nova a imaginação voa em rumos diferentes, mesmo se há uma convergência no final. A tradução de Iggers (1975) nos parece particularmente mais precisa: "*Da utilidade e desvantagem do* historismo *para a vida*". É mais precisa porque Nietzsche, de fato, não contesta a historiografia em geral, mas a concepção alemã da historiografia dominante em sua época. O seu combate é interno, os seus interlocutores são os historiadores alemães. Para ele, era preciso reeducar os educadores, que, equivocadamente, encharcados de cultura histórica, eram otimistas, satisfeitos, triunfantes e se sentiam no cume da civilização, em 1871.

Para Spenlé, é nessa hora histórica, a da Guerra Franco-Prussiana e da Unificação Alemã, em 1871, que se deve compreender toda a obra de Nietzsche. Ele queria inocular nessa Alemanha bismarckiana, vitoriosa, como antídoto, um salutar pessimismo e, por isso, dedicou-se a combater o "historismo". Ele o via como uma doença histórica, um fetichismo histórico, que procedia da filosofia de Hegel e exercia uma ditadura sobre o pensamento alemão. O deus de Hegel era a história, um deus que se faz na história, por uma dialética imanente. O hegelianismo impôs um culto da história, que proíbe o esquecimento e exige a lembrança absoluta. Opondo-se a essa "doença da memória", Nietzsche defende a necessidade do esquecimento, que não é sempre passivo e negativo, mas necessário, reparador, regenerador, tão revigorante quanto o sono. O presente não pode ser dominado por todo o passado, mas deve escolher o passado que deseja lembrar. E, mesmo escolhendo um passado por afinidade, o presente não deve se deixar dominar pelo passado "tal como se passou...", mas apropriar-se dele, para ter dele uma lembrança eficiente no presente. Um filósofo/poeta do passado que desperte o interesse do presente precisa ser transformado/reinterpretado e apropriado. O trabalho do historiador consiste em lembrar e atualizar o passado, tornando-o novo e ativo. O segredo da verdadeira cultura é tornar produtivo o que assimilamos do passado. A história como estudo do passado enquanto tal, quando domina, impõe ao presente o declínio da vontade de potência (SPENLÉ, 1943).

A cultura historicista da sua época recebia passivamente o passado e fechava os olhos ao presente-futuro. A nova cultura histórica que ele propunha devia manter uma outra relação com o passado, i.e., apropriar-se dele com vistas ao presente-futuro. O seu texto é uma arma de combate, um contradiscurso destruidor da historiografia da sua época como expressão cultural. Para Nietzsche, só deve ser historiador aqueles que trazem o sentimento de valores novos e trabalham para o presente-futuro. A função da história é antecipar o futuro através da observação do presente e da rememoração do passado. É a capacidade de antecipar o futuro que marca o grau de vitalidade de um povo/indivíduo/civilização. É preciso celebrar o presente-futuro, e não o passado, e somente aquele que conhece o futuro pode interpretar o passado e julgar o presente. A sua posição é contra a teodiceia cristã mascarada de teleologia histórica e a favor de um discurso anti-histórico que privilegie a irrupção histórica dos eventos, sem teleologia, sem síntese. A história é uma questão de perspectivas, olhares, lutas, desejo e poder, que não apreende nenhuma realidade absoluta, mas avalia uma realidade múltipla e efetiva. Nietzsche quer quebrar a cultura historista alemã com uma contracultura, uma contrapedagogia viva.

Nietzsche feriu, porque quis ferir, o "decoro geral" ao expressar o seu sentimento de radical insatisfação com os rumos que a cultura ocidental tomara desde Sócrates e Cristo, orientação perigosa, que se aprofundou com a reforma racionalista feita por Hegel do cristianismo. Para alertar o Ocidente sobre o mal que lhe fazia a sua "moderna cultura histórico-cristã", ele não se intimida e expressa intensamente o seu ponto de vista "incômodo", "inoportuno", "intempestivo", "extemporâneo", "inatual". Ele expõe agressivamente o seu ponto de vista "contra o seu tempo" para propor-lhe um "outro tempo", que o retire das garras da cultura que o leva à morte. Nos textos polêmicos das *Intempestivas*, propôs uma nova concepção da educação. Esses quatro panfletos diagnosticaram os males da civilização moderna e indicaram os remédios. Nietzsche inspirou-se nas linguagens de Schopenhauer e Wagner e se apresentou como "educador". Para ele, a história só poderia servir à vida em uma nova estrutura educativa. O homem é uma espécie cujas qualidades não foram fixadas e precisa de uma educação que o faça vir a si mesmo. A natureza humana não preexiste à cultura, que é uma autossuperação, reescrevendo, reavaliando, deslocando sentidos. Toda leitura é interpretação, e toda interpretação equivale a uma nova dominação, a uma apropriação nova. Todo leitor é como um filho: precisa matar a obra assim como deve matar o pai, porque se apresentam como o único sentido. A concepção nietzschiana de cultura é dirigida contra todos os pais, aliados do Estado e da burguesia. Para ele, o verdadeiro mestre se recusa a ter discípulos, o verdadeiro pai reclama o parricídio (KOFMAN, 1972).

Em segundo lugar, outra interpretação da história em Nietzsche, ao mesmo tempo surpreendente e muito plausível, ao contrário, o transforma em um forte aliado dos historiadores do seu tempo. A primeira interpretação anterior tem sido hegemônica: Nietzsche teve uma relação superficial com a historiografia, fez uma avaliação negativa dos historiadores alemães objetivos e é visto como um dos primeiros críticos dos métodos históricos do século XIX. Iggers afirma que Nietzsche negava a utilidade da pesquisa histórica e do ensino de história. Contudo, o historiador sueco Brobjer procurou relativizar essa primeira interpretação de Nietzsche como um filósofo contra a história. Para ele, tem-se esse tipo de avaliação negativa da sua interpretação da história quando se toma como única referência do seu pensamento histórico a sua *Segunda intempestiva*, mas esse "ensaio de juventude" não é representativo da sua visão geral da história. Brobjer não descarta esse ensaio, mas, para investigar a sua perspectiva histórica, privilegia outras fontes, como a sua correspondência e os comentários que apareceram em outros textos. Para Brobjer, o jovem Nietzsche teve uma educação de historiador-filólogo e aprendeu a enfatizar a importância do método crítico e do estudo dos clássicos. Para ele, *A genealogia da moral* e *O anticristo* são mais reveladores da sua visão da história do que a *Segunda intempestiva*. *A genealogia* é profundamente histórica e *O anticristo* é uma história do cristianismo. Brobjer sustenta que Nietzsche conhecia bem os historiadores alemães, até pessoalmente, lia-os e admirava-os. O século XIX foi realmente o século da história, na Alemanha, e tudo era tratado historicamente. Essa "revolução historiográfica" foi feita pelos historiadores Wolf, Niebuhr, Ranke, Mommsen, Droysen. Para Nietzsche, eles foram os "Galileus e Newtons do campo histórico", os "Colombos do espírito alemão". O historiador suíço Burckhardt foi seu amigo pessoal e ajudou-o em momentos difíceis da sua doença. Nietzsche apreciava o ceticismo histórico desses historiadores, aprovou o novo método histórico, que incluía a crítica das fontes, a crítica textual (interna e externa) e a interpretação histórica. Ele aprendeu com os historiadores o ceticismo metódico (BROBJER, 2007).

Para Brobjer, portanto, não é correto afirmar que Nietzsche é contra a história, um crítico do pensamento e método históricos. Era um historiador-filólogo, e o método histórico teve uma forte influência em seu pensamento filosófico. Nietzsche usou o método histórico na crítica dos valores n'*A genealogia da moral* e n'*O anticristo* e foi sob a sua influência que teria passado por uma ruptura em 1876, criando o seu método genealógico, que representou uma interrupção da tradição teológico-iluminista. Para Brobjer, a historiografia alemã exerceu uma influência central sobre a sua produção filosófica sobretudo a posterior a 1876 e, portanto, longe de ser contra a historiografia historista, teria compreendido o sentido da revolução historiográfica alemã: era o método correto de preservação e elucidação de textos. O método histórico ensinava a "ler corretamente", a ver o mundo como ele é. A arte de ler é o pressuposto para a tradição cultural, e essa historiografia oferecia o "sentido dos fatos". O historiador, agora, substituía o profeta/padre, assim como o físico tinha substituído o feiticeiro. Nietzsche tinha uma formação de historiador da língua e aprendeu a ler bem: devagar, profundamente, deixando as portas abertas. Ele aprendeu a filologia histórica com Friedrich Ritschl, aprendeu a "ler de outra forma" e esperava que seus livros encontrassem "bons leitores". E os historiadores seriam os seus melhores leitores, por terem senso dos fatos, aceitarem o devir, a mudança, o tempo, diferentemente dos filósofos metafísicos, que des-historizam a moral e não percebem que só absolutizam os valores contemporâneos. O historiador entende o "tornar-se histórico".

Portanto, Nietzsche não era anti-histórico, o seu pensamento filosófico-filológico pressupunha a compreensão da história. Ele usou a abordagem histórica em todas as questões: os gregos, os grandes personagens (César, Napoleão, Lutero) e em sua ênfase no "tornar-se", e não no "ser essencial". Ele deu importância à história cultural, que ainda não era praticada: história do amor, da avareza, da inveja, da consciência, da crueldade, do respeito à tradição, da lei e da punição. Enfim, para Brobjer, foi graças ao método histórico que ele perdeu a fé entre 1862/65, quando compreendeu que a cultura pagã grega tinha sido o máximo da realização humana. Foi através de uma abordagem histórica, e não metafísica e teleológica, do mundo grego que compreendeu isso. A abordagem histórica era o antídoto ao dogmatismo religioso, por ensinar a mudança e a apropriação dos valores e não se deixar dominar por belas e eternas ideias. Tucídides era o seu mestre grego nesse caminho novo. Nietzsche foi crítico de Ranke na *Segunda intempestiva*, onde é indiretamente mencionado como um "famoso historiador contemporâneo". Mas a obra de Ranke está presente em sua biblioteca, Nietzsche o leu, e Ranke é o responsável pela ruptura em seu pensamento em 1876. Ele abandonou Wagner, Schopenhauer e o neoidealismo kantiano e abraçou a história e a ciência.

Ele nunca discutiu Ranke diretamente, mas conhecia a sua obra e o admirava. Contudo, Nietzsche não aceitava que se possa "narrar os fatos tal como aconteceram" e discutiu a possibilidade e a desejabilidade da objetividade histórica. Para ele, o historiador narra o que supõe que aconteceu, narra o que imagina que aconteceu. A história não é simples busca de uma erudição pela erudição, não é pura e estéril contemplação dos fatos passados e sem vida, nem reação artificial e verbal do real, mas a inserção do passado na profunda sensibilidade e prospecção de um futuro que dá sentido ao presente. Nietzsche achava os historiadores objetivos personalidades fracas, subordinadas ao Estado alemão e à Igreja. Ele criticava o seu nacionalismo radical, romântico, pró-Prússia, pró-Bismarck, anti-França. Era crítico dessa história política prussiana, mas favorável à unificação da Alemanha sob a Prússia e via com otimismo o futuro da Alemanha. Mas, junto com os historiadores, era crítico do progresso, do moralismo, do idealismo, em história. Era contra os historiadores que defendiam valores igualitários e viam a história do ponto de vista dos grupos suprimidos ou derrotados. A história, para ele, é pré-requisito da cultura, mas não é a sua finalidade. Ela é meio e não fim. Para ele, é a filosofia que cria valores e legisla, ela é a médica da civilização Ocidental moderna, mas uma filosofia genealógico-histórica e não metafísica. Ele admirava o método histórico, mas não aceitava que os historiadores do século XIX pusessem a história acima da filosofia como fim da cultura, o que, para ele, era reflexo do niilismo moderno (BROBJER, 2007).

Em terceiro lugar, a relação de Nietzsche com o pensamento histórico pode ser considerada intensa, revolucionária, e ele seria um dos maiores teóricos do valor da cultura histórica e da relevância da historiografia, um pioneiro dos "combates pela história" e da "apologia da história", dos Annales, embora em outra direção. Ele teria sido o filósofo da história que refundou o saber histórico em bases genealógicas, arqueológicas, descontinuístas, desconstrucionistas, antecipando Foucault, Derrida e Deleuze, entre outros. Ele foi o crítico radical não só da teleologia hegeliana-cristã e da memória do passado-pelo-passado historista, mas, indiretamente, da luta de classes e da revolução comunista, do materialismo histórico e de todos os neopositivismos históricos e estruturalismos anti-históricos. A sua contribuição à historiografia é incomensurável! Ele criou um ponto de vista original sobre a história, a genealogia, que repercutiu fortemente a partir da segunda metade do século XX, tornando-se um interlocutor incontornável para os historiadores contemporâneos. Para Bernat-Winter, a *Segunda consideração intempestiva* não pode ser reduzida a um "texto de juventude": é uma reflexão puramente epistemológica sobre o conhecimento histórico, um modelo de anti-historicidade, que estaria além dos acontecimentos históricos do seu tempo. Ele expressa um pensamento histórico realmente *extemporâneo*, que não se reduz às experiências vividas pela Alemanha no final do século XIX. Nietzsche produziu uma teoria da história atemporal, universal. Aqui, é o pensamento histórico como tal que merece ser discutido, e a "simplicidade contundente" do discurso convida à reflexão e à mudança de perspectiva histórica. Ele oferece uma nova visão do conhecimento histórico, reinterpretando todos os conceitos que o constituem e destruindo o "caráter dialético" das relações entre estes conceitos: animal/homem, vida/felicidade, lembrança/esquecimento, passado/presente/futuro, ação/utopia, objetividade/vontade de poder, guerra/justiça, valores/saúde, fonte histórica/verdade, interpretação/ciência, conhecimento/arte, instinto/sociedade, religião/criação de valores, último homem/super-homem, Europa/humanidade, destino/criação, história/ação/consciência, etc. (BERNAT-WINTER, 2005).

Nietzsche "revolucionou" o pensamento histórico, isto é, representou um "novo começo". Para Bernat-Winter, ele via a história como um "profeta", era um pensador essencialmente prospectivo, anti-historicista, que sublinhava o irracional no comportamento humano. Para ele, o presente só podia ser esclarecido e apreendido a partir do futuro, que só podem pressentir os historiadores que estavam comprometidos com a vida presente de um povo. Ninguém foi mais sensível do que ele ao caráter prospectivo da história. Sua filosofia da história pode ser definida como um "energetismo evolucionista": ele vê na história massas de energia latentes que se revelam após sacudidelas. Ele percebe descontinuidades sob a evolução, energias que emergem e rompem a fina camada da Razão. Para ele, o que interessa é "inventar o futuro", e não celebrar o passado. A reunião de documentos é necessária, mas limitada e insatisfatória. O olhar deve ser mais amplo e intuitivo. O profeta Zaratustra é o verdadeiro historiador, o poeta-teórico dos tempos sem Deus, que caminha sobre o fio do tempo estendido entre o passado e o futuro. O homem é só um momento da evolução natural, e a aventura humana é aberta, uma marcha perigosa, com desafios que exigem uma super-humanidade. Para ele, era preciso criar tensões, não evitá-las, e torná-las eficazes ao extremo. Era preciso soltar o "animal sagrado". A humanidade não é um fim, mas uma ponte que a leva além dela, ao super-homem.

Dessas três leituras, que ao mesmo tempo se excluem e se esclarecem, nenhuma é descartável ou verdadeira, e um problema teórico é formulado, que fará avançar a nossa reflexão sobre a história em Nietzsche: como admitir que a memória afasta da vida e ao mesmo tempo sustentar que temos necessidade da história para a vida, para a ação, e que se deve utilizar o passado para a vida? Como aquilo que afasta da vida pode conduzir à vida? Após haver oposto vida e história, Nietzsche os reúne: a historiografia é fundamental para a vida. Mas a história não pode ser uma "ciência" que apenas constata, descreve, não pode ser um olhar triste, duro, distante, como o de um navegador polar com neve por todo lado, não pode ser o elogio da "vida morta". O historiador não pode ser um espectador, um covarde contemplativo, um asceta eunuco: "não suporto esses sepulcros caiados que imitam a vida com ar de sábios objetivos". Como seria, então, esta história útil à vida? (NIETZSCHE, *La généalogie de la morale*; COLLI, 1996).

A filosofia da história em Nietzsche

a) Nietzsche, "cultura histórica moderna" e a Revolução Alemã

O Nietzsche da *Segunda intempestiva* tinha 30 anos, era um jovem insatisfeito com a cultura histórica que dominava a Alemanha em sua época, que chamava de "cultura histórica moderna", por vê-la como uma ameaça à fruição da vida em seu presente. E, em defesa da vida no presente, ele a denunciou furiosa e radicalmente. Em sua época, para ele, o cristianismo e a sua atualização hegeliana impediam que o povo alemão encontrasse a sua expressão própria. O "lembra-te que morrerás" cristão aliou-se à cultura histórica hegeliana para negar a vida. A negação da vida pela religião cristã não era novidade, pois havia já dois milênios que ela pregava a morte aqui. Ela profetizava o fim da vida na Terra, o fim dos tempos e da história, desvalorizando toda ousadia, toda aspiração livre. O cristão não ama a vida na Terra e nada espera aqui. O cristianismo oprimiu os homens da Renascença e os sacrificou na Inquisição porque eles preferiram o *carpem diem*. O cristão tem fé na ressurreição da sua alma pessoal e espera que viverá eternamente no paradisíaco além. Para obter a salvação, i.e., a sua vida tal como ela já é, mas eterna e em outro lugar, ele abre mão da vida agora e aqui, nega o seu corpo e instintos, não age e não espera nada de grandioso no futuro. O cristão quer intensamente ser e viver, mas acredita que não poderá fazê-lo no tempo. E busca a "vida eterna" na fábula do outro mundo. O seu destino é morrer, e ele nada pode desejar e esperar na Terra. Ele se sente "nada" e quanto mais nada mais espera "ser". Ele busca o ser atrás e além do aqui e agora.

Mas, para Nietzsche, pior do que "ser nada" é achar que sendo nada já se é um ser pleno! Os intérpretes hegelianos da cultura histórica alemã não só confirmam a fé cristã como estão convencidos de que a sua época é a realização plena da história! Eles acreditam que a sua geração é a humanidade em seu zênite, pois através dela a humanidade atingiu o saber de si e reconhece a si mesma. Para ele, os europeus modernos estavam sob o domínio dessa "célebre filosofia hegeliana da história", que avaliava explicitamente como "monstruosa e perigosa". Eis o perigo hegeliano: a história tem um sentido necessário, incontornável, inexorável, contra o qual nada se pode criar ou fazer. O presente é o momento superior de um processo maior que provém do passado. O presente realiza o passado, e o futuro realizará todo o processo. A consciência de si presente inclui, superando-o e conservando-o dialeticamente, todo o passado tal como se passou. Hegel idolatrou o seu tempo como a meta e o sentido verdadeiro de todos os acontecimentos anteriores. Mas a sua época era miserável! Como poderia ser equiparada a um acabamento perfeito da história do mundo? Essa "cultura morta" se sente a última realização da suprema cultura! Sob a sua influência, os alemães se acostumaram a falar em "processo do mundo" e a aceitar a sua época como o resultado necessário desse processo. A história, na medida em que é o conceito que se realiza a si mesmo, era a única força soberana. Essa história hegeliana é "o caminhar de Deus sobre a terra, um pobre deus que se cria através da história e que se tornou compreensível para si mesmo no cérebro de Hegel!". Hegel acreditou ter descoberto o segredo da história e disseminou a admiração pelo "poder da história", a admiração pelos resultados positivos e a idolatria do factual. Para esse culto da história se criou a expressão bem alemã: "tenha em conta os fatos", "aceite o processo do mundo".

Em Hegel, esse processo do mundo pode ser conhecido "cientificamente". Ele é um processo objetivo que exige um conhecimento objetivo. A aceitação de que há um "processo do mundo" exige que este seja conhecido tal como se passou. Mas, ao propor essa coincidência entre "vida" e "saber", na verdade, o conhecimento da vida soterrou a vida. Se, como "ciência", a historiografia deve conhecer objetivamente todo o passado, tudo o que foi retorna, oprimindo o espírito dos homens do presente. A "ciência da história" quer mostrar o imenso espetáculo de todo o passado e esconde o espetáculo do presente. Para Nietzsche, esta busca do conhecimento científico do passado é feita com o perigoso lema "faça-se a verdade, pereça a vida". A cultura histórica moderna impõe um saber histórico inesgotável, a memória abre as suas portas para receber todos os fatos. O historiador se prepara para receber, organizar e dominar esses homens do passado, que chegam a ele em luta. Mas ele não pode se deixar envolver em suas lutas e deve procurar fazer um "juízo objetivo". Ele recebe todo o passado, um passado que aumenta cada vez mais para trás e para os lados, e está impedido de emitir qualquer juízo de valor. O historiador injeta no homem moderno uma massa descomunal de informações que, por não terem sido absorvidas, metabolizadas, causam-lhe um profundo mal-estar. O homem moderno, lívido, come em excesso uma comida gordurosa, mal-passada e com o prazo de validade vencido. Em seu interior, acumula-se uma "cultura histórica" que continua exterior, não assimilada e incorporada. Em sua vida exterior, esta cultura interior-exterior não serve à vida. Ele consumiu milhares de informações históricas sem fome e sem necessidade, e essa "cultura histórica" não atua mais como um agente transformador. A "cultura histórica" não o impele para fora e torna-se um conhecimento velado em um mundo interior caótico, que o homem moderno designa com orgulho como "interioridade". A "cultura histórica" é um conteúdo sem forma, o que é inaceitável para um "homem vivo". A cultura moderna alemã não era viva por causa dessa oposição. Ela não era nenhuma cultura efetiva, mas apenas uma espécie de "saber sobre a cultura".

Essa "consciência científica da história", que quer narrar tudo o que aconteceu tal como aconteceu, para Nietzsche, ensina a nos curvarmos diante do "poder da história". Essa cultura histórica ensina a dizer "sim" a todo e qualquer poder. Se há um "processo do mundo" e se todo evento contém em si uma necessidade racional, logo todo acontecimento é a vitória do lógico ou da Ideia, e devemos nos ajoelhar e louvá-lo. Nietzsche denuncia essa mitologia da Ideia, essa "religião do poder da história", pregada pelos seus "cultos padres de joelhos esfolados". Esta era a nova crença que trazia as "virtudes modernas": abnegação, objetividade, magnanimidade, justiça, moderação, tolerância. Essa escola histórica exige a ostentação da serenidade: tomar tudo objetivamente, não se exasperar com nada, não amar nada, pois tudo faz sentido. A história não surpreende, as coisas deveriam se passar tal como estavam se passando, não há o que se possa fazer contra a inevitabilidade do processo histórico. A atitude a manter diante dela é a da "compreensão". Eles aceitam fatos brutais com a estupidez do "assim é". E se comportam assim porque se dizem estoicamente "instruídos pela experiência e governados por conceitos". Eles procuram só a verdade, a imunidade a ilusões, não gritam e não alteram a voz. A história os oprime e esfola, e eles, aceitando-a, "compreendendo-a", serenamente, continuam a caminhar, curvados sob o seu peso.

A cultura histórica moderna, portanto, para Nietzsche, que é a combinação da tradição cristã do "lembra-te que morrerás" reforçada pela interpretação hegeliana da "inevitabilidade do processo do mundo", causava um profundo mal-estar entre os que "queriam-viver" na Alemanha. Para ele, os alemães modernos se pareciam com uma cobra que engoliu muitos coelhos e se deitava ao sol. Mas, diferentemente da cobra que, saciada, passará alguns meses sem comer nada, a cultura moderna é um estômago ao mesmo tempo sem fome e insaciável, pois continuará a se intoxicar com mais informações históricas. A cultura histórica se refugia no interior do "homem historicamente culto", que dá a impressão de que vai morrer, sim, mas de "indigestão histórica". Um grego, que tinha uma cultura a-histórica, olharia esse homem moderno como médico e temeria pela sua saúde. Para Nietzsche, os alemães modernos não tinham nada deles mesmos, pois se entulhavam com épocas, hábitos, artes, filosofia, religião, culturas alheias. Eles se tornaram "enciclopédias ambulantes". A cultura histórica moderna é essencialmente interior. Há uma oposição entre dentro e fora, as pessoas se tornam desleixadas com a sua aparência exterior, alargando o fosso entre o conteúdo e a forma. O homem culto tornou-se um solitário homem do saber sem nenhuma expressão exterior.

Para Nietzsche, a vida cultural alemã foi arruinada por essa "interpretação moderna" da história. Ela se tornou doentia e decadente. Em sua época, ela estendeu sobre todo jovem o sentimento de que ele chegou tarde demais. Tudo de grandioso que pudesse ser feito já tinha sido feito. O processo histórico anda por si mesmo, e não havia nada a inventar ou a criar. Assim, a história era uma teologia disfarçada. A ciência herdou a veneração que era dedicada à Igreja e ao clero. A cultura histórica moderna era herdeira do "vais morrer" medieval e da desesperança do cristianismo nos tempos vindouros. Contra essa doença cultural, Nietzsche exortou os alemães a restabelecerem a unidade suprema da alma do povo alemão, a superarem o fosso entre o interior e o exterior. Ao escrever esse texto, ele esperou semear essa "necessidade sagrada", a da reunificação entre a historiografia e a vida, que poderia contribuir para a unificação da "cultura histórica" alemã. Ele queria bem ao seu povo e por isso se tornou o seu crítico mais radical, e esperava que fizesse o seu grande feito, que não era ainda a vitória de 1871. Após a Unificação, restava ainda ao povo alemão fortalecer-se e crescer dentro da Europa e no mundo. Mas, para isso, ele precisava esquecer um pouco o que fizeram os franceses, os romanos, os mártires cristãos e criar uma "atmosfera a-histórica", de "esquecimento", que permitisse o início de uma nova era da vida alemã. A unidade política já estava feita. Em 1874, ele expressou o seu desejo da unificação alemã no sentido supremo, i.e., a unidade do espírito e da vida alemã com a superação da oposição entre forma e conteúdo, entre interioridade e convenção. A "cultura alemã" devia lembrar ao povo alemão que "ele vivia", que criava a sua história e, para fazê-la, devia encontrar a sua "expressão própria", a sua identidade autêntica. Ele não poderia continuar imitando os antigos e esquecendo que a vida se constrói no instante.

b) As desvantagens da história para a vida

Nietzsche se detem nos vários aspectos em que a "cultura histórica moderna" era nociva à vida do povo alemão:

1º) Com a oposição entre interior e exterior, o homem moderno sofre de uma "personalidade enfraquecida".

O "homem moderno" apenas contempla todos os eventos da história universal, e mesmo as grandes guerras e revoluções não o afetam. Ele contempla a história como se não se tratasse da sua própria vida. Tornou-se um "viciado em história" e não sente mais prazer com aquilo que antes lhe dava prazer, a escrita-leitura da historiografia. O viciado em história é o "intelectual moderno", o "homem culto", que leu todos os textos sobre o passado, que conhece todos os documentos, fatos e escreve e fala sobre eles compulsivamente. A guerra nem bem acabou e ele já a transformou em mil páginas escritas e em imagens. O "homem moderno", com a sua "personalidade enfraquecida", perdeu a capacidade de sentir a sua própria vida e de iniciar uma ação. Por conhecer todo o passado, quer ser chamado de "compreensivo", i.e., "aquele que não se abala com os fatos históricos". A cultura histórica moderna tem este "efeito anti-impacto" sobre os "homens cultos": blinda-os contra toda surpresa, alegria ou dor. "Compreensivo", ele recebe todos os fatos do passado sem prazer, sem emoção e sem nojo.

Para Nietzsche, o "compreensivo" só pode se relacionar assim com o passado porque aniquilou os seus instintos. Ele aceita a todos e tudo, deixando de ver as coisas mais importantes. A sua alta instrução não se torna vida: é uma contemplação tetraplégica da história! A expulsão dos instintos o transformou em abstração, sombra, fantasma. O homem moderno se considera "sério", e isso quer dizer que, mantendo a serenidade, ele não ousa aparecer como é. Ele não pode mais confiar no seu "animal sagrado" e soltar as rédeas. O viciado em história decaiu em um "indivíduo compreensivo": contemplativo, enfraquecido, inseguro, que não acredita mais em si mesmo. Ele afunda em seu "interior", que não passa de uma confusão acumulada de fatos históricos não apreendidos. O "compreensivo" é aquele que não diz e não faz o que sente, que deixou de ser uma "personalidade livre". O homem dominado pela Ideia universal é um eunuco que cuida do harém da história. Imaginemos: a história é como um harém, cheia de beleza, sedução, impulsos, cheiros, perfumes, secreções, desejos, intrigas, palavras doces e obscenas, olhares lânguidos e agressivos, submissões, dominações, inversões, fantasias, ódios, amores, ciúmes, cumplicidades, fidelidades e traições, fecundidade, escolhas, ações. O historiador moderno assume a última posição possível a um homem vivo e forte diante desse espetáculo de paixões: contempla o harém da história! Ele conhece todas as mulheres do harém pelas características e pelo nome (os fatos históricos), até sabe como elas fazem e o que podem ceder, mas não tem mais o impulso para "fazê-las". Ele apenas vigia a história com a sua pura objetividade. Ele não se "relaciona" com a história, e o seu conhecimento impotente e estéril não pode gerar nenhum acontecimento no presente.

A "cultura histórica moderna" impede que haja "homens livres". "Ser livre", para Nietzsche, é ter um estilo, um caráter e uma expressão próprios e a capacidade de escolher e agir. A cultura histórica moderna mata toda busca da expressão própria e impede toda escolha, criação e ação. Para ele, a história não é um assunto para eunucos ou "máquinas de pensar, escrever e falar". Ela interessa aos "homens fortes", "livres" e "potentes". Aquele que não ousa mais confiar em si mesmo e que, para sentir, pergunta aos homens do passado "como devo sentir agora?" torna-se um ator e desempenha um papel ruim e superficial. Eunucos, neutros, não podem fazer a história por si mesmos. A cultura histórica não permite que se chegue a um efeito em sentido próprio, a uma ação sobre a vida. Os críticos "corrigem a vida", abstratamente, mas não produzem nenhum efeito sobre ela. Nessa impotência revela-se a fraqueza da historicamente culta personalidade moderna.

2º) A época moderna supõe que possui a mais rara virtude em um nível mais elevado do que em qualquer outro tempo: a justiça.

O "homem moderno" diz ser neutro para obter a verdade e ser justo. Mas, para Nietzsche, a objetividade histórica não pode trazer nem a verdade nem a justiça. O justo, quando busca a verdade, não a quer apenas como um conhecimento objetivo, frio e sem consequências, mas, como um juiz, quer uma verdade que ordena e pune. Para o viciado histórico moderno a justiça assim compreendida parece dura e terrível. A sua objetividade evita todo juízo de valor: "nada de humano lhe permanece estranho". Ele confunde justiça com tolerância, benevolência, a "virtude" de narrar o passado sem qualquer expressão de ódio. Esses historiadores chamam de "objetividade" a mensuração de opiniões e feitos do passado a partir das opiniões dominantes no presente. Seu trabalho é adequar o passado à trivialidade contemporânea. Eles denominam de "subjetiva", e não verdadeira, toda historiografia que não aceita essas opiniões como canônicas. A "objetividade" do historiador é a contemplação de um acontecimento em todas as suas motivações e consequências de tal modo que esse acontecimento não produza mais nenhum efeito em sua subjetividade. A "objetividade" não passa de uma teia que o historiador estende sobre o passado para aprisioná-lo, domesticá-lo e impedir que se faça a justiça, i.e., optar e agir no presente.

A "história objetiva" abole o mistério do vivido e enquadra o "incompreensível vivido" no familiar. Para Nietzsche, esta profissão de fé do "historiador compreensivo" é estranha! Ele supõe que haja um silencioso curso das coisas, violento e irresistível, mas, na verdade, "criou" essa necessidade, retirando os eventos do acaso, da liberdade sem lei, obrigando-os a tomar o seu lugar como membro de uma totalidade harmônica. O historiador deixa de instruir quando começa a generalizar. Em outras ciências, as leis, as generalidades são o mais importante. Mas, quando elas aparecem na história, o trabalho do historiador desaparece, pois elas revelam o familiar e o trivial, o que está diante dos olhos. A frieza aguda da "reflexão objetiva" se confunde com a falta de *pathos* e de força moral. O tédio dá a impressão de quietude e tranquilidade, o sujeito se silencia e se torna imperceptível. A palavra mais seca torna-se a mais correta. Não se interessar por nada é a "objetividade". Ora, protesta Nietzsche, para que dedicar anos de trabalho árduo a essa "vontade de nada"?

Enfim, a busca da "verdade objetiva" não é um impulso para a justiça, pois "*objetividade e justiça não têm nada a ver uma com outra*". A significação da história não deve ser reconhecida em pensamentos universais, mas na transformação de temas conhecidos, habituais, cotidianos, em temas originais, com profundidade, poder e beleza. Para tanto, é requerida não a "objetividade", mas uma grande potência artística. O historiador deve olhar para a história com o olhar criativo do artista. Não passa de superstição supor que uma "imagem objetiva" mostra as coisas em sua essência empírica. A produção de uma "imagem da coisa" não é uma passividade, mas uma criatividade. O pintor, diante de uma paisagem, a recria, e a efetiva objetividade é a criação artística. Uma objetividade passiva, quieta, imóvel, não busca a verdade e a justiça, porque o clamor do justo é terrível. É somente a partir da suprema força do presente, que clama por justiça e não por objetividade, que o historiador tem o direito de interpretar o passado. É somente na intensa tensão do presente que se pode ver o que há no passado para ser conhecido e conservado.

Para Nietzsche, a historiografia emerge dos espíritos mais raros, do homem experiente e superior, forte e poderoso. Apenas os homens que constroem o futuro, os que agem no presente, podem interpretar a "mensagem oracular" do passado. Apenas aquele que constrói o futuro tem o direito de julgar o passado. O que age no presente criou uma meta, está dominado por um sentido, pela paixão de realizá-lo e está longe da quietude da objetividade. Ele inventou um sentido próprio e deseja continuar vivendo no futuro. A biografia que o interessa é aquela em que se encontram "guerreiros contra o seu tempo". Aqueles que vivem e agem, i.e., que são capazes de aparecer na história, que em vez de se esconderem atrás da "verdade objetiva" exteriorizam o seu interior em ações poderosas e cheias de sentido próprio, são capazes de interpretar a história. Não são eunucos, relacionam-se com o harém da história, e dessa relação viril e fecunda nascem acontecimentos novos. Nietzsche exorta os alemães a fazerem a sua história no presente inspirando-se naqueles que a fizeram no passado: "acreditai em vós mesmos, acreditando ao mesmo tempo em vossos heróis". Ele os conclama a se "engajarem" na vida alemã do presente, produzindo acontecimentos exteriores novos, restaurando a força, o vigor, a saúde da cultura histórica alemã.

3º) Os instintos do povo e dos indivíduos ficam perturbados, e o seu amadurecimento é impedido.

Para Nietzsche, o pressuposto hegeliano de que há um "sentido histórico", um "processo do mundo" inelutável, inexorável, destrói as ilusões, elimina a atmosfera misteriosa da história, a única na qual os homens podem viver e agir. Somente envolto em sombra e mistério e pela ilusão do amor, o homem tem força e cria. Todo aquele que não ama mais, i.e, que não sonha mais, cortou as raízes da sua força e se tornou ressequido, insincero. Quando retiramos este invólucro de mistério, quando condenamos uma religião, uma arte, um gênio, uma época a existirem sem essa atmosfera de fantasia, então, tornam-se áridos, rígidos e infrutíferos. As épocas e os feitos grandiosos jamais ocorreriam sem alguma ilusão. A historiografia como "ciência do sentido histórico" ignora essa atmosfera a-histórica. A historiografia moderna é analítica, "científica", "positivista" e destrói ilusões como o tirano mais cruel. Esse exercício histórico objetivo é uma dissecação, que constrói um "saber sobre a vida", mas que não é ele mesmo vivo. Uma história imparcial do cristianismo, por exemplo, é apenas um "saber sobre o cristianismo", que o aniquilou. Para Nietzsche, somente se a história suporta converter-se em arte, ela pode conservar instintos e despertá-los.

Para ele, essa cultura histórica excessiva é atordoante, essa inundação do presente pelo passado não é necessária à juventude. É perigosa, insalubre, no mais alto grau! O jovem não pode ser um "escravo da ciência", pois não poderá criar ideias nem realizá-las. Ele não pode querer ser um erudito apenas para entrar e vencer no mercado de trabalho. Na cultura histórica moderna, os jovens não têm o tempo necessário para "amadurecer", porque devem entrar rapidamente no "mercado de trabalho". O jovem, chicoteado pela educação na cultura histórica moderna, não pode ainda entender a história política, mas é introduzido nela. Ele passeia pela história, sem entendê-la. Ensinam a ele o que chamam de "sentido histórico", de "cultura histórica", i.e., não estranhar nada e estar contente com tudo. A massa de informações sobre o passado que aflui é grande, e o jovem se defende com uma estupidez proposital. E sentem nojo da cultura histórica. Se a ciência for feita de forma rápida demais, a consequência será a sua popularização, para ser consumida pelo público em geral. O "público em geral" não é critério para o conhecimento. Para Nietzsche, esta história científica busca a "verdade" e odeia a vida. A vida assim dominada pela ciência não é muito valiosa, porque não se lança ao futuro.

4º) *Uma época cai na perigosa disposição da ironia sobre si mesma e no cinismo, desenvolvendo uma práxis astuta e egoísta, através da qual as pulsões vitais são inibidas e por fim destruídas.*

Essa cultura histórica moderna pode ser a base de uma época nova? Ela poderá alimentar a esperança em "tempos melhores"? O próprio "homem moderno" tem dúvidas quanto a isso e se relaciona consigo mesmo de forma irônica. Ele teme que nada possa salvar de suas esperanças e se torna cínico, justificando o curso da história, o desenvolvimento conjunto do mundo, segundo o cânone único: "as coisas devem acontecer exatamente como agora, e os homens devem ser como agora são, e não de outro modo". Ninguém pode ir contra o "sentido histórico universal". Todos devem se entregar totalmente ao "processo do mundo". E, cínico, este homem moderno se apresenta como o ápice do "processo do mundo". Ele era o seu destino, o seu sentido, a realização de todo o enigma do vir-a-ser, o fruto mais maduro da árvore do conhecimento. Recém-chegado, caçula, ele se sente o primogênito de todos os tempos, o mais sábio, o ápice da família. Os outros vieram antes somente para abrir o caminho para o fruto mais maduro e mais perfeito. Ele se sente orgulhosamente postado no alto da pirâmide do "processo do mundo". E exclama: "nós somos a meta, nós somos a natureza aperfeiçoada!".

Em vez de se referir e citar Hegel, Nietzsche se refere à obra de E. von Hartmann, *A filosofia do inconsciente*, que fez muito sucesso em sua época e que apresenta o "processo do mundo" como "inconsciente". Segundo Hartmann, nossa época só poderia ser assim como ela é se justificasse a ossificação terrível da história de frente para trás: o telos justifica a origem. A época moderna é iluminada a partir do Juízo Final, é a "idade do homem", que "devia ser assim mesmo!". Para Hartmann, devemos seguir serenamente o processo do mundo em direção à Redenção. Esta esperança na Redenção leva o homem moderno a não fazer nada, mas apenas a nadar na corrente do vir-a-ser e continuar vivendo como está vivendo. Ele só poderá cometer um pecado: ser extemporâneo, i.e., viver de maneira diversa da que estava destinado a viver. Tal filosofia impõe não a cisão, mas a reconciliação com a vida. A história é pensada como um desenvolvimento infinito para o futuro, em direção a uma meta: o Juízo Final. O estado final e ideal da humanidade será aquele em que ela criará a sua história "com consciência". Mas, protesta Nietzsche, "que confusão! O processo do mundo não é "inconsciente"? Se a consciência vier a dirigir a história, a expressão "processo do mundo" perderá sentido e tudo em que a cultura histórica do seu tempo acreditava perderá sentido!

Nietzsche se exalta com esse "europeu superorgulhoso do século XIX": "há uma distância enorme entre a sua vasta e inútil cultura histórica e a sua pobreza como homem de ação. O seu saber não é suporte para a sua vida. Ele se dissolveu no vir-a-ser, na historicização de tudo". Para Nietzsche, já era hora de atacar o determinismo do sentido histórico, o prazer desmedido com o "processo do mundo" à custa do ser e da vida. Para ele, não há um sentido universal que submeta a humanidade a esperar um futuro inexorável. Não há sentido universal: o indivíduo é quem cria o seu sentido singular. Ele deve justificar a sua existência, criando um alvo, uma meta, algo elevado e nobre, mantendo-se junto ao grandioso e impossível. Para ele, se a estatística demonstra leis na história, demonstra apenas o quão vulgar e repugnante é a massa em sua uniformidade e estupidez. Se há lugar para leis na história, a história não vale mais nada, pois as massas a dominam. Já na época de Nietzsche, valorizava-se uma história que tomava as massas como o mais importante e considerava os grandes homens apenas como a sua expressão mais nítida: "grandioso" era o indivíduo que movimentava as massas. Para Nietzsche, isso é confundir qualidade e quantidade, pois as massas não compreendem o mais nobre e mais elevado. Cristo é grandioso porque foi um indivíduo singular, criador, e não porque foi seguido pelas massas. A grandeza não deve depender do sucesso junto às massas. Homens gloriosos foram desconhecidos e anônimos para a história. A massa se agarra à vida com uma avidez repulsiva e indigna. Na verdade, a erudição desceu ao nível da plebe, porque já é plebe. Nietzsche despreza o "povo" por ser rebanho, seguidor, massa, por não ter a capacidade nobre de criar sentido e valores.

Diante disso, Nietzsche, dirigindo-se à juventude alemã, quer defendê-la das imagens arruinadas do futuro oferecidas por essa "cultura histórica moderna". Aquela história era extremamente nociva porque desenraizava e desvitalizava a juventude. A história a iludia quanto ao seu privilégio mais belo: a força de criar um grande pensamento e, a partir deste, deixar crescer um pensamento ainda maior. O excesso de cultura histórica é nocivo porque possibilita isto: a eliminação da atmosfera envoltória, que não permite mais sentir e agir a-historicamente. O indivíduo se retrai no egoísmo, tornando-se árido e seco. Isso o leva à argúcia, não à sabedoria. Ele deixa de ser intransigente, acerta as contas e se pacifica com os fatos, não se exalta, compreende que é necessário procurar o próprio proveito nas vantagens e desvantagens alheias.

Contra a cultura histórica que arruinava o seu mundo alemão e europeu, Nietzsche espera a vitória do "império da juventude". Diante da doença da cultura histórica moderna, ele afirma o direito da juventude alemã à saúde. Pensando na juventude, ele grita "Terra à vista!", pois nem tudo está perdido. Ele confia na juventude que se oporá à sua educação conduzida pelo homem moderno. Nietzsche acredita que somente um jovem saudável será capaz de entender que o seu protesto é menos extemporâneo do que urgente. A cultura histórica oferecida por aquela educação antinatural massacra o instinto natural da juventude, e ele queria ajudar a juventude a ganhar voz. Nietzsche incita o jovem alemão a resistir à sua transformação em "homem culto". O conhecimento do passado não pode obstruir a percepção imediata da vida. Devemos criar nosso próprio estilo de vida, e não nos submetermos ao passado. A juventude não pode ser educada contra ela mesma. Ela precisa educar a si mesma em direção a um novo hábito, a uma nova natureza, defendendo-se da primeira natureza, que lhe foi inculcada.

Nietzsche estimula a juventude a inverter o lema cartesiano "penso, logo existo" para "vivo, logo penso". Ela não deve deixar que a reduzam a um ser pensante, um ser vazio, pois ela quer viver. A juventude deve se opor ao domínio da "ciência da história" sobre a vida, que a dissolve no conhecimento puro e mata aquele que conhece. A história científica não reconhece a ilusão, a injustiça, a paixão cega e todo o horizonte envolto em obscuridade da vida. Em meio a um excesso de história a vida desmorona e degenera. Contudo, ninguém vai libertar a juventude e devolver-lhe a vida senão ela mesma. O excesso de história afetou a sua "força plástica", e ela não sabe mais se alimentar do passado como de um alimento poderoso. Para Nietzsche, os antídotos contra a "doença histórica" é o a-histórico, que se manifesta no poder esquecer e se inserir em um horizonte limitado, e o supra-histórico, que é o poder de desviar o olhar do vir-a-ser e dirigi-lo ao eterno da existência, à arte e à religião. Esses medicamentos têm um "efeito colateral": vão acusar a juventude de ser historicamente inculta, mas isso não a ofenderá, pois ganhou em troca o entusiasmo da esperança.

Nietzsche propõe ao "novo historiador-filósofo" que se torne o "médico da civilização ocidental", tornando-se um reeducador da juventude. Ele propõe uma nova concepção da história, que a torne um "alimento poderoso" em uma nova estrutura educativa. A nova educação deve mostrar ao jovem que não há leitura sem interpretação e que toda interpretação equivale a uma dominação, a uma nova apropriação. Não há leitura sem uma reescritura: uma reavaliação, um deslocamento de sentido, uma reorientação. O homem só é virtuoso quando não se vê herdeiro de outros anteriores e mais fortes e quando não aceita o "processo histórico" como dado. Ele só é virtuoso quando se levanta contra a condição de herdeiro, contra a inelutabilidade dos fatos, contra a tirania do real, quando nada contra as ondas históricas. Ele só é virtuoso quando não segue, mas cria o seu caminho. O homem virtuoso guarda a memória dos grandes guerreiros que lutaram contra a história, contra o poder cego do real, contra o "assim é", para seguirem com orgulho o "assim deve ser". O jovem virtuoso não vai e não leva a sua geração ao túmulo, mas luta por um novo tempo!

c) A utilidade da história para a vida: a "força plástica"

Para demonstrar a utilidade da história para a vida, Nietzsche compara a relação que homens e animais mantêm com a memória. Ele constrói a imagem de um rebanho que pasta, sem distinguir o ontem e o hoje. Dia após dia, as ovelhas saltam de lá para cá, correm, descansam, digerem. O animal está ligado de maneira fugaz ao seu prazer e desprazer em seu instante, sem tédio e sem melancolia. Embora se vanglorie de sua humanidade perante o animal, o homem inveja a sua felicidade. O animal tem tudo o que o homem deseja: é feliz, sem melancolia, sem dor. O animal vive feliz porque vive a-historicamente, esquece o que viveu e se entrega intensamente ao instante. O homem não sabe esquecer e está sempre preso ao que passou. Cada instante é trazido pela memória, e o homem diz: "eu me lembro". E inveja o animal que imediatamente esquece. O animal aparece a todo instante plenamente o que é. O homem, ao contrário, em cada instante luta com o que já passou. O peso do passado o oprime e incomoda os seus passos como um fardo invisível. Ele também inveja a criança que brinca sem ter que lutar com o passado e o futuro. A lembrança revela ao homem a sua existência temporal, imperfeita, um contínuo deixar de ser, algo que vive de se negar, de se consumir, de se autocontradizer. Somente a morte lhe trará o ansiado esquecer, extinguindo o presente e a sua existência.

Assim, a felicidade deve ser viver como o animal: durar a-historicamente, instalar-se no instante e esquecer todo o passado. Um homem que não esquece está dominado pelo vir-a-ser e não acredita nem mesmo em seu próprio ser. Um homem que não esquece é como aquele que sofre de insônia: não descansa e não sonha. Portanto, é impossível viver sem esquecimento. A ruminação excessiva do passado leva o homem a se degradar e sucumbir, o que passou não pode se tornar o coveiro do presente. O homem, o povo, a cultura precisa ter "força plástica": "a capacidade de transformar e incorporar o passado". A relação saudável com o tempo exige que se saiba tão bem "esquecer no tempo certo quanto lembrar no tempo certo". Isto é "durar bem". Há homens que possuem tão pouco essa "força plástica" que se esvaem em uma única dor. Há outros, que os mais terríveis acontecimentos da vida afetam tão pouco, que continuam a gozar de bem estar e a terem a consciência tranquila. Este é um "homem forte", capaz de dominar e de se apropriar do seu passado. Ele sabe esquecer, deixando-se dominar pela sua paixão. Ele está bem instalado no tempo.

Para Nietzsche, o histórico e o a-histórico são igualmente necessários para a saúde de um indivíduo, um povo, uma cultura. Só quando sentimos de modo a-histórico podemos crescer saudáveis. O a-histórico é similar a uma atmosfera que nos envolve, que não anula o histórico, porque a memória é uma das características humanas que o diferenciam do animal. Somente pelo fato de o homem limitar esse elemento a-histórico pensando, refletindo, comparando e concluindo, ele se torna homem. Somente pela capacidade de usar o que passou em prol da vida e de fazer a história do que aconteceu, o homem se torna homem. No entanto, se o histórico suprime o a-histórico em um excesso de memória, o homem deixa de ser homem e não é capaz de começar nada. O estado a-histórico, contra-histórico, é o ventre dos grandes feitos. O homem de ação é desprovido de consciência, de saber, e esquece a maior parte das coisas para fazer uma apenas. Ele é injusto com o que se encontra atrás dele e só reconhece o direito daquilo que deve vir-a-ser, agora. É nessa atmosfera a-histórica que surgiram todos os acontecimentos históricos. O homem a-histórico não se sentirá seduzido a colaborar com o "processo da história".

Se você perguntasse a seus conhecidos se desejariam atravessar mais uma vez os últimos 10/20 anos de suas vidas, de forma idêntica, provavelmente, teria três respostas. Dois diriam não, mas iriam fundamentar diferentemente, e apenas um diria sim: 1º) os homens históricos: não, porque os próximos 20 anos serão melhores. O olhar para o passado os impele ao futuro, os encoraja, inflama a esperança de que a justiça ainda está por vir, a felicidade está atrás da montanha. O sentido da existência vai se iluminar no decorrer do processo histórico. Olham para trás apenas para compreenderem o presente e desejarem o futuro; 2º) os homens supra-históricos: não, porque o que poderiam ensinar-lhes 10 anos a mais que os últimos 10 não os tenham ensinado? O passado e o presente são iguais. As centenas de línguas correspondem às mesmas necessidades dos homens, e quem as compreendesse todas não aprenderia nada de novo. Eles sentem nojo em meio à profusão do que acontece e se consolam dizendo que nada vive que seja digno de suas emoções. E o homem supra-histórico se sente "sábio" assim!; 3º) os homens fortes, os super-homens: sim, porque viveram os últimos 10/20 anos intensamente, cada instante, desejando vivê-los novamente.

Este terceiro grupo é o de Nietzsche, são os "ignorantes" que, alegremente, se entregam à história. Eles não querem ser sábios, porque veem contradição entre vida e sabedoria. Eles sabem usar a história a serviço da vida. O homem forte se diferencia porque tem "força plástica", i.e., estabeleceu outra relação com a história. Ele disse sim à vida, aceita o movimento das forças e procura utilizá-lo a seu favor. Ele não busca mais a "verdade em si e última", não deseja salvar a sua alma, não adia a alegria de ser para vivê-la num improvável além nem espera mais que o futuro realizará o bem da humanidade. Ele constrói o seu caminho, torna-se a sua verdade, vive intensamente o seu instante. Ele se tornou forte ao aprender a conviver com a "memória" da sua experiência vivida. A sua força, ele a retira "da lembrança e do esquecimento no momento certo". Ele sabe esquecer e não se deixa dominar pelo que passou. O homem forte não luta contra o passado nem morre pelo futuro. Ele se instalou no instante e impede que o passado se torne o coveiro do presente. Ele se "apropria" do seu passado e o domina. Ele é o homem do *amor fati*, que ama o tempo e a história e sabe lembrar e esquecer.

O homem forte está atento ao seu presente, envolvido pelo seu horizonte, que ao mesmo tempo fecha e abre as suas possibilidades de agir. A linha do horizonte, que sempre se afasta quanto mais vigorosamente o homem se aproxima dela, o puxa para a ação. A "força plástica" exige flexibilidade, observação atenta e instintiva, ruptura com o passado como um todo e seleção daquela lembrança que irá potencializar a vida. O homem da força plástica olha para a história não com os olhos do conceito, mas com os olhos da paixão. O passado não pode oprimi-lo, nem o futuro pode direcionar a sua decisão. Para Nietzsche, o esquecimento é a condição para a ação. O que seria esse "esquecimento" em Nietzsche? O "esquecimento" pode ter vários sentidos: como "traição", aquele que esquece abandona aqueles que o amaram, não os reconhece mais, age contra aqueles que o fizeram nascer, que o criaram, que lhe estenderam a mão e o protegeram; como "perdão", aquele que esquece anistia os que o perseguiram e ofenderam e se religa novamente à humanidade pelo amor universal; como "repressão", aquele que esquece ao mesmo tempo se impede de se lembrar e se lembra de esquecer, mantendo uma lembrança permanentemente presente, mas oculta, inconsciente; como "lembrança", aquele que esquece organizou tão elaboradamente a sua memória que pode se lembrar quando quiser do outro ou daquela experiência vivida. A "lembrança esquecida" continua disponível e pode ser trazida facilmente à luz.

A qual "esquecimento" Nietzsche se refere? A "traição", talvez o homem forte a desconheça, pois age apenas visando obter o sucesso e não hesitará em abandonar os que o amaram para satisfazer as suas paixões. Ele não conhece a culpa; o "perdão" seria uma perigosa concessão ao valor maior do cristianismo; a "repressão", Nietzsche a chama de "vontade ressentida", típica dos fracos; como "lembrança", talvez seja uma compreensão excessivamente racionalista do esquecimento, que significaria uma concessão à superação/conservação dialética. O "esquecimento", em Nietzsche, significa que a temporalidade é dominada pela "descontinuidade". O grande feito só se realiza em um único instante, que não se liga a uma sucessão de instantes contínuos. O grande feito não realiza o que era esperado e não continua os grandes feitos do passado. Ele é uma "emergência", um "evento", que tem como precondição para ser feito um horizonte a-histórico. Nietzsche quer superar a tradição metafísica da história da filosofia ocidental redefinindo a utilidade da história para a vida. A história, agora, é o saber que impõe limite à continuidade metafísica, que é a negação da vida. O esquecimento pertence também à história, que não pode ser um compromisso incondicional e incomensurável com a lembrança.

Contudo, se o esquecimento é necessário, se a descontinuidade se impõe, diferentemente do animal, o homem distingue o ontem e o hoje. Ele se distancia reflexivamente do instante, tem memória e expectativa, diferencia as dimensões temporais. Enquanto os animais se acham fechados em seu instante de prazer e desprazer, no homem essas experiências provocam o surgimento do conhecimento. O rebanho "não sabe" o que é o ontem e o hoje, os animais não se relacionam com o tempo pelo saber. Para o animal, o que ocorre no instante é completo e infinito, o instante anterior não retorna no seguinte. Os animais esquecem os eventos do passado. Ao contrário, os homens sabem o que é o ontem e o hoje, não esquecem o passado, veem cada instante em sua singularidade. O homem não se liberta do passado e a memória tem um papel decisivo para a ação. A memória não mantém o passado apartado do presente, transformando-o em um elemento integrante do presente. O homem vivo e forte transforma a presença do passado em força presente. A "força plástica" é saber esquecer e também saber se lembrar. É a ação que exige a lembrança: instintivamente, como um *flash*, o homem forte se lembra e se inspira no que fez e viveu para saber o que deve fazer e viver. Ele olha o passado com os "olhos do instinto" e se apropria dele para aumentar a sua potência de agir. Assim, ele realiza dois valores supremos: a "felicidade", pois faz o que deseja sem se reprimir, sem se limitar ou se censurar de alguma forma, e a "liberdade", no sentido de "potência", de "poder fazer", e não de autoconsciência.

A genealogia nietzschiana interpreta a "necessidade da memória" como resultado da vontade de potência. Para ele, a lembrança é imposta pelos que detêm a força, a memória é hipertrofiada pela "promessa", que é garantida por um suplício, um martírio, uma dor. Penas terríveis foram aplicadas para garantir a memória: a lapidação, a roda, a laceração, o esquartejamento, a queima com óleo quente ou vinho. Foi graças a essa "espécie de memória" que se chegou à Razão, ao controle das paixões, à lúgubre reflexão. A "necessidade de se lembrar" custou caro! A promessa está ligada à dívida. A punição tem sua origem na relação contratual entre o credor e o devedor. É aí que se promete; aí que é preciso fazer uma memória. A promessa é: você vai se lembrar de pagar a dívida. O credor, no Egito, podia infligir ao corpo do devedor todo tipo de humilhações e torturas. É nesta esfera, a do direito das obrigações, que a necessidade da memória apareceu. A promessa não cumprida, a dívida não paga eram cobradas com o sofrimento, que oferece prazer a quem dá, a quem sofre e a quem presencia. Eis a história humana: sem crueldade não há festa. Valores como falta/culpa/obrigação vêm da relação comprador/vendedor, credor/devedor. Contra o devedor tudo é permitido. É o direito da guerra. A justiça veio criar um compromisso entre o devedor e o credor. A "necessidade do esquecimento" também é resultado da vontade de potência que quer se libertar. Esquecer é impedir a festa da memória-violência, é não se deixar torturar (NIETZSCHE. *La généalogie de la morale*).

Essa interpretação genealógica da "necessidade da memória" e da "necessidade do esquecimento" é antimetafísica. A "força plástica" é antimetafísica, não é um desejo de evasão da finitude. Nietzsche aceita que a existência é ilusão e quer viver essa ilusão uma segunda vez. A ilusão não é deficiência de ser, mas o combustível da vontade de potência, que restitui um valor à finitude. A beleza da expansão da vontade redime a mortalidade de toda negatividade. O homem não se afasta do devir, mas procura a sintonia com ele, aprende a surfá-lo. A existência não é a "doença do devir", que deve ser redimida no além infinito. A existência é afirmada, a finitude já é completude. A ação não se entristece com sua carência e finitude, mas se alegra diante da beleza ilusória do fenômeno. Ela é uma ação feliz porque não busca seu sentido em alguma instância exterior ao seu âmbito de realização, mas aprende a ver em sua realização concreta o seu sentido. A força plástica é instruída pelo "alegre saber", que é um conhecimento erótico: viver bem, sem técnica e sem estratégia, empregar a história para a vida, incorporar, assimilar o saber, torná-lo instintivo. O saber deve ser encarnado, metabolizado, digerido. O "alegre saber" é um tipo de poesia, que não separa aparência e realidade (CASANOVA, 2003).

A "força plástica" não é exercida por um sujeito ontológico, que "escolhe" ser bom e acusa o outro de ter "escolhido" ser mau. Não há um forte atrás da força. Não há substrato, um ser atrás do aparecer. O agente é o agir. O agir é tudo. O sujeito não tem uma intenção e a ação não é feita por alguém atrás. Nietzsche nega a vontade livre. O forte e o fraco não o são porque escolheram livremente. O forte só pode ser força. O trovão é igual ao raio, não é anterior nem a causa do raio. O eu não é causa do ato/efeito. Só há atos e não agentes. O interior está na ação. No modelo intencional, o sucesso da ação é a realização da intenção. Aqui, a ação não é do agente. O eu não quis realizar a ação. A explicação da ação é anticartesiana e anticristã. Logo, a ação é inocente. Não há má consciência, remorso, tristeza por uma ação. A consciência é tardia em relação aos acontecimentos. O que sou não é algo dado *a priori* sob a forma de uma substância subjetiva ou de uma coisa em si. O que eu sou é um processo criativo de possibilidades singulares de minha realização, que não pode ser objeto de demonstração lógica. O que sou é uma "aparência em movimento" e não uma realidade independente do meu percurso histórico. O que sou é uma aparência impossível de ser fundamentada racionalmente. Devemos aceitar a ilusão. Devemos nos construir poeticamente no instante. O próprio se realiza em sintonia com a vida, que é um processo criativo de apropriação (tornar próprio). A força plástica é a capacidade de levar a cabo a dinâmica da apropriação do passado. A força plástica é a capacidade de unificar o passado ao presente através do movimento poético de constituição do próprio. É preciso olhar em torno com os olhos do instinto e saber esquecer e lembrar no tempo certo (CASANOVA, 2003; PIPPIN, 2006).

Essa é a nova esperança que o uso adequado da história irá oferecer: a Terra não será mais um lugar de sofrimento. Zaratustra quer a saúde e ensina a ter um eu-corpo novo, com uma cabeça terrestre, que na Terra cria um sentido. Uma nova vontade, que quer este caminho aqui e não se esquiva. Ele ensina a ouvir a voz do corpo, que fala do sentido da Terra. O corpo é o homem todo e nada mais: uma pluralidade em sentido único. O homem forte avalia, cria valores. Não ama o próximo, mas o distante: a si mesmo! O caminho de cada homem conduz a ele mesmo. Zaratustra ensina a ser e a ter amigos. Ele ensina a ser seu próprio mestre e a não ter discípulos. Ele diz: "eu vou só. Meus discípulos também caminham sós. Separem-se de mim e protejam-se de mim, pois talvez os tenha enganado. Percam-me e encontrem-se. Reneguem-me. Sejam super-homens. O super-homem cria a partir do seu mundo. Criar, eis o resgate do sofrimento, o que torna a vida mais leve. Se posso criar, para que preciso de deuses? A vida é fonte de prazer".

d) As formas da história úteis à vida: monumental, antiquária e crítica

Portanto, a vida necessita da história. Os homens precisam da história em três circunstâncias: a) quando age e aspira; b) quando venera e deseja preservar; c) quando sofre e carece de libertação. A esta tripla necessidade correspondem três espécies de história: a "monumental", a "antiquária" e a "crítica". Não se pode misturar as circunstâncias e as histórias, i.e., o homem não pode fazer a história monumental, quando carece de libertação; não pode fazer a história antiquária, se age e aspira; não pode fazer a história crítica se deseja preservar. A história, para ser útil à vida, sem se exceder, deve atender a necessidades específicas.

A "história monumental" atende ao homem que quer criar algo de grandioso no presente. Ele precisa do passado, de se apoderar dele. A história monumental interessa ao homem ativo e poderoso, que, em sua luta no presente, precisa de modelos, mestres, consoladores que ele não encontra em seus contemporâneos. A história monumental não é para distrair ou excitar, mas para inspirar o homem de ação a fazer melhor. Ele usa a história contra a resignação, contra a acomodação em uma existência precária e limitada. O seu lema é: "aquilo que uma vez conseguiu expandir e preencher mais belamente o conceito 'homem' precisa estar sempre presente para possibilitar isso". Os grandes momentos formam uma corrente que liga a espécie humana através de milênios. Eles constituem uma cordilheira onde circulam os que preferem o mais alto. O fato de um grande momento passado ainda estar vivo e grandioso é o fundamento da crença em uma humanidade, esse é o pensamento que fundamenta a história monumental. Aquele que aspira e age espera como recompensa a fama, subir ao pódio, frequentar a sala VIP, receber prêmios importantes, ter estátuas em praças centrais que levam o seu nome, enfim, ser reconhecido e lembrado, ocupando um lugar de honra no templo da história,

Por que a história monumental é útil à vida? Porque o homem do presente deduz dela que a grandeza que já foi possível uma vez deve ser possível novamente. Com o seu apoio, segue com mais coragem o seu caminho, pois venceu a dúvida que o acometia em horas de fraqueza. O homem que age e aspira precisa desse apoio do passado, porque em seu presente encontra a resistência dos que querem que fracasse. O seu caminho para a imortalidade é cheio de obstáculos. O homem vulgar, que vive de maneira acabrunhada, séria e ávida, quer sufocar o homem grandioso em suas aspirações. A história monumental olha a vida como uma "Olimpíada" e reconhece somente os grandes homens e seus admiráveis feitos. O homem que age e aspira vê a vida como algo maravilhoso e valoriza aqueles que caminharam orgulhosos e com força pela existência: viveram belamente! Os grandes caminham para a imortalidade através da história monumental. Eles entram com ironia em seus túmulos, pois não há o que enterrar neles. A sua essência mais íntima ficou para sempre em uma obra, um feito, uma criação, que vai continuar sempre viva. Ela viverá porque a posteridade não poderá prescindir dela, pois a sua criação será útil à vida. A fama é algo mais do que vaidade: é a crença no companheirismo e na continuidade do que há de grandioso em todos os tempos. Ela é o protesto contra a mudança das gerações e a perecibilidade. Os grandes de todos os tempos se reconhecem, se admiram, se inspiram e se apoderam da experiência uns dos outros.

Contudo, a história monumental pode não ser o apoio que o homem forte do presente deseja. Ela pode se tornar também uma desvantagem e um risco para a sua vida. A história monumental, em excesso, pode sufocar a sua marcha, porque a comparação que estabelece entre o passado e o presente desfaz a sua diferença. E o que aconteceu uma vez não se repetirá igualmente. A história monumental, generalizando e equiparando, aproxima o desigual, enfraquece a diversidade de motivos a fim de apresentar o "efeito monumental", o grande feito, como modelo e digno de imitação.

Ela apresenta uma "coletânea de efeitos em si", fazendo abstração das suas causas e condições históricas particulares. É o brilho do "efeito em si" que não deixa dormir os ambiciosos, que ignoram a relação causa-efeito. Se esta fosse completamente conhecida, demonstraria que jamais poderá acontecer algo inteiramente igual na história.

Se a consideração monumental do passado predomina, o passado também é prejudicado, porque grandes segmentos do passado são esquecidos, desprezados, e apenas fatos singulares grandiosos tornam-se visíveis, isolados, como ilhas. A história monumental ilude por meio de analogias, similitudes redutoras, impelindo os corajosos ao fanatismo. Essa história na mão de egoístas talentosos poderá destruir impérios, provocar guerras e revoluções. A historiografia monumental corre também o risco de se aproximar da invenção poética. Há tempos que não conseguem distinguir um passado monumental de uma ficção mítica, pois se pode extrair os mesmos estímulos de um e de outro. Enfim, os riscos do excesso de história monumental são: aproximar o desigual, equiparando o presente e o passado, ignorar todo passado não monumental, descrever o passado literariamente. O passado é apresentado como modelo e digno de ser repetido e, então, os "mortos enterram os vivos".

A "história antiquária", por seu turno, atende à necessidade daquele que, com fidelidade e amor, olha para trás, para o lugar de onde veio e onde se criou. Agradecido, ele cuida do que existe ainda, buscando preservar as condições sob as quais surgiu para aqueles que virão depois dele. A alma preservadora e veneradora vê o antigo como a sua pátria. A história da sua cidade, do seu país, se transforma na história de si mesmo. Ele conhece o seu caminho e o do seu povo, examina os rastros quase apagados da sua trajetória. Ele deseja possuir os bens de seus ancestrais e as coisas mais miúdas, os objetos de menor valor, obsoletos, mantêm a sua dignidade e inviolabilidade pelo fato de serem sinais da sua pátria. Ele compreende a vida que transcorre em sua casa, as suas regras e regulamentos, as festas e comemorações. Ele reencontra a si mesmo em tudo isso, sua força, seu prazer, seu juízo, sua tolice e seus vícios. Ele diz a si mesmo: "aqui era possível viver, pois viver era permitido". A sua vida individual se sente portadora do espírito da casa, da cidade, do país. Ele saúda a alma do seu povo como à sua própria alma. A história antiquária é sensível às coisas como foram e sente prazer e satisfação até mesmo com as condições modestas, rudes, do seu povo. A história antiquária vive no pântano e na lama alegremente com o seu povo. Ela serve à vida conectando as gerações e as populações menos favorecidas à sua terra natal, aos seus hábitos, enraizando-as e impedindo-as de vaguear em busca do que é melhor no estrangeiro. Por vezes, parece teimosia e insensatez o que prende o indivíduo aos seus companheiros e ao seu ambiente, a esta vida precária. Mas essa insensatez é salutar, é o contentamento da árvore com as suas raízes, a felicidade de se saber não arbitrário e casual, mas de crescer a partir de um passado como o seu florescimento e fruto. Ela serve também às famílias nobres, cujos descendentes guardam cada móvel, cada roupa, cada joia, cada arma ou utensílio cotidiano como relíquias. A alma antiquária se sente justificada em sua existência, ela possui um "sentido histórico" próprio.

No entanto, a história antiquária em excesso pode ser uma desvantagem para a vida. O sentido antiquário de um homem, de um município, de uma família, de um povo tem sempre um campo de visão restrito. Ele não percebe a maior parte do que existe, tudo o que vai além da história do seu povo. Ele se isola, toma tudo o que é antigo como igualmente importante. Não há para as coisas do passado nenhuma diferença de valor e proporção. Todo o passado que continuou no interior do campo de visão do presente é assumido como venerável, e tudo que é novo é recusado e hostilizado. Quando o sentido de um povo se enrijece dessa forma, quando o sentido histórico não conserva mais a vida, mas a mumifica, então, as raízes perecem. A história antiquária degenera quando a vida do presente não a anima nem entusiasma mais. O hábito erudito subsiste e gira egoisticamente em torno de si mesmo, e vemos o espetáculo repulsivo de um incansável ajuntamento de tudo o que um dia existiu. O homem ganha um cheiro de mofo. A "mania antiquária" reduz uma necessidade nobre, a sede insaciável por novidade, a minúcias de antiguidade, minúcias bibliográficas, que devora com prazer. A história antiquária, quando se torna mais poderosa, sufoca os outros modos de considerar o passado. Ela compreende a vida só para conservá-la, não para gerá-la. Ela subestima o que advém porque não tem nenhum instinto para decifrá-lo. Ela impede o surgimento do novo e, então, os "mortos enterram os vivos".

A "história crítica", ao contrário, destrói o passado a fim de poder viver. Ela traz o passado para o seu tribunal, inquirindo-o e condenando-o. O passado é digno de ser condenado por ser passado. Não é a justiça nem a misericórdia quem anuncia o veredito, mas a vida, este poder obscuro, inesgotável, que deseja a si mesmo. Sua sentença é sempre impiedosa, sempre injusta, porque não julga a partir de valores supra-históricos. Pela vida, tudo merece perecer! É necessário muita força para poder julgar e esquecer, "na medida em que viver e ser injusto são uma coisa só". Então, fica claro o quão injusta é a existência de uma coisa qualquer, de um privilégio, de uma casta, de uma dinastia, o quanto cada uma dessas coisas merece perecer. Então, seu passado é considerado criticamente e impiedosamente destruído. Os vivos se rebelam contra os mortos, o presente destrói o passado.

A história crítica serve à vida daquele que tem necessidade de libertação, mas, em excesso, torna-se um risco para a vida. Ao julgar e aniquilar um passado, estes homens e épocas críticas são perigosos. Somos sempre o resultado de gerações anteriores e também de suas aberrações, paixões, erros e crimes e não é possível nos libertarmos totalmente desta cadeia. Podemos condenar aquelas aberrações e nos considerarmos desobrigados em relação a elas, mas o fato de provirmos delas não nos é afastado. Nietzsche sugere que a melhor forma de superar criticamente o passado é "criar" um outro passado! O melhor que podemos fazer é confrontar a natureza herdada e hereditária com o nosso conhecimento e combater com uma nova disciplina rigorosa o que foi trazido de muito longe, implantando um novo hábito, um novo instinto, uma "segunda natureza", de modo que a primeira natureza se debilite. Esta é uma tentativa de se dar como que um passado *a posteriori*, de onde se gostaria de provir, em contraposição ao passado do qual se provém. As "segundas naturezas" são mais fracas do que as primeiras, mas a vitória pode ser alcançada pelos que empregam a história crítica a serviço da vida, porque acabam sabendo que também aquela "primeira natureza", tida como uma "herança autêntica" do passado, uma "identidade essencial", de alguma forma é uma segunda natureza. Enfim, toda "segunda natureza" vitoriosa torna-se uma "primeira natureza", apresentando-se como a verdadeira e autêntica essência de um indivíduo e um povo.

Essas *Considerações intempestivas* sobre a necessidade que a vida tem da história nos levam a formular o seguinte problema: em Nietzsche, a cultura histórica moderna seria uma desvantagem para a vida porque leva à perda da identidade, à inautenticidade, à perda de uma relação profunda e essencial entre o interior e o exterior? Então, Nietzsche estaria propondo o resgate de uma identidade nacional alemã autêntica, estaria tentando tornar "para si um ser alemão em si"? Nietzsche estaria opondo uma cultura histórica "falsa" a uma cultura histórica "verdadeira"? A sua insatisfação com a cultura histórica expressaria um desejo de um "conheça-te a ti mesmo"? Para Kofman, essas teses de Nietzsche sobre a história autorizariam pelo menos duas leituras: a) uma interpretação metafísica, em que a tarefa é chegar a si mesmo, enquanto exemplar único, insubstituível, original. Como Sócrates e Pascal, ele convida os homens a se lembrarem de si mesmos, a encontrarem a sua verdadeira natureza, recoberta por uma cultura artificial. Devemos nos procurar, não devemos continuar estranhos a nós mesmos, como animais de rebanho. A exigência de cultura é em nome da "probidade filosófica", cada um só se salvará se assumir a responsabilidade de "conhecer a si mesmo". Bastaria libertar o homem da falsa cultura exterior, das convenções, da opinião pública, para que o gênio de cada um possa se manifestar. Ele utiliza a metáfora da cultura como vestimenta exterior oposta a uma roupa fundamental. A verdadeira cultura é liberdade, a verdadeira educação deve libertar. Uma falsa cultura, artificial, se oporia a uma cultura verdadeira, natural, viva, autêntica. Essa leitura aparece em várias metáforas: o homem que falta a si mesmo é uma "epiderme", uma "casca sem núcleo", um "exterior sem interior", uma "forma sem conteúdo", uma "superfície sem profundidade", uma "aparência sem realidade"; b) uma interpretação antimetafísica: não pode haver probidade sem dissimulação, não pode haver filósofo que não seja artista. A dissimulação é própria da arte enquanto artifício, simulacro, embelezamento e estilização (KOFMAN, 1972).

A primeira interpretação é geralmente vista como a de um "jovem Nietzsche"; a segunda, que é hegemônica, seria a do Nietzsche do Zaratustra. Este "2º Nietzsche" desfaz a oposição entre verdadeiro e falso, entre probidade e dissimulação. O filósofo deve ser artista e mentir, dissimular as feiuras de sua época, pintando-as com detalhes que a valorizam. A verdadeira cultura é inseparável da arte, do embelezamento, é estilização artística. A unidade artística se expressa no estilo, que é uma unidade viva. Um conhecimento vivo se compõe de um estilo, um exterior feito sob medida, e de instintos, um interior que não se vê dominado por um exterior inadequado. Dioniso aparece nu porque se fez forte, nobre, belo, organizando os instintos em uma unidade viva. A cultura deve embelezar a natureza, torná-la viva, estilizando-a. O estilo dá unidade sem constranger os instintos. A educação deve ter como meta o embelezamento. O estilo literário, a composição musical, a forma esculpida, a dança são uma "arquitetura", uma unidade, que revela e não esconde a potência interna. O estilo é uma imposição, um projeto, um poema, uma escultura. O escultor trans/forma a natureza, disciplina-a, explora o caráter plástico da natureza. E a história pode ser esculpida, pois é uma argila plástica e dócil (KOFMAN, 1972).

Contudo, para nós, não há dois Nietzsche, um jovem e ingênuo e outro mascarado e maduro. Nietzsche nem chegou a envelhecer! Em toda a sua obra, ele sustenta que é a "vontade de potência" que move o mundo, é a força natural-humana que age na história. E a vontade de potência ao mesmo tempo é "essencial" e não se fixa. E para ser autêntica e viva, não pode se congelar. A vontade de potência é devir e o seu tempo é o instante. Ela é simulacro, máscara, irreconhecível, porque procura permanentemente estar se realizando em formas-conteúdos diferentes. O artista cria, inventa, mas não é no vazio e em vão. Quando a vontade de potência domina, não há oposição entre a natureza e a cultura, entre forma e conteúdo. A vontade de potência é vida, põe-se em sociedade de forma agressiva, mutante e afirmativa. A vida é poder de organização, de dominação, poder tirânico e seletivo. Não há oposição entre corpo biológico e corpo social. Viver é apropriação, dominação do que é estrangeiro e mais fraco, opressão, dureza, imposição da própria forma, exploração. O eu é uma aspiração, uma superação e não uma substância. Toda verdadeira cultura é filha do descontentamento de si. É preciso amar a si o bastante para desprezar o eu atual por um eu longínquo. Não há um conceito de cultura nas *Extemporâneas*, mas metáforas, uma série de metáforas que se enviam umas às outras. A questão da identidade nacional alemã, Nietzsche a apresenta através de um jogo metafórico, que não é uma retórica vazia. Para ele, qual seria o tipo de história útil à vida alemã: a do homem que age e aspira, a daquele que ama e preserva ou a daquele que carece de libertação?

e) A utilidade da historiografia alemã: a (re)construção da identidade nacional alemã

Nietzsche propõe uma "história crítica" para a Alemanha, que a conduzisse em sua revolução nacional, pois ela "carecia de libertação", mesmo após a vitória de 1871. Para ele, esta vitória deixou claro que a cultura alemã estava adormecida, adoecida, enfraquecida e paralisada pela cultura histórica moderna e que era urgente criar uma "segunda natureza" alemã e fundar uma nova época. A sua "história crítica" anuncia uma consciência histórica inaugural, a do fim do "último homem" e da esperança no "super-homem". Em *Ecce Homo*, ele afirma: "Sou instintivamente estrangeiro a tudo o que é alemão, a tal ponto que a proximidade de um alemão atrasa a minha digestão. Nós, Wagner e eu, somos pessimistas em relação ao conceito de alemão. Somos revolucionários. Wagner era o contrário das minhas 'virtudes alemãs'. Wagner era revolucionário e fugia dos alemães. A sua pátria artística era Paris. O que nunca perdoei a Wagner? Ter condescendido com os alemães, ter-se tornado alemão do Reich. Até onde a Alemanha alcança, ela corrompe a civilização. Eu estava condenado aos alemães. Eu precisava de Wagner como meu contraveneno contra tudo o que é alemão. Wagner e eu, entre os alemães, somos um mal-entendido" (KOFMAN, 1972; PIPPIN, 2006).

Essa *Consideração intempestiva* de 1874, portanto, não é apenas uma reflexão geral sobre o conhecimento histórico, embora possa também ser recebida assim e seja uma reflexão incontornável sobre a epistemologia histórica. Mas isso seria incompatível com o princípio nietzschiano de um pensamento da vida e a favor da vida. A sua obra é engajada, quer ser útil à vida alemã, é uma análise-diagnóstico da doença cultural alemã, acompanhada da proposta de uma terapia-ação política. É uma obra manifesto-política que ao mesmo tempo faz uma releitura da pátria e é ultranacionalista! É uma obra programa-política surgida da profunda veneração pela pátria, uma veneração que não ama e preserva, mas transforma de modo "crítico". Ele quer oferecer aos alemães um outro futuro e, para isso, quer ensiná-los a manter outra relação com o seu passado. Nietzsche a escreveu para "falar de nós, alemães do presente, que sofremos mais do que qualquer outro povo daquela 'fraqueza de personalidade' e da contradição entre conteúdo e forma. Diferentemente dos franceses, que apreciam a convenção, nós gostaríamos de ser mais naturais, mais alemães. Mas ainda copiamos os franceses no andar, no ficar parado, no vestir, no morar. Os alemães recusam a forma e a convenção porque se concebem como um povo da interioridade, do conteúdo. Mas há um risco para essa interioridade. O conteúdo não pode ser visto de fora e, se ele se evaporasse, não se notaria nada de fora nem sobre o seu desaparecimento nem sobre a sua suposta presença interior. A interioridade alemã pode ser vista como excepcional, poderosa, profunda, mais rica do que a interioridade de outros povos. Mas é mais fraca porque não se torna exterior, visível. Mesmo após agir, um alemão permanece encoberto. Nós sentimos com abstrações e quase não sabemos mais como as sensações se exteriorizam" (NIETZSCHE, *Segunda consideração intempestiva*).

Essa falta de integração entre interioridade e exterioridade é o sinal geral dos tempos modernos: os alemães não têm um "estilo próprio". Os alemães do Reich, mesmo após a morte de Deus, niilistas passivos, agarravam-se ainda aos valores morais essenciais. Eles foram enganados pela cultura histórica socrático-cristã-hegeliana. Nada do que essa cultura prometia ocorreu: a realização de um princípio moral superior, o aumento do amor e harmonia na relação entre os homens, a realização da felicidade universal. O "processo da história" não realizou nada, nenhum objetivo foi atingido. O niilismo ativo de Nietzsche exterioriza de forma violenta-intensa a decepção em relação ao esforço de sistematização, de totalização e de organização de tudo o que acontece. Não existe tal totalidade! O niilismo ativo não crê mais no mundo-verdade criado pela metafísica. O devir é a única realidade, não se pode interpretar a existência nem pela ideia de fim, nem pela ideia de unidade, nem pela ideia de verdade. Enfim, as categorias "causa final", "unidade", "ser", pelas quais se atribuía valor ao mundo, foram retiradas. Desde então o mundo parece sem valor, porque a Razão criara um mundo fictício. Deus era uma hipótese não mais sustentável. Desconfiou-se da significação da existência e os alemães, decepcionados, se sentiam enganados. Era preciso agir (NIETZCHE, *La volonté de puissance*).

Como já mencionamos, a sua avaliação do Estado bismarckiano vitorioso era muito negativa: foi ele que levou a Alemanha a essa situação de crise moral e política. Para Nietzsche,

> [...] o Estado é o monstro mais frio, mente, rouba, tudo nele é falso. O monstro acha que é a face de Deus na Terra e exige que se caia de joelhos diante dele. Só os bobos de vistas curtas o obedecem. O novo ídolo exige que se prosterne e o adore. Máquina infernal, no Estado, todos bebem veneno e se dão a morte lentamente, chamando-a de vida. Fujam dele e sejam livres. Levem uma vida livre. Onde cessa o Estado, lá começa o homem que não é supérfluo, começa o canto do único, do insubstituível. Onde cessa o Estado, é para lá que se deve olhar – é a chegada do arco-íris e do super-homem. Para ele, a Igreja era também uma espécie de Estado e mais mentiroso. Foi Hegel quem explicitou a racionalidade das formas modernas de vida. Hegel *justificava as práticas históricas e sociais modernas*, acreditava que a lei, o direito, a propriedade, a economia de mercado, o Estado representativo, a família nuclear eram suficientes. Hegel justificava a decadência promovida pelo Estado moderno: segurança, prudência, vida longa, confortável e feliz. Hegel se enganou. O mundo de Hegel esconde dele mesmo a sua brutalidade e chega ao fracasso erótico: "fomos enganados"!

Nietzsche quer ser o filósofo-médico da Alemanha, da civilização europeia e de toda a humanidade. Se Hegel "justificava as práticas históricas e sociais modernas", a sua história crítica irá destruí-las com o seu martelo. A terapia que propõe é cultural, uma "revolução moral" que restabelecesse a unidade suprema da natureza e da alma do povo alemão, a superação do fosso entre o interior e o exterior. Para ele, a Alemanha deveria desejar mais potência: "nós desejamos a unidade alemã neste sentido supremo, a unidade do espírito e da vida alemã, depois da aniquilação da oposição entre forma e conteúdo, entre interioridade e convenção, mais ardentemente do que a unificação política". A sua cólera contra o presente de vitória bismarckiana expressa a sua angústia patriótica. Ele não está se dirigindo à humanidade universal, embora, para falar ao seu povo e fazer a sua história crítica, crie a ideia da "humanidade ideal", colocando-se no mesmo terreno da tradição filosófica ocidental. Por isso, uma leitura metafísica é possível. Para ele, "o homem ideal torna-se o que é", enquanto único, insubstituível, original. Moralista, o seu tom é de Sócrates ou Lutero, convidando os "homens" (os alemães) a se lembrarem deles mesmos, a reencontrarem a sua verdadeira natureza, escondida sob uma cultura artificial. Mas essa ideia de humanidade-modelo só foi criada para permitir-lhe ser o reeducador dos alemães.

Nietzsche diz aos alemães: "não sejamos mais rebanho, mas nós mesmos. Vamos reconstruir radicalmente a nossa cultura". Para ele,

> [...] a cultura é uma unidade de estilo, não é vestuário externo, mas tecido fundamental. A verdadeira cultura é liberdade. A verdadeira cultura transforma a natureza em obra de arte. A verdadeira cultura é a submissão dos instintos a uma única vontade. Ter estilo é hierarquizar uma pluralidade, pôr fim à anarquia natural. Uma unidade só pode ser viva se não divide em um dentro e um fora, em forma e conteúdo. As oposições são o sintoma de uma época doente, uma cultura mórbida. Não pode haver ruptura. Não se pode querer uma vida só interior (alemães) ou uma vida só exterior (franceses). O caos da alma tem de estar submetido a um querer único

Para Kofman (1972), "o 'estilo' substitui a dialética como unidade do múltiplo.

Nietzsche estaria propondo aos alemães que "conhecessem a si mesmos", que "reconhecessem a sua identidade essencial e primeira", que "encontrassem a sua expressão autêntica" ou que "inventassem/construíssem/criassem" uma "segunda natureza", um novo modo de ser que não coincidisse com o que foram até então? A sua história crítica propõe uma reconstrução da identidade nacional que não elimine o passado, mas que mantenha uma outra atitude em relação a ele. A sua história crítica da identidade nacional alemã, aspirando e querendo agir para a criação de uma "segunda natureza", inspira-se em um mundo não alemão, cria um passado *a posteriori*, de onde gostaria de ter provindo. A sua "história crítica" quer livrar a Alemanha também do seu passado e toma como exemplos heróis não alemães, gregos e romanos, europeus renascentistas e franceses, que lutaram contra o seu tempo. Ele não era pessimista com a sua Alemanha decadente, porque um dia alguns homens de outras épocas e lugares foram grandiosos e isso poderia ser imitado pelos alemães. Para Nietzsche, houve um tempo em que a humanidade não tinha vergonha da sua crueldade e a vida era mais feliz na Terra. Na Grécia Antiga, o pessimismo de hoje não reinava, o animal-homem não enrubescia diante dos seus instintos e não recusava a existência. Na cultura grega a-histórica, o sofrimento era um estímulo à vida. Os deuses gregos eram cruéis, promoviam guerras cruéis para se divertirem. Os gregos eram homens ativos, agressivos, violentos, mil vezes mais perto da justiça do que o homem reativo.

Para ele, a história europeia dos dois séculos seguintes, inspirada em sua obra, veria a ascensão do "niilismo ativo". A civilização europeia se agitava sob uma pressão que ia até a tortura, uma angústia que crescia e provocaria uma catástrofe. Nietzsche sabia que escrevia um "evangelho do futuro", para exprimir um contramovimento, um movimento que só pode vir após e pelo niilismo passivo. Esse contramovimento precisava gerar novos valores para superar o niilismo passivo. O niilismo ativo, a força do pensamento-ação-martelo, significava a crítica da moral moderna e a exigência da "transmutação de todos os valores".

Pode-se concluir que esse elogio da crueldade e do sofrimento faria do seu pensamento um instrumento de autolegitimação do iminente projeto nazista cujo outro nome poderia ser "niilismo ativo"? Nós concluímos nesta direção, o que não invalida outros aspectos da sua obra, mas outros aspectos devem ser tomados fragmentariamente. Para nós, os dois pensadores insatisfeitos com a situação alemã no final do século XIX, o defensores da "Revolução Alemã", em rumos opostos, Nietzsche e Marx, conduziram, orientaram, inspiraram, fizeram a história do trágico século XX, uma história tão assustadora, que o século XXI luta consigo mesmo para esquecer. A consciência histórica ocidental teria o direito ao esquecimento dos horrores vividos no século XX ou "deveria" carregar o peso dessas lembranças para jamais repeti-las? Poderíamos deixar ainda o martelo nas mãos de Nietzsche? (NIETZSCHE, *La généalogie de la morale*).

A "ruptura total" entre tempo, história e narrativa

Nietzsche nunca expôs clara e explicitamente a sua doutrina do "eterno retorno do mesmo (ERM)", mas depreende-se dos seus textos que, se não é o "fundamento" do seu pensamento, ela é central. Ela é central por quatro razões: em primeiro lugar, porque é a sua original concepção da temporalidade, do modo como se relacionam as dimensões do presente, passado, futuro e do instante eterno; em segundo lugar, porque é com essa doutrina que atinge com o seu martelo a ideia cristã da Criação do mundo; em terceiro lugar, porque, com ela, propôs a "transvaloração dos valores modernos", oferecendo uma nova ética, uma nova forma de estar no mundo, em que a "Criação" será feita a cada instante por um novo homem; em quarto lugar, porque é o seu principal argumento contra a cultura moderna hegeliana-cristã, que se fundamenta na concepção do tempo trinitária, teleológica, moral, metafísica, que nada mais é do que uma estratégia de evasão do tempo e da vida terrena. Alguns até veem no eterno retorno do mesmo uma nova fé, uma nova religião, um novo misticismo. Para outros, é mais um absurdo metafísico! E ironizam: Nietzsche seria a reencarnação de um persa discípulo de Zoroastro! Contudo, Nietzsche não foi o primeiro a pensá-lo: Pitágoras,

Heráclito, Plutarco já o haviam pensado. Ele foi também pensado na Índia com o nome de *metempsicose*. E, talvez, o próprio Platão tenha exposto algo semelhante no *Fédon*. Ele existiu em Spinoza: "em cada instante presente sentimos e experimentamos que somos eternos". Mas a referência de Nietzsche são os gregos pré-socráticos, que pensavam o tempo de forma circular: o movimento do sol é circular, e o meio-dia, o momento da mais intensa afirmação da existência, porque é o momento em que a sombra é menor. Neste movimento supralunar circular, nada de novo ocorre no mundo, que não melhora nem piora, não se dirige a um fim nem a um além, não foi criado na origem nem será suprimido na eternidade. O movimento circular, diferentemente do retilíneo, é perfeito e eterno.

O ERM, a sua original concepção da temporalidade, seria uma "ruptura total"?

Vamos no deter apenas na primeira razão pela qual o eterno retorno é central em seu pensamento, a temporalidade. Os outros três temas já foram tratados de forma ora mais concentrada, ora difusa. O tema da temporalidade em Nietzsche é de uma enorme complexidade, tendo em vista o seu esforço de "ruptura total" com as abordagens metafísicas anteriores. Vamos apenas esboçar algumas das suas ideias e teses. Para Habermas, com o eterno retorno, Nietzsche se apresenta como um "irracionalista antimoderno" e faz uma "ruptura total" com a Razão Iluminista, destruindo as normas de autonomia e racionalidade da modernidade. Para Nietzsche, a Razão não governa o mundo e a modernidade não pode nem retirar de si mesma a sua normatividade nem esperar a consciência absoluta através de uma reflexão total. A "subjetividade" nietzschiana é descentrada, instintiva, intuitiva, irreflexiva, cria os critérios para agir em plena ação. Nietzsche construiu uma "macronarrativa antimoderna da história", não voltada para a perfeição futura ou para a autoconsciência absoluta. Em "ruptura total" com a "modernidade hegeliana-cristã", sua macronarrativa não é nem criacionista (teológica) nem utópica (teleológica). A sua conclusão é que "Deus não criou o mundo, pois o mundo é circular". Ele se opôs ao otimismo de que o homem "melhora" na história e de que o "Bem" vencerá no final.

Para ele, o mundo subsiste circularmente sem avançar e sem recuar, acima do Bem e do Mal. A sua representação da temporalidade não é linear nem dialética, mas circular. Ele retorna à representação grega do mundo em que a natureza se mantém idêntica a si mesma, apesar de mudar sem cessar. Ela vive de si própria: "seus excrementos são seus alimentos". O mundo não teve início, uma origem, porque "Criação" é uma palavra que não explica nada. O mundo não começou e não progride. A história não realiza a humanidade, não a salva, retirando-a do tempo, pois não se sai do tempo nem no futuro nem no além. Ele defende a "infinidade temporal do mundo para trás". O mundo é infinito dentro de si mesmo e tudo o que acontece já é potencialmente possível e repetível. A combinação atual do mundo é apenas a combinação mais recente dos elementos que sempre estiveram aí e continuarão aí. O mundo não se aperfeiçoa e não perece, já é perfeito em cada instante. Ele subsiste em eterna oscilação interna. Se o mundo tendesse ao futuro e tivesse um fim absoluto, este estado já teria sido alcançado. Se este estado final ainda não foi alcançado, ele está refutado (HABERMAS, 1985; NIETZSCHE, *O eterno retorno*).

Para ele, o mundo pode ser pensado como uma grandeza de forças que passa por um número calculável de combinações. Em um tempo infinito, cada combinação possível teria sido alcançada uma vez. É como se entre cada combinação e seu próximo retorno todas as combinações possíveis teriam de estar transcorridas e, com isso, estaria provado o curso circular de séries idênticas. O mundo é visto como um curso circular que infinitas vezes já se repetiu e que joga o seu jogo infinito. Para Nietzsche (*O eterno retorno*),

> [...] o mundo é "uma monstruosidade de força", sem início, sem fim, que não se torna maior nem menor, que não se consome, mas apenas se transmuda, uma economia sem perdas e despesas, sem acréscimos, cercada de nada como de seu limite, nada de evanescente, de desperdiçado, mas força determinada, posta em um determinado espaço, força por toda parte, jogo de forças e atos de forças ao mesmo tempo uno e múltiplo, acumulando-se aqui e minguando ali, um mar de forças tempestuando e ondulando em si próprias, eternamente mudando, recorrente, com descomunais anos de retorno, com uma vazante e uma enchente de suas configurações, partindo das mais simples às mais múltiplas, do mais quieto, rígido e frio ao mais ardente, selvagem, voltando da plenitude ao simples. Aquilo que eternamente tem de se tornar, como um vir-a-ser que não conhece nenhuma saciedade, nenhum fastio, nenhum cansaço.

Para Heidegger, ao contrário de Habermas, por um lado, o eterno retorno não foi uma "ruptura total" com a consciência histórica ocidental, mas a sua realização plena. Talvez, fosse uma fé pessoal dele e, protesta Heidegger, "dá vontade de deixá-lo de lado". Mas, sem o eterno retorno, a sua filosofia seria uma árvore sem raízes. É hermética, inacessível, mas não rompe, insere-se na tradição das doutrinas metafísicas da filosofia ocidental: das Ideias, de Platão, do Deus criador cristão. Contudo, por outro lado, Heidegger concorda com Habermas: com o eterno retorno, Nietzsche fez uma "ruptura total" com a consciência histórica ocidental ao fazer um duro debate com as doutrinas platônico-cristãs causadoras da degenerescência do mundo moderno. Para Heidegger, o eterno retorno é ambivalente: não foi uma "ruptura total" porque é a posição metafísica fundamental de Nietzsche, a última que o pensamento ocidental atingiu; e foi uma "ruptura total" porque é uma "metafísica antimetafísca", que quer provocar uma transvaloração fundamental em nossa vida. A "ruptura total" pode ser vista com clareza na mudança da descrição da imagem ideal do homem ocidental: de "último homem" a "super-homem"! A "ruptura total" aparece na recusa da negatividade e da síntese dialéticas, que buscam reunir experiência vivida e compreensão narrativa em uma consciência absoluta. A "ruptura total" aparece na proposta de uma outra ética, de um outro modo de enfrentar a temporalidade, a dor da finitude. A "ruptura total" aparece na recusa das ontologias anteriores, dos projetos de Salvação pela evasão do tempo, da escatologia cristã e da submissão do indivíduo ao processo histórico universal. O pensamento do eterno retorno é uma "força pensante": pesada, trágica, que ameaça o Ocidente, brandindo-lhe o martelo: "vamos pagar caro por termos sido cristãos por 2.000 anos!" (HEIDEGGER, 1971ab; NIETZSCHE, *O eterno retorno*).

Para Heidegger, o pensamento de Nietzsche parte das questões metafísicas ocidentais: como encontrar o ser no tempo? Como reunir historicidade e eternidade? Para chegar à tese do eterno retorno do mesmo (ERM), que não é uma evasão do tempo, mas a sua aceitação: *amor fati, fatalidade*. Eis a sua "ruptura total" com a consciência histórica ocidental: parte das mesmas questões para oferecer uma resposta contra todas as respostas conhecidas! É um anti-Hegel: o sistema hegeliano negava e superava dialeticamente, integrava e confirmava todos os sistemas anteriores; Nietzsche simplesmente nega e rompe com toda a cultura filosófica dos últimos 2.000 anos. O eterno retorno do mesmo é a fórmula suprema da afirmação deste mundo terreno contra todos os sistemas de recusa e evasão do tempo. Agora, a proposta não é fugir, mas identificar-se com a vida e se deixar levar, obedecendo aos seus fluxos e refluxos. O tempo e o espaço são dominados pela eternidade deste mundo. Cada homem tem a sua rota, o seu caminho, que é só seu, e não deve perguntar onde vai dar, mas apenas marchar. Cada um segue a sua rota uma infinidade de vezes e aceita a sua solidão, como a imagem da serpente cujos anéis se dobram sobre si mesmos. O eterno retorno é a repetição sem fim dos mesmos eventos. O super-homem não pode nem quer se evadir deste tempo que se repete, porque aceitou o fatum, aceitou a vida. O passado será futuro. E voltará sempre (HEIDEGGER 1971; MANN, 1939; CHAIX-RUY, 1977).

Então, o super-homem não é livre? Ele deve aceitar um destino irrecusável? Para Nietzsche, o eterno retorno ensina algo essencial: o futuro depende da decisão no instante. É no instante que o anel se fecha, o instante é o centro do conflito entre as dimensões temporais. A superação ocorre no instante. A eternidade está no instante, que não é um agora fugitivo, mas a colisão entre passado e futuro. Nesta colisão, o instante desperta e determina como as coisas retornam. O anel da serpente é a imagem do instante/eternidade. A eternidade não é exterior, mas interior-instante. É a vitória sobre o Mal, que não é eliminado, mas tem reconhecida a sua necessidade. O super-homem vive tragicamente e não foge; ao contrário, vai em direção ao seu sofrimento e esperança. O eterno retorno não é uma nova evasão metafísica e poderia até ser confirmado pela ciência. A ciência do século XIX lhe dava razão: o princípio da conservação da energia exige o eterno retorno. Nietzsche recorre às obras de física, química e biologia de sua época e parece que via algo de "científico" em sua doutrina. Contudo, para Heidegger, não se trata de ciências naturais. Heidegger, primeiro discípulo e primeiro pós-nietzschiano, procurou retirar a doutrina do silêncio, definindo os seus conceitos e estabelecendo as suas leis:

1º) *Todo*: é o mundo em seu caráter integral, incluindo os sem-vida e os vivos, o mineral, o vegetal, o animal e o homem. Os vivos e os não vivos se articulam ao Todo;

2º) *Força*: o caráter permanente do mundo não é uma força física, mas a vontade de potência;

3º) *Força limitada*: para ter potência, a força é limitada e determinada, pois a infinitude é incompatível com força;

4º) *o mundo é finito*: a força universal não sofre aumento ou diminuição. O mundo é finito em sua estrutura;

5º) *O mundo é devir constante*: a falta de diminuição e aumento de força universal não significa imobilidade, mas constante devir. Não há equilíbrio de força, pois cessaria o movimento/devir. O devir é transformação, mudança, desaparecer/aparecer. Não há evolução, progresso;

6º) *O mundo é previsível*: por ser finito, os efeitos são infinitos, mas a força é finita. Há uma quantidade enorme de situações, embora tenha um número de propriedades possíveis;

7º) *O espaço é finito:* não há espaço vazio, tudo é força. O espaço são relações de força;

8º) *Espaço-tempo/desumanização*: o espaço é imaginário, o tempo é real e infinito. O tempo no qual o Todo exerce a sua força é infinito, i.e., a força é eternamente igual e ativa. A ampulheta da existência é eterna. O Todo é caos eterno: constante devir, múltiplo, sem unidade nem forma. Nietzsche não representa o caos como desordem, ausência de lei, mas abismo que evita a humanização do ser. A representação que quer que o ser se desdobre segundo leis morais e jurídicas é humanizadora. O Todo não visa atingir fins, não melhora, não é mais perfeito, não há Providência. A desumanização significa isto: o ser se mantém em si, natureza, sem alteração humanizante. Há uma desdivinização do ser. "Humanizar o mundo" é reduzi-lo a nós, para nos sentirmos mestres dele;

9º) *O caos é em si necessidade*. (HEIDEGGER, 1971a).

Portanto, para Heidegger, a doutrina do eterno retorno do mesmo é o martelo com o qual Nietzsche realizou a "ruptura total" com a consciência histórica ocidental. O eterno retorno do mesmo e a vontade de potência são duas doutrinas estreitamente solidárias uma da outra no combate pela "transvaloração dos valores modernos". As duas doutrinas articuladas constituem a filosofia de Nietzsche. Heidegger as articula assim: "cada ser-enquanto-ser é vontade de potência, e esta é eterno retorno do mesmo". Esta doutrina está presente em todos os seus trabalhos e é mais bem desenvolvida em sua "obra capital". A suprema vontade de potência é dar ao devir o caráter de ser. As coisas retornam: logo, ser = devir. Na representação corrente e banal do seu pensamento, Nietzsche nega, destrói e profetiza. Mas, para Heidegger, a sua revolução não é uma reviravolta que destrói, mas traz à luz. Nietzsche contempla o ser-enquanto-ser: a vontade de potência enquanto eterno retorno. É o cume da metafísica ocidental! A vontade de potência é vontade de mais-ser, e o eterno retorno consolida essa vontade ao não dissolvê-la no devir. Ela pode esperar ser-mais na medida em que não se esvai, mas retorna e se mantém neste mesmo instante. Isto quer dizer: Nietzsche contempla a eternidade (retorno) não enquanto um agora em suspenso, não como um agora se sucedendo ao infinito, mas enquanto o agora se "rejeita" nele mesmo: esta é a essência escondida do tempo. A vontade de potência como eterno retorno significa pensar o ser-enquanto-ser. Para Heidegger, com Nietzsche, a filosofia ocidental "se-realiza-rompendo-consigo-mesma". A "ruptura total" é ao mesmo tempo a plena realização da filosofia ocidental, mas não é ainda o seu ponto mais alto: há degraus a subir.

Na metafísica nietzschiana, a vontade de potência é vontade de vontade: é querer a si mesmo. A vontade de potência não é psíquica, uma intenção consciente, mas afeto, paixão. Um comando, que realiza o movimento em direção a... A vontade é autocomando, soberania e força, cujo princípio natural é "sempre querer a si e ir além de si mesmo". A vontade não é voluntária, mas um imperativo: obedecer-se, domínio sobre o que foi decidido. A vontade é em si mesma potência, autossuperação. O objetivo não é exterior à vontade, a potência é a essência da vontade. A vontade é o afeto original, o ser-aí é um querer ser-aí. É uma "abertura" às coisas e aos outros. O homem não pensa, é um ser de vontade. Querer é: sentimento, paixão, afeto, tendência, desejo, aspiração. Não é uma representação. Vontade é comandar, e a vontade reside no pensamento que comanda. A vontade mobiliza o entendimento reflexivo que dirige a ação, que é a concepção corrente do pensamento ocidental. E Nietzsche entra nessa tradição. A vontade de potência é a essência do ser, cada ser é um querer ser mais. Contra Darwin, a vida não é impulso de conservação, de sobreviver, mas de afirmação de si. A vontade de potência é vontade de essência, criadora, o que exige a destruição. A vontade de potência é força, soberania, vir a si mesmo, se encontrar e se afirmar. Nietzsche pensava a golpes de martelo, não era demolir, mas metafísico: passar da pedra à gema da pedra. Ele experimentava tudo com o martelo, para perceber se soava oco ou se tinha gema. A vontade pensante de Nietzsche quer dar força e peso às coisas (HEIDEGGER, 1971a).

  Heidegger interpreta o pensamento de Nietzsche a partir do seu *Ser e tempo* e da questão que ele considera a questão principal da filosofia ocidental: "O que é o ser?". Para ele, o eterno retorno só pode ser pensado em função da vontade de potência, e este é o conteúdo metafísico de Nietzsche. Geralmente, os intérpretes tradicionais de Nietzsche veem uma contradição entre as duas doutrinas vontade de potência e eterno retorno: a vontade de potência é devir (Heráclito), e o eterno retorno só pode negar o fluxo sem fim do devir. Então, haveria contradição: ou a vontade de potência é válida ou o eterno retorno. Assim, o pensamento de Nietzsche seria insustentável como sistema. Mas para Heidegger não é assim: a doutrina de Heráclito do fluxo de todas as coisas não pode ter um sentido de irreversibilidade, pois seria anti-helênico. Logo, para ele, não há contradição na afirmação "o ser é devir", o "devir é ser". E isto é helênico, Heráclito e Nietzsche (HEIDEGGER, 1971a).

  Para Casanova, ao contrário de Heidegger, o pensamento do eterno retorno do mesmo é pós-metafísico, confirmando a tese de Habermas de que Nietzsche fez uma "ruptura total" com a consciência histórica ocidental, inaugurando um outro tempo. O ERM articula-se ao diagnóstico de Zaratustra sobre a cultura ocidental: "Deus está morto". Se Deus está morto, já estamos em "outro mundo", ou seja, voltamos à Terra. O mundo já deveria estar (re)entregue ao paganismo grego. O mundo não criado é marcado por um vir-a-ser incessante que não encontra repouso em nenhuma instância transcendente. As configurações da realidade não se constroem a partir de uma diferença entre aparência e coisa em si. Cada concretização da aparência abre espaço para o surgimento de uma nova conformação e nenhuma possui uma duração ontológica. Cada uma das configurações possíveis da realidade traz à tona apenas um arranjo singular das forças em jogo na totalidade e sofre a ação do devir na produção de novos arranjos. Uma vez que a grandeza dessas forças é finita e a extensão do tempo é infinita, tudo eternamente retorna em meio à inexorável circularidade da dinâmica da constituição do mundo. Não há fixidez alguma no real, e o eterno retorno dessa instabilidade nos coloca diante de um abismo. Como o devir é onipotente, cada um dos acontecimentos não tem qualquer peso ontológico. Todo ser é negado pela instauração de configurações sempre diversas (CASANOVA, 2003).

Seria uma niilização da vida? Como fica o problema do ser em Nietzsche? Para Casanova, a tradição metafísica sempre tomou como inviável o enraizamento da existência no solo do devir. A vertigem diante do abismo fez com que ela buscasse uma ilusão de estabilidade. Ao contrário, Nietzsche busca o ser dentro do abismo. Ele supera a negatividade do eterno retorno do mesmo no instante, onde reestrutura as três dimensões constitutivas do tempo. Em nossa compreensão comum do tempo, sempre supomos uma cisão entre três dimensões temporais incompatíveis: passado, presente e futuro. Temos uma compreensão tripartite do tempo, que é uma consequência imediata da ideia cristã de Criação: o passado remoto se interrompe com a Criação, o futuro distante se interromperá com o retorno do seu supremo Criador. De acordo com os padrões metafísicos do pensamento, o tempo finito se mostra como uma reta, em que cada ponto tem seu valor em relação ao princípio e ao fim. Quando se suprime a divisão da realidade em dois mundos, estes limites temporais desaparecem. A realidade nunca começou e nunca se aproxima de um fim, pois sempre recomeça. Sua figura não é uma reta. A morte de Deus e a afirmação do devir implicam uma concepção circular do tempo (CASANOVA, 2003).

Mas o círculo leva a uma indistinção entre as três dimensões constitutivas do tempo e a uma niilização da temporalidade. A ampulheta do tempo gira sem parar, sem que se possa separar passado, presente e futuro. A realidade vira grão de areia sem qualquer significado para o todo. Há um portal, o instante, em que duas retas contraditórias – uma segue para a frente, outra volta para trás – se encontram. O portal do instante é o ponto de convergência dessas duas "longas ruas contraditórias", o passado e o futuro. O instante corta o passado e o futuro e produz distinções no interior da totalidade do tempo. A partir da atribuição de uma textura ontológica própria ao instante, passa a ter sentido o estabelecimento de um antes e um depois. Mas o antes e o depois não operam uma compreensão tripartite do tempo. Não temos uma divisão do tempo em três âmbitos incompatíveis que nunca chegam a se tocar. Tanto o passado quanto o futuro só nascem no instante e são partes integrantes de sua constituição. Mas isso não quer dizer que não haja passado e futuro. O instante não é a única realidade temporal. O instante é o horizonte indispensável para a possibilidade de um discurso acerca do passado e do futuro. Ele só ganha um sentido a partir do corte do instante. O instante é um raio que cria o passado e o futuro.

Não há limite para o passado e para o futuro. O instante não está separado do passado e do futuro por sua identidade própria. Ele encerra em si mesmo o passado e o futuro como dimensões indispensáveis à sua própria integralidade. Apenas através do corte do instante é que vêm à tona passado e futuro. Só o presente torna possível diferenciar as possibilidades já concretizadas e as que irão se concretizar. Tais dimensões não vigoram autonomamente para além do presente. A vida conquista a si mesma no instante contraditório da unidade entre forças de dissolução e forças de concretização. O instante é que revela as possibilidades passadas e futuras. A vida não está além do instante. A cada instante a realidade revela-se toda na faticidade de uma configuração. A constituição da aparência traz o tempo como um todo. Só podemos considerar o passado e o futuro a partir do instante. O instante sintetiza em si mesmo a totalidade do tempo, a realidade experimenta a cada instante a sua individuação, ela é a cada instante eterna em sua aparição. Tudo o que pode acontecer já precisa ter acontecido, porque a realidade está a cada instante toda em uma das suas configurações. O círculo não se constrói em função de uma sucessão sempre retomada de arranjos possíveis do mundo. Ele se instaura no próprio instante. Cada instante carrega a totalidade do tempo e eternidade. Tudo já existiu e vai existir no instante. Tudo retorna no instante, uma vez que o instante é o solo de enraizamento de todas as possibilidades da concretização da realidade. Contra o devir como insuportável finitude, o instante viabiliza a redenção da fugacidade da aparência através da sua reconciliação com a eternidade (CASANOVA, 2003).

Esse mundo dionisíaco do eternamente criar a si próprio, do eternamente destruir a si próprio, esse mundo "para além do Bem e do Mal", sem finalidade, é movido pela "vontade de potência". Antes se pensava que a atividade infinita do tempo requeria uma força infinita que nenhum consumo esgotaria. Agora, pensa-se a força constantemente igual, que não precisa tornar-se infinitamente grande. A força total é determinada, não é infinita. A força é eternamente igual e ativa. Até esse instante é necessário que todos os desenvolvimentos possíveis já tenham estado aí. Logo, o desenvolvimento desse instante tem de ser uma repetição e também o que o gerou, para frente e para trás. Tudo esteve aí inúmeras vezes na medida em que a situação global de todas as forças sempre retorna. A situação global toma as propriedades de modo novo, até as mínimas coisas, de modo que duas situações diferentes não podem ter nada de igual. Se um equilíbrio de forças tivesse sido alcançado alguma vez duraria ainda. Portanto, nunca ocorreu. Esse curso circular não tem qualquer tendência ou fim. Não houve primeiro um caos e depois, gradualmente, um movimento harmonioso. Tudo é eterno, nada veio a ser ou deixou de ser. O curso circular não é nada que veio a ser. O todo é irrazão e o seu contrário. O mundo de forças não é passível de diminuição e cessação. O mundo das forças nunca chega a um equilíbrio. Sua força e seu movimento são de igual grandeza para cada tempo. Assim, este instante: ele já esteve aí uma vez, muitas vezes e retornará, todas as forças repartidas exatamente como agora. A imagem da vida é a de uma ampulheta em eterno retorno. A vida retorna e vamos encontrar cada dor e cada prazer, cada amigo e inimigo, cada folha e raio de sol outra vez, a conexão interna de todas as coisas.

Para nós, o pensamento do eterno retorno é apenas uma fábula, uma indecifrável parábola, assim como é uma inacreditável fábula a narrativa cristã da Criação e do fim do mundo. Não é possível provar nem metafísica nem cientificamente nem uma nem outra. A oposição de um mito hermético a uma fé insondável não prova nada. Não é possível discutir seriamente se uma é a verdade e a outra, um equívoco. Para nós, o que interessa é a conclusão ética de uma e de outra fábula. A fábula cristã gerou a cultura moderna com a ética doentia do "último homem". A fábula do eterno retorno visa à transmutação dos valores cristãos e modernos. Aquele que crê nessa fábula terá uma vida nova, os seus valores serão outros, será guiado por uma nova moral em seu cotidiano. A sua vida concreta será profundamente alterada. Essa fábula cria o "super-homem"! O super-homem não teme o retorno do passado porque vive intensamente cada instante. A parábola do eterno retorno é libertadora! O super-homem vive com força, vontade e alegria e só pode ser feliz se olhar o mundo com a garantia de que sempre esteve e jamais sairá dele. A ética do eterno retorno propõe a ele que "viva de tal modo que queira o eterno retorno", pois esse instante pleno voltará idêntico. A sabedoria do super-homem é o amor da necessidade eterna: *amor fati*. Ele quer estar no mundo sempre ao meio-dia, porque, nessa hora, a expressão da sua vontade de potência é maior. A fábula do eterno retorno permite a ele viver ao meio-dia!

Mas ninguém disse esse pensamento. Nem Nietzsche, nem Zaratustra, nem seus animais. Não há um enunciado do eterno retorno, que é central em seu texto como um vazio em torno do qual tudo se organiza. Um vazio textual! O eterno retorno foge diante da enunciação e se recusa à palavra para apagar toda ontologia. E, contudo, é o conceito fundamental do pensamento de Nietzsche. Para Heidegger, o pensamento do eterno retorno é um belo poema! Um poema que Nietzsche, o filósofo-músico, declama em pianíssimo: é o fundo musical de toda a sua obra, que nunca aparece como uma ideia clara e distinta. Nietzsche recorre a demônios e a animais para sugerir o eterno retorno. Os animais é que exprimem simbolicamente a doutrina do eterno retorno. A águia descrevendo círculos, a serpente se enrolando e se desdobrando em seus anéis. A águia, com o seu voo altíssimo, em círculos; a serpente, o anel do eterno retorno, o mais sábio animal, que controla um saber real, avança e recua, não se prende em nós, é força de simulação, metamorfose, controle da máscara, não se revela, é segredo, joga o ser/parecer. A serpente vem abraçada à águia não como presa dela. O animal mais orgulhoso, a águia, carrega em seu bico o mais sábio, a serpente. Eles formam um casal. Não são animais domésticos, são solitários. Ser solitário significa ser fiel a si mesmo, e os animais testemunham a solidão de Zaratustra, que busca um da sua espécie e à sua medida, que saiba viver perto dele na solidão (HEIDEGGER, 1971a).

Enfim, o ERM teria sido uma "ruptura total" com a consciência metafísica ocidental ou pode-se supor que seria ainda uma busca religiosa da "beatitude"? Para Birault (1962), os três conceitos fundamentais da sua filosofia, "super-homem", "eterno retorno", "vontade de potência", têm a ver com a beatitude na medida em que mantêm uma relação enigmática em uma unidade. Para ele, o eterno retorno tem um caráter religioso, evangélico, é uma religião diferente das tradicionais. O filósofo do martelo queria ser feliz, "beato", "santo". A sua pergunta é: "O que devo fazer para me tornar feliz?". E responde: "Faça o que lhe dá prazer em fazer". O Zaratustra está repleto de diálogos socráticos e evangélicos, um mestre e discípulos, a verdade ensinada. Há uma ambiguidade metafísico-evangélica em Nietzsche: ele é o mensageiro, o porta-voz, o que traz a boa nova, o evangelista! Ele traz a notícia do novo Deus, um novo Salvador, que vai alterar o destino da humanidade. A sua palavra de ordem é: toda felicidade, o meio-dia, já! Na eternidade do instante, o homem feliz faz a paz com a realidade: evade-se! Ele é feliz com o que é, não pede nada, porque acredita na eternidade do instante. Ele apenas quer que esse instante volte e seja eterno. O super-homem é o "homem feliz", um Criador de sentido, um artista da própria vida. Para Birault, Nietzsche não traria a "ruptura total", mas um novo tipo de "reconciliação total": o estilo.

A cultura é uma estilização da natureza, onde o mestre impõe a sua vontade. Com estilo, a cultura é uma unidade, uma conquista pela disciplina, que torna viva a natureza. O "santo nietzschiano" seria um "animal com estilo", uma vontade que se domina, ampliando-se. O ERM seria o novo discurso ocidental da Salvação! (KOFMAN, 1972; PAUTRAT, 1973; BIRAULT, 1962).

Pode-se falar de uma "história filosófica" em Nietzsche? Nietzsche e os seus críticos

Se *A genealogia da moral* é uma pesquisa sobre as condições históricas em que emergiram novos valores, como avaliar a emergência dos valores do próprio Nietzsche? Como era a configuração das vontades de potência em sua época que tornou possível e necessário o seu martelo moral? A utilidade e as desvantagens da obra de Nietzsche para a Alemanha, a Europa e o planeta já tiveram múltiplas e controvertidas interpretações. Ele foi elogiado e imitado ou insultado e excomungado. Ele é visto tanto como um herói, um inovador, um reconstrutor quanto como um vilão, um destruidor. O *pathos* da sua linguagem desperta admiração e mal-estar. Muitos dos seus intérpretes concluem que seus textos, por sua ambivalência, retomam com uma mão o que ofereceram com a outra. Há vários Nietzsche. Ele é uma multiplicidade de máscaras, mudanças, contradições, dando margem a múltiplas interpretações. Ele disse: "Sou o mais dissimulado dos dissimulados", "tudo o que é profundo aprecia máscaras". A sua linguagem polissêmica oferece-lhe múltiplos rostos, o seu estilo é fragmentário, aforístico, sedutor, provocador. Nietzsche continua um enigma, impegável: resistiu a todos que tentaram arrancar-lhe o seu segredo, a fórmula unitária do seu pensamento. Nenhum clichê lhe cabe. O que é permanente nele: a mudança de ideias como máscaras que se substituem. Foi um espírito livre, o imoralista, o profeta de uma nova tábua de valores.

Portanto, toda exegese de Nietzsche é problemática, toda leitura pode ser redutora. Vamos considerar, aqui, sem pretender esgotar o seu significado para a consciência histórica ocidental, algumas recepções críticas do seu pensamento. Para alguns, sobretudo cristãos e sociais democratas, a sua obra, mais que uma desvantagem, é um perigo para a vida. Ele seria um avatar do Mal, um pensador maquiavélico, empático com o senhor sádico, brutal, racista, cruel, impiedoso, mau, apologeta da barbárie primitiva, após milênios de esforço do cristianismo para domar o homem-fera. Era um niilista, imoralista, biologista, antimetafísico, antidialético, anti-histórico, antiverdade, anticristo, individualista, anarquista, relativista, antiteleológico, enfim, um bárbaro pré-nazista. Ele seria o "lobo dos contos de fada", assustando os velhos cristãos e as ingênuas virgens ocidentais. Além disso, não era um pensador rigoroso, mas um filósofo-poeta, um autodidata, que não estaria entre os grandes filósofos abstratos. A sua "filosofia da vida" seria uma fórmula vaga e supérflua, pois não há "filosofia dos mortos". Ele oferece imagens do homem que assustam: ave de rapina, fera astuciosa e impiedosa, sábia serpente, a inteligência é arma de guerra, cujo fim é explorar e submeter. Ele quer libertar a "fera loura" e se opõe ao homem racional dominado pela imagem harmônica de Deus. O seu naturalismo e biologismo levam o homem à zoologia! Georges Bataille considerava a sua doutrina o mais violento dos solventes: Nietzsche era o filósofo do Mal! (BOUDOT, 1971; FINK, 1972).

Para outros, ele não é nada disso! Nietzsche fez o elogio do gênio e do artista, queria uma existência humana grandiosa, que não poderia ser a do santo/asceta/último homem. Ele era anti-iluminista. O homem livre se põe a si mesmo como livre e não como uma expressão da Razão universal. O Zaratustra é um profeta terno, que propõe o esquecimento como "lembrança de si", um super-homem que quer se elevar ao mais alto dele mesmo, quebrando os seus limites, na esperança de atingir uma vida humana plena. Para Biser, paradoxal e curiosamente, ele repercutiu fortemente na teologia e até representaria a sua radicalização! Em *Ecce Homo*, ele afirma que o que mais temia era ser canonizado! Seria ele, apesar dele, um santo, um teólogo fundamental, um pai da Igreja? Ele não teria se inspirado em Cristo, que também levantou o martelo contra as instituições religiosas e políticas da sua época? Como um reformista cristão, ele não teria desejado retornar a uma origem primeira do cristianismo, ao próprio Cristo, a quem considerava um super-homem? Para Biser, ele não disse que "Deus não existe", mas que "está morto". A sua crítica do cristianismo seria mais uma crítica das instituições religiosas do que do sentimento religioso, uma crítica mais da forma do que de fundo. A sua fórmula "Deus está morto" não é uma palavra contra Deus, mas um apelo ao homem a ser por si mesmo. O super-homem talvez fosse uma ressurreição de Deus em uma nova forma. Nietzsche o chama de o "verdadeiro Criador"! (BISER, 1972).

Enfim, Nietzsche foi realmente ateu ou será que, como um novo Lutero, queria restaurar a fé mais pura e original? Para Heidegger, por um lado, o ateísmo não era uma questão resolvida para ele. Há algo de cristão no pagão: é anticristão! O seu ataque ao cristianismo não era mais necessário, porque, no mundo moderno, o ateísmo não tem mais adversários, o homem não é mais a imagem de Deus, mas produto da natureza. Mas Nietzsche radicalizou a crítica ao cristianismo apresentando o *Zaratustra* como um quinto evangelho anticristão, ateu, que queria nos salvar do Salvador. "Faça o que você quer", ensina o Zaratustra. O que era a Queda cristã tornou-se o novo princípio: "eu quero". Contudo, por outro lado, ele é a realização plena do ateísmo, pois, nele, o mundo da natureza é a potência suprema. Nietzsche revogou o ateísmo beato do século XIX e seus valores: amor, bondade, piedade, autenticidade, probidade, simplicidade, veracidade. Seus valores são realmente ateus: volúpia, vontade de dominação, egoísmo, pôr-se além do Bem e do Mal. O homem deve ser restituído à natureza, retornar ao seu corpo. A consciência não é exterior ao corpo natural. Após a crítica de Nietzsche, a teologia teve de se reinventar: o problema da instituição, o problema da linguagem, da ascese, da sexualidade, do homem pleno. Para Biser (1972), a teologia o recebeu e aceitou se repensar e se transformou profundamente (LÖWITH, 1972; SPENLÉ, 1943).

Nos anos 1930, Heidegger defendia que a sua doutrina da vontade de potência era ainda metafísica. A metafísica busca a verdade do ser-enquanto-ser em sua totalidade, ela diz o que o ser é em sua essência. Heidegger se impregnou do seu pensamento em seus cursos na famigerada década alemã de 1936/46, onde discutiu o que considera a sua "obra capital", em que a vontade de potência constitui o caráter fundamental do ser, que permite responder à grande questão do pensamento ocidental: "O que é o ser?". Se o ser é em última instância "vontade de potência", logo, para Heidegger, Nietzsche se insere na longa tradição da filosofia ocidental. Nietzsche seria ainda metafísico, o último, e ele, Heidegger, seria o primeiro filósofo pós-nietzschiano. Para Heidegger, o fato de Nietzsche colocar a carne no lugar da alma e da consciência não muda em nada a posição metafísica de Descartes. Nele, o ego é carne, a grande razão viva é Dioniso. Dioniso quer dizer "vontade", que se põe diante de si sem limites. A carne humana é a única capaz de se projetar mais longe na Terra habitada. A pulsão dionisíaca, contudo, não se desdobra sem limite. O deus do limite é Apolo, a contrapulsão dionisíaca, a vontade de forma. Essa é a luta fundamental do ser em Nietzsche e, portanto, ele não só não saiu da metafísica como é a realização da tradição metafísica ocidental desde Platão. Zaratustra é o "sacerdote" que ensina a metafísica da vontade de potência e do eterno retorno. Para Heidegger, Nietzsche se coloca na mais importante tradição da filosofia alemã: Schopenhauer, Schelling, Hegel, Leibniz. Todos têm como princípio do ser a vontade. Em Hegel, ser é saber, mas saber é idêntico a vontade. Esses grandes pensadores mantêm uma relação de reciprocidade e isso quer dizer que a doutrina da vontade de potência de Nietzsche não é uma ruptura com a filosofia ocidental, mas o seu perfeito acabamento. Todos os grandes pensadores pensaram o mesmo problema, mas o trataram de forma original e enriquecedora sem esgotá-lo. Eles se ligam uns aos outros (Heidegger, 1971; Bernat-Winter, 2005).

Para Derrida, essa leitura de Heidegger é fundamental, deve ser levada em consideração, mas deve ser evitada. Bernat-Winter contesta Heidegger: Nietzsche não é metafísico, mas "perspectivista". O sujeito não é algo transcendente, mas simulacro, efeito superficial. O valor é uma perspectiva. O que não se vê é como se não existisse, o que cria valor é um olhar/perspectiva. O valor não surge de um sujeito. O perspectivismo destrói todo centro, toda unidade, toda visada unificada. É uma pluralização, um aparecer que se deixa ver em muitas perspectivas. O ser é "ser visto e avaliado". O ser como vontade de potência é reavaliação constante e aparência. Nenhuma interpretação-avaliação pode esgotar o que pode criar a vontade de potência. O mesmo texto/ação autoriza inúmeras interpretações e não há interpretação exata. O valor total do mundo é difícil de avaliar. Tudo é subjetivo não porque é "essencial", mas porque é uma interpretação. O valor é uma perspectiva, um ponto de vista. Toda vida que se limita a conservar valores declina, porque quer apenas assegurar o espaço vital, sobreviver, quando se trata de expandi-lo. A vida é autoultrapassagem e autoexpansão. Nietzsche inverte toda a metafísica, e não seria uma nova metafísica, porque não há valores superiores e fixos. É uma vontade de ordenar, de se superar e se afirmar (Bernat-Winter, 2005).

A vontade de potência não é uma nova ontologia. A vontade de potência não é um centro, essência, coisa, substância. Não há um ser e a "vida" não é o ser. A vontade de potência é autossuperação, separação de si mesma, diferença. O ser é valor-avaliação, que faz a vontade de potência avançar. O ser é devir, errar, que não leva à verdade, pois não há verdade. O valor do mundo está na interpretação que damos a ele, e novas interpretações abrem novas perspectivas. Ser é avaliar. A filosofia não pode ser a busca da verdade do todo, pois o todo está além da experiência. Tudo tem um valor em situação e exige engajamento. Não há valor além. Ele não opõe valores válidos aos valores cristãos e não há valores últimos. É o indivíduo vivo que torna válidos os valores ao criá-los em situações vitais singulares. O objetivo da avaliação: a recuperação da vida saudável. Para Bernat-Winter, portanto, não há um sujeito moral no pensamento de Nietzsche. O indivíduo nietzschiano é um efeito de superfície, simulacro, posição ficcional, e os valores são ficções, posições ilusórias, avaliações em situação, perspectivismo. O seu pensamento não se unifica no conceito de "valor". Não há um valor fixo e definitivo, o seu pensamento é móvel. O biologismo de Nietzsche é uma interpretação entre outras, é uma avaliação-perspectiva. O seu pensamento é sem sujeito, e o leitor ativo o recria em sua perspectiva (Bernat-Winter, 2005).

As interpretações de Nietzsche são sempre políticas e revelam as posições do intérprete. Ele não é contraditório, as leituras que são feitas dele é que são contraditórias. Dizer que ele serve ideologicamente a vontades de potência é a interpretação da vontade de potência dos seus intérpretes. Dizer que ele serve ao poder e à dominação é uma leitura reativa de Nietzsche. O seu pensamento nos abre uma infinita recriação da constituição de valores. Essa questão reenvia cada indivíduo à sua própria potência de avaliação. Não há nenhuma imposição de valores. O que ele propõe: dar mais consistência ao indivíduo que somos ao nos envolver em processos singulares de avaliação, reconhecer o caráter fictício dos valores que produzimos. Nietzsche assume plenamente a função moral do seu pensamento. Não há ser. O ser é relação avaliadora do vivo com o dever ser. A vida não é, "torna-se", em situações vitais. Pode-se ter uma relação decadente ou potente com a vida: depende de perspectivas e valores. Não há avaliações em si, mas sempre em situações. Qual é a melhor avaliação? A boa avaliação leva à saúde, a má avaliação condena a vida à doença. A vida não oferece nenhum valor estático. Ela é remodelação de valores. O valor é o veneno e o remédio da doença niilista. O niilismo é o reino em que todo valor se equivale, valores decadentes, triunfo das forças reativas (BERNAT-WINTER, 2005).

Para Pippin, "é preciso pensar com/contra Nietzsche, i.e., separar o joio do trigo em Nietzsche". Depois dele, ninguém acredita mais no saber absoluto, no sentido da história, na transparência do sujeito. Ele foi o primeiro crítico desses mitos modernos, o primeiro a abandonar o humanismo. Para ele, o conhecimento filosófico é um criar, um legiferar, e, portanto, uma vontade de potência. A filosofia é criativa, avaliadora, e não objetiva e neutra. Para superar a metafísica, ele parece considerar a psicologia a ciência matriz, uma nova psicologia, que englobaria tudo, que teria como centro a vontade de potência. Toda a natureza orgânica e a psicologia humana devem ser compreendidas como expressões de uma pulsão dominante. Todo ser é uma pulsão psicológica, vontade de potência, que se torna senhora do real, reinterpretando, rearranjando. Para Pippin, a sua psicologia engloba toda a sua obra e podemos compreender Nietzsche melhor se deixarmos de vê-lo como um metafísico alemão, ou como o último metafísico ocidental, ou como aquele que destruiu a metafísica. Ele deve ser visto como um dos grandes moralistas franceses, um seguidor dos ensaios, máximas e pensamentos dos moralistas franceses. Nietzsche reconhecia neles uma virtude: nenhuma teoria subjacente. São espíritos aristocráticos e livres. A psicologia de Nietzsche: ter vontade de potência, querer viver – eis o supremo valor, a orientação que está além de todo sistema ou toda argumentação (PIPPIN, 2006).

Para Boudot, o seu pensamento representa um humanismo pós-cristão, cujo princípio seria: "a vida é criação e o homem é o Criador!". Nietzsche quis restituir ao homem europeu a unidade entre pensamento e vida. Ele é como "o demônio cristão", quer dominar esse mundo. Ele transpôs em forma poético-filosófica um problema teológico, adentrando no domínio que a tradição ocidental chama de "Mal": o homem quer dominar a Terra, livre de toda dependência dos valores transcendentes. O Mal é a separação entre a razão e o instinto. O seu diabolismo se nutre de uma "inocência do devir". Nietzsche não quer melhorar a humanidade, ser-viver na Terra já é suficiente. A criação não é reflexão, não podemos apreender reflexivamente o instante. Não há regras para o viver, é preciso apenas gostar da vida e superar o trágico. O super-homem é o homem que gosta de sua presença neste mundo. O homem-criador tem o controle do tempo e do mundo, vai do conhecido ao desconhecido, ama a Terra, o lugar da sua heroica criação. Para Boudot, Nietzsche seria o intérprete do projeto político de Lúcifer, que seduziu Adão e Eva e foi considerado pelos vencedores como o Mal (BOUDOT, 1971).

Edelman confessa que teve cinco dificuldades para compreender Nietzsche: 1ª) por onde começar? Ele fala de tudo: moral, religião, filosofia, biologia, tragédia, estética, psicologia, história, conhecimento. E recomeça, retoma, enriquece. Tudo recomeça em seu pensamento. Nietzsche começa como físico, avança como biólogo e termina como antropólogo; 2ª) sua obra é um caleidoscópio: as mesmas categorias vão e voltam, são reconsideradas e ressignificadas. A sua obra é uma grande quantidade de pontos de vista. Ele expressa a multiplicidade da vida. Tudo é incerto, equívoco, aleatório, se destrói e se recompõe, em conflito permanente. Seu pensamento não tem conceitos fixos e uma trajetória linear. Cada aforisma não é nem causal nem dialético: tudo é sempre ao mesmo tempo, não há progresso, nada é adquirido; 3ª) é um observador agudo da modernidade e suscita paixões: somos contra ou a favor. Isso é bom, pois pôs o dedo nas feridas do Ocidente. A luta filosófica é positiva. A sua intuição biológica se realiza na genética moderna, a sua descrição da consciência antecipa a neurobiologia, a sua descrição das massas antecipa os fracassos do socialismo e da mundialização; 4ª) a política em Nietzsche choca, exaspera: reacionário, totalitário, racista, eugenista, escravagista, nazista. Como justificar o seu desprezo pelas massas, pelo parlamentarismo, pelos valores democráticos, igualdade e solidariedade? Como justificar uma sociedade hierarquizada, selecionada? E o elogio da "fera loura"? A política de Nietzsche é inaceitável? Mas Nietzsche não era um Hitler disfarçado de filósofo. Ele quis apenas oferecer outro destino ao Ocidente; 5ª) Tudo é biológico: a consciência, a moral, os valores, a razão.

Mas é uma biologia política, pois se traduz em instituições, sinais e símbolos, moral e religião. Odiou-se Nietzsche por parecer ser um perigoso eugenista antidemocrático. Edelman conclui que prefere a audácia filosófica e seus excessos ao conformismo dos "bem pensantes" (EDELMAN, 1999).

Seria tempo de esquecer Nietzsche? Existiria ainda interesse por Nietzsche? Em 1914, os soldados alemães carregavam em sua mochila o *Zaratustra* como o seu pequeno manual de onipotência. Karl Löwith (1972) confessa que também sofreu a hipnose de Nietzsche na juventude, mas ele se tornou insuportável! Depois dele, Deus foi eliminado, o ateísmo se instalou, a tecnologia nos colocou em um tempo precário e provisório. Para Löwith, não é verdade que um texto filosófico é constituído pela leitura. Ele é o que é e pode-se filosofar de forma errada ou correta. É preciso entender o que um autor quis dizer e como ele se compreendeu. Nietzsche se autointerpretava em prefácios, reavaliando o que "ele quis dizer". Nietzsche não pode ser posto no mesmo saco de Freud e Marx, que fizeram descobertas científicas grandiosas. Para Stiegler (2005), ao contrário, Nietzsche é mais atual do que nunca, porque é a afirmação incondicional da vida e do vivo. Seria um princípio saudável "seja a vida e pereça a verdade"? Ou o sacrifício da verdade levaria à barbárie e à morte? De acordo com Stiegler, nenhum dos dois valores tem de prevalecer, pois não há centro, fundamento, origem. São duas leituras de Nietzsche, e os leitores estão implicados. A vida é ora genética (biologia), ora genealogia (valor). Não há um conceito de saúde, pois saúde e doença não são valores contraditórios, mas processos solidários. A doença pode ser um começo, a decadência um reinício. Na decadência, o doente mergulha na doença. O saudável pode experimentar a decadência, mas não é doentio. Não há mais sujeito/ego, mas corpo vivo.

Que justiça Nietzsche propõe? Para Valadier, ele não elaborou uma filosofia do direito, não tem uma filosofia política, um conceito de poder, de direitos sociais, de sistema jurídico, de formas de governo. Nietzsche quis apenas sacudir o leitor democrata: "E se a igualdade perante a lei fosse o pior? E se o direito que busca a harmonia e a convivência social matasse a vida? E se a justiça moderna fosse somente um sistema de ressentimento e vingança? E se a 'superior sociedade moderna' fosse decadência e niilismo?" (1998). E passa a defender uma ordem jurídica a favor da "não igualdade", aristocrática, elitista, vitalista, antimoderna e antidemocrática. A sociedade moderna gera uma insatisfação generalizada, a igualdade gera a tirania, que obriga cada um a não querer ser diferente do outro, se singularizar. O "homem superior" é fraco, pois seu ideal de igualdade o impede de afirmar a si mesmo e reina a indiferenciação. Viver é vontade de potência, "imoralidade", a vida é exploração! Esse é o princípio que faz de todo vivo, vivo. Nada se cria sem a mobilização de uma potência, de uma energia que domestica e impõe a lei. Nada se cria na conciliação harmoniosa e amável, na convergência das vontades. A lei não pode igualizar, nivelar, confundir. O direito deve distinguir. Para ele, a doutrina da igualdade é o fim da justiça, que deveria procurar restabelecer o equilíbrio de forças, e não a sua aniquilação. Afinal, a ordem jurídica que ele defendia iria restaurar a "democrática Cidade Antiga" ou o aristocrático Antigo Regime? Ou nunca houve nenhuma "democrática" Cidade Antiga, a não ser no discurso mitológico de fundação da Europa? Se Nietzsche sustenta que "a vida é exploração e injustiça", que "viver e ser injusto são a mesma coisa", estaria justificando sistemas sociais de opressão e desigualdade? Muitos intérpretes sugerem isto: é um pré-nazista! Mas sua obra é um labirinto e outras interpretações são possíveis (VALADIER, 1998).

Nietzsche, criador da psicologia da vontade de potência, foi contemporâneo de Freud, mas ambos são discretos um em relação ao outro. Freud não quis lê-lo e Nietzsche não se interessou pela psicanálise. O que há de comum entre eles? Lou Andreas Salomé conheceu bem a um e a outro. Para Gaède, Freud tinha horror às abstrações filosóficas, ao excesso de ideias de Nietzsche, embora ficasse impressionado com as suas antecipações de resultados laboriosamente conquistados pela psicanálise. Nos dois, os instintos e pulsões são centrais, o sonho é a expressão do inconsciente e a fonte de toda arte. Os dois insistem em instintos e pulsões como motores da linguagem. O sonho é uma breve loucura. Nietzsche sempre buscou o limite do pensamento, a loucura. Para ele, entre os dois modos do pensamento e a apreensão do real, vigília, razão, ciência, civilização superior e sonho, arte, primitivismo, barbárie não há separação. As duas lógicas não se excluem. O selvagem sonhador obedece já à lógica, raciocina, julga, infere, conclui. Nietzsche fala de sonho e não de inconsciente. O sonho torna-se expressão estética, poesia, os instintos ganham forma. Viver é inventar, a experiência é ficção, o sonho é incluído na vigília. O real é sonho já. Gaède considera que Nietzsche foi além de Freud, que ainda queria dominar o sonho, conhecer sua causalidade, submetê-lo à ciência. Freud era ainda um cultuador do ideal ascético (GAÈDE, 1972; LEFRANC, 2003; NIETZSCHE, *Par-delá Bien et Mal*).

Enfim, eis o que dizem de Nietzsche os seus críticos, assim avaliam o seu destino trágico. Ele viveu entre abismos, vertigens, ar rarefeito, tempestades, solidão, mas os aceitava e enfrentava com coragem. Ele cultivava o desequilíbrio para extrair dele a sua presença, buscava o ser dentro do abismo. Mascarado, quando se tenta apreendê-lo, escapa; retira-se uma máscara, outra aparece. A sua identidade não é fixa. Ele se multiplica e se vela. Não há um

Nietzsche autêntico: o professor, o peregrino, o profeta, o pastor, o doente, o pré-nazista. Em seus contatos pessoais, era silencioso, reservado, cortês, doce, refinado, elegante, delicado. Mas era atento às suas paixões. Amava e odiava intensa e simultaneamente. Cultivava a solidão para criar, não se "religava" mais, religiosamente, aos homens. E advertia:

> [...] não aceite elogios e louvores dele! (do "último homem"). Fuja em sua solidão. Eles parecem amáveis, mas são covardes, prudentes. Contra os fracos e pequenos, proteja-se. Eles querem se vingar de você. Eles crucificaram o que inventou a sua própria virtude. Odeiam o solitário. Ele não sabe querer e criar. Zaratustra foi para a montanha para não ser infeccionado pela canalha. Foi para o alto! (LEFRANC, 2003; CHAIX-RUY, 1977; NIETZSCHE, A*insi parlait Zarathustra*).

Pode-se se concluir sobre Nietzsche? Nietzschianamente, nós ousaremos concluir, sem ignorar as novas perspectivas que o seu pensamento possibilita. Vamos avaliar Nietzsche, pois "um pensamento que não avalia é sintoma de decadência". Alguns intérpretes retiveram de Nietzsche a embriaguez dionisíaca; outros, a lição do eterno retorno – viver de tal forma que se queira viver novamente; outros ainda, o seu ateísmo. Nós vamos reter a sua história filosófica, já que nosso objeto de pesquisa é o pensamento histórico de Nietzsche. É uma leitura redutora? Não, é uma escolha, um ponto de vista, um valor, uma avaliação, um olhar, uma perspectiva, que expressa uma vontade de potência libertadora, que emerge da experiência brasileira e latino-americana. Para nós, o seu pensamento está completamente inserido na tradição filosófica ocidental e é a expressão menos velada, menos falsificada da consciência histórica ocidental. Sem a capa dissimuladora do cristianismo, nele, o europeu aparece e confessa sem escrúpulos a essência da sua identidade: "Sou uma ave de rapina, uma esperta serpente, o demônio, sou vontade de potência e nada mais. Sou o super-homem, um aristocrata e desprezo profundamente os últimos homens ao redor do planeta. Não quero apenas sobreviver, mas viver, o que exige a expansão do meu ser com a conquista e ampliação do meu espaço vital, que inclui a Terra e o universo". Portanto, o pensamento histórico de Nietzsche é um momento cristão, puro, ingênuo, sincero, autêntico, de "confissão" dos europeus, mas sem contrição, sem arrependimento, sem má consciência, o que os torna ao mesmo tempo extremamente perigosos e extremamente vulneráveis. Nietzsche é o europeu sem máscaras! Sem a Fé cristã e sem a Razão hegeliana, ficam visíveis o único rosto e a identidade essencial europeia: uma carantonha loura com um coração bruto, impiedoso, cruel, brandindo o martelo-aviação ao mundo!

A "história filosófica" em Nietzsche: a vitória da Europa na história universal

Nietzsche era contra a visão metafísica da história, em que os homens agem necessariamente segundo uma ordem mítica, religiosa ou racional, que deve se realizar no curso do tempo. Ele era contra a historiografia como consciência do processo histórico, como a narração ordenada desse plano, como reflexão que reconstitui retrospectivamente este desenvolvimento, demonstrando que era inevitável que as coisas tivessem ocorrido assim, determinando causas, extraindo leis e prevendo o futuro. Para Nietzsche, a humanidade não ascende nem descende, não se torna nem melhor nem pior, não há flecha do tempo irreversível. O século XIX não era melhor do que o século XVIII e era inferior à Renascença. Para ele, a questão é: por que temos necessidade de uma metafísica da história? Por que os historiadores inventam narrativas coerentes que nunca existiram? E responde: por medo do presente-futuro. Se a história fosse sem lógica, eventos aleatórios e sem ordem, sem plano, seria o fracasso da causalidade e da Razão. Ficaria evidente que a consciência é uma mentira, e o caos viria assombrar os espíritos. A história metafísica, como antídoto do devir, é uma ilusão de estabilidade, regularidade e familiaridade. Cria-se um "sistema da história" e a mesma verdade é reposta. Para ele, essas ideias gerais são perigosas para a vida.

Contudo, por causa da heterogeneidade e polissemia dos seus discursos, pode-se perceber ainda um forte hegelianismo em seu pensamento histórico e, talvez, até mesmo um discurso metafísico sobre a história universal. Para nós, pode-se falar de uma "história filósofica" em Nietzsche, que, aliás, teria a mesma função que tinha a história filosófica hegeliana: legitimar a vontade de ascensão da Alemanha na Europa e a conquista europeia do planeta. O fio condutor da sua história universal não seria mais a "marcha do espírito em busca da liberdade", mas a história genealógica da moral, que não deixa de ser uma nova versão da "marcha da humanidade em busca da liberdade", uma reconstrução da consciência histórica ocidental. Assim como em Hegel, a história universal começou na Grécia, e também queria o retorno à Grécia. A cultura grega devia ser a educadora de uma Alemanha regenerada, com cujo advento ambos sonhavam. O pensamento pós-socrático de Hegel visava à reconciliação da aparência/essência, do finito/infinito; no pensamento pré-socrático de Nietzsche, não há síntese e reconciliação, mas a superação-sem conservação no super-homem. Diferentemente de Hegel, Nietzsche "humanizou" a história universal: não é a Ideia eterna que engendra seu fim, mas os homens, exercendo a sua vontade de potência. Se Hegel divinizou a existência do Estado, Nietzsche afirmou a existência individual. Para ele, a Alemanha prussiana era só a caricatura da Alemanha do futuro. Era ainda uma vontade de potência insuficiente, tímida, e ele queria mais ousadia e mais potência! A Alemanha deveria construir a nova cultura europeia e re-helenizar a Terra, destruindo a orientalização feita pelo cristianismo. A tarefa era refazer o nó górdio da cultura grega pagã que havia sido desfeito (CHAIX-RUY, 1977; KERMER-MARIETTI, 1962).

Portanto, apesar das diferenças entre eles, Hegel e Nietzsche têm uma concepção do desenvolvimento da consciência histórica ocidental. Nietzsche, por um lado, sustenta que a humanidade não forma um conjunto, é uma multiplicidade de fenômenos vitais, ascendentes e descendentes, não possui juventude/maturidade/velhice, as camadas são confundidas e superpostas e poderemos ainda ter tipos de homens mais jovens do que os de hoje; mas, por outro lado, produz uma reflexão que discerne um fio condutor, um sentido decadente, que conduz do mundo aristocrático ao igualitarismo, ao cristianismo e à democracia e, talvez, se possa até perceber "espíritos de épocas e dos povos" e "fases da história universal". O seu pensamento pode ser visto como um "sistema circular da história", que discerne três períodos na história da consciência ocidental: pré-moral, moral, extramoral. E desenha a utopia de um quarto "período pós-moral", além do Bem e do Mal, que seria o retorno ao mundo pré-moral. Na *época pré-moral da humanidade*, chamada de pré-história, o valor ou a falta de valor de uma ação decorria de suas consequências. Era o sucesso ou o fracasso que fundava o juízo da boa ou da má ação. Não se avaliava a ação em si mesma, mas em seus resultados. O imperativo "conheça-te a ti mesmo" era desconhecido. Foi o período mais longo e mais feliz da história humana. A *época moral da humanidade*, os últimos milênios, julga o valor de uma ação não segundo o efeito, mas segundo a causa. Foi uma profunda mudança de perspectiva! É um mundo dominado pelo princípio socrático do "conheça-te a ti mesmo". Em lugar dos efeitos, a causa. Surgiu a superstição de que a causa era uma intenção. O valor de uma ação era a sua intenção. Finalmente, *a sua época era a extramoral*: o valor de uma ação está no que ela tem de não intencional, e a sua intenção é somente uma epiderme, que revela e dissimula. A intenção é um signo e um sintoma que exige interpretação. A sua época extramoral fazia a transição, destruía o período moral procurando criar as condições de um novo mundo, pós-moral, pela transvaloração de todos os valores.

Para Nietzsche, a tarefa histórica para a Europa germanizada era retornar à Grécia. Ele propôs uma pedagogia helênica, que formasse o homem física e moralmente, e não apenas o instruísse. A pedagogia do corpo é tão essencial quanto a do espírito. A nova Europa deveria ser helenicamente formada por uma raça bela e forte. A pedagogia helênica é viril, repousa sobre a luta. O ensino não pode se limitar a aulas e palavras, mas incluir disciplinas guerreiras, viris. Os filósofos devem recriar/transformar as ideias da história da filosofia, pois são eles que criam e legislam, decidem o que devemos ser. Eles plasmam os homens. A história é vista como um hospital onde se observam as diferentes formas de doença. A humanidade já gozou de boa saúde na Grécia, na Renascença, na França do Antigo Regime, épocas em que apareceram alguns raros super-homens que deveriam inspirar o presente-futuro. O seu método genealógico vai além da escrita da história ao estabelecer as seguintes "tarefas terapêuticas" para o historiador: 1º) apreciar a repartição da qualidade das forças; 2º) compreender por que as forças reativas tomaram o poder. Por que o Ocidente ficou doente?; 3º) saber como o Ocidente pode se curar dessa doença. Nietzsche considera que a história tem uma função médica: diagnosticar a doença e criar a terapia/cura.

A sua "história filosófica" vê o processo histórico como uma corda estendida entre o animal e o super-homem. A história é o transcurso temporal da humanidade, que tem um sentido: do declínio até o último homem e a sua superação no super-homem. A história universal, em suas três fases, oferece a imagem de três homens: o homem-camelo, que, dizendo "eu devo", ajoelha-se e pega a sua carga, gosta de se abaixar, para não ser orgulhoso. Não gosta da vitória, prefere os pesos mais pesados e, niilista, vai para o deserto. Lá, ele vira homem-leão: quer ser livre. Faz do seu último senhor, inimigo, para vencê-lo. Ele quer falar "eu quero". O leão não pode criar novos valores ainda, mas quer se libertar para criá-los. Ele diz não ao dever. Quando consegue transvalorar os valores da decadência-camelo, torna-se homem-criança: inocente, esquecimento e recomeço, um sim a si mesmo. Ele retorna ao período pré-moral, anterior à fase-camelo. Para ele, o sentido da história é a "superação" do último homem, um híbrido de vegetal e espectro, no super-homem. O super-homem é o sentido da Terra, é fiel à Terra e não se ilude com as forças supraterrestres, que o envenenaram (NIETZSCHE, *La généalogie de la morale*; SPENLÉ, 1943; COLLI, 1996).

Eis a metáfora que ilumina a sua "história filosófica": o homem começou criança, decaiu em camelo e, tornando-se leão, luta para voltar a ser criança. Cada época da humanidade tem características particulares: o homem-camelo é forte, vigoroso, corajoso, paciente, respeitoso, "carrega" os valores divinos e humanos e a sua divisa é "você deve". Mas vive na falta radical de valores. Ele tende ao niilismo e, quando grita "tudo é vão", torna-se homem-leão. Então, em vez de naufragar no niilismo do último homem, apega-se ao princípio do qual os valores dependem: "eu quero". Ao sim do camelo, que aceitava a moral que o oprimia, ele opõe um "não". O homem-leão joga fora todos os fardos e fica livre, desatrelado. Mas o homem-leão deve virar criança, pois a criança faz melhor do que lutar: ela já esqueceu e não sabe carregar. Ela é inocência e esquecimento. Nela, os valores criadores substituem os valores estabelecidos. Ela ultrapassa o não do leão por um novo sim, criador! Para Gueroult (1964) a história filosófica de Nietzsche, com toda a sua potência de destruição, propõe ainda uma utopia, um novo ideal de afirmação, de alegria, quase de beatitude.

A "história filosófica", o "sistema histórico circular", a visão metafísica da história universal nietzschiana lembra as três fases da teologia da Providência e da Ideia hegeliana: a) *o mundo pré-moral*, a origem, cujo símbolo é a criança: puro, a-histórico, instante eterno, corpo vivo, instintos à flor da pele, sexualidade exacerbada, riso, festa, transbordamento da alegria e do ódio, vontade de potência plena, homens nobres, com valores aristocráticos; b) *o mundo moral*, a decadência, cujo símbolo é o camelo: historicismo, corpo e instintos desvitalizados, escravidão, plebeu, igualitário, ética do trabalho, perda da vontade de potência, niilismo, evasão para o além; c) *o mundo extramoral*, cujo símbolo é o leão: luta para vencer a doença moral, faz a guerra aos valores que o aniquilam, destrói as instituições e rituais do mundo anterior, visando o reinício, o retorno ao mundo pré-moral da criança, que era acima do Bem e do Mal; d) *o mundo pós-moral*, cujo símbolo é novamente a criança: é o retorno à inocência da infância, que não luta mais, apenas esqueceu todos os valores que a oprimiam. Pode-se ver, aqui, talvez, uma releitura da triologia do tempo cristão: Éden – Queda (História) – Parusia; ou do tempo hegeliano: Ideia – Espírito Objetivo – Espírito Absoluto. A visão da história universal de Nietzsche, a sua "história filosófica", o insere na tradição cultural do Ocidente, marcada fortemente pela imagem da Trindade Cristã, pela ideia da dor como caminho para a Ressurreição, pelo círculo pureza-declínio-depuração. Isso significa que, por mais que Nietzsche tenha tentado martelar os fundamentos da cultura ocidental, ele, finalmente, pertence ao Ocidente, à sua metafísica como expressão de vontade de potência. Nessa perspectiva, ele aspira ao que o Ocidente sempre desejou: a Salvação (Expansão)! (EDELMAN, 1999).

Primeira fase da história universal: a "pré-moral", que tem a imagem da criança

Para um grego, a vida não é boa nem má. Ela é o que é. Para os pré-socráticos, não há nem Bem nem Mal, nem Razão nem Irrazão – a humanidade é isso aí. Tucídides descreveu um homem grego duro, que desprezava a segurança, o bem-estar, a serenidade, e tinha prazer na destruição, na volúpia da vitória e da crueldade. Os gregos viviam na mais profunda imoralidade, na maior crueldade, na maior inocência. Eles não se justificavam jamais, não se sentiam culpados, sua consciência não era má e não os fazia sofrer. O sofrimento era virtude; a crueldade, virtude. Os deuses gregos eram saudáveis, viris. O politeísmo dava aos indivíduos um ideal próprio. Cada cidade tinha uma definição do homem, o pluralismo era um exemplo dos próprios deuses, que estabeleciam normas diferentes e não se respeitavam. O indivíduo era livre. O seu ideal era um entre os múltiplos deuses. O politeísmo garantia a multiplicidade, a diversidade dos tipos de homens. O politeísmo afirmava o imprevisível, pois o deus grego não via tudo e via o futuro apenas parcialmente. O politeísmo era modelo de luta, caos, indeterminação. A grande saúde dos gregos se encarnava em Heráclito e Dioniso.

Heráclito era um caminhante solitário, orgulhoso, indiferente a toda humanização da natureza, não pedia nada a ninguém, nem amor, nem reconhecimento, nem solicitude, nem compaixão. Ele foi o primeiro a ver o mundo não como ser, mas como devir: geração, destruição, conflitos, luta. Multiplicidade. O seu prazer era lutar e se sentir forte. A justiça era a necessidade de lutar, e a luta era justa, pois era o mundo que se compunha e se recompunha. O mundo era *fatum* e aceito de modo inocente e feliz. Como a criança, o artista grego aceitava o mundo e criava dentro dele, jogava. E o jogo recomeçava sempre, como "instinto de jogo", produzindo mundos novos. O grego, como a criança, não tinha *a priori*. Eles sabiam que estavam aí por acaso e faziam da sua vida uma obra de arte. Heráclito se contentava em descrever o mundo existente com a satisfação contemplativa do artista que olha a sua obra em devir. Ele não tinha nada a preservar, não se protegia contra nada, pois o devir destrói tudo. Heráclito mostrava a majestade fria e inumana do cosmos.

Dioniso era o Deus grego que exprimia a exuberância das paixões e das festas. Ele dança, alegre, intensamente. Deus do heroísmo humano, explorador, audacioso, corporal, deus da desmedida, ensina o prazer do devir. Dioniso aceita morrer pelo prazer de renascer. Ele passa da morte à vida, de um instinto ao outro, de um sentido a outro. Metamorfose. Não tem medo e não se preocupa com o futuro, porque sabe que a vida é cruel, impiedosa, voluptuosa, trágica, insaciável. Não há dois mundos, só o mundo do devir. A dor acompanha a vontade de potência, é necessária ao prazer. Uma dor antimetafísica: sem castigo, sem redenção, sem salvação, sem perdão, sem bênção. Ela não é imoral. As árvores lutam entre elas por mais espaço e luz e não são imorais. A vida implica a dor. O homem grego trágico aceitava a dor mais forte, para se superar, aceitava que descemos e subimos no prazer e na dor. E dançava, para ir adiante do prazer e minar a dor. A dor é uma necessidade, cuja supressão levaria ao esquecimento da paixão da vida. Para os gregos dionisíacos, não se evita a dor, que é vertigem, que não pode levar à evasão da história. A dor para os gregos não tornava a vida um problema.

Os gregos viviam o *amor fati*: a vida não pode ser outra que ela é. A vida é trágica, o cosmos é sem esperança. Não se deve suportá-la, mas amá-la. É preciso vivê-la como artista, ter a sabedoria de esquecer e se lembrar, se for preciso. A beleza deve triunfar sobre a dor. O sofrimento da existência é absorvido na arte: Édipo foi transformado em beleza, por Sófocles. O homem deve aceitar esquecer e permanecer na superfície das coisas, tornando-as um sonho, uma obra de arte. Os gregos superavam a dissonância do homem, o terror do devir, pela beleza apolínea. Eram superficiais em sua profundidade. Para Nietzsche, os filólogos modernos que pesquisam a Antiguidade clássica não a compreenderam ou a falsificaram ou a esconderam. A Grécia não foi humanista, se isso quer dizer bom, excluindo toda rudeza, desmedida, crueldade. A Grécia foi o oposto: "humana", i.e., não havia má consciência, mas uma inocência de criança. Os maiores produtos do espírito têm um lado terrível e cruel. Era um mundo dionisíaco. O que valia naquela época, o mundo moderno não pode compreender. Mas Nietzsche propõe que a Alemanha se inspire nesse modelo grego para uma nova educação, pois foi um período de grandes individualidades. Os gregos eram multiplicidade e metamorfose e estavam além do Bem e do Mal (NIETZSCHE, *La volonté de puissance*).

Segunda fase da história universal: a "moral", que tem a imagem do camelo

Com a vitória dos socráticos e platônicos, a saúde grega se acabou e começou, então, a doença ocidental. Sócrates queria conhecimento, clareza, uma ética fundada sobre a consciência. Para Sócrates, o Mal domina somente onde o conhecimento não é claro e, por isso, era hostil aos instintos, às aparências, aos véus, às dissimulações da vida. Ele se opôs à desmedida ateniense e o homem perdeu a alegria ao tornar-se domador de si mesmo. A vida tornou-se problema, a moral tornou-se problema e o homem teórico, guiado por conceitos e abstrações, tornou-se um senhor de si/contra si. A vida grega perdeu a certeza dos instintos. Sócrates queria ser médico, mas envenenou a vida grega. Para Nietzsche, a decadência é isto: julgar se a vida é boa ou má. A vida não é para ser julgada, mas aceita e vivida. Não há teoria que julgue a vida. A dialética pergunta ao homem sobre as razões para se sentir forte e nobre e ele deve saber "o que é a força", "o que é a nobreza". Mas o homem nobre não sabe o motivo de sua força, que é prática. Se ele cair na armadilha da dialética, estará perdido. Então, ele ganhará um mestre que começará a "ensiná-lo a viver": "você se enganou, você não tinha razão, você não pensou...". Com a dialética socrática, a plebe triunfou, impôs o seu ódio contra a vida. A fórmula dialética da decadência: conhecer a si mesmo, que significa lutar contra os seus instintos. Para a sabedoria socrática tudo tem de ser consciente, racional, lógico, conceitual. Sócrates ignorava o corpo e era feio como um plebeu!

Sócrates inverteu os valores da época pré-moral. Ele acreditava ser o homem mais "sábio", logo, o mais racional, o mais consciente. O seu deus era lógico. Sócrates foi exclusivamente inteligente e transformou a embriaguez dionisíaca em embriaguez dialética. A sua dialética impôs a negatividade. Sócrates finge escutar o interlocutor para lhe dizer "não" ou "sim, mas...". Ele se convence de que de tanto refutar e negar chegará à verdade. Mas o negativo só produz o negativo, a dialética destrói os instintos. Ela desencarna, pois tudo é Ideia. O dialético é um homem teórico, que vê a existência como uma montagem conceitual. É o reino da consciência, do bem raciocinar, fora da demonstração não há salvação. Mas "raciocinar bem" é transformar a vida em ideias e eliminar a vida do corpo. A dialética constrói a abstração de um homem ideal, o seu inimigo é a animalidade do homem. Ela traz os instintos à luz para destruí-los e transforma o corpo em cadáver. A sua "vida melhor" é um fantasma. A razão suprime o animal e cria um indivíduo dominado pela moralidade, pelos costumes, que tem a capacidade de "prometer". Esse indivíduo tem uma "responsabilidade" e dá a essa força o nome de "consciência". O conceito de consciência tem uma longa e triste história de fuga da realidade e refúgio no ideal. Após Sócrates, portanto, começou a segunda fase da história da humanidade: triste, escura, dominada pelos escravos. O escravo diz não a si mesmo e à vida e, ressentido, reage negativamente ao mundo exterior. A moral reativa não cria valores, apenas reage à força exterior. Os valores reativos: "você é mau, eu sou bom". Tudo é negativo para o escravo (EDELMAN, 1999).

Depois de Sócrates, veio o cristianismo, o "maior e pior evento" da história ocidental. Ele forjou a nossa modernidade, que tem reinado por milênios. Ele é a metafísica, que divide a realidade em aparência e real. O real é uma substância primeira, a consciência, que é a verdade e o Bem. Na consciência cristã, o escravo não deve lutar concretamente contra o senhor, deve combatê-lo internamente. Dominado pelo ódio, pela vingança, o escravo a transforma em sonho e fantasia. A consciência é um espelho em que a realidade é suprimida e tudo se passa entre o si e si mesmo. Para o escravo, o mundo verdadeiro é o seu mundo interior; o mundo exterior do senhor é o da aparência. Os valores são invertidos: a vida (exterior) é uma miragem, é má; a consciência (interior) é a realidade, é boa. Deus fala à consciência e é inimigo da vida. A consciência é primeira e causa das ações, é vontade livre. Mas, para Nietzsche, não é a consciência que causa a realidade. O sujeito/eu/consciência não existe como substância primeira. É a natureza que age como vontade de potência. O cordeiro não pode acusar a águia de ser imoral, porque ela não pode mudar a sua natureza, que é ser forte. Ela não é responsável por sua força e não pode não querer exercê-la. Ela não é nem culpada nem responsável por sua ação.

A consciência cristã reativa é uma "má consciência", repressão da liberdade e dos instintos. Os instintos não se exprimem mais como crueldade e violência exteriores e se voltam para dentro. O homem abandona a sua bela animalidade, e a má consciência é o preço psicológico a pagar. A educação cristã é um instrumento de tortura. O cristianismo torna essa tortura algo refinado, sábio, os padres tornam os indivíduos carrascos deles mesmos. A história do cristianismo é a história de uma longa tortura. Deus é um credor e o indivíduo tem uma dívida, e o que se recusa a pagá-la deve ser castigado. O cristão não quer trair o seu Deus-Amor, mas "amar a deus" significa renegar o "belo animal" humano. Os padres inventaram o pecado, que é responsabilidade do homem-pecador, que se torna "culpado". Os padres ensinam que amar a Deus significa odiar a si mesmo. Cristo e Buda propuseram uma vida de amor, humildade, renúncia ao triunfo pessoal, beatitude, falta de cólera e desprezo, vida de pobreza e serviço. O veneno do cristianismo: ódio à vida.

Finalmente, a Revolução Francesa foi a última revolta dos escravos contra a moral aristocrática. Com a Revolução Francesa, o "último homem" impôs definitivamente os seus valores. Um homem de rebanho, que quer o que todos querem! Todos iguais, prudentes, sombras, hostilizam os que querem outra coisa. Ele se diz "bom e justo", mas quer apenas aprender a bem dormir impondo-se fadigas, trabalho, paz com Deus, docilidade com as autoridades, boa reputação e pequeno tesouro, boa companheira, dar razão. Eles buscam uma virtude, um ópio: um sono sem sonhos! São sepulcros vivos! Para o último homem, louco é quem quer permanecer no sofrimento infinito da vida. Eles desejam a fuga e o esquecimento de si, usam roupas uniformes e são uniformes. É povo, massa, que faz barulho na praça pública. O povo não concebe o que é grande e cria. Ele segue os "comediantes famosos". Os escravos venceram por serem prudentes, sedutores, e agirem em rebanho. O instinto gregário, próprio aos escravos, é vontade de igualdade, amor ao próximo cristão. O oposto do instinto gregário é o aristocrático amor a distância. O fraco é ressentido, o ressentimento é autoenvenenamento psicológico. Nietzsche oferece a sua própria receita: "não aceite elogios e louvores dele! Fuja em sua solidão. Contra os fracos e pequenos, proteja-se. Eles querem se vingar de você. Eles crucificaram o que inventou a sua própria virtude. Odeiam o solitário. Ele não sabe querer e criar. Zaratustra foi para a montanha para não ser infeccionado pela canalha. Foi para o alto!" (NIETZSCHE, *Ainsi parlait Zarathustra*).

Em sua época, depois destas vitórias sucessivas dos escravos, a história ocidental estava dominada pelo niilismo passivo, que Nietzsche definiu com a expressão "Deus está morto". Contudo, a "morte de Deus" conduz também ao niilismo ativo, à exigência da criação de novos valores. Nietzsche distingue um niilismo ativo de um passivo: o passivo é o budismo socrático-cristão-hegeliano, criador de valores negativos, a vontade de nada do "último homem". A história ocidental é a história do avanço deste niilismo passivo, da depreciação da vida e dos ideais forjados para mascarar essa depreciação. Vontade de potência e niilismo passivo não são contraditórios como o ser e o nada. O niilismo é ainda vontade de potência, o nada é uma posição de valores. O niilismo passivo é uma perda de desejo, de erotismo. O burguês apático, *blasé*, tem uma relação negativa consigo mesmo. Era preciso erotizar o mundo e escapar ao niilismo. O corpo precisava recuperar os seus instintos e voltar a ser uma afirmação de si e, para isso, deviam ser criados novos valores que não levassem ao desprezo de si, mas à autossuperação. Mas é difícil superar a falta de desejo, que aparece na solidão, no tédio, no cansaço. O mundo moderno, niilista, está morto cultural e psicologicamente. O ateísmo moderno é o ateu sem vitalidade, doente. A morte de Deus é definitiva, mas o mundo moderno sem Deus não pode durar, pois a vida está sendo guiada por valores antigos. É necessário uma transmutação de todos os valores. Um niilismo ativo é o sinal de um aumento da potência: agir é negar o que é, superar-se. Agir é agir por um novo valor (NIETZSCHE, *Par-delá Bien et Mal*; PIPPIN, 2006).

Há milênios a história ocidental vive no niilismo passivo, que não começou no século XIX e não vai parar no século XX. Esse processo vai durar ainda por séculos e então uma reação contra ele virá. A história filosófica de Nietzsche prevê o transcurso do "processo histórico": virá uma época mais robusta, em que um espírito criador mergulhará na realidade e a libertará do ideal que existiu até hoje. As leis e os valores intangíveis da moral socrático-platônica e hegeliana-cristã perderão a sua virtude imperativa. O niilismo ativo não será só destruição, mas a transvaloração dos valores, que vai gerar uma nova história. O contramovimento do niilismo ativo se dará no interior do niilismo passivo, pois não poderia começar fora da história, como um ponto zero. A nova ordem virá da história mesma. Virá o anticristo, o antiniilista, que vai libertar a vontade e restituir ao homem a sua esperança. É preciso acabar com esse mundo e inverter tudo: os doentes não podem adoecer os felizes! Estes devem manter o *pathos da distância, para não se infectarem*. O seu direito à existência é mil vezes superior, e somente eles podem garantir o futuro. Os felizes não poderão cuidar dos doentes. No futuro, novos valores em novas instituições selecionarão novas exigências e novas necessidades. Criar novas instituições e valores não se faz do dia para a noite. Os novos criadores, os filósofos, serão "experimentadores", para abrir novos caminhos. "Experimentadores" quer dizer: não possuem a verdade, mas fazem "experiências" com a humanidade, experiências com a verdade. A humanidade vai aguentar, vai morrer? Ora, seja! É preciso agir! (NIETZSCHE, *La généalogie de la morale, La volonté de puissance*; SPENLÉ, 1943).

Terceira fase da história universal: a "extramoral", que tem a imagem do leão

A idade trágica da Europa, apresentada como "fase extramoral da história universal", começava em sua época. Na passagem dos séculos XIX-XX, a Europa começava a viver a transformação do Camelo em Leão, havia a exigência da criação de novos valores, que fossem um extremo sim contra o extremo não. O homem devia desaprender o medo do tempo e aprender a ter o sentido do trágico: aceitar a finitude sem perder a alegria de viver. A idade trágica é um tempo heroico, de sofrimento e prazer, que não se evade para o Além. Zaratustra é o pensador dessa idade, com a sua doutrina do eterno retorno, que só tem mestres. Zaratustra, após dez anos na Montanha, solitário, uma manhã, abandonou a montanha, para se fazer homem novamente: "amo os homens, Deus está morto". Ele veio anunciar o retorno do homem saudável, do super-homem, que não blasfema contra a vida terrestre, que gosta do seu corpo e quer tornar-se poderoso. Ele quer viver/fazer a sua hora. O super-homem é "extramoral" porque se põe além do Bem e do Mal: grandioso, imprudente, brutal, nobre, não quer a sabedoria, mas sim criar uma nova virtude. Ele admira seus inimigos e cria inimigos, porque ama a guerra e não o trabalho. Para Zaratustra, a guerra e a coragem fizeram coisas mais grandiosas do que o amor pelo próximo: ser "bom" é ser valente. Na guerra, o super-homem sabe obedecer, não se poupa e não foge. Ele não tem discípulo e não é discípulo, só tem amigos, companheiros de marcha. Ele é livre porque é criador, domina o seu pensamento, morre em combate e não em vão, contra a Terra. O super-homem é duro, sem compaixão, vaidoso, gosta de ser visto e admirado como um homem belo, forte, corajoso (NIETZSCHE, *Ainsi parlait Zarathustra*).

Zaratustra, como um anticristo, veio anunciar o fim da idade moral. Mas ele não veio de um Alto-Além, apenas desceu de uma montanha, onde se isolara, porque descobriu que ama os homens e quer mudar a sua vida, ensinando-lhes a vida como vontade de potência. A vontade de potência é uma vida com vontade de vida: ela se quer além do que ela é, outra coisa do que ela é, multiplicidade e metamorfose. A vontade de potência é uma vontade de diferenciação, de singularização. Para Nietzsche, a vitória da vontade de potência trará novos valores, uma nova justiça, e não será a vitória do Bem, pois está além do Bem e do Mal. A vontade de potência toma posse de si mesma, supera-se, prefere querer nada a não querer. Tudo o que vive quer crescer, vencer. Para crescer, a vontade de potência cria pontos de vista que abrem o futuro. O devir é a ultrapassagem do grau de potência atual. O ser é devir, vontade de mais ser! Para crescer e abrir o futuro, a vontade de potência é perspectivista: exploração, intensificação, cálculo de valores, ponto de vista, estratégia, que constrói o resto do mundo a partir de si e mede o mundo à sua própria força. A vontade de potência é um perspectivismo que calcula a sua própria possibilidade, é criação de valores, apreciação.

Como seria o novo mundo que o profeta anuncia? No futuro, como será a sociedade dos "leões super-homens"? Quais as consequências políticas da doutrina de Zaratustra da vida como vontade de potência? Nietzsche não se estende sobre a sua utopia. Ele apenas propõe que a Alemanha se torne uma sociedade aristocrática em que a individualidade seja intensificada. O super-homem tem vontade de ser mestre, de comandar, de agir e ser eficaz, de vencer a si mesmo, de se obedecer. Ele aceita a bondade apenas entre iguais, a generosidade não piedosa. São homens corajosos e nobres, heróis. Nesta época trágica, sabe-se que o tormento, a destruição, os sofrimentos, não são uma objeção à vida. O "trágico" em Nietzsche é outra coisa: não é culpa, declínio, desespero, mas vontade heroica de combater. O ser é uma totalidade de alegria e dor. Os povos da Terra teriam que decidir entre o declínio e o recomeço, entre os antigos e os novos valores. A revolução defendida por Zaratustra fará com que os velhos valores sejam transvalorados. O niilismo ativo cria as condições de uma liberação, quebrando radicalmente os velhos valores, porque quer que os homens sejam de outro modo. A desvalorização é uma destruição necessária e incondicional (HEIDEGGER, 1971b).

Nesta sociedade do futuro, os trabalhadores, sem salários, agirão mais como soldados. Nietzsche afirma que cada indivíduo terá o seu lugar, segundo a sua "espécie", produzindo o máximo segundo a sua "especialidade". Pode-se entender por "espécie" a raça e por "especialidade" a especialização psicológica de origem genética? O racismo parece inocultável em Nietzsche. Para ele, os trabalhadores não poderão exercer uma força reativa e, mesmo vivendo bem, devem se colocar abaixo dos poderosos, consentir em ser trabalhadores, com orgulho, aceitar a nova hierarquia, "pôr-se em seu lugar". Os fortes do futuro criarão uma nova cultura apoiada na vontade, na alta estima de si, na faculdade de se fixar um objetivo. Os meios: o isolamento, para evitar a média, a resistência a avaliações contrárias, o pathos da distância, a força em face do que é pouco apreciado e mesmo proibido. Para ele, era preciso inverter a corrente do nivelamento acelerado do homem europeu, era preciso cavar distâncias, estabelecer hierarquias. A "espécie nivelada" continuará a existir e terá como justificativa o serviço de uma "espécie superior e soberana", que pode legitimamente se elevar sobre ela. Não será somente uma "raça de senhores", que tem a tarefa de reinar, mas uma raça com um excedente de beleza, bravura, cultura. Uma raça afirmativa, que pode se dar toda espécie de luxo, forte, rica, além do Bem e do Mal. A medida da força é poder viver sob o império das avaliações contrárias e querer que elas retornem eternamente. (NIETZSCHE, *La volonté de puissance*).

Nietzsche propõe uma "revolução cultural", uma "revolução moral", aos alemães cujo lema seria: *não é um dever que determina o ser, mas o ser é que determina o dever. A vida determina o valor. Viver é avaliar*. É o valor pela vida que decide no final. A toda proposição atual, inverter. Uma nova ordem sustentará os novos valores. A vontade de potência é uma nova apreciação e instituição de valores. Nesta nova sociedade, haverá uma nova educação, para uma nova comunicação. As novas instituições que ensinarão os novos valores o farão através da arte, que não é tranquilizante, não evita o sofrimento. A arte estimula, exercita, intensifica a vida. A música virá restaurar a comunicação que o mundo verbal-visual não realiza mais. A música reclama a ginástica, que é a música aparecendo, tornando-se visível. A música e a ginástica deverão entrar para a nova educação. O que sente hoje uma vida verdadeira busca a música, e não a história. A arte de Wagner ensina isto: ela dá asas ao homem. Sua música tem uma capacidade demoníaca de transposição, de comunicação. O espectador participa de sua força transbordante e sente-se potente. Sua arte nos faz viver.

A revolução cultural nietzschiana construirá o novo homem pela transformação da educação. O maior desafio dessa nova educação: a "seleção artificial". Se a evolução natural chegou ao último homem, a seleção artificial produzirá o super-homem. A evolução natural será forçada a uma seleção que ela podia não querer. Os homens poderão interferir na evolução contra a evolução. Uma nova civilização criará melhores condições para a procriação dos homens, sua alimentação, educação, distração, economia, balanço das energias. Objetivo: constituir à escala da humanidade as condições que permitam a aparição dos grandes homens. Não mais contar com acasos, milagres, mas criar, metódica e cientificamente, uma nova raça que seja da humanidade toda. A natureza deve ser trabalhada para oferecer esse resultado. A espécie sacrificou indivíduos até hoje; agora, ela deve se sacrificar pelo super-homem. Construir o futuro supõe duas condições inconciliáveis: manter o tipo e constituir uma nova raça. Fazer a coabitação das massas e dos grandes homens. Como poderiam conviver se se detestam? É um ajuste necessário: sem as massas, os grandes homens não sobrevivem. Eles se destruiriam, e a espécie desapareceria. Sem os grandes homens, as massas seriam dominadas pela vontade de nada e cairiam no comunismo, ou no anarquismo, ou no liberalismo absoluto. Um tipo de entreajuda, de *modus vivendi* biológico se impõe: as massas a serviço do grande homem, e estes lhe mostrariam o caminho para saírem do nada. Não será uma coabitação neutra, fria, mas um novo equilíbrio energético, uma nova repartição de forças. Não será um antagonismo mortal, mas um caos organizado com vistas a uma super-humanidade. As duas tendências da evolução se reuniriam, a natural e a artificial, e seria a vitória sobre o niilismo (EDELMAN, 1999).

Nietzsche, portanto, como Marx, queria intervir radicalmente na realidade alemã. Ele fazia a crítica da realidade alemã e também sonhava com a "revolução alemã". Contudo, para ele, os alemães da sua época talvez não dessem conta da sua tarefa, pois estavam muito debilitados. Nietzsche foi duro com os alemães como se fosse um estrangeiro. Para ele, a alma alemã é mais múltipla, heterogênea, mais composta de elementos justapostos do que verdadeiramente estruturada. Um alemão tem muitas almas! É um povo feito pela mistura de várias raças. São inapreensíveis, contraditórios, imprevisíveis, surpreendentes, escapam à definição. O povo alemão é uma alma de aparências e contra-aparências, com cavernas, esconderijos, desordens, mistério, desvios, caos. O seu símbolo seriam as nuvens: perturbação, inocência, velamento. Os alemães são "profundos"? Só se isso quiser dizer incerto, incompleto, fugaz, em devir. Nietzsche se apresentava como um "bom europeu", querendo superar a exaltação nacional, que se tornara um "confinamento regional". Surgia uma nova supranação, a Europa, que se liberava cada vez mais do clima, das condições naturais, obtendo cada vez mais um alto grau de "adaptação fisiológica". Para ele, este processo de "europeização" crescerá em violência e profundidade por todo o planeta. Os levantamentos de sentimento nacional contra esse processo de europeização do planeta serão considerados "regressões" e serão eliminados. Esta europeização da humanidade criará ao mesmo tempo homens preparados para a escravidão e homens fortes, de exceção, líderes da história universal. (NIETZSCHE, *Par-delá Bien et Mal*).

Nietzsche estava fortemente engajado no movimento pela unidade europeia. Ele não via o Estado-Nação como o sujeito criador desta nova Europa. Para ele, o Estado é um aparelho opressivo, que obriga o homem a se reunir, reprime a liberdade individual, obriga-os a renegar a animalidade, cria normas e valores contra a expansão da sua vontade de potência. O Estado retorna os instintos do homem nômade, livre e guerreiro contra ele mesmo, obriga-os a interiorizar os instintos primários. O homem socializado no Estado sofre a perda do animal: torna-se consciente e sem instintos. Ele se dizia o anunciador de uma nova liberdade: a humanidade vai desenvolver suas faculdades para dominar a Terra. Uma nova liberdade que exigirá uma nova justiça: apreciações de valor a partir da vida, pontos de vista submetidos à vontade de potência, que elimina e seleciona, destrói toda consolação para baixo, tudo o que impede a construção. Construir quer dizer também eliminar. A justiça dará vitória à vontade de potência. No horizonte, tem-se uma espécie superior, e não a conservação de elementos inferiores. Este é o fim que a Europa germanizada deve impor à humanidade. Wagner irá substituir Goethe na pedagogia oficial e educar uma elite nova e militante. A sua música levará ao cume de uma cultura nova. Wagner é a revolução: consegue se comunicar com não músicos e meio músicos, oferece a compreensão de todo um povo. Ele é um dramaturgo universal, o exemplo para os super-homens do futuro, a referência maior para a revolução cultural alemã (NIETZSCHE, *Par-delá Bien et Mal*; EDELMAN, 1999).

Quarta fase da história universal: a "pós-moral', que tem a imagem da criança

Para Spenlé, o sonho de Nietzsche era reunir helenismo e germanismo, aliança que poderia garantir a unidade e a expansão da Europa. Eis a esperança do germanismo europeu: a Europa voltaria a ser cada vez mais helênica e pagã em seus valores e em seu corpo. A solução para a decadência seria retornar à origem mítica, à cultura grega, que foi o cume da humanidade, ao mundo criado pelos super-homens gregos inspirados pelos seus deuses e semideuses. Era uma cultura viva. O grego valorizava o corpo, cultivava a rivalidade, a discordância, a guerra entre as cidades era permanente, o que obrigava o espírito a se aperfeiçoar. Ali, prevalecia uma vontade aristocrática de preeminência, de distinção pessoal, não havia pecado, nem condenação dos instintos, nem remorso, nem repressão, nem hipocrisia moral. A religião era politeísta/polifônica, reinava o princípio da desigualdade das raças humanas, predominava a teoria de que toda civilização superior repousa sobre a coabitação de duas raças: a dos senhores, superiores, conquistadores, nômades, dominadores, arianos louros, e a dos inferiores, autóctones, sedentários, pacíficos, laboriosos, escravos. Os inferiores duravam mais do que o homem excepcional, que durava pouco, vivia no instante, exagerava na vida. Era um mundo além do Bem e do Mal, da força plástica e do esquecimento, inocente como uma criança! (SPENLÉ, 1943).

Contudo, o problema político era: como criar esse "grande homem" em plena Europa decadente do final do século XIX? Para Nietzsche, se fosse esperar o resultado da "seleção natural", o mundo do super-homem não chegaria. A seleção darwinista não favorece aos mais fortes, mas aos mais fracos, que vencem por causa do número, da prudência, da astúcia. O típico sempre venceu o excepcional. A evolução darwinista no Ocidente selecionou os menos aptos. Mas, felizmente, Darwin podia ser vencido. Apoiando-se na ciência, Nietzsche propôs uma "evolução artificial", uma intervenção genética e pedagógica, que criará metodicamente os indivíduos excepcionais. Esse futuro não virá inevitavelmente, por força de alguma lei natural ou transcendente, será fruto de uma intervenção radical, que criará o novo homem, que ama a Terra, gosta de viver no tempo e busca o sucesso, a vitória, a potência. Ele tem o corpo são, diz sim à vida, arrisca a vida lutando pela ampliação da sua potência. Ele quer comandar, expõe a sua vida e se supera (re)criando-se. O super-homem deseja morrer heroicamente, não teme a morte que, para ele, faz parte da vida. Ele sabe do eterno retorno, escapou ao niilismo passivo e se sente eterno, não quer se integrar ao outro mundo, mas a este universo. Ele não se representa como um episódio transitório, mas como uma eternidade concreta, terrestre. O objetivo da vida pode ser atingido em cada presente e cada instante faz parte da trama do universo eterno. Inspirando-se na fábula do eterno retorno, o super-homem venceu o medo da morte, o desejo do outro mundo, o terror deste mundo, o pessimismo, mantidos por milênios pelo cristianismo.

Para Nietzsche, esta "seleção artificial" transformará a humanidade futura em uma "obra de arte": um corpo saudável dirigido por uma nova cultura. No mundo pós-moral, além do Bem e do Mal, um corpo selecionado guiará a consciência. A educação do super-homem vai se apoiar na arte, que tem mais valor do que a verdade, pois a arte não suprime a dor. Essa história futura já foi sonhada e realizada em alguns momentos do passado, por *flashes* e fulgurações. Foram períodos que aconteceram por acaso, por milagre, em que a vontade de potência veio à luz e exerceu plenamente a sua ação, tempos heroicos, de coragem, abertos ao futuro. Mas, se até hoje foi um projeto fracassado, pode se tornar um projeto bem-sucedido. No mundo pós-moral, a hora do eterno retorno de todas as coisas, a humanidade poderá elevar a sua vontade de potência ao máximo. Para Nietzsche, era já o momento de tentar essa seleção metódica, de tomar "em nossas mãos" a evolução e forçar a natureza a produzir os melhores homens. O super-homem, a nova raça que guiará a humanidade, vai além da memória coletiva e diz "eu" e não "nós". Ele se sente uma força em si, um evento. Ele se abandona aos seus instintos. Ele não se pergunta "quem sou eu?" Ele sabe que é tudo. Ele se deixa guiar por sua força, não hesita em ser maquiavélico, razão sem escrúpulos, pois obedece à sua vontade de potência natural. Ele ilustra a eficácia do eterno retorno: o princípio de seleção a serviço da força. Ele é o homem total, o que o homem deve ser. O grande homem é totalidade ativa, constitui o seu próprio tempo, sua própria lógica. Ele é um universo no universo, um todo no todo. Só ele é uma saída para o Ocidente: a via da grandeza (EDELMAN, 1999).

Nietzsche, o profeta desse futuro europeu, foi recebido com silêncio, seus livros ficavam nas estantes, não teve discípulos, amigos. Mas a nova inteligência alemã da Primeira Guerra Mundial desenvolveu uma mística da guerra inspirada em sua obra. Para Nietzsche, ex-enfermeiro da Guerra Franco-Prussiana, a boa guerra é uma alta escola de seleção e de treinamento humano. Não se trata de guerra defensiva, mas do agressor/atacante. A guerra potencializa a vontade de potência, pois é um "evento interior", que altera a fisionomia e a postura. E pode ser escola de uma nova solidariedade humana. A linguagem da história não é terna, e o exército é uma organização da força. O mundo novo exigia a "revolução cultural alemã" e as suas guerras, que criariam a Europa nova e unida. A Europa não é uma única raça, mas uma cultura que reúne. A cultura superior fará aparecer uma elite afastada da tirania da massa. Na Europa, será um tipo supranacional. O caráter nacional será superado em um nível superior, em um espaço cultural ampliado.

Enfim, o mundo pós-moral seria a revanche do paganismo, o retorno do helenismo. A "revolução cultural" realizará a transvaloração dos valores: liberdade, igualdade, humildade, progresso, felicidade, virtude vão se tornar raça, tradição, autoridade, disciplina, hierarquia, vontade forte. O caos interior será organizado pela guerra como "evento interior". Novas forças queriam vir à tona e precisavam de novos valores. Para Nietzsche, no século XX, a luta seria pela dominação mundial, as guerras seriam mundiais. Quem será essa vontade de potência que tomará nas mãos o futuro europeu? E retornamos, inevitavelmente, ao problema do Estado-Nação como sujeito da história. Para ele, a Inglaterra não seria a liderança ideal para a nova Europa, pois foi ela quem criou as ideias modernas e a atual decadência. A França, embora tenha sido uma terra de alta cultura, aristocrática, recebeu e divulgou as ideias modernas inglesas, que são democracia e decadência. Rousseau foi o homem do ressentimento social, do pessimismo, o plebeu rancoroso, que queria o levantamento dos escravos na moral. O profeta da Revolução Francesa era um criptocristão. Após Napoleão, a França acabou. A Alemanha tinha uma cultura caótica, não tinha presente, não tinha uma tradição contínua, e Nietzsche foi um crítico severo desta Alemanha. Contudo, tinha diante dela um grande futuro por não ter se alinhado às ideias franco-inglesas da Revolução Francesa e ter feito revoluções copernicanas no pensamento. Os valores alemães: virilidade, boa vontade, coragem, respeito de si, trabalho, perseverança, sobriedade, saber obedecer sem se sentir humilhado, não desprezar o adversário, disciplina. É um povo educável, plástico, e ia se tornar a liderança da nova Europa. Para Nietzsche, a Alemanha iria viver o seu "grande século", a ela estavam reservadas as grandes decisões do século XX. A Alemanha à frente!

Capítulo III

A consciência histórica ocidental pós-1989:
Paul Ricoeur e a vitória do projeto anglo-americano de conquista da "Comunidade Europeia" e do planeta

O percurso do reconhecimento:
de "criptoteólogo" a *Tempo e narrativa*

Paul Ricoeur nasceu em Valence, França, em 1913. Seu pai morreu na Primeira Guerra Mundial e sua mãe logo depois e, como órfão de um "herói de guerra", administrativamente, tornou-se "pupilo da nação". Os seus familiares eram: a mãe, Florentine Favre; o pai, Jules Ricoeur, professor de inglês no liceu de Valence; a irmã, Alice, que morreu ainda jovem de tuberculose; Adèle, a tia que o criou; a esposa, Simone Legas, uma amiga de infância, protestante também, com quem se casou em 1935 e teve vários filhos. Ricoeur teve uma educação austera, disciplinada, no ambiente familiar calvinista. Vivia um pouco solitário e, já na infância, o livro era onipresente, oferecendo-lhe o esquecimento de si, era a sua distração, a sua evasão. Antes de começarem as aulas, já tinha lido todo o semestre! A sua experiência de vida e a severa educação calvinista o levaram a preferir as obras que tratavam do problema do Mal, ao qual se tornara especialmente sensível, como *Crime e castigo*, de Dostoievsky, que muito o influenciou. O jovem Ricoeur se deu como missão, quando crescesse, a defesa de uma ética e de uma política que visassem diminuir o Mal no mundo. Por um lado, a sua fé sustentava o seu otimismo radical: "o Criador é bom, o Bem é anterior ao Mal e vencerá"; mas, por outro lado, a filosofia reflexiva lhe ensinou a dúvida: se o Mal é onipresente na história, é preciso agir para a vitória do "menos pior" (RICOEUR, *Réflexion faite*; DOSSE, 2001).

Ele foi professor nas universidades de Estrasburgo, Sorbonne, Nanterre, Louvain-la-Neuve (Bélgica) e Chicago, Yale (Estados Unidos), foi membro de diversas academias e recebeu vários prêmios importantes, entre eles, o Prêmio Hegel (Stuttgart), o prêmio Karl Jaspers (Heidelberg), o Prêmio Leopoldo Lucas (Tubinge) e o Grande Prêmio da Academia Francesa (1988). Foi membro do comitê editorial e colaborador constante das revistas *Esprit*, que tinha uma orientação socialista cristã, e da *Révue de Métaphysique et Morale*, além de diretor de diversas coleções de filosofia de editoras francesas importantes como Aubier, Seuil, Esprit. Na editora Seuil, ele dirigiu com François Wahl a importante coleção "Ordem filosófica". Na internet encontram-se vários sites, além do seu site oficial, que informam sobre a sua extensa e riquíssima biografia. Aqui, vamos nos basear na obra de François Dosse *Ricoeur, les sens d'une vie* (2001) e em sua autobiografia *Réflexion Faite* (1995), versão francesa da introdução à obra *The Philosophy of Paul Ricoeur*, publicada para o público americano. Ricoeur o definiu como um ensaio de autocompreensão: uma narrativa de vida seletiva, literária, tendenciosa, sem distância entre o personagem e o narrador, limites inultrapassáveis de uma autobiografia, mas que não a impedem". Neste "ensaio de autocompreensão", deu ênfase ao seu itinerário intelectual e só abordou eventos pessoais nesta ótica (RICOEUR, *Réflexion faite*; DOSSE, 2001; FÈVRE, 2003).

A benfeita biografia de Dosse não teve nenhuma colaboração de Ricoeur, que não quis se envolver no seu trabalho, talvez, "para manter o distanciamento entre o personagem e o narrador" e não transformá-la em uma autobiografia. Dosse fez o seu trabalho sem entrevistas, sem dados oferecidos pelo biografado, e Ricoeur o aprovou, pois passou a reconhecer a obra de Dosse citando-o inúmeras vezes em seus últimos livros. Dosse decidiu fazer a sua biografia porque o considera um dos mais importantes filósofos da segunda metade do século XX e porque tinha uma grande afinidade com a historiografia. Para Dosse, Ricoeur reuniu os principais temas e ideias da história da filosofia, reelaborando-os em uma síntese original, onde a linguagem, sobretudo a poética e a metafórica, revela uma realidade que não podemos tocar em si, mas que podemos perceber interpretando-a de maneiras diferentes e, contudo, coerentes. Ricoeur se interessou pela fenomenologia, pelo existencialismo cristão e pela filosofia da linguagem, esta entendida não da forma analítica da tradição anglo-saxã, mas como um instrumento de "revelação". Ele tinha uma fortíssima "sensibilidade religiosa", e, para ele, a palavra tem um "poder sagrado de revelar um mundo que se encontra além da palavra". Para ele, se não podemos falar de Deus, podemos "quase falar" e "quase vislumbrar" a sua Presença (DOSSE, 2001).

O nosso interesse pela obra de Ricoeur é duplo: 1º) pela sua afinidade com a historiografia, por ter sempre sido um "teórico da história", por ser um interlocutor que leva os historiadores muito além da epistemologia e da metodologia, revelando as dimensões éticas, ontológicas, da historiografia. Ele se tornou, sem dúvida, o autor contemporâneo mais relevante para a comunidade dos historiadores, pois a *temporalidade*, a *historicidade* e a *escrita da história* foram temas permanentes e centrais em sua vasta obra, direta ou indiretamente; 2º) por representar de forma ao mesmo tempo receptiva e crítica a nova ordem pós-1989, que Greish definiu como a "idade hermenêutica da Razão". As suas últimas obras, *Tempo e narrativa* (1983/1985) e *A memória, a história, o esquecimento* (2000), expressam com extrema lucidez a consciência histórica Ocidental do final do século XX. Da sua obra prolixa, destacamos ainda aqueles textos que nos parecem relacionados mais diretamente a estas duas razões acima, que são os seguintes: *Histoire et verité* (1955), *De l'interpretation: Essai sur Freud* (1965), *Le conflit des interpretations: Essays d'hermeneutique* (1965), *La métaphore vive* (1975), *Du texte à l'action: Essais d'hermeneutique* (1986), *Soi-même comme un autre* (1990), *Parcours de la reconnaissance* (2004). São obras extremamente longas e densas, leituras labirínticas, complexas, que vamos procurar tematizar, simplificar, organizar.

Inicialmente, na companhia de Dosse, faremos uma "visita cortês" aos eventos que orientaram a sua vida e a sua obra. Quem foi Paul Ricoeur? Apenas para lembrar, uma biografia é só a "escrita de uma vida", uma narração feita por alguém, com seus valores e apreciações. Dosse reconstruiu com sensibilidade e simpatia o seu percurso, a sua "via-sacra", mostrando os seus sucessos e quedas, as suas querelas, os seus aliados e adversários, as suas dores e alegrias. A nossa atitude em relação a Ricoeur será também a de um "crítico respeitoso" que, mesmo na divergência, o considera um interlocutor crucial para os "dias críticos" que vivemos. Segundo Dosse, para a nossa surpresa, apesar de ser um dos filósofos mais importantes da França contemporânea, na própria França, Ricoeur foi marginalizado entre as décadas de 1950 e 1970. Por que a obra de um dos filósofos franceses mais reconhecidos e comentados no mundo foi deixada de lado nos debates franceses entre os anos 1950 e 1970? Por que Ricoeur foi exilado da cena intelectual francesa? Por que a sua obra foi redescoberta apenas no final dos anos 80? Enfim, por que Ricoeur conheceu o ostracismo durante os anos em que foi mais produtivo e somente no final do século XX foi, finalmente, reconhecido? Várias obras apareceram nos anos 1990 para darem conta desse seu reconhecimento tardio: *Paul Ricoeur* (MONGIN, 1994), *Paul Ricoeur – La Promesse et la Règle* (ABEL, 1996) e o próprio François Dosse, com *Paul Ricoeur – Les Sens d'une Vie* (2001), contribuíram para dar à sua obra uma coerência e defenderem o seu reconhecimento pela comunidade intelectual francesa. O holandês Franz Dirk Vansina fez um levantamento de grande parte da bibliografia primária e secundária de *Paul Ricoeur (Bibliographie primaire et secondaire (1935-2000)* (2000).

Os seus diversos intérpretes oferecem várias razões para essa resistência ao seu pensamento. Em primeiro lugar, Ricoeur era um "leitor virtuose", lia e comentava desde a Bíblia, Aristóteles e Santo Agostinho até Hannah Arendt, Éric Weil, Karl Jaspers, Lévi-Strauss, Mircea Eliade e os grandes textos da literatura e da historiografia. Essa condição de "leitor virtuose" o tornou vulnerável porque, para alguns de seus críticos, ele teria sido virtuose, mas apenas um leitor, e não teria sido um verdadeiro filósofo, pois não foi um criador de conceitos originais. Em segundo lugar, Ricoeur era um militante do cristianismo social, o que lhe rendeu a mais profunda antipatia entre os intelectuais franceses. Os seus adversários consideravam a sua obra uma teologia mascarada, em que a filosofia não tem autonomia em relação à religião. Ricoeur não teria sido um "filósofo", mas um teólogo que se interessou pelos textos filosóficos: um criptoteólogo. Entre os anos 1950 e 1970, o pensamento francês esteve dominado por discussões em torno das obras de Marx, Nietzsche e Freud, os "filósofos da suspeita", e um pensamento do sujeito, da consciência, do sentido, da ética, estava deslocado. Os intelectuais franceses estavam mais próximos da psicanálise, do estruturalismo ou da semiótica e eram hostis à hermenêutica. Era uma época dominada pelo marxismo, pelo sartrismo, pelo lacanismo, pelo estruturalismo, pela Escola dos Annales e pode-se, então, compreender a repercussão relativamente limitada da sua obra na França. Não concordamos inteiramente com as críticas feitas a Ricoeur, mas admitimos que têm fundamento, naquele contexto intelectual e político. Entre os anos 1950 e 1970, os fundamentos metafísicos do seu pensamento eram considerados unanimemente como um retrocesso. Merleau-Ponty, que Ricoeur admirava, evitou o contato com ele por causa do seu cristianismo, Sartre o considerava um "pastor que se ocupava de fenomenologia". E, assim, uns mais agressivamente, outros mais dissimuladamente, foram se afastando dele e limitando a sua presença na vida intelectual francesa (DOSSE, 2001; FÈVRE, 2003).

 A biografia de Dosse mostra que Ricoeur teve uma experiência pessoal trágica da vida e da história: o seu pai morreu na guerra, a sua irmã morreu de tuberculose, o seu filho se suicidou. Teve adversários poderosos na universidade e na política: o marxismo althusseriano, o freudismo lacaniano, o estruturalismo lévi-straussiano, o existencialismo sartriano. Foi perseguido por suas posições políticas a favor da independência das colônias francesas, por ter sido contra a Guerra da Argélia. Em 1961, a polícia revistou a sua casa, como suspeito de ter cometido crimes contra a segurança do Estado. Alain Touraine afirma que "há em Ricoeur um lado dramático. Tudo é sempre perigoso, urgente. Há um lado SAMU. Eu compartilho perfeitamente este modo de ver. O pensamento é da ordem do SAMU". Ele tratou as suas questões como urgentes, emergenciais, questões que seriam caso para um SAMU pessoal e filosófico! Apesar das quedas, contudo, ele queria viver com alegria. A dimensão trágica da sua vida e de seu pensamento o ensinou a vigilância e a responsabilidade da ação. O tema da "dívida" é recorrente em seu pensamento, que não suporta a ingratidão, a amnésia, a traição, a infidelidade, o esquecimento da palavra dada. Ele quer "escutar a vida" e se engajou no mundo, na cidade, abrindo-se a muitas e heterogêneas influências (ver Dosse, 2001).

O jovem Ricoeur foi muito influenciado por seu professor de filosofia do liceu de Rennes, o neotomista Roland Dalbiez. A sua paixão pela filosofia nasceu desse encontro. Segundo Dosse, Dalbiez foi um "quase pai", que o ensinou a não desviar do que temia encontrar, a não contornar obstáculos, mas a enfrentá-los de frente. Talvez, por isso, Ricoeur tenha decidido enfrentar o maior desafio à sua fé: a racionalização filosófica. Ele ficou tenso entre esses dois registros cognitivos diferentes, mas aprendeu o prazer da controvérsia, da questão disputada. Com Dalbiez, ele descobriu ao mesmo tempo Santo Tomás e Freud. Entre 1934 e 1935, Ricoeur frequentou as "sextas-feiras", de Gabriel Marcel, encontros entre intelectuais cristãos em um ambiente de convivialidade, amizade, de argumentação e diálogo. Ali ele descobriu a filosofia de Husserl, o qual, depois, traduzirá e introduzirá na França. Ele percebeu pouco a pouco que se colocava em tradições intelectuais diferentes, em um "impasse", um "paradoxo", que traduzia a sua vontade de acolher a diferença, o contraditório, sem ceder ao ecletismo. Ricoeur aprecia frequentar posições diferentes, fazer "visitas corteses" aos seus adversários.

Uma das instituições em que esteve onipresente foi a revista *Esprit*, que Emmanuel Mounier fundou em 1932. O jovem protestante se entendeu bem com os católicos heterodoxos Emmanuel Mounier e Gabriel Marcel, que procuravam reunir filosofia, religião e política. Mounier conseguiu fazer os intelectuais católicos participarem da vida político-social, propondo o renascimento, o despertar da civilização ocidental. A práxis católica era convencer pelo diálogo, "pensar com" o outro. A sua doutrina é o "personalismo", um cristianismo social contra a economia do lucro, do produtivismo, que leva à despersonalização. A palavra de protesto cristã era "pessoa-personalismo", contra o marxismo e o fascismo. A pessoa não pode ser sacrificada à massa, à classe. O personalismo não é um individualismo, um solipsismo, mas uma relação do eu e do tu, um nós. Os cinco princípios personalistas eram: "sair de si, compreender, tomar o destino nas mãos, dar, ser fiel a si". Estes são também os valores de Ricoeur, um protestante discreto, que escuta e lê o outro. Ele se enriquece com o outro e retorna a si, ao seu "jardim secreto". Mas ele não poderia ficar retirado em seu jardim secreto, pois, para ele, a ação no mundo é fundamental. Para Dosse, pode-se dizer que a sua filosofia é de inspiração cristã, mas não se pode dizer que seja um "filósofo cristão", porque não há "filosofia cristã". Ricoeur sempre procurou não confundir os dois registros (Dosse, 2001; Fèvre, 2003).

Em sua práxis, os "socialistas cristãos" queriam ir além do marxismo, alegando que os motivos morais da revolução são tão importantes quanto os materiais. A solução socialista cristã seria mais uma resposta à questão da dignidade e autoestima da pessoa do que à busca do sucesso material. Calvino insistiu que o cristão testemunhava a sua santificação na sociedade participando da melhoria do mundo. Nos anos 1930, Ricoeur era um "socialista cristão", que condenava a selva capitalista, um mundo de injustiça e iniquidade. Ele leu a obra de Marx e o achava necessário, mas opôs-se ao dogmatismo, ao espírito de sistema e defendia um marxismo crítico. A crítica que Marx fez do cristianismo, Ricoeur a aceitou porque se dirigia ao que se tornou a "caricatura do cristianismo". Aliás, Lutero tinha precedido Marx nisso. O dogmatismo marxista, Ricoeur o viu como uma herança do logicismo hegeliano: se o real é racional, logo, o saber absoluto domina a história. Ricoeur se colocou ao lado dos cristãos revolucionários, defendeu a reflexão sobre a história, porque não se age sobre um mundo que não se compreende.

Em sua tese de 1950, *La philosophie de la volonté*, reuniu cristianismo e marxismo visando reunir o povo para a mudança. Ricoeur foi militante dos movimentos de juventude protestante, pacifistas e socialistas, seguindo André Philippe, que, em 1936, era deputado socialista e protestante do Front Popular, e que, depois, tornou-se ministro de De Gaulle. Ricoeur escrevia em revistas de esquerda cristã, militou na Anistia Internacional pelos direitos humanos. O seu pensamento pode inspirar uma ação política transformadora e libertadora, pois sempre discutiu os problemas políticos como um pacifista radical, que considerava a ideia de "guerra justa" um oximoro. Seu sonho: uma sociedade mais justa, mais humana, para fazer esquecer o século XX trágico. Contudo, o seu pacifismo nos anos 1930 era ingênuo ao defender o desarmamento geral, simultâneo e controlado. Ele e a França subestimaram a força do nazismo e de Hitler. Ricoeur adorava a filosofia alemã: Kant, Heidegger, Husserl, foi a Munique aprender alemão, mas o tenente Ricoeur teve de lutar contra os alemães e, talvez, para sair da guerra, deixou-se fazer prisioneiro até o final (Dosse, 2005; Oliveira, 1990).

Preso em 1940, foi enviado em vagão de animais para a Pomerânia oriental (Polônia), onde centenas de pessoas ficavam em um espaço restrito. No cativeiro, havia a barraca dos filósofos, que não eram obrigados a trabalho forçado e morriam de tédio. Apesar da penúria de tudo, estudavam, davam cursos uns para os outros. Organizou-se uma verdadeira universidade no campo de concentração, com reitor, diretores de estudos e professores. Havia uma biblioteca no cativeiro. Ricoeur fez uma conferência sobre Nietzsche, em que defendeu a tese de que os nazistas tinham usurpado e falsificado

Nietzsche. Para ele, a verdadeira Alemanha não era a guerra, mas Husserl, Heidegger, Jaspers. De 1940 a 1945, prisioneiro dos alemães, continuou a estudar os alemães e a se reunir aos protestantes para os cultos. Em 1945, livre, voltou a Paris. Inicialmente, foi dar aula em um colégio protestante distante; depois, de 1948 a 1957, lecionou na universidade de Estrasburgo, que se tornara um importante centro de pesquisas na fronteira com a Alemanha. Ele disse que "foram os anos mais felizes da minha vida universitária. Lia um autor por ano e ganhei uma boa bagagem em filosofia grega, moderna e contemporânea". No pós-guerra, Sartre tornou-se a estrela de uma filosofia que descia às ruas, que expressava a sede de viver após a guerra. Ricoeur achava Sartre talentoso, mas nocivo, niilista, dava prioridade ao nada. Nada vale! Contudo, dialogou com o existencialismo através de Gabriel Marcel e Kierkegaard. Ricoeur contribuiu para a divulgação na França, com Emmanuel Levinas, Merleau-Ponty e o próprio Sartre, da fenomenologia alemã. Ele escreveu o artigo "Husserl e o sentido da história" e publicou, em 1950, a obra de Husserl *Ideias diretrizes para uma fenomenologia*, que traduziu para o francês no campo de concentração alemão. Para Dosse (2001), ele é paciente e generoso ao extremo. Em Ricoeur, a estrutura essencial da existência é a comunicação, o diálogo, que constituiria uma "epistemologia do amor", só o amor é um conhecimento real.

No pós-guerra, Ricoeur se limitou a concluir sua tese e à militância no grupo protestante do cristianismo social, aproximando-se mais da revista *Esprit* e de Emmanuel Mounier. A França e a civilização ocidental passavam por uma revolução, e os cristãos tinham um papel a desempenhar. Ricoeur se sentia completamente membro da "civilização ocidental" e se dizia membro dela como estava ligado ao seu corpo. Para ele, uma civilização é uma herança, uma memória e uma invenção, e a civilização ocidental era a "comunidade cristã", que, após a experiência nazista, estava em crise, sem valores. O cristão devia se engajar em seu século, não podia virar as costas ao mundo e não devia se desesperar. Era preciso defender os valores humanos, a democracia. Para ele, o cristianismo era o único capaz de reunir os membros esparsos da civilização ocidental rasgada de contradições.

Após Auschwitz, haveria ainda algum sentido na história ou estava demonstrado que era o escândalo do Mal? Ele discordava de Merleau-Ponty e Sartre, que disseram que "o marxismo era o horizonte insuperável do nosso tempo" e procurava reencontrar na própria tradição cristã novos caminhos. A utopia de Ricoeur: nenhuma vontade de potência, mas a busca da relação mais horizontal entre homens que querem viver-juntos. Contra o marxismo, sustentava que o trabalho não deve prevalecer sobre a palavra, que tem a capacidade de "significar" e, por isso, é anterior e ultrapassa o trabalho. Ela é a comunicação entre os homens. Para Dosse, Ricoeur possui uma espécie de diplomacia da inteligência, manobra as ideias como diplomatas jogam com as forças, evitando a ruptura da comunicação. Ele defendia a coexistência pacífica dos dois sistemas, o capitalista e o soviético, mas era contra a miséria e outros problemas sociais e defendia a paz através da justiça preventiva. Ele criticava o *american way of life*, massificante, que considerava um tipo de fascismo. A Europa deveria estar entre os dois como intermediária e representar uma alternativa.

Nos anos 1960, o estruturalismo tornou o inconsciente a principal chave de leitura das ciências humanas. Para enfrentar esse desafio, Ricoeur foi a Freud. Mas a fenomenologia permanece na tradição reflexiva e a "intencionalidade da consciência" não atinge o inconsciente da psicanálise. Lacan e os lacanianos não aprovaram a leitura de Ricoeur de Freud, que consideraram um "espiritualismo": Ricoeur não entendera Freud. Isso custou caro a Ricoeur, que foi marginalizado da cena intelectual francesa como representante de uma corrente espiritualista retrógrada, que não compreendera nada da revolução estruturalista que ocorria. Ricoeur havia assistido aos famosos seminários de Lacan sobre a psicanálise, e este o acusou de plágio! Ricoeur replicou que não entendia o que ele dizia em seus seminários e que não conseguia ler os seus textos. A acusação de Lacan era contraditória: Ricoeur o plagiara e desaprovara a sua leitura de Freud! Ricoeur era ao mesmo tempo um plagiador de Lacan e misturava psicanálise e religião! Como então ele poderia ter roubado as suas ideias? A corriola de Lacan achava que só o ilegível Lacan havia entendido Freud! Lacan publicou os *Escritos* para mostrar o quanto foi pilhado por Ricoeur, que o subinterpretou. Os *Escritos* apresentavam a psicanálise como uma anti-hermenêutica, a fenomenologia era um fracasso por não levar em consideração o inconsciente. A busca do sentido na psicanálise não é hermenêutica, não é síntese, mas análise, desconstrução... (DOSSE, 2001).

Ricoeur sofreu muito com esse episódio e não voltou a escrever sobre a psicanálise. As acusações eram contraditórias, mas o terrorismo intelectual o deprimiu. As revistas *Critique* e *Temps Modernes* o bombardearam: "o seu ensaio sobre Freud seria uma apostila-manual para pequenos freudianos". Ricoeur foi banido do debate intelectual e científico como crente, cristão, sua palavra não podia ser recebida pelo mundo laico. Em sua hermenêutica, a palavra tem um caráter oracular e divino, o "sentido" que buscava era o sentido final da escatologia cristã. O seu livro sobre Freud foi posto no *Índex* dos pensamentos de esquerda, em Paris. Contudo, Ricoeur só deu a sua interpretação de Freud e nunca quis representar o verdadeiro Freud. Lacan é que imaginou que a sua interpretação da psicanálise era a "pura verdade" e sonhou que era um "clone corrigido" de Freud. Para Ricoeur, a descoberta do inconsciente por Freud fora uma conquista científica como as da física e da biologia. Mas, para ele, a cura analítica não é uma negação da consciência, é a sua extensão. É uma vitória da memória sobre o inconsciente. Ela oferece a mediação do outro, o terapeuta, que permite à memória se dizer, sem cuja presença a reapropriação da lembrança traumática é impossível. A consciência sendo incapaz de se tornar transparente a ela mesma pela introspecção, a psicanálise era uma conquista decisiva.

Em 1964/1965, foi construída a nova Universidade de Nanterre e Ricoeur se deslocou para lá para dirigir o departamento de filosofia. Não gostava da Sorbonne, porque as salas eram superlotadas e não podia falar com os estudantes. Em maio de 1968, após a Guerra da Argélia, o movimento estudantil estava efervescente. Havia um clima de contestação no ar: revolução sexual, revisão da relação homem/mulher, a pílula anticoncepcional e o controle da natalidade. As instituições se sentiram ameaçadas, e Ricoeur foi a vítima maior dessa nova cultura política. Eleito diretor da Universidade de Nanterre em 1969, teve de administrar as tensões que cresciam no *campus*. A segurança estava ameaçada e, como era o *doyen*, Ricoeur – pasmem! – chamou a polícia, que tomou o *campus*. A violência foi redobrada. Os estudantes gritavam e pichavam nas paredes da Universidade: "Ricoeur de mãos dadas com a burguesia e o governo burguês!", "ele não é neutro: é racista e policial"; escreviam no quadro "velho palhaço" e invadiram o seu gabinete e o ameaçaram. Os maoístas eram os mais agressivos: "a sua hermenêutica era meio religiosa, meio filosófica. Uma ascese mística! Suas obras eram uma introdução à Salvação. Uma filosofia reacionária, retrógrada, uma criptoteologia. Para que, então, a filosofia?". Alguns estudantes jogaram o conteúdo de uma lixeira em sua cabeça. Um máximo de publicidade foi dado a esse ato, e essa imagem de "diretor contestado" colou em Ricoeur e tornou-se símbolo de uma época. A esquerda o contestou, os moderados o abandonaram e até os seus amigos protestantes o consideraram responsável pela violência policial. Ricoeur se retirou, amargo, com a sensação de fracasso e injustiça. Sua reputação tornou-se agora a do "diretor que chamou a polícia", "o diretor da lixeira na cabeça", "o diretor policial" (Dosse, 2001; Fèvre, 2003).

O Maio/68 não foi só parisiense, foi mundial. Para Ricoeur, os movimentos universitários eram contra o niilismo de uma sociedade, que, como um tecido cancerígeno, não tinha outro objetivo senão o seu próprio crescimento. Ricoeur interpretava essa época como o momento da "revolução cultural" das sociedades industriais avançadas, que perderam o sentido, contra o capitalismo e a burocracia, que exigia, entre outras, a reforma da relação professor/aluno, do ensino universitário. A crise universitária se articulava à crise social. A universidade se curvava passivamente às exigências da industrialização e deixava de servir à sociedade. Ricoeur queria uma reinstitucionalização inovadora da universidade: o que seria do projeto liberal da universidade se a crítica não fosse mais a sua função social? Tratava-se de refundar a universidade. A revolta de 1968 era um desejo/oportunidade de renovação, refundação, com novos valores. Mas, para ele, os revoltados fanáticos defendiam uma política do pior, que provocava a repressão e consolidava as posições neofascistas no poder. O que queriam eles? A sua reivindicação era informe, sem nome, difícil de compreender. Entretanto, Claude Lefort procurou interpretar e exprimir o ponto de vista dos militantes de 68: "A democracia é invenção – isto é a revolução. A democracia tem uma amplitude metainstitucional, é um modo de ser da sociedade como abertura ao possível, problematização das certezas, aceitação da desordem. A revolução é um ideal permanente de transparência a si. Não é para ser feita e terminada, como um "fim da história". A revolução deve realizar os direitos do homem, buscar a cidadania". O que separava Ricoeur dos estudantes? Para Lefort, Ricoeur ficou isolado porque valorizava o passado, a tradição. Para ele, o homem novo é habitado, inspirado pelo homem velho e reciprocamente. Era a matriz cristã, que representa a continuidade/criatividade da humanidade, contra o individualismo liberal e as estéticas nietzschianas-marxistas. Os revolucionários de 1968 valorizavam o presente como um novo começo da humanidade (ver THIBAUD, 1988).

Para o vice-diretor de Nanterre, René Rémond, "o nome de Paul Ricoeur ficou associado ao episódio de 1968. Ele não era ainda o grande espírito que honra o pensamento francês. O evento de Nanterre é menor em relação à grandiosidade da sua obra. Deve ser esquecido." Contudo, para Rémond, talvez tenha sido deste evento que tenha surgido a grande obra de Ricoeur. Ele viveu este episódio como uma prova, que lhe deixou o sentimento de fracasso, naquele momento, mas que influenciou o seu pensamento e orientou a sua reflexão. Ele não teve outro recurso senão apelar à polícia para fazer a ronda e intervir no campus. Foi uma decisão difícil que custou muito a ele, porque as suas orientações filosófica e religiosa eram contra a violência. Ele perdeu o apoio de alunos e professores, "mas eu o apoiei, porque era a única medida possível. Nanterre tornou-se um lugar maldito! Só ele pode dizer o que isso significou para ele. Quando o vejo falar de direito, justiça, memória, responsabilidade, ética, penso em Nanterre" (RÈMOND, 2004).

A experiência de Nanterre foi terrível. Não satisfeito com essa queda, Ricoeur "quis cair outra vez". Em 1969, naquele ambiente desfavorável, disputou a vaga de Jean Hyppolite no Collège de France com Michel Foucault, que estava no auge do sucesso com a obra *As palavras e as coisas*, era o ídolo dos estudantes do Maio/68 e sintonizado com o estruturalismo.

Foucault encarnava a pós-modernidade, a inovação, e tinha apoios de peso no Collège de France, onde os estruturalistas estavam reunidos: Lévi-Strauss, Dumézil, Barthes, Braudel. Foucault teve 25 votos contra os seus 10, ou seja, "o estruturalismo venceu a hermenêutica no final dos anos 1960". Ricoeur sempre reconheceu o valor de Foucault e não lamentou ter sido derrotado. Para Dosse, a questão é: como Ricoeur pôde entrar nesta "arena de leões" se sabia que não tinha chances? E no clima de 1969! Ingênuo? Para quem refletiu tanto sobre o Mal é estranho que fosse tão incapaz de reconhecê-lo. Ele não percebia as intrigas em torno dele. Seria para repetir o martírio de Cristo e dos primeiros cristãos? Talvez ele quisesse se imolar em sacrifício... Depois dessas três quedas, os episódios Lacan, Nanterre e Collège de France, Ricoeur deixou de ser profeta em sua terra, eclipsou-se na França. Até os seus amigos protestantes não o perdoaram pela entrada da polícia no *campus*. Os responsáveis pela administração universitária o consideraram responsável pelo caos universitário dos anos 1960 (DOSSE, 2001; FÈVRE, 2003).

Diante dessa situação ultra desfavorável, ele procurou se afastar da vida intelectual parisiense e passou a estar mais presente nas universidades americanas. Desde 1954, era convidado a ensinar nos EUA e procurou aproximar o seu pensamento da filosofia analítica americana. De 1970 a 1972, foi também acolhido pela Universidade Católica de Louvain (UCL), onde ofereceu seminários sobre hermenêutica e pôde explorar melhor os "Arquivos Husserl". Esse afastamento de Paris foi salutar para ele. Em Louvain, preparou a sua obra *A metáfora viva*, esteve ao lado de seus amigos Jacques Taminiaux, Alphonse de Waelhens e Jean Ladrière. Há muitas teses sobre a sua obra na UCL e também este meu trabalho é resultado de um pós-doutorado sobre a sua obra, com Bolsa da Capes, supervisionado pelo professor Michel Dupuy, no Institut Supérieur de Philosophie da UCL, em 2007. Nos EUA, a convite de protestantes, Ricoeur ensinou em Chicago, Yale, onde conheceu Mircea Eliade, que também se interessava pela hermenêutica dos símbolos religiosos e se tornou seu amigo. Ele se refugiou nos EUA desde os golpes lacanianos de 1965 e reencontrou o prazer de ensinar. A sua obra foi traduzida, o ensaio sobre Freud foi adotado pelo meio psicanalítico americano. Criou-se nos EUA e no Canadá um culto a Ricoeur, que recebeu vários títulos *honoris causa*: Montreal, Boston, Toronto, Columbia, Ottawa, Chicago. Nos EUA, ele sofreu a concorrência do desconstrucionismo do seu ex-assistente na Sorbonne, Jacques Derrida. Os derridianos americanos fizeram-lhe os mesmos violentos ataques franceses: "era um teólogo liberal, que defendia ainda o sentido, e os desconstrucionistas queriam liquidar o sentido".

Portanto, segundo Dosse, fora do hexágono francês, Ricoeur foi consagrado: nos EUA, surgiram numerosas teses sobre o seu trabalho, muitas análises divulgaram o seu pensamento; a Itália o celebrou e esteve sempre por lá e foi até recebido pelo Papa, ele, o calvinista; a esquerda católica italiana é ricoeuriana. A Espanha o recebeu bem. Nos países escandinavos, na Dinamarca, sobretudo. Ele repercutiu no Japão, Coreia do Sul, na América Latina e na África. Foi traduzido em todo o mundo. Nos EUA, ele escreveu a sua grande obra, *Tempo e narrativa*, que foi publicada entre 1983 e 1985. Ele descreve *A metáfora viva* e *Tempo e narrativa* como "obras gêmeas", concebidas juntas e nascidas uma depois da outra. Nestas obras, Ricoeur respondeu ao estruturalismo: há um fora do texto, o referente, um sujeito. Ricoeur opõe às lógicas sincrônicas do tempo imóvel, à temporalidade fria, às análises estruturais, a temporalidade e a diacronia de toda narrativa. É no agir e no sentir que se situa a estrutura primeira do tempo, que só pode se exprimir sob a forma narrativa. São os questionamentos do trágico século XX que estão na base dos seus diálogos com Santo Agostinho e Aristóteles. Não se narra por narrar. A narrativa não é do sonho, mas do real. Ricoeur sempre dialogou com a história e, para ele, os debates históricos são uma busca infinita de sentido (Dosse, 2001).

Após a publicação de *Tempo e narrativa,* ele fez um retorno espetacular à cena intelectual francesa. A partir de 1985, graças também à nova conjuntura da vida intelectual francesa, Ricoeur foi cada vez mais crescendo em prestígio e até recebeu, em 1988, o Grande Prêmio da Academia Francesa. O seu trabalho tornou-se crucial na crise da consciência europeia pós-1989. Essa obra assegurou o seu retorno porque oferece uma reflexão sobre o agir, passou da análise da linguagem à análise da ação, retirou a linguagem do fechamento em si mesma. Ele passou a ser admirado porque, como um kantiano pós-husserliano-hegeliano, alimenta-se de uma tradição muito mais remota: Aristóteles, Santo Agostinho, Platão, Plotino. Contudo, justo naquele momento em que as coisas melhoravam para ele, o seu filho Olivier, em 1986, se matou! Ricoeur comentou o episódio laconicamente: "Ele não nos quis fazer mal! Foi uma Sexta-Feira Santa da vida e do pensamento". O que o "nome do Pai" teria a ver com a morte do filho? Para compreender melhor o incompreensível, relemos a análise que fez do suicídio, que aparece no segundo volume de *Tempo e narrativa,* em *Mrs. Dallowey,* obra de Virginia Woolf. Ali, há o suicídio de um jovem, Septimus Smith, que se sentia oprimido pelo tempo monumental, via a autoridade por todo lugar em Londres, um tempo de força e autoridade. Para sair da sua solidão eterna ao lado da vida, lançou-se pela janela. Seu suicídio exprime o horror da história, da vida cotidiana medida à vida monumental, à autoridade e à força, e a busca da Salvação na eternidade. Septimus tinha horror ao tempo, à vida, porque a história monumental a tornava intolerável. Concluímos que o gesto, talvez, não seja tão incompreensível assim. Talvez tenha sido isso mesmo, amor e sacrifício do filho, uma Sexta-Feira Santa íntima (RICOEUR, *Tempo e Narrativa*, v. 2).

No final do século XX, a sua obra *Tempo e narrativa* trouxe-lhe o reconhecimento porque identificou e analisou o que ele definiu como "o grande evento que marcou o século": a mudança na consciência histórica ocidental, que se deslocou para fora do hegelianismo. Para Greish, o evento intelectual maior do século XX foi a perda definitiva de credibilidade da filosofia da história hegeliana. A crise da Europa, cujos estertores se estenderam ao longo do século XX, significou o fim do hegelianismo e a chegada de uma "fase hermenêutica da Razão". Era preciso inscrever a consciência histórica ocidental em um novo horizonte, onde se passa de uma mediação total a uma mediação inacabada e imperfeita. Não se tem mais o Conceito, mas a narração. A verdade não pode ser mais o sistema. A linguagem continua central, mas não é mais a do Conceito. O conhecimento da pluralidade da humanidade não permite a totalização dos espíritos dos povos em um só e único espírito do mundo em ação na história. A sua hermenêutica da consciência histórica propõe a "renúncia ao hegelianismo", que o levou ao rompimento, junto com Hannah Arendt, com a filosofia política da dominação, do comando, da obediência, e trouxe algo novo: o político está no centro do viver-juntos em uma dimensão não mais vertical, mas horizontal. O poder não é sobre, mas com. A política é vista como o lugar privilegiado do "viver-com". O Estado continua o verdadeiro fundamento do querer "viver-juntos", através de instituições que permitem organizar a sociedade histórica (GREISH, 2001; GREISH; KEARNEY, 1991).

Mas renunciar a Hegel é apropriar-se também. Como realizar a liberdade? Como institucionalizar a liberdade? Ricoeur continua hegeliano em sua preocupação com as mediações, em seu saber reflexivo, em sua dialética, que evita toda imediaticidade. Ricoeur se definia como um kantiano pós-hegeliano. Para Greish, ele é mais kantiano do que hegeliano e prefere defini-lo como um "kantiano pós-husserliano". Ele é universalista como Hegel, mas não quer sacrificar a pluralidade. Ricoeur tem uma enorme capacidade de descobrir mundos que não são os seus, de penetrá-los com simpatia inventiva, dialógica, respeitando a pluralidade da linguagem. Ele recusa o horizonte do uno e prefere a irredutibilidade do múltiplo. A narrativa lhe parece mais apropriada do que o Conceito, porque visa o uno sem sacrificar a pluralidade. O Conceito desfaz a diferença individual, homogeneíza, sacrifica a multiplicidade; as narrativas, ao contrário, expressam a pluralidade sem deixarem de se referir a uma "heterogênea unidade". O panlogismo hegeliano tornou-se uma totalização do sentido insustentável no final do século XX e ele quis se afastar da leitura de Kojève, que dominou a França (GREISH, 2001).

Ricoeur vivia uma guerra íntima entre a fé e a Razão, que conduzia de armistício em armistício. Foi muito influenciado por Jean Nabert, que escreveu *A razão filosófica da liberdade* (1924), na qual sustentava que o sujeito retorna a si e se reapropria de si. Entretanto, em Ricoeur, a consciência não é nem origem nem fundamento, mas tarefa. Não é transparência, mas opacidade. Ela exige um esforço constante de esclarecimento, de unificação, para recuperar o desejo e o esforço de existir, que se exprime em uma multiplicidade de signos/símbolos/obras. Ricoeur considerou a racionalidade filosófica um desafio a enfrentar. O diálogo entre teologia e filosofia, para ele, só é possível se continuarem diferentes. Há repercussão de um sobre o outro, não há fusão. São dois domínios autônomos. Ele evoca uma certa esquizofrenia nessa separação, mas a explica como "o caminhar sobre duas pernas sem misturá-las". Um domínio é crítico, o outro, convicção. Ele aspira a uma dialética entre os dois domínios, prefere pensar na fronteira, na tensão, sem ter de renunciar a um dos lados da aporia. Ele não quis sintetizar: a identidade religiosa é anterior e o incita a filosofar. Mas, quando argumenta e enfrenta o debate público, Deus não entra. Ele fala da unidade de coisas distintas, uma alimenta a outra, as duas identidades se reforçam na diferença (MONGIN, 1994; ABEL, 1996).

Para nós, o lado teológico de Ricoeur interessa menos, porque compartilhamos a antipatia dos seus adversários pela teologia. Nós também preferimos o mundo laico, que busca em si mesmo as suas próprias normas e garantias, mas demos um passo à frente, ricoeuriano, em busca do diálogo. Para nós, a fenomenologia hermenêutica de Ricoeur une o filósofo e o religioso em uma "filosofia poética". É a poesia ricoeuriana que nos interessa, pois promete, sugere, esboça uma "reconciliação possível". Ele tinha uma fortíssima sensibilidade poética, amava a palavra, que tem um "poder sagrado" de expressar a experiência temporal. Ricoeur renunciou ao saber absoluto, aceitou o conflito das interpretações e a impossibilidade de sua ultrapassagem, abriu a via da pluralização interpretativa ao realizar uma hermenêutica da fragmentação da verdade, tentando reunir os cacos da Modernidade. Para ele, a Razão não resolveu o desafio do Mal, mas o Bem vencerá não através do conceito filosófico, mas pelo "milagre do reconhecimento" oferecido pela narração/poética. A reflexão de Ricoeur se coloca sob a invocação da poesia. A experiência literária não é oposta à atividade científica, a linguagem filosófica/poética as reúne. Ricoeur escuta seus predecessores e contemporâneos. É a obra menos confinada possível, referindo-se a todos, generosamente. Ele transmite com fidelidade o que o outro pensa e se mantém livre e independente nas objeções. É uma filosofia mediatizada, articulando argumentação e interpretação, sempre em busca do justo. A sua utopia é a reconstrução poética do sentido pela "síntese do heterogêneo", pela articulação entre unidade e pluralidade (STAROBINSKI, 2000).

Ricoeur deixou fortes marcas no pensamento do trágico século XX, uma imensa obra, que é um convite ao trabalho. A maior originalidade do seu pensamento é a perda da "ânsia da originalidade", no sentido de inaugurar um novo tempo com um novo pensamento à custa do sacrifício do passado. O seu lema é "filosofar juntos!". Ele se sente em dívida com o passado e reconhece a sua dívida, não quer se evadir. Por isso, o seu pensamento conduz a um diálogo constante com todas as filosofias, ciências e artes do passado e do presente. Hoje, quando a tendência é o recuo disciplinar, a defesa de campos e recursos institucionais, Ricoeur passeia pelos saberes e os faz dialogar, interroga falsas certezas, lê os trabalhos dos historiadores e cientistas sociais, escuta, sem pretender dar lições. Para Gilbert (2001), ele foi um leitor plural e fez reflexões filosóficas exigentes e múltiplas, e, por isso, nunca cedeu ao engajamento político radical. Ele defendia o que chamava de "desconexão", uma "tomada de distância" da vida, e intervinha no espaço público com brandura, procurava ouvir os diversos pontos de vista e "compreendê-los". E, por defender um "agir racional", uma "ação responsável", soube guardar distância em relação ao radicalismo das ideologias e filosofias que predominaram no século XX. A sua erudição é impressionante, rara, por isso, deve-se renunciar a compreendê-lo integralmente (ver ALLONES; AZOUVI, 2004).

A sua morte, em 2005, aos 92 anos, repercutiu fortemente no Ocidente. Se é possível compreender por que esteve afastado dos debates franceses nos anos 1950, compreende-se também por que desperta interesse, hoje, após 1989, em que a Queda do Muro de Berlim ao mesmo tempo impôs o retorno e redefiniu as preocupações da filosofia política. Ao contrário dos estruturalismos e dos marxismos, considerados como "pensamentos da suspeita", da desconfiança na capacidade de iniciativa do sujeito, sua obra permite refletir sobre a responsabilidade do agir, embora reconheça que a ação seja feita por um eu atravessado pela diferença e pela alteridade. Ricoeur permaneceu ativo em várias frentes: na defesa da ecologia, da bioética, da justiça social, da previdência social, contra a guerra e a tortura. Ele situava a questão política no centro dos paradoxos que enfrentou e ofereceu reflexões fundamentais no plano da filosofia política e da filosofia do direito. Para ele, o problema central da política e da justiça era o da liberdade e defendia o modelo americano do "liberalismo político", que não confundia com o liberalismo econômico, que, para ele, representava uma vitória real sobre o totalitarismo. Ele reteve de Hannah Arendt a ideia de um "querer-viver juntos", que, para ambos, é o único princípio capaz de deter o totalitarismo. Após diversos decênios de guerras e combates intelectuais ideologicamente violentos, Ricoeur, cuja presença discreta sempre privilegiou a escuta, a atenção, o diálogo, para quem o argumento do adversário era sempre respeitado, representa uma via intelectual mais generosa e talvez mais apta a guiar o homem através do "mal-estar da pós-modernidade" (ABEL, 1996; ROMAN, 1988).

A vitória ocidental em 1989: ética e política na obra de Ricoeur

Ricoeur escreveu muitos livros e artigos e apreciava falar deles, mostrar as relações entre eles, estabelecer com a própria obra um diálogo como se tivesse sido escrita por outro. Um diálogo entre o *moi* e o *soi-même*, um esforço para construir uma intriga que dê sentido à sua vasta produção. Ele narrou o percurso da sua obra em sua autobiografia e em uma entrevista a Carlos Oliveira, em 1990. Para ele, o fio condutor da sua obra é conduzido pela pergunta: "o que é o agir humano?" Ele encontrou na história da filosofia algumas hipóteses, "*conatus*", "paixões", "vontade de potência" e, para a sua própria solução, misturou fenomenologia, hermenêutica, existencialismo, transcendentalismo kantiano, psicanálise, poética, filosofia analítica, que, para muitos comentadores, são interesses heterogêneos, que levaram o seu pensamento à beira do abismo do "ecletismo". Ricoeur recusa a pecha de "eclético", argumentando que seu esforço foi de criar "conexões", "religações", entre pensamentos em conflito. Ele procurou construir "mediações", estender "pontes", tentando uma "reconciliação possível" entre filósofos que de outro modo não se falariam. Para nós, esse seu esforço revela uma presença forte de Wilheim Dilthey em seu pensamento, pois tenta realizar o "sonho de Dilthey": promover encontros, reuniões e colóquios que levassem os opositores à confraternização, sem exigir que abrissem mão das suas diferenças intelectuais. Ricoeur transita entre tradições filosóficas nacionais em conflito, o estruturalismo francês, a filosofia analítica anglo-saxã e a fenomenologia alemã. Esta é a originalidade do seu pensamento: ele percorre, circula, escuta, dialoga, visita, buscando combater o ceticismo, o nominalismo, o determinismo, o desconstrucionismo, para fazer prevalecer a capacidade de diálogo e a responsabilidade humana na ação. O esforço do seu pensamento pode ser definido como uma busca profunda do sentido como "síntese do heterogêneo" (RICOEUR, *Réflexion faite*; OLIVEIRA, 1990).

Ricoeur "explica-narrando" a sua obra, expõe o seu fio condutor, faz aparecer a sua intriga: "cada um dos livros foi determinado por uma questão precisa, eu quis reunir percepção e ação em uma práxis não dominada pelo marxismo, uma práxis que não fosse sinônimo de revolução. O tema da práxis remonta a Aristóteles". Cada livro deixou um resíduo, uma questão não resolvida, que o livro seguinte procurou desenvolver. A *Simbólica do mal* havia abordado a questão da culpabilidade, o problema dos campos de concentração, mas deixou um resíduo: há um outro discurso sobre a culpabilidade, a psicanálise. Abriu-se, então, o tema da pluralidade das interpretações, o campo hermenêutico é conflituoso, e vieram as obras *O conflito das interpretações* e *Ensaio sobre Freud*". Então, ele se aproximou do estruturalismo, e descobriu "o problema da linguagem", para o qual preferiu a solução de Benveniste à de Saussure: o discurso é a atualização do sistema em um evento singular, dialógico, referindo-se a um contexto. O estruturalismo mutilava o discurso ao torná-lo sem locutor, sem interlocutor e sem referência. Ricoeur quer reunificar a linguagem como estrutura e performance presente, como escrita e fala. Ele não aceita o fechamento do corpus textual em si, cortado do mundo do agir humano. Da discusão com o estruturalismo sobre a linguagem surgiu um novo problema: o da criação de sentido pela linguagem. Qual seria o elemento gerador de novidade semântica? A resposta de Ricoeur ao estruturalismo está nos "livros gêmeos" *A metáfora viva* (1975) e *Tempo e narrativa* (1983/1985). A metáfora põe em evidência a existência de um fora do texto, de um referente. Essa figura de linguagem abre sobre um fazer, um agir criativo, um horizonte poético, pois não há ação sem imaginação. N'*A metáfora viva*, ele buscou a inovação semântica na metáfora, e, em *Tempo e narrativa*, na narrativa. Em *Tempo e Narrativa*, ele restabelece a ligação entre narrativa, tempo e ação (RICOEUR, *L'universel et l' historique*).

A sua obra não tem somente essa ordem interna, pois cada livro nutriu-se também do presente da sua produção. Segundo ele próprio, o fio condutor desse percurso é o tema da práxis, o problema do sujeito e do agir humano. Em toda a sua obra, quis apresentar um sujeito fortemente mediatizado por todos os sistemas de signos, de símbolos, de escrita. A sua filosofia do agir parece ter sua fonte em Espinosa: vida, *conatus*, potência de existir, obra, ação. O *conatus* espinosista aprimorou o cógito cartesiano, vencendo a dúvida pelo esforço para perseverar no ser: "eu sou" é anterior a "eu penso". O ser é irredutível ao nada, pois tende a "ser mais". Dizer "eu quero" significa: "eu decido, eu movo meu corpo, eu consinto em ser". Essa temática vitalista o levou à intensificação do presente, ao querer estar-com-o-outro, em que a ação é praticada por um "eu-existo-que-pensa-narrando-se-agindo-renarrando-se", sintetizando Espinosa (eu quero), Descartes (eu penso), Freud (eu não sei quem sou), Dilthey (eu preciso me compreender). A sua reflexão sobre o agir humano é conduzida pela ideia de um cógito não imediato, fragmentado (*brisé*), que possui uma frágil identidade, que exige a permanente narração de si. A ação busca a autocompreensão, a autopercepção, a autointerpretação, já que a consciência é opaca a si mesma na introspecção (RICOEUR, L'universel et l'historique; OLIVEIRA, 1990; FÈVRE, 2003; ver ALLONES; AZOUVI, 2004).

Ricoeur retomou o seu percurso filosófico em *Soi-même comme un autre*, publicada em 1990, que alguns comentadores consideram até mais importante do que *Tempo e narrativa*. Essa obra oferece um ponto de vista panorâmico de toda a sua aventura filosófica ao recapitular a questão do sujeito e da ação. Ela trata do retorno, no final do século XX, da capacidade reflexiva do sujeito, que não é mais um ego transparente a si, em posição de autocontrole. Ao *moi* se substituiu o *soi*, que, ao se narrar, volta a si como um outro. *Soi-même comme un autre* é como um retorno a si após o necessário mergulho no inconsciente. Ricoeur retoma a tradição cartesiana da filosofia reflexiva, mas aborda um cógito ferido que torna caduca a tentativa tradicional de apreensão introspectiva do eu. O eu é uma tarefa prático-narrativa, que aparece ao termo de uma operação de construção da identidade. A hermenêutica do *soi* se realiza no cruzamento de uma dialética entre o *idem* e o *ipse*. O problema é o da manutenção da identidade pessoal através do tempo. Ricoeur distingue a identidade-idem, a identidade do *moi-même*, da identidade ipse, a identidade do *soi-même*. A identidade pessoal é complexa, constituída de um lado "idem", o caráter imutável do sujeito, e o lado "ipse", a identidade mantida por uma vontade de permanecer, que enfrenta a possibilidade de mudar com o ato de prometer. A promessa atesta: apesar das mudanças, devo manter a palavra. Na formulação dessa dimensão "ipse", Ricoeur confessa a influência de Espinosa: o *conatus* é o esforço para perseverar no ser construído pela linguagem. Para Ricoeur, só há tempo pensado quando narrado. É pela mediação dos signos, símbolos e textos que pensa a inscrição temporal do sujeito. É nos narrando que temos acesso à temporalidade de nossa existência, há articulação estreita entre tempo e narrativa (RICOEUR, *Soi-même comme un autre*; GILBERT, 2001).

Ricoeur representa a sua trajetória filosófica com a imagem da "via longa", que preferiu percorrer pacientemente até o fim, medindo-se com todos os obstáculos, tirando partido de todas as ocasiões de encontro e confrontação. O seu lema: "ser é ser incansavelmente em marcha!". No final desse caminho, esperava pelo menos vislumbrar a "terra prometida" de uma ontologia não triunfante, mas fragmentada e militante. Nessa sua longa estrada, a sua obra manteve-se realmente coerente ou o seu pensamento teria sofrido uma descontinuidade a partir dos anos 1980? Haveria mesmo um "fio condutor" que garantiria a unidade da sua vasta obra? A obra *Tempo e narrativa* teria sido o coroamento da sua coerência e, por isso, teria um lugar central, ou representaria uma descontinuidade em seu pensamento? Aqui, ele teria rompido com as suas primeiras obras? Afinal, antes dela, era um renegado "criptoteólogo" e, depois, o grande pensador do trágico século XX! Ele próprio se oporia à ideia da descontinuidade e, se houvesse, teceria uma intriga onde faria uma "conexão" ou "ponte" entre o primeiro e o segundo Ricoeur. Para alguns analistas, há um primeiro Ricoeur em que a filosofia da existência de Jaspers e Marcel e sobretudo a fenomenologia de Husserl tiveram uma influência fundamental. Para Stevens, o método husserliano da análise intencional marcou a sua filosofia da vontade, a sua abordagem da linguagem. O primeiro Ricoeur era próximo do idealismo transcendental de Husserl e sua fenomenologia se fundava em uma egologia. O segundo Ricoeur procurou se afastar do idealismo transcendental de Husserl e da sua egologia e fazer um "enxerto de hermenêutica na fenomenologia husserliana". Ricoeur tornou-se um "fenomenólogo hermeneuta", um "hermeneuta crítico", cruzando Husserl com Dilthey, Weber e Gadamer (STEVENS, 1990; DERCZANSKY, 1994; FÈVRE, 2003).

Essa distinção de fases em sua obra, por um lado, pode ser percebida e enriquece a análise, mas, por outro lado, não apaga a forte continuidade do seu pensamento. Para Mongin, a obra de Ricoeur tem uma coerência profunda, apesar dos rearranjos conceituais, dos desvios inesperados, da influência do presente histórico. Sua obra forma um conjunto rigoroso, as interrogações permanecem ao longo de um percurso sinuoso. Ele tem mesmo uma enorme capacidade de leitura e discute toda a história da filosofia, os seus comentários são conversações abertas e fecundas. A problemática da juventude continuou em suas últimas obras: o homem capaz, a vontade responsável, a ação ética. Sua obra tem um movimento espiral, a última é a primeira aprofundada, ampliada, enriquecida. A hermenêutica é a abordagem que permanece, pois, para ele, é impossível ficar sem a mediação da linguagem. A sua filosofia é uma "fenomenologia hermenêutica", um esforço de desvelamento interpretativo de um ser que se oferece à percepção, mas não "aparece". O fenômeno só pode ser percebido graças ao poder revelador da linguagem, que nos permite apreender os seus múltiplos aspectos. Para Mongin, a sua obra pode ser configurada como uma "antropologia filosófica", uma reflexão poética sobre a experiência vivida e mortal de homens que agem e sofrem. Das primeiras às últimas foi um pensador do político, da razão prática, do texto e da ação, das ideologias e da utopia, das relações entre ética e política (MONGIN, 1994; JERVOLINO, 2002; DERCZANSKY, 1994; FÈVRE, 2003).

Olivier Abel sintetizou o pensamento de Ricoeur de uma forma fecunda ao elencar as "questões de Ricoeur", evitando reduzi-lo a um sistema fechado e prescritivo. Na obra de um autor, o que interessa são sobretudo as questões que ele formulou e propôs ao debate e, depois, interessa mais do que as suas hipóteses, o próprio debate, aberto, plural e inconclusivo das suas questões. Eis as "questões de Ricoeur", segundo Abel (1960): "O que é um sujeito ao mesmo tempo capaz e frágil, agente e sofredor? Como pode ele ser responsável? O que é o Mal, se a punição pode exceder o Mal cometido? Como conjugar justiça e amor? Qual é a lógica do dom que ultrapassa toda retribuição? O que se torna a verdade se a "boa vontade" é capaz do pior? Onde está o sentido se o sujeito é obscuro ou ausente a ele mesmo? O que se tornam as identidades dos sujeitos quando deslocadas pelas vicissitudes da existência? O que é criação ou invenção de sentido?". Esta, talvez, seja a melhor forma de "sintetizar" um autor. Contudo, outros leitores poderiam perceber outros temas e questões, reabrindo e tornando incompleta a síntese de Abel.

Para nós, para compreendê-lo, tão importante quanto as "questões de Ricoeur" é a compreensão do contexto histórico do seu retorno e reconhecimento. Ele formulou sempre essas questões, a sua tese e as suas primeiras obras, desde os anos 1950, mas, durante os anos 1950/1970 foram consideradas questões "sem sentido", equivocadas, fora do tempo-lugar. Por que teriam se tornado, após 1989, "questões primordiais"? Teria sido o fracasso político do Leste, que gerou a crise dos valores das esquerdas, que teria restabelecido o sentido da utopia de Ricoeur? O afundamento do comunismo parece ter abalado profundamente o "hemisfério esquerdo" da consciência ocidental, que passou a exigir a prioridade da ética sobre a política. Há um ponto em que a política se enraíza na ética: na força do desejo de um povo de querer viver-junto. Esse sentimento foi ignorado pelos líderes comunistas, que se esqueceram que só puderam fazer as revoluções comunistas porque as revestiram de uma legitimidade ética. A URSS fracassou em seu projeto ético-político. Entretanto, se o Leste perdeu em ética, o Ocidente venceu? O Ocidente pode ser um sucesso econômico, mas também é um fracasso ético! Ricoeur foi crítico do totalitarismo soviético, mas também é contra a economia de mercado, que, para ele, leva ao niilismo. Portanto, foi o fracasso generalizado das questões éticas, à direita, a ideologia do mercado, e à esquerda, a ideologia comunista, que fizeram com que as "questões de Ricoeur" voltassem a ser cruciais. A Europa quer refletir sobre os sofrimentos que os povos impõem uns aos outros, sobre os sofrimentos que ela impôs aos outros povos. Hoje, há uma compreensão concreta do caráter planetário da história humana, estamos encavalados nas histórias uns dos outros. Para Ricoeur, o presente fez emergir uma memória que pede perdão ao outro e o Ocidente precisa perder a sua arrogância e reconhecer o mal feito ao outro (RICOEUR, L'universel et l'historique; OLIVEIRA, 1990; AESCHLIMANN; 1994; DAHRENDORF, 1997; MEYER, 2009; SEBESTYEN, 2009).

Esse contexto histórico que exigiu o reconhecimento da sua obra, em que ele aparece como vitorioso, após décadas de ostracismo, garante a continuidade da sua obra. Ele foi combatido antes pelos intelectuais do projeto de sociedade que foi derrotado em 1989. Para nós, agora, o seu pensamento pode ter duas funções: utópica e ideológica. Como utopia, Ricoeur é o crítico desse novo mundo, um criador de novos valores, um "intelectual orgânico" (re)construtivo, propositivo, transformador, um sonhador. Para ele, a Europa está incrustada na identidade narrativa das outras nações e precisa fazer um duplo movimento: interiorizar a sua própria memória e exteriorizar-se em direção à memória dos outros, em busca de um universal ao mesmo tempo plural e reconhecido por todos, o que, para ele, é uma tarefa difícil, mas não impossível. O desafio é passar de um universal abstrato a um universal concreto e reconhecido. Só se pode chegar à democracia pela sua institucionalização, pela discussão internacional, pela formação de uma opinião pública internacional, através do diálogo respeitoso entre tradições diferentes. Ricoeur não se sente vencedor nem de Hegel, nem de Marx nem de Nietzsche, que, para ele, não estão mortos, porque fazem parte da cultura ocidental e fornecem instrumentos à crítica e à autocrítica. Heidegger poderia estar morto por ter se ligado ao nazismo, mas também não está morto, porque se pode distinguir em seus livros o que neles se prestava à perversão nazista. A sua obra é maior do que o homem. Essa busca do reconhecimento envolve a todos, em suas diferenças, em busca de um "universal plural", complexo e concreto (RICOEUR, L'universel et l'historique; OLIVEIRA, 1990).

Em sua obra *Soi-même comme un autre*, Ricoeur tematizou esse novo sujeito humano, que surgiu no final do século XX, um homem que fala, age e sofre, narrador e protagonista de sua própria vida, o homem da responsabilidade ética. O seu projeto de antropologia filosófica quer integrar a autocrítica ao sujeito. Ricoeur deslocou o acento da primeira pessoa e de sua pretensão autofundacional para o *soi*, o índex reflexivo, quando o *moi* torna-se capaz de se ver, de se narrar e se reconhecer. Ao evitar o solipsismo idealista de Husserl, o *soi* é imediatamente estruturado pela alteridade. A ipseidade, a propriedade reflexiva do *soi*, é ligada à sua capacidade receptiva em relação à alteridade. O *soi* é conduzido em sua narração de si pela ideia de "responsabilidade". Hoje, a "atitude responsável" é a de um sujeito que se dá uma missão, uma tarefa a ser realizada, segundo regras. "Ser responsável" significa ser eficaz na ação, fiel à palavra dada, posta à prova. É a partir de uma "ética da promessa" que Ricoeur compreende hoje a noção de "engajamento". É engajado quem se sente em uma relação de atividade/passividade quanto a alguma coisa/alguém confiado à sua guarda. Para Ricoeur, "a relação entre as pessoas deve ser de reciprocidade, e não de assimetria. O imperativo kantiano trata a humanidade em si mesma e na pessoa do outro como um fim, e não como um meio. É a reciprocidade que é a verdadeira regra moral, e não a superioridade do outro (assimetria). A justiça é criar reciprocidade onde não há. Não se pode separar ética e política. O rosto do outro me pede: "não me mate!" (RICOEUR, *Réflexion faite, Soi-même comme un autre*).

O mundo pós-89 poderia ser, então, definido, utopicamente, como a "idade hermenêutica da Razão", a vitória da hermenêutica sobre o estruturalismo e o marxismo, sobre a dialética e a genealogia, que, para Greish, quer dizer três coisas: a) as ciências humanas saíram do regime de inteligibilidade das ciências naturais, onde reinavam os ideais de verificação e falsificação às quais se opõem as de significação e interpretação; b) a Razão é um arquipélago de inteligibilidades com regras diferentes; c) O que mantém esse conjunto de modalidades múltiplas de inteligibilidade é um horizonte ético-político comum: "viver-juntos". Assim, a palavra "Razão" pode ser conservada como termo único para definir esse horizonte comum. Tomar consciência desse funcionamento múltiplo das inteligibilidades e único da Razão é aceder a uma "narratividade superior" àquela da corrente positivista da unidade da ciência. Essa "narratividade superior" abandonou o caráter abstrato e total do sistema hegeliano, para se tornar um "arquipélago de inteligibilidades", ou, em linguagem ricoeuriana mais precisa, uma "síntese do heterogêneo", uma "unidade do múltiplo", um "todo plural", que se traduz politicamente em uma ordem social em que se possa viver-juntos, com relações horizontais e recíprocas, sem privilégios e exclusões, pacífica, que reconhece e valoriza a todos em sua diferença. Neste "mundo feliz", como a esfera celeste, as violências da negatividade dialética total, da vontade de potência genealógica que não se justifica, do inconsciente freudiano que torna o agente irresponsável serão superadas por uma dialética aberta e inacabada, por uma vontade de ser com o outro, por um sujeito capaz de agir, imputável, que sobretudo se justifica através de uma linguagem que se refere ao mundo e busca reconstruí-lo pleno de sentido (GREISH, 2001; GREISH; KEARNEY, 1991; DAHRENDORF, 1997; MEYER, 2009; SEBESTYEN, 2009).

No final do século XX, Ricoeur retomou a sua reflexão política de 1957, quando escreveu o artigo "O paradoxo político", em que discutia a tensão interna da esfera política: uma racionalidade específica, irredutível ao econômico e com os males especificamente políticos. O "paradoxo político" é que o Mal político não é exterior à racionalidade política, faz parte dela. A aporia da esfera política é que ela é ao mesmo tempo racionalidade e vontade. O Estado é vontade de poder e de racionalidade: o político é forma e força, constituição/direito e totalitarismo. Se a esfera política sofre esta tensão interna profunda, para Ricoeur, a filosofia tem como tarefa política participar do esforço do Estado para a redução da violência pela regeneração do eu através da autojustificação. É preciso restaurar no indivíduo o desejo de justitificação dos seus atos. Ricoeur meditou profundamente sobre o Mal e a culpabilidade e chegou à uma conclusão política: é preciso defender a palavra contra o sistema sem sentido. O seu texto "O paradoxo político" é paradigmático porque vislumbra dois caminhos: ou os males são eliminados e o ator político se torna o agente racional de uma comunicação possível ou o mundo moderno será condenado pelos males do político. Os males do político trazem uma condenação da modernidade, onde a ação política é vista como simples "técnica de comunicação". Que narração fazer da identidade pessoal e nacional? As grandes narrativas não oferecem mais saídas seguras. A solução de Ricoeur para o paradoxo político foi apresentada em *Tempo e Narrativa*: o espaço comum, a cena pública, só pode sobreviver pelo fio da narrativa. Ricoeur reflete sobre as interações entre o ético e o político, condenando o cinismo, distinguindo forma e força, para circunscrever a parte de violência do Estado. Contudo, o político não se livrará jamais da violência: este é o Mal político (RICOEUR, *Le scandale du Mal*; ROMAN, 1988; MONGIN, 1988).

Entretanto, como ideologia, o seu pensamento pode legitimar os piores poderes ocidentais, pode justificar a consciência ocidental em seu momento histórico de maior arrogância e, talvez, a sua vitória/retorno dê ainda mais razão aos que o combateram anteriormente, que temiam essa vitória. Ele causou temor aos seus críticos por parecer defender um retorno a posições muito conservadoras, pré-modernas, uma regressão a um passado que deve ser esquecido e jamais apresentado como horizonte-de-expectativa. O que Ricoeur propõe para a superação do paradoxo político? Um perigoso retorno ao velho pensamento de Aristóteles e aos princípios do cristianismo original! As suas posições em *A memória, a história, o esquecimento* (2000) foram fortemente combatidas. Nessa obra, sustentou que o trágico século XX exige uma reflexão filosófico-histórica sobre memória/esquecimento, pois considera que há uma distribuição anárquica de memória e esquecimento, muita memória aqui, muito esquecimento ali. Ele se opõe ao dever obsessivo da memória, à relação obsessiva e ressentida com o passado e propõe que se realize um "trabalho de luto" que ofereça a paz de uma "justa memória" (DELACROIX, DOSSE; GARCIA, 2007; BOUCHINDHOMME; ROCHLITZ, 1990).

A acusação que lhe foi feita: a sua denúncia do "abuso da memória" não seria uma perigosa sugestão de esquecimento do imperdoável? Para Alain Badiou, esse pernicioso "estrategista da armada de Cristo" estaria em cruzada contra os judeus! É um "mascarado"! Quer o fim do dever de memória contra os judeus, quer livrar o Ocidente do seu passado de horrores, da história/

memória do povo que sofreu o genocídio. Ele quer permitir ao Ocidente esquecer a sua história e encontrar uma impossível "paz da consciência". Ele se apresenta como o "confessor" de criminosos e quer perdoá-los com penitências brandas, mínimas. Ao deixá-los impunes, Ricoeur estaria a serviço do Mal político! As suas reflexões éticas e políticas visam persuadir as mentes, acalmar os espíritos, flexibilizar os comportamentos, sensibilizar os corações, fragilizar as resistências, integrar os rebeldes, pacificar os descontentes, ligar, religar, conectar, converter, construir pontes, prender uns aos outros, para a consolidação da continuidade do domínio da cultura e do poder Ocidental sobre o Planeta. Chegamos ao "Fim da História", dizia Fukuyama; desembarcamos na "Terra Prometida", diria Ricoeur, não devemos nos lembrar em excesso do passado, devemos sepultá-lo e tentar viver em paz! (DOSSE, 2004; DELACROIX, DOSSE; GARCIA, 2007).

Enfim, Ricoeur seria utópico ou ideológico, médico ou monstro, herói da humanidade ou defensor dos interesses europeus, mais um assessor do Ocidente em sua obstinada e cruel guerra de conquista do planeta? Na verdade, assim como Sócrates, Cristo, Hegel, Marx e Nietzsche, ele pode ser visto das duas formas. A consciência ocidental é janicéfala: Deus e Diabo, Salvação e Pecado, Liberdade e Escravidão, Diálogo e Cinismo, Persuasão e Violência. E não são faces separadas: o Diabo reina através da palavra de Deus, o Pecado é cometido com a promessa da Salvação, o discurso da Liberdade impõe o Extermínio e a Escravidão, o Diálogo é cínico instrumento de manipulação, a Persuasão trazida por padres e filósofos vem justificar a Invasão e a Conquista militares, a Palavra é instrumento de ampliação e consolidação da Violência. Se os iluministas franceses pensaram a história universal para justificarem a conquista pela França da Europa e do planeta e foram derrotados; se Hegel e Nietzsche, de formas e em épocas diferentes, formularam e defenderam o projeto alemão de conquista da Europa e do planeta e foram derrotados; para nós, Ricoeur tornou-se, por um lado, um intérprete da história universal favorável às vitoriosas forças anglo-saxãs em 1989 e, por outro lado, um crítico dessas forças como militante pela unificação da Europa. Por um lado, as suas reflexões éticas e políticas legitimam a realidade da nova ordem liberal-capitalista global, por ter superado a realidade dos totalitarismos nazista e comunista; por outro, é um insatisfeito e crítico dos poderes atuais, pois quer sobretudo contribuir para a construção da "Comunidade Europeia", a "Nova Europa", que, para ele, seria a verdadeira intérprete da "proposição universal" da marcha do Espírito que levará a história universal ao próximo patamar superior de liberdade. E, por isso, deveria ser também combatido como o avatar mais recente e insidioso da Razão Cínica Ocidental?

O método: o "enxerto" da hermenêutica na fenomenologia

Em sua obra, Ricoeur se apoia em uma metodologia dialética, construindo, repondo, "fazendo trabalhar" as contradições. Os seus objetos, as expressões da experiência vivida, geralmente ele os descreve como um "enigma", um "mistério" que se deixam formular como "dicotomia", "aporia", "impasse", "dilema". Ele apresenta o seu trabalho como uma "meditação", uma "reflexão", para superar essas aporias. A sua meditação não quer dissolver o dilema, mas "fazer trabalhar a aporia" pelo "entrecruzamento e desocultamento dos seus vínculos ocultos". Ele procura detectar falhas, fraturas, rupturas e cria conectores, faz leituras invertidas, procura um terceiro da antinomia, sem dissolvê-la, como a síntese hegeliana. Ele quer praticar uma "dialética viva", que descreve como um "movimento circular-espiral" que nunca se resolve em uma síntese absoluta. As suas perguntas e o seu método de respondê-las não buscam construir uma "teoria do objeto", uma descrição total do que ele essencialmente é. O seu método apenas "faz aparecer", "desoculta", "faz ver" o seu objeto, sem, contudo, retirá-lo da sombra e do mistério. Ricoeur não lança um holofote iluminista sobre os seus objetos, mas uma iluminação multifocal, multicolorida, em várias potências, nuançando, produzindo também o efeito de obscurecer para fazer ver. O enigma permite apenas uma quase-solução, pois continua misterioso. O seu princípio metodológico é: a direção da solução está no próprio enigma, que não dissolve o enigma, mas o faz "aparecer".

Ricoeur tem uma forma original de filosofar: dialoga sempre. Ele se sente em dívida com todos que o incitaram a pensar, mas os outros saem também enriquecidos do debate. Para Allones e Azouvi (2004), por ter sido um leitor assíduo, a sua obra poderia ter como título geral "Leituras". Nós diríamos "Refigurações", porque faz com os seus inumeráveis autores e obras aquilo que o seu método hermenêutico prevê para o ato de leitura: uma apropriação da cultura ocidental, em todas as suas expressões, para aplicá-las à vida. É nesse sentido que a sua obra parece uma polifonia filosófica, tecida com debates interdisciplinares, uma unidade feita de dissonâncias, uma continuidade-descontínua de problemas. O método dialético de Ricoeur reabre questões fechadas, reatualiza e revive o passado, tornando-o inacabado e inesgotável. A síntese total é adiada, o que o leva a uma ontologia inacabada, aberta a novos desdobramentos. Para ele, a verdade é velada, é presença e ausência, conflito entre o uno e o múltiplo. A sua atenção e escuta do outro não é só generosidade cristã, mas o método de uma "antropologia filosófica sem absoluto". Para Allones e Azouvi, a imagem da sua obra é a de uma "arborescência": do projeto original, abre-se às ciências humanas, ao conflito das interpretações, aos múltiplos começos e recomeços da vida (ALLONES; AZOUVI, 2004; DERCZANSKY, 1994).

Os seus intérpretes concordam que o seu o método tem três pilares: a filosofia reflexiva francesa, a fenomenologia husserliana, a hermenêutica alemã. Para Colin (1991), não são etapas do seu pensamento, porque ele não começou o seu itinerário com a filosofia reflexiva e depois se tornou fenomenólogo e hermeneuta, com o abandono de uma e sua substituição pela outra. A sua hermenêutica sempre foi reflexiva, a sua fenomenologia continuou sendo hermenêutica e reflexiva. O homem-sujeito que analisa quer responder à questão reflexiva "quem sou eu?" e, então, passa a interpretar textos e ações suas e dos outros para se compreender. Para Ladrière (2004), o seu método consiste em uma série de deslocamentos imbricados uns nos outros, deslocamento da hermenêutica dos símbolos para a hermenêutica dos textos, para a hermenêutica da ação. Ao fazer esses deslocamentos, e apoiado nestes três pilares, o seu método tem como meta a busca do sentido, porque o seu pensamento é do universal. Para Barash (1991), Ricoeur opera como um "agricultor", fazendo "enxertos" sucessivos: da hermenêutica na fenomenologia, da filosofia analítica na hermenêutica, de Aristóteles em Santo Agostinho, de Nietzsche em Hegel. São coisas muito diferentes que, reunidas, tornam-se algo novo, novas plantas, com novas flores, frutos, cores e cheiros: "inovações semânticas".

Portanto, o primeiro pilar do seu método é a tradição francesa, cartesiana, da filosofia reflexiva; ele foi influenciado pela obra de Jean Nabert e pelo pós-kantismo francês de Lachelier e Marcel. Ricoeur é reflexivo em relação ao seu próprio método, estabelece programas, recapitula a sua trajetória, avaliando o alcance e os limites dos resultados obtidos. Contudo, dentro da tradição reflexiva da filosofia francesa, se diferencia ao pôr em questão a pressuposição de Descartes da imediaticidade, da transparência, da apoditicidade do cógito. Para ele, o sujeito não se conhece diretamente, mas somente através dos signos depositados em sua memória e imaginário pela cultura. O sujeito que reflete é opaco a si mesmo, a introspecção é insuficiente à reflexão. Ele reformula o problema da filosofia reflexiva: não se trata de depurar a consciência de si dos condicionamentos empíricos, para apreendê-la em sua pura condição transcendental, mas de interpretar os objetos culturais enquanto mediadores da presença do sujeito a ele mesmo. E, assim, ele revigora a força de uma tradição, a da interpretação, para a qual o sentido aparente apresenta um outro, latente, que é apenas anunciado pelo aparente. Essa tradição hermenêutica é alemã, reunindo pensadores dos séculos XIX e XX, Schleiermacher, Dilthey, Gadamer, Heidegger. Estes foram os primeiros a tratar do problema da interpretação do sentido enigmático.

Ricoeur ampliou a perspectiva da interpretação/compreensão ao passar de uma concepção somente epistemológica a uma concepção ontológica (LADRIÈRE, 2004; COLIN, 1991; GREISH; KEARNEY, 1991, ESCUDIER, 2002).

O pilar fenomenológico do seu método é a obra de Husserl, que é uma fenomenologia diferente da de Hegel. A fenomenologia do espírito de Hegel não é da consciência individual, mas do espírito universal. A consciência de Husserl está na experiência vivida, o homem é um vivo entre vivos, ser que compreende o mundo e que age sobre ele. A diferença é sutil. A fenomenologia da consciência de Husserl se eleva à problemática do espírito objetivo, à intersubjetividade, mas, se a consciência é ultrapassada pelo espírito universal, este se torna certo dele mesmo passando pelas experiências vividas da consciência. Há enfrentamentos e interseções, entrecruzamentos, entre as duas fenomenologias. Ricoeur tomará emprestado de Husserl o método descritivo da análise intencional para aplicá-lo à consciência desejante, retomará a sua teoria da significação em sua reflexão sobre a linguagem, mas tenderá a recusar, ou é ambíguo em relação ao seu idealismo transcendental. O idealismo transcendental de Husserl será contestado em nome de uma concepção mais larga da consciência em que o transcendental é reinscrito na existência histórica e compreendido como "querer" e como "prática". Em Ricoeur, a consciência não é somente "representação", mas é enraizada no mundo, o "querer" é acrescentado à "representação". Trata-se de elevar à clareza da linguagem, de explicitá-los, os sentidos inscritos no vivido. O querer aparece fundado mais abaixo da consciência, o voluntário implica involuntário, que se estende à existência corporal, às condições naturais da consciência. O involuntário não é oposto ao voluntário, mas incorporado ao humano. A fenomenologia hermenêutica produz "diagnósticos do vivido", buscando o sentido de um querer, de uma prática, e não apenas uma "representação". A necessidade em mim e fora de mim não é só percebida, representada, mas assumida como "minha situação", minha condição desejante no mundo (STEVENS, 1990).

Para Stevens, Husserl era idealista e havia feito uma análise das representações. Ricoeur quer mostrar a universalidade da análise intencional husserliana aplicando-a aos vividos afetivos e volitivos, e não exclusivamente ao conhecimento. Para Stevens, a "heresia" de Ricoeur é estender o método intencional à vontade e ir além da representação, isto é, o vivido já tem um pré-sentido em si. Todo vivido quer dizer alguma coisa, pode ser nomeado e compreendido. A fenomenologia quer oferecer o logos de cada "fenômeno", "aquilo que aparece", aprendendo-o em seus laços específicos. Ricoeur quer apreender um "eu desejo, eu posso, eu vivo". A fenomenologia hermenêutica escapa ao idealismo, a uma teoria de uma subjetividade espectadora, que apenas vê o mundo. Ricoeur pensa Husserl contra Husserl ao assumir a corporeidade viva como um encavalamento de voluntário/involuntário, alma/corpo. Em Ricoeur, a consciência adere ao corpo: ela é "eu quero", afastando-se do idealismo transcendental de Husserl. O nível prático não é fundado sobre o nível representativo, mas em um sentido mais originário, nos atos práticos da consciência afetiva e volitiva, na vida da consciência. Husserl é logicista; Ricoeur reflete sobre a vida prática. O querer já é um modo de dar sentido ao mundo, abrindo possíveis práticas, criando obras. A existência voluntária/involuntária é instituinte de sentidos e práticas. O involuntário é o enraizamento ontológico da consciência transcendental, a consciência livre/desejante depende de um fundamento ontológico que não escolheu. O querer não é livre do não querer (STEVENS, 1990; GREISH, 1995).

Ricoeur assumiu o método hermenêutico, o terceiro pilar, sem renunciar à fenomenologia. Aliás, ao contrário, ele procurou fortalecer e não substituir a fenomenologia pela hermenêutica. A sua obra se diferencia por realizar uma "fenomenologia hermenêutica", por desenvolver o conteúdo de uma "Razão hermenêutica do *soi*". Ricoeur vai da insuficiência da reflexão introspectiva à reflexão mediatizada pela interpretação, que caracteriza como um "longo desvio" que se vê obrigado a fazer por ter renunciado ao sonho de uma mediação total, em que a reflexão se igualaria à intuição intelectual na transparência de si de um sujeito absoluto. Ele rompeu com o sonho de uma reflexão absoluta, de uma absoluta coincidência entre o ser e o pensamento, que faria do dizer o ser uma realidade, e não apenas uma possibilidade que se busca, um fundamento assegurado, e não uma "terra prometida". Para a hermenêutica filosófica, o que separa o sujeito prático e reflexivo dele mesmo é a mediação dos signos, dos símbolos, dos textos, das expressões, que se tornam objeto de interpretação. É a "via longa" ricoeuriana da interpretação que se opõe à "via curta" da ontologia direta heideggeriana. A hermenêutica assim compreendida não recusa a instância reflexiva e crítica, pelo contrário, intensifica-a. Ricoeur propõe uma reforma interna da filosofia reflexiva, que deixa de ser consciência imediata, pois a subjetividade se vê desapropriada da origem do sentido e passa a depender de uma existência que ela própria não criou. Na fenomenologia hermenêutica, de Ricoeur, a reflexão se suprime como reflexão imediata e autossuficiente, embora continue reflexão. A desapropriação de si do sujeito na reflexão mediada por sinais, símbolos e textos não é a ruína do sujeito, mas a possibilidade da sua autoconstituição. Para Ricoeur, "é preciso perder o sujeito, para salvá-lo. É preciso perder o *moi* para encontrar o *soi*". A sua fenomenologia hermenêutica é compreendida como uma reflexão mediatizada, a compreensão de si só advém pelo desvio da compreensão do outro e do mundo (DASTUR, 1991; DASTUR, 1995a, 1995b; GREISH, 1994).

Eis, portanto, o método ricoeuriano: um entrecruzamento da filosofia reflexiva francesa, cuja utopia é a transparência absoluta, a perfeita coincidência de si consigo; com a fenomenologia husserliana, que afirmou a "intencionalidade da consciência", que é o primado da consciência de alguma coisa sobre a consciência de si; com a hermenêutica, que busca a compreensão de si mediatizada por sinais, símbolos e textos. Os três caminhos se reforçam reciprocamente: a fenomenologia afirma a filosofia reflexiva, a imanência de si é indubitável e se aproxima da hermenêutica ao pôr o sentido visado pela intencionalidade da consciência como "objetivo". A consciência transcende a si mesma, pois é aberta ao mundo exterior e ao outro. A compreensão de si mesmo por uma tal consciência intencional se dá pela "explicitação" dos objetos do mundo, pois o que é para mim tira de mim o seu sentido e sua validade. O mundo deixou de ser um problema egológico, como era em Husserl. "Explicitar" não é deduzir nem especular, mas interpretar o sentido de um mundo para mim. Contudo, o olhar fenomenológico é paradoxal: o ver é mais um dar do que um receber. O objeto percebido não é um dado, mas percebido em um horizonte, dado-produzido pela percepção-interpretação. Não há visão-percepção fora da interpretação (LADRIÈRE, 2004; DASTUR, 1991; DASTUR, 1995a, 1995b).

Portanto, em Ricoeur, a hermenêutica torna-se um "enxerto", um "implante", na fenomenologia, uma metáfora agrícola, para evitar rejeições. Há uma afinidade profunda entre os dois métodos. Por um lado, a fenomenologia pressupõe a hermenêutica, por outro, a hermenêutica pressupõe a fenomenologia. A fenomenologia pressupõe a hermenêutica, pois exige o trabalho interpretativo do compreender. O idealismo husserliano pressupõe e oculta uma hermenêutica, que ignorava. A hermenêutica pressupõe a fenomenologia como "intuição intelectual imanente à consciência". A hermenêutica é fenomenologia porque busca o sentido do ser. A intencionalidade da consciência a dirige para fora dela mesma, antes de ser para si na reflexão. Se a fenomenologia começa quando nós interrompemos o viver para significá-lo, a hermenêutica prolonga esse gesto primordial de distanciação nas ciências históricas. A hermenêutica começa quando, não contentes de pertencer ao mundo histórico, "colocamos entre parênteses", suspendemos, a relação de pertencimento para lhe dar uma significação. A "fenomenologia hermenêutica" é concebida como uma exegese, uma explicitação, uma interpretação do mundo ao qual a consciência pertence. A subjetividade é descentrada em favor do "horizonte do mundo" no seio do qual evolui a interpretação. Para Ricoeur, o pertencimento não é intuitivo, mas compreensivo, pois mediado pela interpretação. A explicitação do sentido não se dá pela intuição, mas pela interpretação, o "pertencimento" é ser no mundo, que exige compreensão e interpretação. Não há uma relação sujeito/objeto, mas a elucidação de uma situação pré-dada, que já é um esboço de sentido. O nível existencial de ser no mundo finito-compreensivo está nas relações intersubjetivas do diálogo e da história. É esse mundo que exige interpretação, explicitação e compreensão da sua situação (RICOEUR, *Refléxion faite*; BARASH, 1991).

O seu pluralismo metódico não perde de vista a coerência. Uma "coerência inédita", que reúne linguagens em confronto e versões heterogêneas. Uma coerência poética em que o juízo e o agir refiguram a realidade de outra forma. Isso supõe um momento de distância, de neutralização dos engajamentos, de tomada de distância do mundo, que é posto entre parênteses, para se imaginar outros mundos possíveis, que tornem possível uma configuração nova e uma ação inédita. O seu método não é só uma operação intelectual, porque a imaginação é necessária à abordagem da singularidade/situação. A "sabedoria prática" consiste em inventar condutas que satisfaçam à exceção traindo ao mínimo a regra. A hermenêutica como arte de decifrar sentidos indiretos reconhece a imaginação como um poder simbolizante, que transforma sentidos dados em sentidos novos, possibilitando um futuro possível, uma esperança de liberdade. As "descrições fenomenológicas da imaginação" têm como metáfora a "visão", um modo de ver o mundo, uma percepção. Quando a hermenêutica se associa à fenomenologia, passa-se da visão à linguagem. A imaginação leva à criação de sentido, à inovação semântica, através de imagens que são mais faladas/escritas do que vistas. A hermenêutica se preocupa com o duplo ou o múltiplo sentido e as imagens não podem ser compreendidas em sua aparência imediata à consciência. O papel poético da imaginação é dizer uma coisa nos termos da outra, dizer muitas coisas ao mesmo tempo e criando um sentido novo. As suas últimas obras tematizaram a imaginação e a inovação semântica. Para Ricoeur, a imaginação não é nem cópia do real (percepção) e nem criação da consciência do sujeito (solipsismo). A imaginação é o verdadeiro instrumento de interpretação crítica da realidade (FOESSEL, 2007; KEARNEY, 1989).

Para a hermenêutica fenomenológica, a condição humana é ser total sem ser transparente. O "ser para si" é uma tarefa. As implicações existenciais dessa abordagem são cruciais: a vontade não está submetida à necessidade, pois a imaginação abre o horizonte. A imaginação poética é uma resposta à exigência de novos sentidos, cria sentido respondendo ao desejo de ser expressado. O poder produtivo da imaginação é verbal, a inovação semântica se realiza quando o sentido literal é associado a um sentido novo. A imaginação é esse poder de reconciliar metaforicamente sentidos opostos, criando uma nova pertinência. Ela apreende o similar no dissimilar. A linguagem abre o horizonte pela imaginação: "novo sentido" significa a proposição de um novo modo de estar no mundo. Mundos novos possíveis emergem quando a hermenêutica se opõe ao fechamento do texto em si mesmo. Para a hermenêutica fenomenológica, os textos emergem da experiência e retornam a ela. Ela nos situa no mundo real. A sua obra se diferencia por desenvolver o conteúdo de uma "Razão hermenêutica do *soi*", indo do homem vulnerável, falível, finito, frágil, ao "homem capaz". Ricoeur acredita no sujeito capaz de se narrar e de se dar projetos, capaz de se reconhecer. Ele constrói uma poética da vontade liberada e reconciliada com suas raízes pela criatividade do ser. Ele não escreveu sistematicamente essa poética, esse desejo secreto de plenitude de sentido, que permanece um horizonte em sua obra (OLIVIER; ABEL, 1996; KEARNEY, 1989).

a) Explicar e compreender

A "fenomenologia hermenêutica" de Ricoeur renovou o projeto dilthiano de uma crítica da razão histórica. A sua pergunta é a mesma: o que é "compreender" em história? O seu método hermenêutico pensa a história de forma "crítica" ao procurar limitar as pretensões totalizantes do saber histórico e dar consistência à noção de "coesão de vida" *(Zusamenhang)*. Ricoeur parece em busca de um "historiador completo", que escape da filosofia da história (Hegel) e não se restrinja à epistemologia da história (filosofia analítica anglo-saxã) ou a uma simples metodologia da história (positivistas e Annales). Para ele, a história não pode ser objeto somente de metodologia/epistemologia, porque não é um saber apenas técnico e exterior. Há lugar para o pensamento da "condição histórica" em uma historiografia não positivista. Há um "espaço de sentido" entre uma filosofia da história especulativa e uma simples epistemologia histórica. Uma cronosofia ainda preside as grandes categorias que organizam o discurso histórico: eventos, repetições, épocas, estruturas, permanência/mudança, tendências. A "intencionalidade historiadora" é uma inteligência narrativa em busca do sentido: fazemos história porque somos históricos e queremos compreender, ontologicamente, o sentido da nossa experiência temporal. Para ele, interpretar a história é a tarefa do historiador-filósofo, um "historiador integral", herdeiro não só dos historiadores clássicos como também de Santo Agostinho, Hegel, Dilthey, Nietzsche, Heidegger. Cada um deles foi um intérprete da história, com conceitos próprios de "compreensão", "explicação" e "interpretação". Para todos eles, "viver é interpretar" (GREISH, 2001).

Portanto, Ricoeur é herdeiro de Dilthey, o conceito que dirige a sua obra é o de "compreensão" (*verstehen*), do qual se apropriou e transformou. Dilthey foi importante, mas Ricoeur fez outra coisa com a sua herança hermenêutica. Dilthey chegou à dicotomia empatia *versus* positivismo, que, para ele, deixou de ser satisfatória, porque implica dois métodos, duas ontologias, desfazendo a totalidade eu/contexto. Dilthey, quando opunha ciências naturais e ciências do espírito, isolava a compreensão da explicação, impedindo que as ciências humanas se tornassem um saber organizado, estável, coerente. Dilthey chamava de "explicação" o modelo de inteligibilidade das ciências naturais, que foi estendido equivocadamente às ciências humanas pelas escolas positivistas. Para ele, a única atitude das ciências humanas que respeita a sua diferença em relação às ciências naturais é a da "compreensão". Dilthey inventou essa dualidade, um termo exclui o outro: ou se explica como o físico, ou se compreende/interpreta como o historiador. Em Dilthey, a interpretação era uma província do compreender. A compreensão é o processo pelo qual nós conhecemos a vida psíquica com a ajuda de signos sensíveis/exteriores, que são sua manifestação. A interpretação é a arte de decifrar tais signos/expressões. O fim da hermenêutica seria, após interpretá-lo/decifrá-lo, compreender o autor/agente melhor do que ele a ele mesmo. Pela operação da compreensão, o intérprete quer coincidir com o autor interior, igualar-se a ele, criar com ele. O conceito central da *verstehen* dilthiana é o de "empatia", o intérprete compreende o outro, um autor ou agente, ao pôr-se em seu lugar, ressentindo as suas paixões e revivendo as suas situações (DUNPHY, 1991; REIS, 2003).

Ricoeur defende uma relação menos antinômica, complementar e recíproca entre explicar e compreender. Para ele, hoje, a noção de explicação se deslocou: não é mais herdeira das ciências naturais, mas de modelos linguísticos, e a interpretação também sofreu modificações profundas, que a afastam da noção psicológica de compreensão. A nova posição é menos antinômica e mais profunda. Ricoeur é contra o dualismo metodológico, contra a alternativa brutal, contra a antinomia, defende uma dialética fina entre explicar e compreender. Para ele, não são polos excludentes, mas momentos relativos de um processo complexo que se pode chamar de "interpretação". Há interpenetração, há determinação recíproca entre a explicação e a compreensão no texto, na ação, na história, nas ciências humanas. Há um duplo movimento que vai da compreensão à explicação e vice-versa. Há diálogo entre a compreensão cotidiana, ingênua, e a explicação científica, que impõe a exigência de um retorno à compreensão cotidiana, que não é o retorno ao idêntico, mas a uma compreensão mais profunda. A explicação científica que se torna hermética e não retorna ao solo de onde partiu, a experiência vivida, deixa de ser útil à vida (DUNPHY, 1991).

Ricoeur procurou superar o cisma ontológico da *verstehen* dilthiana através de uma "poética da experiência humana". A teoria da compreensão/

explicação de Ricoeur visa fundamentar as ciências humanas, mas é mais ambiciosa porque vai além da epistemologia, tem uma visada ontológica. Para ele, é preciso abandonar a referência da interpretação à compreensão psicologizante. A interpretação não deve ser mais buscada na compreensão do outro pelo interior e, portanto, a sua relação com a explicação deve ser revista. Ele busca "conciliar explicar e compreender", procura criar "conexões", "pontes", "passarelas", entre a hermenêutica dilthiana e o estruturalismo. Para Ricoeur, a compreensão prevalece sobre a explicação, mas não pode existir sem esta, pois são operações cognitivas complementares. A compreensão é o momento não metódico que se compõe com o momento metódico da explicação. A compreensão precede, acompanha, fecha e envolve a explicação; a explicação desenvolve analiticamente a compreensão. Ricoeur enriquece a compreensão com um momento explicativo, abrindo acesso ao pensamento da ação. Ele estende a relação dialética entre explicar/compreender da teoria do texto à teoria da ação e da história (LADRIÈRE, 2004).

Em seu livro *Do texto à ação*, ele formula criticamente a questão crucial: afinal, "o que é um texto?". Se a história é um "artefato verbal", o que isso significa? E redefine "texto" de dois modos: a) como fixação da oralidade pela escrita; b) como substituição da fala e não apenas a sua fixação pela escrita. Ele dará ênfase a essa segunda definição de texto, como substituição da fala, que altera a nossa relação com o mundo. A relação com o mundo pode envolver dois tipos de comunicação: a mediada pela fala e a mediada pelo texto. A comunicação mediada pela fala é completamente realista: o diálogo envolve um locutor, um interlocutor, um lugar, um mundo. A relação é entre voz e ouvido, perguntas e respostas, presença de um e de outro. No diálogo tem-se a "palavra viva", a referência é mostrada e o sentido é compartilhado. Na fala, o locutor se dirige a um interlocutor e "fala alguma coisa sobre alguma coisa". A fala se refere ao mundo. Ao contrário, a comunicação mediada pelo texto não é uma relação viva e realista. A relação agora é entre autor e leitor. A leitura não é viva como o diálogo, é uma "relação ausente": o leitor é ausente na escrita, o autor é ausente na leitura. O autor não pode responder ao leitor. O texto não se refere mais a um mundo exterior a ele, é sem referência exterior. O texto oculta e substitui o mundo exterior dentro do seu mundo intertextual. Um texto se refere a outros textos, e a rede intertextual vem substituir a realidade. A intertextualidade apaga o mundo exterior (RICOEUR, *Du texte à l'action*; BECQUEMONT, 2007).

Para Ricoeur, a ocultação da referência exterior pelo quase mundo dos textos gera duas possibilidades de análise. A primeira: a) *a semiologia estruturalista*, que aceita a suspensão que o texto faz da realidade e toma o texto como a própria realidade. Os estruturalistas explicam o texto não pelo seu referente externo, que eles não têm, mas por suas relações internas, pela sua estrutura e a sua relação a outros textos. O texto é abordado como uma internalização da relação ao mundo e do diálogo. O leitor entra em um texto fechado, sem exterior, autorreferente. O texto só tem dentro. E, para Ricoeur, White tem razão: essa é uma forma possível e relevante de ler um texto, vendo-o como parte da rede de textos, a literatura. Aqui, a explicação estrutural do texto o descronologiza e busca-se nele uma lógica interna e subjacente, uma relação entre partes/todo. Se, para White, esta é a via única da historiografia, para Ricoeur, é uma via possível e legítima, mas não é a única.

O outro caminho é o que ele propõe para a historiografia: b) *a semântica hermenêutica*. Essa abordagem do texto não o toma em si mesmo, não se restringe à suspensão que faz do mundo, mas o restitui ao diálogo, à comunicação viva. A leitura torna-se, agora, uma "comunicação viva": o leitor interpreta e se apropria do texto. O texto deixa de ser fechado em si mesmo, porque permite que o leitor se aproprie dele e o transforme, para aplicá-lo ao seu mundo. O texto é aberto ao mundo do leitor, que se apropria dele, interpretando a si mesmo, compreendendo-se melhor. A compreensão de si é mediada pela leitura, o sujeito vivo não consegue compreender-se imediatamente e só chega a fazê-lo pela mediação dos signos e de obras da cultura. A leitura é uma "efetuação": a interpretação é atual, presente e, explorando as possibilidades semânticas do texto, entra na experiência vivida do leitor. Assim, para Ricoeur, a suspensão do texto é superada e retorna-se ao referente, ao mundo do leitor. Portanto, no "círculo hermenêutico", cuja análise desenvolve em *Tempo e narrativa*, a história continua sendo um "artefato verbal", o texto mantém a sua dimensão semiológica, interna, estrutural, mas recupera a sua dimensão semântica, refere-se e dá sentido ao "mundo do leitor", que se apropria ou rejeita o mundo do texto. O mundo do leitor limita a dimensão ficcional do texto, que, de fato, existe, ligando-o à referência exterior, tornando-o controlável realista e cientificamente. A relação entre autor-leitor-mundo-compartilhado é "reflexiva". Através do texto, o leitor mantém uma relação reflexiva consigo mesmo, com a sua experiência particular e com a universalidade da condição humana. Para Ricoeur, a narração é a condição de uma experiência vivida mais humana, porque a narração dá forma e sentido ao tempo vivido, i.e., exterior, real, concreto. (RICOEUR, *Du texte à l'action* e *Temps et récit, 1*).

Na interpretação do texto, explicação e compreensão se completam, não há mais antinomia. Se a análise estrutural não se referir ao vivido, ela se reduz a um jogo estéril. Ninguém para na estrutura formal do texto, que só é uma etapa necessária (explicativa) à sua interpretação crítica, profunda, não *naïve* e superficial. Na reconciliação entre explicar e compreender, "explicar" é mostrar a estrutura, as relações internas de dependência que constituem a estática do texto; "interpretar" é tomar o caminho aberto pelo texto, pôr-se na direção do texto. A interpretação combina um ato subjetivo de apropriação do texto (compreensão) com um ato objetivo de análise da estrutura do texto (explicação). O intérprete segue a linha indicada pelo texto e a apropriação é o final do processo. A apropriação é a extremidade do arco hermenêutico, que o ancora no solo do vivido. A apropriação perde sua arbitrariedade na medida em que é uma retomada do que está no texto, é um redizer, que reativa o dizer do texto. A leitura é o ato concreto em que o texto se realiza, onde se conciliam explicação e compreensão, porque o intérprete se apropria do texto. Por "apropriação", Ricoeur quer dizer que a interpretação de um texto termina na interpretação de si de um sujeito que passa a se compreender melhor, a se compreender de outra forma ou começa a se compreender. O leitor acaba a inteligência do texto em uma inteligência de si, realizando uma "reflexão concreta". A interpretação do texto não é o fim, ela mediatiza a relação a si de um sujeito que não encontra na reflexão imediata o sentido da sua própria vida. O texto tinha só uma dimensão semiológica, uma estrutura, relações internas; na leitura, torna-se semântico, ganha uma significação própria ao sujeito/leitor, que se compreende em sua condição histórica. A compreensão é o símbolo de nosso pertencimento ao ser. Compreender, para o leitor, é compreender-se diante do texto e receber dele as condições de emergência de um *soi* outro que o *moi*. O discurso quer trazer à linguagem uma experiência, uma maneira de habitar e ser no mundo, que o precede e exige ser dita. É o mundo prático do leitor que o texto redescreve e refigura. Há um ser agente e sofredor como referência do discurso. Ricoeur se deslocou, portanto, da hermenêutica dos símbolos para a hermenêutica do texto para a hermenêutica do agir humano (RICOEUR, *Du texte à l'action* e *Temps et récit*).

Para Ricoeur, a interpretação do texto desencadeia a ação, a apropriação do texto torna-se práxis, e, por isso, abordar a ação torna-se análogo à abordagem de textos, as ciências humanas são ciências hermenêuticas. O paradigma da leitura se apresenta como uma solução metodológica para as ciências humanas. A ação se deixa tratar como um texto, o "evento do ato" é semelhante ao "evento de fala" por terem uma significação. A ação, como o texto, se dá à interpretação do círculo hermenêutico. A ação sensata pode ser objeto de ciência por um tipo de objetivação semelhante à interpretação da escrita. Do mesmo modo que um texto se autonomiza em relação ao autor, a ação se separa do seu agente. A analogia entre texto e ação dissocia a ação de sua intenção consciente para ser abordada na relativa autonomia de sua significação. Assim, como o texto, a ação é uma obra aberta, cuja significação está em suspenso. Há um hiato entre o sentido de uma ação e a consciência que os agentes possuem desse sentido. A ação torna-se um "documento", que deve ser interpretado. A ação tem uma configuração relativamente autônoma, como o texto, que permite abordá-la de maneira objetiva. Ricoeur ultrapassa a oposição constituinte/constituído: a instituição social é exterior, é fonte normativa que interpela o ator e impõe o sentido da sua ação. Mas não é só coercitiva, acabada, é também construída pelos agentes. Ricoeur quer instaurar um justo equilíbrio entre a hermenêutica e a fenomenologia social, entre sociologia do sentido e sociologia da necessidade objetiva, entre práxis e coerção social. Não se trata de substituir a suspeita pela simpatia, mas de articular a práxis e as representações que a subtendem, justificam e dissimulam. A suspeita deve ser superada, mas não abolida (FOESSEL, 2007; LEENHARDT, 1990).

Nessa reconciliação entre explicar e compreender na análise da ação, Ricoeur lembra Weber: a ação contém um sentido imanente assim como o texto. A ação racional é como um texto. Nós conjecturamos e avaliamos o sentido, construímos a significação da ação. Um texto é uma totalidade/partes, um sentido construído; a ação também é dotada de sentidos possíveis, que devem ser construídos. O movimento semântico, através da explicação de tipo estrutural da semiótica, passa de interpretações *naïves* a eruditas, de superficiais a profundas. Mas, prudente, Ricoeur não crê que se possa chegar à unidade profunda e total, a sua pesquisa antropológica é assintótica: "explicar mais é compreender melhor". Ricoeur procura sintetizar Weber e Dilthey quando sustenta que a compreensão-explicativa significa que "explicar mais é compreender melhor". Ricoeur se refere a Weber e a Husserl: não há coisa social, mas relações intersubjetivas. A instituição bem compreendida assegura a mediação entre a conduta imposta e a criação de sentido. Portanto, Ricoeur é também herdeiro de Weber e encontrou eco nos sociólogos na medida em que estes reavaliam as competências dos atores sociais e sua capacidade de descrever o seu mundo social e lhe dar uma explicação. A nova sociologia leva os atores a sério, há maior valorização das práticas sociais e do acordo entre os atores. Há uma reconfiguração do tempo, revalorização da curta duração, da ação situada/contexto. A noção chave é "apropriação": o presente é o centro de gravidade temporal. É uma presentificação que sai do sono estrutural (FOESSEL, 2007; LADRIÈRE, 2004; LEPETIT, 1995).

As suas reflexões sobre a escrita da história repercutiram na crise do paradigma dos Annales, levando-os a se interessarem pela hermenêutica. Para a hermenêutica, a narrativa histórica é uma "quase intriga", que reúne explicação e compreensão. A causalidade em história é uma "imputação causal singular", que seria a transição entre a explicação por leis e a explicação por construção de uma intriga. A imputação causal singular é síntese de explicação e compreensão, uma quase intriga. A "explicação causal" não é estranha à inteligência narrativa, que cria uma conexão causal. Ricoeur se apropriou de Weber e Aron, os primeiros a formularem essa noção de "imputação causal singular", essa lógica que consiste na construção por imaginação de um curso diferente do curso efetivo dos eventos, que permite a avaliação das consequências do curso real dos eventos. A "imputação causal singular" é uma explicação científica porque realiza uma análise fina dos agentes, isola fatores, imagina causas possíveis para a ação com a presença ou ausência de fatores isolados (RICOEUR, *Temps et récit, 1*; DELACROIX, 2007; NORA, 2002).

Essa construção imaginária de cursos possíveis e a avaliação de consequências prováveis supõem um saber nomológico, regras, que mostram como os homens têm o hábito de reagir a situações dadas. São as leis empregadas em história, tácitas, pressupostas, implícitas. O historiador não é mais um simples narrador, dá razões, justifica, utilizando fatores causais. Uma imputação causal singular é um "juízo de valor não ético", utiliza os conceitos de meios e fins, joga com intenção, resultado, fracasso, inclui elementos teleológicos. A imputação causal singular é "singular", e não "individual". O historiador pode se interrogar sobre o alcance da Batalha de Salamina sem decompô-la em ações individuais. Esse "evento singular" tinha duas possibilidades objetivas: a vitória grega e do helenismo ou a vitória persa e da cultura teocrática. É a construção do quadro imaginário criado por abstração e a avaliação das consequências do evento suposto suprimido que constitui essa lógica causal. Uma imputação causal singular é uma síntese do heterogêneo: circunstâncias, intenções, interações, adversidades, fortunas, objetivos, causas e acasos. A imputação causal singular é uma quase intriga, isto é, uma reunião de explicação e compreensão (RICOEUR, *Temps et récit, 1*; DELACROIX, 2007; NORA, 2002).

Ricoeur é também herdeiro de Freud e fez com ele o mesmo que fez com Dilthey e Weber: apropriou-se e transformou-o. Em sua epistemologia da psicanálise, continuou insistindo na necessidade de reunir explicar e compreender. Ele deseja realizar uma dialética de consciente/inconsciente, propõe uma revisão profunda do conceito de consciência, de tal modo que o inconsciente seja incluído. Para Ricoeur, é preciso repensar a filosofia do sujeito a partir da hipótese do inconsciente, "deve-se perder a consciência para reencontrar o sujeito". Tendo rompido com o cógito cartesiano, "fazer a narrativa de si" consiste menos em recapitular os eventos que marcaram a minha vida de uma forma exaustiva e mais em articular uma pluralidade de eventos sob a forma de uma estrutura significante. A totalidade singular não significa a reunião total da experiência subjetiva em uma narrativa, a unificação exaustiva não é possível, porque há repressões, amnésias, resistências. Mas a narrativa de si ajuda a vítima a trazer à memória o evento traumático, a liberar o afeto ligado à lembrança traumática, que se tornou inacessível. A livre associação não é o conhecimento do passado tal como foi, mas a expressão de desejos inconscientes que marcaram a vida. A memória em Freud não é realista, é fantasmagórica, e não uma reconstituição precisa da experiência vivida. A hipótese do inconsciente põe em dúvida a possibilidade de uma restauração exaustiva da memória pessoal. O passado é inacessível, a unificação narrativa da vida é impossível. O inconsciente é descontinuidade e ruptura. A unificação narrativa é ilusória, pois não há completude, coerência, totalidade, continuidade, concordância (GILBERT, 2001).

Segundo Gilbert, a comunidade psicanalítica contesta Ricoeur porque ele deixa pouco espaço para a falta, a falha, a descontinuidade, a lacuna, a amnésia, o inconsciente e, por isso, poderia não ser muito útil clinicamente. Ricoeur se interessa pouco pela atemporalidade do inconsciente ao supor que o sujeito conseguiria se manter na promessa em uma identidade superior, ética. A manutenção de si na palavra dada é possível? Será que o tempo pode se tornar plenamente humano pela narração? Para Gilbert, é preciso sublinhar os limites da abordagem ricoeuriana em relação ao inconsciente da experiência humana. O objetivo da narrativa de si em Freud é a desaparição de um sintoma; em Ricoeur, o objetivo da narrativa de si é outro. Os dois querem coisas diferentes com a narrativa. Em Ricoeur, a narrativa de si serve à construção da identidade do *soi*, que é mediatizada pela linguagem, por textos e símbolos. A hermenêutica do *soi* se apoia sobre o narrar. A identidade-ipse é um retorno reflexivo sobre si, uma reflexão como narração que serve à hermenêutica de si. Em Ricoeur, a concordância deve se impor e incluir a discordância/descontinuidade/inconsciente. Narrativamente compreendida, a identidade pessoal se apresenta como um texto que deve ser coerente, completo, uma totalidade significante, com início, meio e fim (GILBERT, 2001).

Entre a abordagem freudiana e a ricoeuriana da temporalidade há um hiato: estreita relação entre tempo e narrativa *versus* inconsciente sem tempo. Para Gilbert, contudo, é possível dialetizar os dois: o inconsciente impede uma narativa da vida integral, mas a perspectiva de Ricoeur não deixa de ser uma preciosa abertura para o sentido. A identidade em Ricoeur é uma tarefa. A filosofia tradicional foi sacudida por Freud, e Ricoeur procura integrá-lo realizando uma epistemologia rigorosa da psicanálise. Ele tentou tomar consciência da multiplicidade de sentido do inconsciente e levou Freud à hermenêutica. A filosofia hermenêutica-reflexiva deve integrar a psicanálise a ela, porque o psiquismo tende ao sentido, ao reconhecimento de si, e não ao desconhecimento/abandono de si (MAJOR, 1994; GILBERT, 2001).

Para Ricoeur, a narrativa unifica a experiência temporal dispersa. Na identidade-ipse, a pessoa é compreendida como narrador e personagem de sua própria história, que se desdobra em uma totalidade temporal que tem início, meio e fim. O que distingue o homem de coisas e animais é o se designar, se narrar, falar de si mesmo. É a capacidade de manter a palavra que mantém a unidade. Só um ser capaz de reunir a sua vida sob a forma de uma narrativa é capaz de aceder a essa identidade ética, que se realiza na promessa mantida. Este é o lugar e o papel que Ricoeur confere à narrativa de si. Na terapia, as narrativas que os pacientes fazem podem ser compreendidas como tentativas e esforços para se inscreverem no tempo. A dificuldade ou a impossibilidade de se narrar é expressão de um sofrimento difícil de ser superado/articulado. Entretanto, esse seu ponto de vista sobre o caráter terapêutico da narrativa é fortemente contestado por outros intépretes de Freud. Para estes, o inconsciente impossibilita a reunião unitária da vida sob a forma de uma narrativa plena, com princípio, meio e fim. Após Freud, não é mais possível estabelecer a filosofia do sujeito como filosofia da consciência, porque reflexão e consciência não coincidem mais. Os conceitos de sujeito e consciência não são os mesmos após Freud, que destituiu o sujeito, suspeitou da consciência como fundamento. A memória autobiográfica é lacunar, cheia de falhas/lacunas/perdas/transtornos. Uma história pessoal completa é impossível, a narrativa de si só pode se descozida, fragmentada, esburacada. Não é possível o acesso a uma identidade superior, ao *soi* (GILBERT, 2001).

Então, o seu esforço de unificar explicação e compreensão na psicanálise, de levar Freud à hermenêutica, teria fracassado? Para Gilbert, não, porque, por um lado, Ricoeur aceita essas objeções, contesta a primazia que a tradição reflexiva dá à consciência, que chama de "ingenuidade pré-freudiana da filosofia"; por outro lado, não se desfez da consciência e da subjetividade capaz e responsável. Para ele, é preciso perder a consciência para reencontrar o sujeito. É preciso que a vida seja reunida para que ela possa se colocar sob a visada da verdadeira vida. Se minha vida não puder ser apreendida como uma totalidade singular, não poderei jamais desejar que ela seja bem sucedida, realizada. Ricoeur dá toda importância ao inconsciente em sua teoria do sujeito, mas combate todo reducionismo naturalista. Ele enfrenta as três filosofias da suspeita sustentando que o homem é capaz de agir e ser responsável por sua ação. O inconsciente está lá, dividindo e fragmentando, mas não reduz o homem à natureza. Este pode "se narrar" e, talvez, esta seja a diferença humana no universo: poder falar de si mesmo, estabelecer uma relação consigo e construir e justificar narrativamente a sua identidade. Pela narrativa temos acesso a essa forma de identidade ética e superior, que representa a ipseidade do *soi* (GILBERT, 2001).

Para Dosse, ao integrar a explicação à compreensão, Ricoeur contribuiu muito para a via interpretativa das ciências humanas. Ele (re-)humanizou as ciências humanas, após a "(des-)humanização" estruturalista. O seu método não é apenas especulativo ou técnico, pois quer oferecer uma reflexão sobre a práxis. O seu tema maior é o grande tema de hoje, o do vínculo social, da construção de um mundo habitável, do viver-juntos na diferença, que tinha sido sacrificado pelos reducionismos. Ricoeur substituiu os diversos determinismos pelo pluralismo explicativo-compreensivo, pela controvérsia interpretativa, os atores são vistos como informados, reflexivos, responsáveis pela sua ação. A abordagem do social não é direta, mas mediata, como um texto, que pode ter muitas leituras e apropriações. O agir é sem certezas, uma construção aberta para o futuro. A contribuição do cientista social à sociedade é a crítica e o esclarecimento dos sentidos que regem o viver-juntos. O filósofo deve vigiar contra a cristalização, contra o imperialismo de sentidos únicos, defender a pluralidade e a riqueza das diversas linguagens. Em Ricoeur, o filósofo e o cidadão não se separam, pois o horizonte da filosofia é a práxis. A sua filosofia renunciou ao uno, abriu-se às diferenças e ao diálogo, tornou-se uma dialética do próximo e do distante, do mesmo e do outro. A utopia ricoeuriana é aristotélica: "buscar a vida boa, viver bem e juntos". A sua postura intelectual é ecumênica, acolhe o pensamento dos outros, a pluralidade. A sua busca da conciliação entre explicar e compreender não é meramente especulativa, mas um "caminho político" (método) que contesta a unidade humana totalitária e quer construir a unidade humana na multiplicidade (ver DELACROIX; DOSSE; GARCIA, 2007).

b) Por uma dialética aberta, inabacada, a síntese adiada

Após a queda do Muro de Berlim, o método ricoeuriano tornou-se uma ponte que liga o presente às tradições do pensamento ocidental, opondo-se ao pós-estruturalismo da dita "pós-modernidade". O pós-moderno não se lembra do passado e não acredita mais em evolução, em progresso, a história se destotaliza em tempos descontínuos e plurais. A hermenêutica crítica ricoeuriana é antipós-moderna, porque ainda é utópica, lembra-se das lutas históricas por uma sociedade justa e segue o imperativo categórico: "é preciso que esta realidade mude!". A hermenêutica prossegue a tradição utópica, que se enraíza na reminiscência, na história, é ainda uma poética do possível, voltada para a emancipação humana. Para Kearney, Ricoeur até aceita a desconstrução pós-moderna da identidade substancial, mas não admite a desaparição da identidade. Para ele, o sujeito não está morto, porque ainda tem a capacidade de narrar sua história ao outro. Há um "quem" que narra a sua vida. A imaginação utópica hermenêutica resiste à fragmentação da identidade pessoal, à redução da identidade, à polimorfa combinação de desejos múltiplos. A história continua a ser um diálogo com os outros. Mas, para ele, se a "imaginação que se narra", hoje, está em crise, esta deve ser uma ocasião privilegiada de uma (re)tomada de consciência. Devemos continuar a narrar a história da humanidade, pois abandonar completamente a grande narrativa moderna seria nos abandonar ao círculo da paródia e do pastiche da sociedade do espetáculo, renunciar à esperança de imaginar outro mundo habitável. É aqui mesmo, no mundo pós-moderno, que devemos recomeçar a escutar e a narrar a história das imaginações utópicas, para sairmos deste labirinto! (KEARNEY, 1991).

O fim da utopia moderna significou o fim da imaginação como poder criador, capaz de abrir e descobrir novos horizontes de sentido. O pensamento pós-moderno, pós-estruturalista e desconstrucionista não parece favorável ao conceito de "imaginação", por julgá-lo envolvido com humanismo, romantismo, existencialismo, subjetivismo. É um pensamento pós-utópico, um discurso baseado na "imagem" e prefere o termo mais neutro de "imaginário", que não é criação de um sujeito humano, mas efeito de um jogo anônimo de significantes, sem centro e sem sujeito. O "imaginário" não é o poder de um autor autônomo, mas "uma caixa postal errante em um sistema de comunicações sem expedidores e destinatários". As novas tecnologias da comunicação criam simulacros, imagens eletronicamente produzidas. A imitação tem mais importância do que o original, o imaginário preexiste ao real, pois nossa percepção do mundo é condicionada por representações eletronicamente registradas e difundidas. O mundo é o que é reproduzido por imagens eletrônicas, um mundo sem aura, reprodutível ao infinito, sem origem nem fim. Não há sujeito original. Para Kearney, o paradigma clássico tinha a metáfora do espelho: refletia uma luz vinda de Deus; o paradigma moderno tinha a metáfora da lâmpada: o sujeito humano projeta uma luz sobre o mundo; o horizonte pós-moderno tem a metáfora de um jogo de espelhos em que cada superfície envia a imagem à outra em um círculo sem saída. Um labirinto de reflexos múltiplos em todos os sentidos. Não há mais imagem original, presença de si. A reflexividade pós-moderna não é de uma subjetividade, não é atividade de um sujeito humano, mas um espelho que reflete a si mesmo no ato de refletir. A mimese pós-moderna imita outra imitação, não é retomada ou renascimento. Não há ser original a ser imitado, tudo é paródia de paródia. A verdade se tornou mulher! A "pós-modernidade mulher" sabe que só há "efeitos e ilusões de verdade" (KEARNEY, 1989 e 1991).

Neste contexto, para Ricoeur, pensar a experiência imaginária da vida é uma tarefa hermenêutica urgente. A sua hermenêutica crítica confia na "imaginação criadora", no projeto de verdade, na capacidade de agir e refletir do sujeito. Para ele, após o trágico século XX, foi necessário suspeitar da visão humanista do homem como senhor da natureza e da história, mas a suspeita desconstrucionista tem limites. A hermenêutica da suspeita não pode levar à decepção total com o potencial criador do sujeito humano. A hermenêutica ricoeuriana é um projeto de reconstrução crítica da consciência histórica ocidental, que, mesmo admitindo que a imaginação humanista precisa ser descentrada e despossuída, sustenta que é possível reconstituir uma imaginação propriamente humana. Para ele, não podemos renunciar a essa tarefa de reconstrução, pois seria recair na paralisia do espírito e da ação, que sustenta o *status quo*. A "imaginação criadora" da hermenêutica opõe-se ao imaginário pós-moderno, à era de vazio, da fragmentação, do fim do homem. A tarefa hermenêutica é a "crítica" deste mundo: saber ler as imagens eletrônicas, ensinar a desocultar as intenções/interesses dessa pseudocomunicação sensacional. As novas tecnologias não têm que ser necessariamente degradantes, podem ser críticas, servir à informação verdadeira, ao diálogo entre sujeitos reais. A imagem do refém ou da fome deve provocar vontade de justiça social. A imaginação hermenêutica resiste à tendência pós-estruturalista de esquecer a historicidade do sentido e não esqueceu conceitos críticos como autenticidade, angústia, alienação. A imaginação hermenêutica é histórica, lembra e reconhece o mundo anterior à pós-modernidade e quer ajudar na reconstrução do que será o mundo futuro. Ela tem a capacidade de rememorar outros tempos, é fiel à história, à dívida com o outro esquecido da história. É em nome do outro que a imaginação tenta transfigurar o presente. É uma imaginação que transcende o presente, que não se submete ao *status quo* (KEARNEY, 1989; 1991).

Enfim, para Ricoeur, a hermenêutica crítica tem a tarefa de continuar pensando a história universal após Hegel. Depois da Segunda Guerra Mundial, o Ocidente vive uma situação de ruptura com a tradição, fala-se do desaparecimento do sujeito possuidor do controle de sua identidade pela interiorização, pela rememoração do sentido essencial de seu percurso histórico. A autonomia mesma do homem se acha em questão, com o deslocamento dos critérios de verdade, com as reconfigurações sucessivas do saber, a fragmentação da linguagem. Na tradição de Hegel, a identidade do espírito fazia apelo à rememoração do sentido, de seu percurso histórico. Agora, houve uma ruptura: a desconstrução da filosofia do espírito e do sujeito cedeu lugar a um questionamento radical da finalidade da reflexão filosófica sobre a história. A hermenêutica de Ricoeur recusa o caráter totalitário da via hegeliana, cujo preço a pagar pelo triunfo do sentido é a "reconciliação sem consolação". O particular sofre sem razão conhecida e recebe satisfação apenas com o argumento vago da "astúcia da razão". O excesso de sentido perdia de vista o sofrimento sem razão do indivíduo particular. A filosofia da história hegeliana privilegiava a lógica dos vencedores e ignorava a das vítimas, não se interessava por nenhum indivíduo/grupo particular. Os tempos verbais eram eliminados por um "é" (presente eterno). A supercoerência de Hegel tornou-se um problema, e o seu sistema devia mesmo ser abandonado, simplesmente. Em Ricoeur, a desconstrução do sistema hegeliano significa renunciar a decifrar essa suprema intriga, que criou uma motivação ética última que só gerou vítimas. A hermenêutica de si opõe ao sistema hegeliano uma filosofia do desvio, a "via longa", em que o termo "interpretação" se opõe ao de reflexão imediata e totalizante. A autocompreensão da vida toma a forma fundamental da "apropriação de si", que não tem o estatuto da compreensão introspectiva, da reflexão sobre si (GREISH, 2001).

Para Greish, Ricoeur inaugurou um questionamento inédito da história, entre Hegel, Dilthey e Nietzsche. A pergunta hegeliana sobre a história era: "qual é o sentido racional da história mundial?"; a pergunta dilthiana era: "como o conhecimento histórico é possível?"; a pergunta de Nietzsche: "o que significa viver historicamente? Quais os interesses que o sujeito vivo investe na relação com a história?". A pergunta ricoeuriana sobre a história é ao mesmo tempo outra e envolve todas essas anteriores. As sombras de Hegel, Dilthey, Nietzsche, Freud e Weber acompanham a sua hermenêutica da condição histórica. A hermenêutica não reivindica o monopólio do sentido e procura conviver com outras concepções abandonando a expectativa de "reconciliação total". Tendo recusado o caminho da "desconstrução da ontologia ocidental", que vem da genealogia nietzschiana e de Heidegger, a "via longa" de Ricoeur visa "reconstruir o sentido", o seu pensamento é ainda do universal. Ele não aprecia demolições, destruições, mas não se coloca no campo oposto dos desconstrutores, porque, para ele, o pensamento não é uma guerra. Em Ricoeur, há uma esperança de unidade do ser, uma ontologia implicada, uma ontologia sob o signo da alteridade. A história e a filosofia formam um binômio, reenviam-se uma à outra. Contra Hegel, a filosofia não pode impor à história uma lógica atemporal; contra Nietzsche, a história não é ritmada por singularidades incomunicáveis; contra a desconstrução pós-moderna, a história é feita por um "sujeito capaz" de agir e se narrar. A filosofia esclarece os traços da historicidade, é um campo de interrogações reativadas pela história. A filosofia não pode se reduzir ao uno ou ao múltiplo, ao sistema ou à singularidade, ao mesmo ou ao outro. Ricoeur privilegia a procura de uma "ontologia dialogada", de "mediações possíveis" entre uno e múltiplo, sistema e singularidade, identidade e alteridade. A ontologia que Ricoeur propõe permanece uma utopia, uma "terra prometida", apenas entrepercebida (GREISH, 1988, 1994, 2001).

A hermenêutica crítica de Ricoeur tornou-se o método filosófico hegemônico nos anos 1980, assim como o marxismo e o estruturalismo foram nos anos 1960/1970. Para Greish, paralelamente à "era pós-moderna", estaríamos vivendo uma "era hermenêutica da Razão", que seria uma "terceira via" entre Descartes, o cógito exaltado, e Nietzsche, o cógito ferido e humilhado. A "hermenêutica de si" procura resgatar e dar sentido ao cógito ferido, pois concebe o homem ainda como um animal simbólico que se autointerpreta. A interpretação de si é sustentada pela busca da estima de si através da construção narrativa da identidade. A hermenêutica de Ricoeur aposta na "apropriação", em uma inteligência hermenêutica mais sutil, mais dialética. O termo "atestação" é a palavra de passe de toda a obra. O *soi* faz a experiência da alteridade na ipseidade e se "atesta". A apropriação é um trabalho de interpretação/autointerpretação incessante da ação e de si mesmo. O circulo hermenêutico é um vai e vem entre todo/parte. O todo é um horizonte de expectativa de "vida boa", que orienta as escolhas particulares/singulares. Voltando às metáforas de Kearney, qual seria a metáfora da "era hermenêutica da Razão"? Para nós, talvez, procurando reunir a luz de Deus (tradição) e a lâmpada humana (modernidade) em um presente labiríntico de estilhaçamento do sentido (pós-modernidade), a metáfora fosse a de um conjunto de câmeras dirigidas ao real, que, reconhecendo a impossibilidade da visão total e recusando também a fragmentação total, busca uma visão a mais ampla do ser, embora indireta, metafórica. O objetivo é restaurar um sujeito capaz de se autodesignar, imputável, capaz de se relacionar e transformar o real por uma práxis histórica responsável (RICOEUR, *Soi-même comme un autre*; GREISH, 1994; 2001; AESCHLIMANN, 1994).

O estilo de Ricouer é peripatético, um passeio longo e em forma espiral, em busca da (re)tomada de consciência das aporias do pensamento e da ação. Ele não vai rápido nem lento, retorna, desvia, gira em torno de um sentido, que não deve nem muito se dar nem desaparecer. Se não se deve ceder nem ao uno nem ao múltiplo, a figura da espiral define melhor o seu estilo. A via longa da hermenêutica toma caminhos imprevistos, é aporética, busca realizar uma mediação imperfeita, mas a sinuosidade do percurso não é uma perda da continuidade e direção. O sentido está no conjunto do percurso feito. Ele conversa, gosta de parceiros, pensa com os outros, ao lado de outros. Para ele, o diálogo é um "combate amoroso" com os opositores. Ele quer se compreender, seus livros são um acerto de contas com ele mesmo através dos outros. Ele encena um teatro filosófico, convocando autores contemporâneos da linguística, semiótica, narratologia, semântica, pragmática, historiografia e os grandes autores da história da filosofia. Como um dramaturgo, ele reconstrói a cena dos diálogos socrático-platônicos: seleciona um tema e pergunta aos outros, à tradição, ao presente, "qual seria o seu sentido?", e, serenamente, vai percorrendo e (re)construindo os sentidos da consciência ocidental. O seu pensamento, talvez, funcione, outra metáfora, como um "desfragmentador do disco duro" da consciência ocidental, organizando as pastas, colocando arquivos separados, juntos, produzindo assim uma "síntese do heterogêneo", uma "dialética poética", que, com baixa negatividade, não suprime a diferença e adia indefinidamente o acesso à síntese total (MONGIN, 1994; ABEL, 1996).

A obra:
Tempo e narrativa (1983/1985)

Como as ciências humanas e, em particular, a história, se apropriaram da obra de Paul Ricoeur? Ele sustentava que a filosofia não deve perder o contato com as ciências, o bom filósofo é o que se dotou de uma competência pelo menos em um domínio científico, matemática, física, biologia e ciências humanas. A filosofia deve ter um pé fora do seu domínio, pois uma filosofia da filosofia seria repetitiva e vã. Todo grande filósofo foi cientista, Platão e Descartes eram matemáticos, Kant conheceu todas as ciências do seu tempo. Ricoeur tomou as ciências humanas como o seu desafio e procurou dialogar com a psicanálise, a linguística, a ciência política e a historiografia. Em sua "filosofia das ciências humanas", dedicou-se à contestação de todos os determinismos, sobretudo o das neurociências, cujo imperialismo epistemológico quis impedir. Para ele, a neurobiologia não é o centro federador das disciplinas humanas, o cortical é só a base, o psíquico vai além do neuronal. Ele se opôs aos naturalismos de todos os tipos. Mas, ao longo do século XX, o desafio maior à sua hermenêutica das ciências humanas foi a hegemonia dos "paradigmas da suspeita", para os quais a verdade é acessível, mas escondida. As ciências humanas tornaram-se objetivantes, quantitativistas, sem sujeito, sem ação, sem significação. Esse quadro estruturalista mudou apenas a partir dos anos 1980, quando apareceu outra organização intelectual nas ciências humanas, uma "virada geral", para a qual a obra de Ricoeur contribuiu enormemente. A questão central da sua obra tornou-se a grande questão das ciências humanas no final do século XX, a do "agir responsável" (RICOEUR, *Réfléxion faite*; QUERET, 2007; DELACROIX; DOSSE; GARCIA, 2007; FRANCO, 1995).

O "novo paradigma" das ciências humanas, das que não se tornaram "pós-modernas", das que ainda se queriam "críticas", é a hermenêutica. Este novo ambiente hermenêutico é pós-estrutural, mas não pós-estruturalista. É pós-estrutural porque a historicidade se impôs à estrutura, com a reabilitação da parte explícita e reflexiva da ação por uma consciência problematizante, um sujeito não transparente e não soberano, que se exprime no discurso e na ação. A estruturação da ação, agora, é pela interpretação de intenções, vontades, desejos, motivos e sentimentos de um sujeito descentrado. O objeto da nova sociologia são as novas formas de sociabilidade, o pertencimento do intérprete ao mundo social em que age. A situação do agente-intérprete tornou-se princípio de verdade e não mais de ilusão, uma subjetividade concreta, situada, em um mundo social cujo sentido contribui para organizar. São interpretações que criam e delimitam o sentido. No final do século XX, as ciências sociais passaram a buscar mais o sentido do que a verdade objetiva, mais a reestruturação permanente do social do que uma estrutura fechada e estável. A volta ao mundo da vida como solo pré-objetivo de toda experiência significativa foi constante no pensamento de Ricoeur. Aqui está o enxerto que fez da hermenêutica na fenomenologia: as ciências humanas são interpretativas, têm uma epistemologia mista de explicar e compreender (FOESSEL, 2007; DOSSE, 2007).

Neste trabalho, vamos priorizar o diálogo de Ricoeur com a historiografia, que se deu desde *História e verdade*, publicada em 1955. Ele sempre foi interessado em epistemologia da história e nas dimensões ética e política da ação histórica. Em *História e verdade,* já abordava a história nos dois sentidos, a escrita pelos historiadores e a efetiva, aquela em que está envolvido o homem que age e sofre. Para Villela-Petit (1989), "o trabalho do jovem Ricoeur foi o embrião do Ricoeur maduro", a sua "via longa" foi fiel às preocupações do início, toda a sua investigação é sob o signo da busca do sentido, evitando o dogmatismo e o otimismo ingênuo. O que não o impediu de se manter aberto ao presente, aos seus contemporâneos, de expor o seu pensamento a desafios e questões inexistentes no início. O seu pensamento é como uma "Odisseia", permite-se transitar pelos campos do conhecimento positivo e pela história presente, adiando o momento do retorno reflexivo hermenêutico. O sentido deve ser buscado através de dificuldades e aporias e, para ele, a busca do sentido é próxima da "questão da história". Desde *História e verdade,* publicado trinta anos de *Tempo e narrativa,* o tempo é concebido como uma força de dispersão e a narrativa como um trabalho de síntese e composição graças à qual o sentido é produzido (VILLELA-PETIT, 1989; DOSSE, 2001).

Na França, ao longo do século XX, o diálogo entre a filosofia e a história foi um diálogo de surdos, porque o historiador dos Annales, tendo se aproximado das ciências sociais, desconfiou da filosofia e afastou-se dela, reduzindo todo pensamento filosófico sobre a história ao hegelianismo. O diálogo de Ricoeur com a historiografia, ao lado de Henri-Irinée Marrou e Raymond Aron, foi como um oásis em pleno Saara epistemológico. Nos anos 1980, finalmente, por causa da crise da historicidade e do futuro, Ricoeur foi ouvido pelos historiadores dos Annales. O final do século XX foi um tempo de dúvidas, que obrigou o historiador a se tornar reflexivo sobre o seu tempo e em relação à operação historiográfica. Segundo Dosse, as últimas obras de Ricoeur foram um evento de pensamento que surpreenderam o historiador, que se apropriou delas em uma situação de insegurança intelectual, de relativismo, ceticismo, *linguistic turn*. Nesse diálogo inédito, Ricoeur defende uma posição original sobre a "questão da história" que tem três faces: a) é crítico da filosofia da história substancialista; b) opõe-se à epistemologia positivista; c) se interessa criticamente pela "história estrutural" dos Annales. Ele nunca quis se envolver nos conflitos metodológicos dos historiadores, nunca quis prescrever nada a eles, mas refletir sobre o que eles de fato fazem. Para ele, a história não pode se tornar uma filosofia da história, pois só pode oferecer "partes totais", "sínteses analíticas", "intrigas" e, portanto, deve renunciar à totalização hegeliana. Só a narrativa é a garantia do tempo humano, e não a sua supressão. Ricoeur também não afasta a história da filosofia da história para levá-la ao extremo oposto, à literatura, à "estória", à ficção. Ele se dedicou longamente à análise das relações entre narrativa histórica e narrativa ficcional, distinguindo-as e entrecruzando-as. Ricoeur tornou-se um interlocutor importante contra o pós-estruturalismo e, graças a ele, até os historiadores franceses admitiram que a história pertence ao campo da narrativa e retomaram o debate epistemológico sobre o conhecimento histórico (RICOEUR, *La mémoire, l'histoire, l'oubli*; NORA, 2002; POMIAN, 2002).

A comunidade dos historiadores aceitou dialogar com Ricoeur por essa sua original atitude reflexiva diante da história e por estar em um momento autocrítico grave e fecundo. Neste contexto de crise, Ricoeur defende a identidade narrativa da história sem ameaçar a busca da verdade, sem pôr em causa a tradição realista dos Annales. O seu método hermenêutico tornou-se um interlocutor precioso da nova historiografia ao sustentar que a história tem uma epistemologia mista, explicativa e compreensiva, idiográfica e nomotética, é um entrelaçamento de objetividade e subjetividade, de explicação e compreensão, uma dialética do passado como mesmo e outro. Para ele, a história não é totalidade, mas "inacabamento", o conhecimento histórico é uma mediação imperfeita entre aporias, a linguagem da história é equívoca, polissêmica, o que exige a preparação da subjetividade historiadora.

O historiador trata da humanidade, de homens que agem e sofrem, e não de forças anônimas, estruturas, instituições, e precisa se preparar para ser uma "boa subjetividade". No conhecimento histórico, a subjetividade é incontornável, porque o historiador quer apreender os homens e se transporta a uma outra subjetividade. O historiador é ao mesmo tempo exterior ao seu objeto-sujeito, por causa da distância temporal, e interior, por ambos serem subjetividade. A história não é ressurreição e emoção, mas análise, (de) recomposição, produção de inteligibilidade. O historiador intervém sempre: escolhe, julga a relevância, estabelece a causalidade e não deve evitar a imaginação histórica como meio heurístico essencial à explicação/compreensão (RICOEUR, *História e verdade*; DOSSE, 2001, 2004, 2007; BARASH, 1991).

Segundo Dosse, Ricoeur tornou-se essencial à preparação da "boa subjetividade historiadora" porque ofereceu à historiografia muito mais que uma restrita reflexão epistemológica sobre a história. Ele vai além da epistemologia, oferecendo ainda ao historiador uma meditação sobre valores, sobre a temporalidade, sobre a ação, sobre a utopia, sobre a liberdade, sobre as questões maiores da historicidade, sem a qual a escrita da história é impossível. Para ele, o historiador tem uma responsabilidade maior que epistemológica, porque a sua obra tem uma repercussão ética, política e pedagógica no presente. A história não é só uma atividade científica, pois contribui para a história presente e futura, permitindo o diálogo entre os homens do presente e do passado. O objetivo da historiografia é testemunhar sobre o que se passou, para que não se o esqueça. A escrita da história não deve ressuscitar os mortos, mas "depositá-los", "sepultá-los". Ele concorda com Michel de Certeau que a operação historiográfica é um "ato de sepultura", um "ritual de sepultamento". A historiografia como "processo que o presente faz do passado" visa acalmá-lo, para que o presente não se deixe "assombrar" pela ressurreição dos mortos. Para ele, a ambição do historiador é "tocar o rosto" daqueles que existiram, agiram, sofreram, fizeram promessas que não puderam cumprir. A história é uma ressurreição das promessas não mantidas no passado, uma liberação dos possíveis escondidos no passado. O historiador quer reanimar essas "promessas não cumpridas", "possibilidades" de ação, de pensamento, de experiência, que o homem do presente recebe como uma "dívida" e tem o dever de se lembrar e de resgatá-las (DOSSE, 2001a, 2001b; VILLELA-PETIT, 1989; CERTEAU, 1976).

Esta é a dimensão ética da historiografia, que é primordial e sustenta o seu esforço científico de busca da verdade. A escrita da história transforma a experiência vivida dos que estiveram no passado em possibilidade presente, libera retrospectivamente certas possibilidades não efetuadas. Embora o passado se apresente como o acabado, o imutável, o já consumido, a escrita histórica não quer encerrá-lo definitivamente, mas reabri-lo, descobrir-lhe potencialidades não realizadas e massacradas. As ações e os pensamentos dos homens do passado ainda têm algo a nos dizer. A escrita da história é ressurreição não dos mortos, mas das possibilidades de futuros realizáveis. O horizonte da reflexão filosófica sobre a história de Ricoeur é o de uma "história da consciência histórica", que vai da epistemologia à ontologia. As implicações ontológicas da história: o tempo, o documento, que dividem história e ficção, o vestígio, que separa o presente do passado. O passado não pode ser absorvido em um eterno presente do espírito. Outra questão ontológica: a realidade histórica, o "ter-sido" e sua *representance* pela historiografia. Estas reflexões ontológicas põem o problema da consciência histórica, que abre o presente às iniciativas e expectativas do sujeito que age e sofre (RICOEUR, *La mémoire, l'histoire, l'oubli*; BREITLING, 2004; AESCHLIMANN, 1994; BARASH, 1991).

Em *A memória, a história, o esquecimento* (2000), a epistemologia da história é fundada sobre a experiência ontológica da história. A pesquisa histórica é ao mesmo tempo uma "experiência histórica", o conhecimento histórico é possível porque já é um ser histórico, o que impede um conhecimento absoluto de si mesmo e da história. "Ser histórico" significa jamais poder se resolver em um saber de si mesmo, pois o que investiga a história é o mesmo sujeito que a faz. Ricoeur valoriza e analisa os textos reflexivos dos historiadores, mas, para ele, a história da historiografia é dominada pela epistemologia do filósofo, que oferece reflexividade à metodologia. Para ele, o filósofo vê mais enigma no vestígio, no testemunho, no passado, do que o historiador prático, que só usa tudo isso. Na *Apologia da história*, de Bloch, por exemplo, para Ricoeur, faltou uma reflexão sobre evento e narrativa. Os Annales são apresentados como praticantes de uma reflexão sobre a história mais metodológica do que epistemológica, representam-se mais como "artesãos", como técnicos de um campo determinado. Ricoeur quer se aproximar da história sem lhe dar lições, evitando a incompatibilidade, buscando uma complementaridade entre o trabalho técnico e a reflexão ontológica sobre a história. Para ele, o filósofo e o historiador fazem o mesmo trabalho e devem fazê-lo juntos: por um lado, rememorar a experiência vivida, por outro, sepultar o passado. O diálogo entre os dois é possível e necessário e foi fecundo com os "metodólogos dos Annales", Bloch, Braudel, De Certeau, Hartog, Chartier, Lepetit. Para Chartier, no número da revista *Esprit* dedicado à análise de *Tempo e narrativa*, "embora a sua hermenêutica fenomenológica seja filosófica, a obra de Ricoeur é importante, legível e útil ao historiador" (DELACROIX, 2007; CHARTIER, 1988, 2007; DASTUR, 1995b).

Este diálogo se intensificou nos anos 1980/1990, em *Tempo e narrativa*, que comentaremos a seguir, onde Ricoeur trata da capacidade de a linguística geral regenerar o sentido. *Tempo e narrativa* é contra o estruturalismo, que dissuadia de se interrogar sobre a realidade dos eventos passados e privilegiava a imanência da linguagem. A conexão entre a narrativa e a experiência humana do tempo é o tema filosófico-historiográfico que rege esta obra do início ao fim. Contra o estruturalismo, o tempo é o referente da narrativa, e a narrativa lhe dá forma e sentido. Narrar é um ato de discurso que aponta para fora dele, para o campo prático do receptor. É a ação humana que a narrativa imita, é uma história real que a narrativa narra. *Tempo e narrativa* e *A metáfora viva* são livros gêmeos, que sustentam que a historiografia não é ficção. Contra os narrativistas de língua inglesa, para Ricoeur, *"story"* é diferente de *"History"*, pois há um verdadeiro corte epistemológico entre uma e outra. Ricoeur defende a substituição da ideia de "referência" pela de "refiguração", na metáfora e na narrativa. A narrativa só termina na refiguração, que é diferente na história e na ficção. A ficção remodela a experiência do leitor por sair da realidade, a história o faz através de uma reconstrução do passado baseada em vestígios. A "identidade narrativa" tanto de indivíduos quanto de comunidades seria o produto instável do entrecruzamento entre história e ficção (RICOEUR, *Temps et récit*; BOUCHINDHOMME; ROCHLITZ, 1990; CALVET DE MAGALHÃES, 1987).

Ricoeur propõe à historiografia a via de uma mediação aberta, inacabada, imperfeita, que somente uma hermenêutica da consciência histórica pode realizar. Ele se apresenta como um pensador da história antiestruturalista, que abre três frentes de batalha: reintroduzir o sujeito do discurso, reconhecer o interlocutor do ato de discurso, reintroduzir a referência extralinguística. A sua polêmica com o estruturalismo não era somente em relação ao sujeito, havia a dimensão intersubjetividade/interlocução e a ambição referencial da linguagem. Em *Tempo e narrativa* reencontram-se a linguagem, o outro e o mundo. Ele retornou à problemática da intersubjetividade e da comunicação e reinseriu o mundo no discurso. Escrever/falar voltou a ser "dizer o mundo". Em *A metáfora viva* e *Tempo e narrativa*, a linguagem tem uma referência extralinguística, a metáfora revela aspectos, dimensões do mundo real. A linguagem poética revela uma realidade inacessível à linguagem ordinária, literal, direta. A poesia faz ver o que a prosa não detecta. É a linguagem mais liberada das pressões literais da prosa que melhor diz o segredo das coisas. A linguagem poética contribui para a redescrição do real, o que é redescrito é a realidade do mundo do leitor. O mundo do leitor é o lugar ontológico das operações de sentido e de referência, que uma concepção puramente linguística queria ignorar (RICOEUR, *Temps et récit*; BOUCHINDHOMME; ROCHLITZ, 1990; CALVET DE MAGALHÃES, 1987).

Em *Tempo e narrativa*" o objeto de Ricoeur é a relação entre tempo vivido e narração, entre experiência e consciência. Ele elabora esta relação não diretamente, não faz uma teoria, mas constrói uma "narrativa virtual", que se totaliza apenas no espírito do leitor que medita sobre esta obra. Como um dramaturgo, ele recupera, dirige, faz a mediação entre as vozes dos grandes filósofos da temporalidade, iluminando-obscurecendo-colorindo-contrastando os seus pontos de vista. Ele representa-encena um diálogo sobre tempo e narrativa que envolve toda a história da filosofia. A sua própria intriga é um "fazer", uma narrativa poética, e não uma fenomenologia pura, uma descrição direta da temporalidade, que continua um mistério (GREISH; KEARNEY, 1991; GREISH, 1995).

A filosofia da história ricoeuriana: a "idade hermenêutica da razão"

Nos anos 1960/1970, os estruturalismos e pós-estruturalismos, embora diferentes, afirmavam o primado do signo sobre o sentido, o fim das utopias e teleologias ocidentais, desconstruíam a subjetividade universal, opunham-se aos valores que orientavam a práxis progressista e revolucionária modernas. Ao seu lado, ao contrário, a hermenêutica ricoeuriana subordinava o signo ao sentido, continuava defendendo os valores da história e consciência ocidentais. Eram duas visões de mundo opostas. Os adversários de Ricoeur eram os "hermeneutas da suspeita", seguidores de Saussurre, Freud, Nietzsche, Marx, os "sacerdotes da estrutura", da língua, do inconsciente, dos modos de produção, os "profetas", uns, do super-homem; outros, da morte do homem. Os primeiros só viam estruturas acrônicas, relações elementares, fonemas e imagens acústicas estáveis; os segundos só viam inúmeros signos, uma multiplicidade de enunciados locais, instáveis, raros, e se opunham ao excesso de sentido, à pletora de significado, com a qual filosofia da história tradicional descrevia a história universal. Como articular uma inteligência estrutural, anônima, formal, científica com uma inteligência hermenêutica, realista, que retoma o sentido e o amplia pela interpretação? Como reunir um pensamento fragmentado, sem direção e sem sentido, desconstrutor da subjetividade universal, com uma consciência reconstrutora do universal, que luta contra a fragmentação procurando integrar a si a multiplicidade? Haveria acordo possível?

Para Ricoeur, sim. O seu confronto se deu sobretudo com o estruturalismo, que, para ele, se, por um lado, era antirreflexivo, anti-humanista, antirrealista, antifenomenológico, por outro, era necessário a toda inteligência hermenêutica, que deve passar por considerações estruturais em sua busca do sentido. Ricoeur procurou reconciliar estruturalismos, pós-estruturalismos e hermenêutica, transformando os seus "adversários" em "interlocutores".

Para ele, se o signo não se impõe ao sentido, não há sentido sem signos. A abordagem estrutural é apenas um segmento abstrato da compreensão da função simbólica, que se realiza, concretamente, na compreensão semântica. Ele considera o método estrutural um momento necessário da exegese e faz um "novo enxerto" ao incluir o método estrutural na filosofia hermenêutica. Por isso, para Greish, por sua capacidade de se deslocar de posições dogmáticas, de aproximar pensamentos diferentes, de fazer "enxertos", Ricoeur ocupa uma posição singular, original, na paisagem da hermenêutica filosófica contemporânea. Em seu pensamento, o conceito moderno de Razão passa por metamorfoses para tornar-se uma "Razão hermenêutica" (GREISH, 1991; BECQUEMONT, 2007).

O estruturalismo e a hermenêutica foram duas formas de pensar que duelaram ao longo do século XX, mas esse duelo não deve ser reduzido ao debate entre um crente e não crentes, pois representava a atualização de uma controvérsia antiga sobre a consciência humana. As obras dos estruturalistas e de Ricoeur são paralelas e ao mesmo tempo um debate extremamente enriquecedor para ambos os lados. Ricoeur aceita o método estrutural, mas recusa a filosofia estruturalista. Ele procurou responder-replicar ao estruturalismo em suas obras *A metáfora viva* e *Tempo e narrativa*, as quais definiu como "duas obras gêmeas, editadas uma após a outra, mas concebidas juntas". Contra o fechamento da linguagem em si mesma e a "inexistência do sentido" estruturalista, Ricoeur insistirá sobre a capacidade humana de criação de novos sentidos pela linguagem. O seu tema nessas duas obras será o da "inovação semântica", que traduz a abertura da linguagem à história, à experiência vivida, ao mundo da ação, ao horizonte de expectativa. Para ele, a "inovação semântica" é produzida pela metáfora e pela narrativa, que são diferentes: uma se refere à teoria dos tropos e a outra à teoria dos gêneros literários. A inovação semântica na metáfora consiste na produção de uma nova pertinência por meio de uma atribuição de sentido impertinente. A metáfora permanece viva enquanto percebemos a nova pertinência semântica, quando as palavras saem do seu emprego usual e ganham um novo sentido (RICOEUR, *Le métaphore vive*; BECQUEMONT, 2007).

Para Aristóteles, "produzir metáforas bem é perceber o semelhante", é deslocar o sentido usual das palavras para criar um sentido inédito. O pensamento instaura a similitude, aproximando termos afastados, mudando a distância no espaço lógico, sintetizando o heterogêneo. A inovação semântica é produzida por um "pensamento-imaginação", que aproxima o que literalmente está separado. Nos dois casos, "explicar é compreender melhor": compreender uma metáfora é ir além do sentido literal das palavras, compreender uma narrativa é apreender a operação que unifica numa ação inteira e completa a diversidade de circunstâncias, objetivos, meios. O problema epistemológico posto pela metáfora e pela narrativa é o da ligação entre a "explicação" das ciências semiolinguísticas e a "compreensão", que se realiza na experiência vivida da linguagem. A metáfora e a narrativa são "gêmeas", porque ambas realizam uma "síntese do heterogêneo". Nos dois casos ocorre a emergência do novo, do não dito, do inédito, na linguagem. Aqui, uma metáfora viva, uma nova pertinência; ali, uma intriga, uma nova congruência no agenciamento dos incidentes. Nestas obras, Ricoeur defendeu a tese que a função poética da linguagem não se limita à celebração da linguagem por si mesma, em prejuízo da função referencial. Ele defende uma "referência dissimulada" do discurso. O discurso poético não é só descritivo, há um sentido metafórico com uma referência metafórica, que redescreve uma realidade inacessível à descrição direta. A metáfora faz "ver como" um "ser como". A hermenêutica ricoeuriana trabalha em uma esfera poética que inclui o enunciado metafórico e o discurso narrativo.

Enfatizaremos *Tempo e narrativa*, embora não de forma muito detalhada e minuciosa, pela extensão e magnitude da obra, sem ignorar as suas reflexões em *A metáfora viva*. Em *Tempo e narrativa*, Ricoeur enfatiza a capacidade da narrativa de criar a "inovação semântica" pela invenção de uma intriga, que é uma obra de síntese. A inovação semântica na narrativa se produz ao nível do discurso, que são atos de linguagem de dimensão superior à frase. O ato de narrar a sua vida ao outro ou de se apropriar de uma narrativa através da escrita ou da leitura tem uma significação existencial intensa. O "ato de narrar" significa relatar por escrito ou oralmente um evento ou uma sucessão de eventos, reais ou fictícios, em suas relações de encadeamento, oposição e repetição, compondo a trama de uma história. Narrar as próprias aventuras, se narrar, narrar a sua vida, é um ato fundamental da existência humana que não se restringe à operação literária (romance) ou científica (tese). A sua defesa da "capacidade de narrar" remete às preocupações de Benjamin (1986) com o fim da capacidade humana de compartilhar experiências e trocar mensagens pela narrativa. Para Ricoeur, a narrativa é um dado antropológico fundamental que se encontra em todas as culturas humanas, um verdadeiro transcendental da cultura. A narrativa é mediadora entre o tempo cosmológico, objetivo, sem presente e sem significação humana, e o tempo subjetivo vivido, situando a história humana no universo e na sucessão. No volume 1 de *Tempo e narrativa*, Ricoeur é otimista sobre a capacidade da narrativa de tornar o tempo mais humano na medida em que o narra; no volume 3, mostra os limites da narrativa para resolver a aporética da temporalidade, pois, mesmo narrável, o tempo continua inescrutável, irrepresentável, não sendo possível uma fenomenologia pura ou uma narrativa total (GREISH, 2001).

Esse será o problema que ele discutirá ao longo dos três volumes: o que é o tempo? Seria possível conhecer o tempo, formular o seu conceito, descrevê-lo plenamente, "fazê-lo aparecer" integralmente? Ricoeur faz uma revisão das diversas tentativas de apreender o tempo, de defini-lo em linguagem clara e distinta, para concluir que todas falharam. Para demonstrar a sua tese do fracasso de todas as tentativas de uma "fenomenologia pura do tempo", começa em Santo Agostinho e prossegue analisando as construções de Kant, Heidegger, Husserl, Bergson. Santo Agostinho, para ele, é a matriz da reflexão sobre o tempo: todos o retomaram posteriormente, para também fracassar. Em Santo Agostinho, a teoria do tempo é inseparável da sua operação argumentativa que enfrenta o ceticismo em relação ao tempo. O argumento cético sustenta que o tempo "não é mais, deixa de ser e não é ainda" e, portanto, não tem ser e é inapreensível. Mas, contra os céticos, não há como negar, falamos da experiência vivida, de coisas que foram, que serão e que passam, podemos falar positivamente dessa experiência temporal, mesmo se não podemos explicar "como". Nós narramos o passado, o futuro, a narração implica memória e previsão. A memória é uma imagem do passado impressa no espírito; a espera são antecipações, expectativas, feitas no presente. A solução agostiniana para o ser do tempo: nem passado, nem futuro, nem presente pontual ou efêmero, mas três tempos: o presente do passado (memória), o presente do presente (visão/intenção), o presente do futuro (espera), que existem na alma. Na alma existe um triplo presente; nela, o tempo "passa", "transita", do futuro pelo presente ao passado (RICOEUR, *Temps et récit*, v. 1; BOCHET, 2003).

Santo Agostinho quis superar o silêncio em torno da vivência enfrentando o argumento cético que sustenta que o tempo não tem ser: "o futuro não é ainda, o passado não é mais, o presente não permanece". Para ele, o tempo é interior, o tempo passa na alma. O tempo aparece na alma na medida em que o espírito age no presente, i.e., lembra-se e espera. O que se "mede" na alma não são as coisas passadas ou futuras, mas a espera e a lembrança. Em Santo Agostinho, a experiência temporal da alma é inefável e incomensurável. O tempo vivido não pode ser medido, conceituado, submetido a leis naturais exteriores a ele. Ele rejeita a tese grega de que o tempo é o movimento dos astros. Apesar de o tempo da alma ser reversível, pois pode ir da lembrança à espera e da espera à lembrança, a alma não coincide consigo mesma. Ela não para em um instante eterno, em uma reflexão total. Na distensão temporal, jamais coincidindo consigo mesma, ela não pode se narrar e se reconhecer. A alma não contempla a própria presença e espera o dia em que não transcorrerá mais e em que se reconhecerá. Ela deseja o outro do tempo, a eternidade, a estabilidade, o presente eterno, a simultaneidade de Deus, que seria a coincidência plena dela consigo mesma. Se ela atingisse essa "visão global" de si, resolveria sua distensão, sairia do tempo e se "salvaria" ao reconhecer a própria presença. Mas ela passa, muda, nunca está onde esteve ou quer estar. Santo Agostinho não crê que a alma possa se (re)conhecer, pois transcorre entre lembranças e esperas sucessivas e diferentes. Ele não conseguiu refutar o argumento cético, pois concluiu que "se me perguntam o que é o tempo, não sei dizer" (RICOEUR, *Temps et récit*, v. 1).

Santo Agostino rejeita a tese grega de que é o movimento dos astros que mede o tempo. Para ele, a medida do tempo não pode ser cosmológica, o tempo é uma certa "distensão da alma" (*distentio animi*), e não o movimento de um corpo. No espírito encontramos o elemento fixo que permite comparar tempos longos e curtos: meço a passagem do tempo na medida em que permanece impressa em meu espírito, após a sua passagem, a imagem das coisas passando. Mas a experiência do tempo não é só uma impressão passiva da passagem das coisas em meu espírito. O presente não é só um ponto de passagem, mas uma intenção presente. O presente é uma ação do espírito. No presente, o espírito realiza três operações: lembra, está atento e espera. O espírito oscila entre passividade e atividade, passa e faz passar, é afecção do tempo e ação. A distensão da alma consiste no contraste dessas três tensões, espera, intenção e lembrança, que a recitação do hino revela: a espera tende para o conjunto do poema antes do começo; a memória tende para a parte do poema já escoada; a atenção é o trânsito ativo do que era futuro em direção ao passado. A distensão é a falha, a não coincidência das três modalidades de ação. Essa distensão faz a alma pensar e sonhar com a coincidência, a "eternidade", o outro do tempo, a interrupção da distensão em um presente eterno. A eternidade é concebida como a coincidência das três dimensões, o fim da distensão da alma, o outro do tempo, a estabilidade, a simultaneidade de Deus, inteiro presente. A eternidade é o que a alma sofre a falta e deseja. A distensão da alma é deriva, dispersão, errar... ela deseja ser-presente, eterna, que permanece uma espera, um futuro. Mas, para Ricoeur, essas respostas de Santo Agostinho não resolveram o enigma do tempo, a sua especulação partiu de aporias e chegou a aporias (RICOEUR, *Temps et récit*, v. 1; BOCHET, 2003).

Em Aristóteles, a construção da intriga (*muthos*) é o inverso da *distentio animi* de Santo Agostinho. Se esta é discordância, que leva a alma a desejar a estabilidade, a intriga impõe a estabilidade sobre a discordância. Em Aristóteles, a poética não é uma teoria do tempo, mas uma arte de compor intrigas, uma arte de composição. A intriga aristotélica incorpora a discordância, sem eliminá-la, na concordância. Essa concordância no agenciamento dos fatos é caracterizada por completude, totalidade, extensão adequada. O caráter total da intriga escapa ao caráter temporal e se liga a uma temporalidade lógica. Um todo é o que tem começo, meio e fim. É uma estrutura narrativa que oferece à ação contornos, limites, extensão. A ação reconstruída entra no tempo da obra, que não é o tempo dos eventos do mundo. A intriga reúne os eventos, liga-os necessariamente e omite eventos, que se tornam vazios entre os eventos associados. A ligação interna da intriga é lógica mais que cronológica. Não é uma lógica da teoria, mas a lógica do fazer, uma composição, uma invenção poética. O interesse em tais intrigas é o prazer de aprender pelo reconhecimento das formas do vivido. A intriga não oferece o universal das filosofias, mas universais poéticos, o possível e o verossímil, que seria, segundo Aristóteles, "mais nobre e filosófico do que a história, que fala do efetivo, do acontecido, mas particular". A poesia é um universal possível. Não são os episódios que Aristóteles reprova, mas uma intriga onde a ligação entre eles não é necessária. A atividade mimética compõe a ação quando instaura nela a necessidade, criando uma concordância-discordante, uma intriga complexa. Aristóteles é contra o texto episódico, a "intriga inseguível", em que os episódios se seguem ao acaso. A arte de compor a intriga consiste em fazer surgir o inteligível do acidental, o universal do singular. O gênero trágico é o modelo da intriga, porque leva ao mais alto grau de tensão o encadeamento lógico, os incidentes mais discordantes, para torná-los necessários e verossimilhantes, inteligíveis (RICOEUR, *Temps et récit*, v. 1).

Em Aristóteles, o tempo não é o transcurso da alma, mas o número do movimento dos corpos. O tempo é físico, exterior. A intriga aristotélica não se refere ao tempo vivido da alma, é uma obra abstrata de síntese. A totalidade da intriga, em Aristóteles, escapa do caráter temporal do tempo vivido e se liga a uma temporalidade lógica. Um todo, que tem um começo, meio e fim. É só em uma intriga que uma ação tem contornos, limite, extensão. A ação reconstruída entra no tempo lógico da obra, que não é a dos eventos do mundo. A intriga reúne eventos abstratos, torna-os ligados necessariamente e omite eventos, que se tornam vazios, lacunas, entre os eventos interligados. Ela reúne objetivos, causas e azares em uma unidade total e completa. A intriga aristotélica integra a discordância, sem eliminá-la, na concordância. Essa concordância no agenciamento dos fatos é caracterizada por completude e totalidade em uma extensão adequada. Portanto, em Aristóteles, a ligação interna da intriga é mais lógica do que cronológica. Não uma lógica da teoria, mas a lógica do "fazer poético". A poesia-intriga é um "fazer" (composição, criação), uma invenção. Essa "síntese do heterogêneo", que é a intriga, assim como a metáfora, faz aparecer na linguagem o novo, o inédito, o ainda não dito. A narração é produzida por uma imaginação produtora, que cria novas pertinências semânticas, novos sentidos. Essa imaginação produtora aproxima termos afastados e produz uma novidade de sentido.

Portanto, entre Santo Agostinho e Aristóteles já está posto o impasse entre o vivido e o lógico, entre tempo e narrativa. Para Santo Agostinho, o tempo é outra coisa que o movimento de um corpo; para Aristóteles, o tempo é a medida do movimento dos corpos. Para Ricoeur, a concepção psicológica do tempo de Santo Agostinho oculta o tempo do mundo; a concepção cosmológica do tempo de Aristóteles oculta o tempo da alma. As duas concepções não se refutam, se justapõem. Nos dois pensadores, não há transição possível entre o tempo da alma e o tempo da natureza. Entre o presente/espera-lembrança-desejo de eternidade, uma vivência finita e jamais coincidente consigo mesma, e o presente/medida-do-movimento-cosmológico, uma abstração quantitativa, há um abismo, um oculta o outro. Para Ricoeur, os dois falharam, pois não é possível atacar o problema do tempo por um ou por outro lado, a alma ou o movimento dos corpos, isoladamente. Entre a *distentio animi* e o *muthos* há um abismo, o tempo em Santo Agostinho não tem nada a ver com a narrativa, a intriga de Aristóteles não tem nada a ver com o tempo, pois é lógica e, para ele, o tempo é físico (RICOEUR, *Temps et récit*, v. 1).

A originalidade de Ricoeur: a articulação entre tempo e narrativa

Em *Tempo e narrativa*, Ricoeur quer oferecer uma quase solução a esse impasse. Ele tenta estabelecer um vínculo, uma conexão, entre as leituras do tempo grega e agostiniana e a narrativa de Aristóteles. Ele vai criar uma "inovação semântica", uma "síntese do heterogêneo", construindo um "círculo hermenêutico" entre tempo vivido (Santo Agostinho) e narração (Aristóteles). A teoria do tempo em Santo Agostinho e a teoria da intriga em Aristóteles são duas entradas independentes ao seu "círculo hermenêutico", pelos paradoxos do tempo e pela organização inteligível da narrativa. As *Confissões* e a *Poética* pertencem a universos culturais diferentes, são obras tematicamente heterogêneas, Santo Agostinho inquire sobre a natureza do tempo sem se preocupar com a estrutura narrativa da sua obra, Aristóteles constrói a sua teoria da intriga sem considerar as implicações temporais da sua análise. As duas obras são independentes, mas Ricoeur, com muita originalidade, criará um sentido inédito ao aproximá-las. Santo Agostinho representa o tempo como discordância e anseio da alma pela concordância, Aristóteles estabelece a preponderância da concordância sobre a discordância na configuração da intriga. Essa relação inversa entre concordância e discordância, em Ricoeur, transformou o confronto entre as *Confissões* e a *Poética* em uma articulação nova. Diante da perplexidade com os paradoxos do tempo e do fracasso das fenomenologias puras do tempo para descrevê-lo, Ricoeur traz a confiança no poder do poeta e do poema de fazer triunfar a ordem sobre a desordem.

Ricoeur quis criar uma nova ordem de sentido ao reunir a tensão temporal da alma, de Santo Agostinho, e a intriga lógica, de Aristóteles, que se excluíam reciprocamente. Para ele, o tempo vivido não é inenarrável, pois vê nas intrigas que inventamos o meio privilegiado pelo qual nós refiguramos nossa experiência vivida confusa, informe e, no limite, muda, atribuindo-lhe um sentido que impulsiona e guia a ação. O esforço de Ricoeur será o de "fazer trabalhar" essa aporia, torná-la produtiva, sem pretender resolver o seu enigma. Para ele, é a poética da narrativa que faz "trabalhar esta tensão aporética da temporalidade". O que a especulação filosófica separa, ela reúne; tempo e narrativa se constituem reciprocamente: o tempo vivido é o objeto da narrativa, e a narrativa é a consciência de si possível da experiência vivida. Enquanto objeto, o tempo vivido oferece as condições para a sua narrativa; enquanto consciência do vivido, a narrativa sai dele e retorna a ele, transformando-o. Em Ricoeur, a "experiência vivida" (Santo Agostinho), informe e indizível, pode aparecer e ganhar contornos em uma "intriga lógico-poética" (Aristóteles). A narrativa não é uma teoria do tempo, mas a sua construção poética, que oferece o "reconhecimento da experiência vivida" (RICOEUR, *Temps et récit*, v. 1).

A originalidade de Ricoeur será, portanto, conectar as *Confissões* e a *Poética* para criar *Tempo e narrativa*, obra em que coloca à prova a sua hipótese de base: "existe entre a atividade de narrar uma história e o caráter temporal da experiência humana uma correlação necessária. O tempo torna-se humano na medida em que é articulado de forma narrativa, e a narração ganha todo o seu significado quando se torna a condição da experiência temporal". O capítulo em que esboça essa tese e explicita a sua abordagem hermenêutica abre o volume 1 e tem o mesmo título da obra: "Tempo e narrativa". Para a hermenêutica, a linguagem não é fechada em si, pois estamos no mundo, somos afetados por situações, temos alguma coisa a dizer sobre a experiência e queremos compartilhá-la com os outros. Se alguém toma a palavra e se dirige a um interlocutor é porque quer compartilhar com ele uma experiência nova, que tem o mundo como referência e horizonte. A semiótica se opõe a essa ideia de uma visada intencional orientada para o extralinguístico, mas, para a hermenêutica, essa atestação ontológica é um pressuposto, é essa condição ontológica que se expressa na linguagem. Toda referência é correferência, referência dialogal. O leitor recebe não somente o sentido da obra, mas, através dela, o sentido do seu mundo e experiência temporal. Ele se compreende e ao seu mundo pela mediação da obra. As obras se relacionam ao mundo mesmo se não o descrevem diretamente, abordam o mundo segundo um regime referencial próprio, o da "referência metafórica", um uso não descritivo da linguagem. Nosso ser no mundo é tratado pela narrativa de forma indireta, não literal. É um "ver como...", um "ser como..." (RICOEUR, *Temps et récit*, v. 1).

Em Ricoeur, a narrativa é lógica, mas não é abstrata. É uma organização do vivido que não descola dele: vem dele e retorna a ele. Existe entre a atividade lógica de narrar uma história e o caráter temporal da experiência humana uma correlação necessária. O tempo vivido ganha forma na intriga. Depois, tanto a intriga orienta o vivido como o vivido transforma a intriga. O vivido torna-se mais humano quando narrado, pois se reconhece; na narrativa, os homens delineiam a sua imagem, constroem a sua identidade. A narração oferece reconhecimento à experiência e passa a orientá-la e a se renarrar à luz dela. Portanto, se parecia haver um abismo entre a reflexão agostiniana sobre o tempo e a reflexão aristotélica sobre a intriga, Ricoeur procura estabelecer entre elas um círculo. Por um lado, o tempo agostiniano não tem nada a ver com uma narrativa, pois é pura e muda vivência; por outro, a intriga lógica de Aristóteles não tem nada a ver com o tempo, que em Aristóteles é físico. Explorando a fecundidade dessa aporia, Ricoeur procurou construir poeticamente a mediação entre tempo e narrativa. O texto abre um horizonte de sentido, propõe um mundo habitável, no qual os poderes do "homem capaz" serão exercidos. A narrativa "imita" a ação, é uma ampliação icônica da pré-compreensão, intensifica a pré-compreensão, ressignifica o mundo e convida a vê-lo "como se fosse assim". O tempo é invisível e nenhuma fenomenologia fará a descrição pura dele, e só a narrativa pode responder à aporética da temporalidade, o círculo hermenêutico "faz aparecer" o tempo sem dizer o que ele é, sem retirá-lo do seu mistério.

Como se articulariam efetivamente tempo e narrativa? Para Ricoeur, a narrativa não coincide com o vivido, não mostra o que realmente se passou, mas refere-se a ele e retorna a ele. A narrativa não é uma abstração alheia ao vivido, não é apenas lógica. Ela emerge dele, referindo-se a ele, e retorna a ele, transformando-o e transformando-se. Para ele, os três momentos do círculo hermenêutico fariam esta ligação indireta entre vivência e reconhecimento: *mimese 1* (M1), a "prefiguração" do campo prático; *mimese 2* (M2), a "configuração" textual desse campo; *mimese 3* (M3), a "refiguração" pela recepção da obra. A mimese 2 é a própria composição poética, a obra escrita, que é a operação de configuração de uma intriga. A semiótica trata só das leis internas da *mimese 2*, mas a hermenêutica reconstrói o conjunto das operações pelas quais uma obra se eleva do viver, agir e sofrer, para ser oferecida por seu autor a um leitor, que se verá modificado em seu viver. A hermenêutica não trata somente do texto (M2), mas apresenta-o articulado à vida em M1 e em M3, como uma mediação. O leitor é o articulador dos três níveis, pois nele esses três momentos se unem: ele está em M1 e em M3 e recebe e se apropria de M2. É construindo a relação entre esses três momentos da mimese que Ricoeur constituiu a mediação entre tempo e narrativa. O argumento do seu livro consiste em construir a mediação entre tempo e narrativa revelando o papel mediador da intriga no processo mimético. A compreensão narrativa se dá em um movimento circular-espiral que vai de um tempo prefigurado a um tempo refigurado, pela mediação de um tempo configurado (RICOEUR, *Temps et récit*, v. 1; DASTUR, 1995b).

A *mimese 1* é a pré-compreensão prática do mundo da ação, de suas estruturas inteligíveis, com seus recursos simbólicos e o seu caráter temporal. A ação já possui em sua própria vivência uma estrutura narrativa implícita. Ela se autorrepresenta. Ninguém se perde no vivido, o que supõe que haja uma tácita pré-compreensão da experiência. Se a intriga será uma imitação da ação, o autor deve ser capaz de identificar na própria ação, em germe, as bases estruturais da sua narrativa. A própria ação já tem uma estrutura narrativa prática, pois se distingue de um movimento físico. A experiência já está saturada de linguagem, pois é produzida por sujeitos, que possuem objetivos, fins, motivos, circunstâncias, interação, cooperação, competição, luta, sucesso, fracasso, infelicidade, acaso, sorte. Toda ação tem um quê, um porquê, um quem, um como, um com, um contra quem. Uma ação é o conjunto desses conceitos, que existem paradigmaticamente, isto é, simultânea, não separadamente. A "pré-compreensão prática" é a apreensão tácita desse conjunto, que a configuração da intriga pressupõe e transforma. Toda narrativa pressupõe por parte do autor e leitor uma certa familiaridade com os conceitos da ação.

A narrativa (M2) acrescentará a essa pré-compreensão prática o discurso, uma sintaxe, regras de composição que governam a ordem diacrônica da história. Passa-se, então, da compreensão prática à compreensão narrativa, passa-se da ordem "paradigmática" (simultaneidade das ações) a uma "ordem sintagmática" (a sua narração sucessiva). A intriga explicita uma narrativa implícita na ação, pois há uma quase narrativa na ação. O fazer humano é temporal implicitamente: projeto, previsão, predição, motivação, crença, potência de fazer, passado-presente-futuro. A narrativa recria a discordância-concordante da ação explicitando as dimensões temporais tacitamente constitutivas dela. A própria práxis cotidiana já articula passado/presente/futuro.

O tempo é isso dentro do qual o homem age cotidianamente, essa intratemporalidade é a temporalidade da ação, que será construída na intriga. A ação já é um quase texto, pois tem implicitamente todos os elementos que serão desenvolvidos na intriga: agentes, intenções, estratégias, heranças e projetos. É esta pré-compreensão prática que permite a um autor a construção de uma intriga e ao leitor o seu reconhecimento. A M1 propicia e pede a narração.

Na *mimese* 2, abre-se o reino metafórico do "como se". Ela é a operação poética de configuração, produzida por um autor, que imita e dá forma ao vivido. A mimese 2 é a própria intriga tecida pelo autor. Embora Ricoeur pareça privilegiar o livro, o texto escrito, a intriga pode ser também um quadro, um filme, um código, uma música, uma novela, um discurso, uma aula, um diálogo, uma sessão de terapia, enfim, toda linguagem que busca dar forma ao vivido. Ela tem uma função de mediação entre M1 e M3. Sua mediação é dinâmica e se exerce de três maneiras: a) ela liga os eventos individuais à história como um todo. A intriga é um agenciamento sistêmico de fatos, uma síntese do heterogêneo. Ela não faz uma simples sucessão cronológica, mas uma *configuração lógica*; b) a intriga compõe, reúne fatores tão heterogêneos como agentes, objetivos, meios, interações, circunstâncias. A intriga é uma configuração, caracterizada por uma concordância-discordante; c) a intriga é a síntese de uma heterogeneidade temporal, combina duas dimensões temporais: a cronológica, a dimensão episódica dos eventos, e a não cronológica, a configuração em um todo complexo, com início, meio e fim. Com a diversidade dos eventos, ela faz uma unidade temporal, uma totalidade sintética. Ela realiza o mesmo que o conceito kantiano: une o diverso em um universal. A experiência vivida é infinita e inúmeras intrigas poderão emergir dela, e nenhuma poderá pretender ser a sua mimese total. A intriga não é uma teoria do paradoxo da temporalidade, não diz o que o tempo vivido é, oferece apenas uma solução poética. Ela imita a temporalidade, faz uma figura da sucessão, é uma reflexão do vivido sobre si mesmo. Nela, a M1 se multiplica em espelhos, sem conseguir coincidir consigo mesma de forma única e global.

Na intriga, "segue-se uma história", que leva a uma conclusão que não estava implicada logicamente nas premissas anteriores. Compreender uma história é perceber como e por que os episódios sucessivos conduziram a essa conclusão, que não é previsível e pode ser aceitável ou não como congruente com os episódios reunidos. É essa capacidade da história de ser seguida que constitui a solução poética do paradoxo da temporalidade agostiniana. A intriga apresenta os traços temporais inversamente à dimensão episódica. Esta tende ao linear; aquela, a uma estrutura que inclui o episódico, transformando a sucessão dos eventos em uma totalidade significante, impondo ao suceder dos fatos o sentido do ponto final. Não é uma flecha do tempo que corre irreversivelmente do passado ao futuro, pois pode ser lida a contrapelo. O ato de narrar, de "seguir uma história", torna produtivos os paradoxos que inquietavam Santo Agostinho a ponto de levá-lo ao silêncio. A alma no tempo constrói espelhos, imagens de si mesma, discursos, com princípio, meio e fim. As narrativas são como corrimãos que apoiam os homens em sua via longa, através das quais eles se situam, se acompanham, se reconhecem. Esse corrimão é a tradição da narração, que não é uma forma morta, mas um jogo de inovação e sedimentação. Nossa cultura ocidental é herdeira de diversas tradições narrativas, hebraica, cristã, anglo-saxônica, germânica, ibérica. São paradigmas, obras-modelo: *Ilíada, Édipo, Histórias, Bíblia.* O Ocidente "se sente em casa" com o apoio dessas narrativas-modelo, que fornecem as regras para as inovações. Elas permitem o jogo da repetição e da inovação narrativa. O autor cria a sua intriga, mas não livremente, pois, para ser recebido pelo leitor/espectador, deve se inspirar em formas narrativas reconhecíveis consagradas pela sua tradição cultural. A M2 propicia e pede a interpretação do leitor/auditor (RICOEUR, *Temps et récit*, v. 1).

Na *mimese* 3, pela operação da refiguração, a narrativa é recebida pelo público. A narrativa tem seu sentido pleno quando é restituída ao tempo do agir e do sentir de M3. Sem leitura não há desdobramento do texto. O autor tenta, mas não consegue manipular o leitor com as suas estratégias persuasivas. A obra afeta o leitor de múltiplas formas. O leitor é passivo e ativo: recebe o texto na ação de lê-lo. O livro é uma sequência de frases cujo todo se realiza no espírito do leitor. O autor traz as palavras, e o leitor, a sua significação. A leitura é uma experiência viva, é o leitor que termina a obra segundo a sua tradição particular de recepção. Toda escrita é só um esboço para a leitura, o texto é cheio de vazios, de descontinuidades, que o leitor precisa contribuir, interpretando, completando. O leitor é coautor. Na leitura, o sentido da obra não se mantém inalterável, essencial, verdadeiro, a recepção cria outros sentidos para a configuração narrativa. Leitores diversos irão se apropriar de forma diversa do sentido construído nas mesmas intrigas. O sentido torna-se instável, múltiplo, na medida em que se realiza em recepções concretas. Na M3 há a interseção entre o mundo do autor e o horizonte do leitor. O leitor não recebe apenas a obra, mas o seu universo de sentido, o que ela comunica, a reinterpreta, vê-se modificado em seu vivido. Ele se torna sujeito da sua vivência, ao reconhecer-se em uma narrativa, e pede a escrita de uma nova M2, reiniciando o círculo hermenêutico: M3 torna-se uma nova M1. Mas uma nova M1, com um reconhecimento maior da sua vivência e que busca ampliar espiralmente este autorreconhecimento em novas M2.

O texto torna-se uma obra apenas na interação com o receptor, pois uma obra não recebida não tem sentido. É ao leitor ou auditor que a narrativa ensina o universal, ela lhe oferece o prazer do reconhecimento do vivido, provocando a catarse e transformando-o em agente transformador da sua vivência. A M3 é a interseção do mundo lógico do texto (M2) e o mundo vivido do receptor (M1), tempo e narrativa se cruzam na "refiguração" que o leitor realiza em M3. O leitor reencontra no texto o que já pré-compreendia tacitamente em sua vivência. A estética libera o leitor do cotidiano, transfigurando-o. A catarse o torna livre para novas avaliações da realidade. A leitura aparece como uma antecipação e um relançamento da ação ao fazer a mediação entre o mundo imaginário do texto e o mundo efetivo do leitor. O leitor não para na leitura, atravessa-a. Quanto mais o leitor se irrealiza na leitura, mais profunda será a influência da obra na realidade social. A compreensão narrativa articula uma atividade lógica de composição, o autor, com a atividade histórica de recepção, o público. O que realiza essa articulação: um prazer, o de aprender pelo reconhecimento. E uma necessidade, a de agir, de tornar-se sujeito e relançar a vida. É por isso que "o tempo torna-se tempo humano na medida em que é articulado de maneira narrativa": a linguagem humaniza ao oferecer o reconhecimento da experiência. Apropriando-se da intriga abstrata, o receptor reencontra a si mesmo, a sua realidade vivida e o outro. Ele constrói a sua identidade e a distingue das identidades dos outros. Nela, tem-se o prazer de distinguir cada situação e cada homem como sendo ele mesmo. O prazer da narrativa é o de aprender pelo reconhecimento: "foi assim!", "sou assim!", "você faz assim!", "eles fazem assim!" (RICOEUR, *Temps et récit*, v. 1).

O prazer da catarse! O prazer do reconhecimento é ao mesmo tempo construído na obra e provado pelo espectador. O autor procura antecipar a recepção do leitor, implicando-o na obra, mas a recepção dos leitores transcende qualquer expectativa do autor. A catarse que se realiza no expectador/leitor depende da sua apropriação, da articulação singular que faz entre o texto que recebe e a sua própria experiência vivida. A narrativa oferece-lhe uma contemplação da própria presença e o receptor, sofrendo a catarse, passa por uma "conversão". Ele tem uma "visão" de si mesmo, do mundo, do outro e das suas relações recíprocas. Ele tem a vidência da própria presença, reconstrói a própria imagem e a imagem do mundo. A catarse não é racionalista, mecânica, esquemática, tecnológica. Ela une cognição, imaginação, sentimento, ação, é uma emoção que desloca e movimenta a vida interna. É como um terremoto subjetivo, que reacomoda as camadas geológicas da alma. O reconhecimento oferecido pela narrativa é o supremo bem: a percepção e o gozo da própria presença. Esta ganha forma, contornos e relevos, imagem e figura. O indivíduo se apropria de si mesmo e torna-se sujeito da sua vivência. A catarse é possível também porque a obra poética veicula um mundo cultural, o indivíduo se situa em seu mundo compartilhado. A narrativa reorganiza, rearticula, ressignifica os sinais de uma cultura em que o autor e o espectador estão imersos. A obra poética produz, faz circular, renova, transmite cultura, transformando a realidade social. A cultura humaniza porque é "tempo narrado-reconhecido", que transforma o sujeito e a sua ação (RICOEUR, *Temps et récit*, v. 1).

Para Ricoeur, a narrativa interessa a todos os homens, pelo prazer de reconhecer as formas do tempo vivido. Aprender não é prazer só de filósofos, mas de todo homem. Na intriga não se aprende o universal lógico dos filósofos, mas universais poéticos, o possível e o verossímil. Por isso, Aristóteles considera a poesia mais nobre e mais filosófica do que a história, que fala do efetivo, do acontecido, mas particular. A poesia é um universal possível. Não são os episódios que Aristóteles reprova, mas uma intriga em que a ligação entre eles não é necessária. Aristóteles proscreve não os episódios, mas o texto episódico, a narração onde os episódios se seguem ao acaso. Para Ricoeur, apropriando-se e transformando Aristóteles, a narrativa não pode ser episódica, errante, mas uma intriga. A narrativa é poética porque faz surgir o inteligível do vivido acidental, o universal do fato particular, o necessário ou verossímil do evento episódico. A atividade mimética compõe a ação quando instaura dentro dela a necessidade, fazendo surgir o universal. Por isso, o gênero trágico seria o modelo de intriga completa, pois leva ao mais alto grau de tensão o paradoxal e o encadeamento causal, a surpresa e a necessidade. A narrativa emerge de um segredo vivido e retorna a ele. A circularidade entre *Tempo e narrativa* não é uma tautologia morta, o círculo hermenêutico não cessa de renascer, é uma espiral infinita (KEARNEY, 1989; 1991).

Assim, a M1 propicia e pede a M2; a M2 propicia e pede a M3; a M3 torna-se uma nova M1, ao propiciar e pedir uma nova M2. Há uma espiral sem fim: vai-se de M1 a M3 pela mediação de M2, e M3 torna-se uma nova M1. No entanto, ao chegar a M3 tem-se a impressão de que se chega ao que já se tinha em M1. O que M2 oferece a mais, que não havia já em M1? Objeta-se que M3 já estava em M1 e que a interpretação M2 é redundante. A M2 dá à M3 o que ela já tem de M1! Se há narrativa implícita na experiência, se já há em M1 uma estrutura narrativa, uma pré-compreensão narrativa, a experiência vivida já não seria tão informe e muda, pois se autoapreende e se autonarra na pré-compreensão prática. Para que narrá-la em M2? Será vicioso o círculo hermenêutico? Além disso, de não passar de uma tautologia, a intriga não violentaria a experiência ao sintetizar excessivamente a heterogeneidade do tempo vivido? A intriga não organiza demais o que é disperso, não atribui um sentido único ao que é plural, não abole a possibilidade da experiência nova e, portanto, não dissolve a temporalidade em vez de "fazê-la aparecer"? A síntese de Ricoeur da "concordância-discordante" resolve a aporia do tempo com a configuração narrativa ou oculta a temporalidade? A articulação da *distentio animi*, de Santo Agostinho, e o *muthos*, de Aristóteles, tornou produtiva as aporias do tempo ou ocultou o tempo vivido? A configuração narrativa resolve ou torna ainda mais viva a aporética da temporalidade? (BOUCHINDHOMME; ROCHLITZ, 1990; DELACROIX; DOSSE; GARCIA, 2007; ALLONES; AZZOUVI, 2004).

Pode-se supor que Ricoeur, talvez, tenha fracassado em seu projeto de reunir tempo e narrativa, pois teria privilegiado a lógica da intriga em detrimento da explosão do evento. Aristóteles distinguia a poesia e a história, e Ricoeur teria reduzido a história à poesia, fazendo-a perder o tempo vivido. Afinal, se M1 já é linguagem, M2 não seria a apreensão pela linguagem de uma realidade extralinguística. O círculo hermenêutico não se abriria e não apreenderia o mundo, mas permaneceria fechado na autonomia da linguagem. A narratividade diluiu a especificidade do vivido em relação à ficção/poesia, e Ricoeur não teria conseguido resolver o problema da articulação entre a experiência temporal e a linguagem. Ele teria recaído no tempo lógico da intriga, como Veyne, e permanecido em Aristóteles sem incorporar Santo Agostinho. E o tempo vivido teria permanecido exterior à intriga abstrata, informe e mudo. Inenarrável!

Ricoeur antecipa essas objeções. Para ele, a articulação entre tempo e narrativa é circular, mas não viciosa, o círculo hermenêutico não é estéril. Nós contamos história porque as vidas humanas têm necessidade de ser contadas, formadas, figuradas, para se obter a fruição do reconhecimento, a catarse. É no ir e vir de M1 a M3, pela mediação de M2, que as identidades são narrativamente construídas. Nesse círculo espiralmente infinito, a experiência vivida cria e recria imagens de si mesma, autoapreende-se e autocompreende-se. A experiência vivida (M1) não é completamente muda porque já é uma M3, já foi narrada em M2 e tornou-se novamente M1. Uma vivência completamente muda, sem ter passado por nenhuma M2, é pensável apenas hipoteticamente. A cultura pode ser definida como "experiência vivida já elaborada pela linguagem". Mas a experiência vivida, a mais exaustivamente narrada, continua misteriosa, muda, e procura se apreender em novas narrativas. As identidades são sempre redefinidas e reconstruídas. A narrativa emerge do segredo vivido e volta a ele, sem desvelá-lo, mas permitindo-o reconhecer-se. A experiência é opaca e procura tornar-se transparente a si com as sucessivas M2. A circularidade hermenêutica não é uma tautologia morta, é viva e infinita. O círculo do tempo e da narrativa não cessa de renascer e relança a vida. Em Ricoeur, sobrevive ainda, oculta, preservando o mistério do vivido, uma reflexão metafísica, que aparece na utopia do reconhecimento total da condição humana universal. A narração é uma reflexão do vivido sobre si mesmo, e este ainda tem a ambição de uma reflexão total, que lhe oferecesse uma imagem plena de seu ser. Sobrevive em Ricoeur a agostiniana angústia da alma querendo parar em um presente eterno e contemplar a própria presença, a esperança hegeliana de chegar a uma narração global que ofereça à experiência o seu pleno sentido, o "conhecimento absoluto de si" (RICOEUR, *Temps et récit,* v. 1).

Ricoeur oscila entre uma hermenêutica crítica e uma hermenêutica ontológica e, talvez, essa oscilação faça parte do seu método de "fazer ver" indo da luz à sombra, do reconhecimento ao mistério. O seu método é fascinante: ele não prometeu resolver a aporia, mas fazê-la trabalhar. Ele estabelece vínculos, conexões, articulações entre tempo e narrativa e ao mesmo tempo aprofunda a tensão entre ambos, iluminando o mistério do tempo vivido, que é agudamente reconhecido. O que parece ter pretendido fazer não é revelar/desvelar a presença do tempo, descrevendo-o em si e enquanto tal, mas "fazer ver" o mistério da experiência vivida. Para ele, a intriga não violenta a experiência, porque não impõe a concordância. A relação entre tempo e narrativa é dialética, não opõe uma experiência temporal, só discordante a uma intriga só concordante. Há concordância já na experiência temporal, e há discordância na narrativa. Para ele, os que insistem que só há discordância também violentam a concordância/ordem que há na experiência temporal. A relação é de discordância/concordante e vice-versa. Nossa vida se constitui de encadeamentos não narrados, temos histórias em potencial em nossa experiência. O ser está atravessado por histórias potenciais, é uma imbricação viva de histórias. Narrar é um passo posterior. Narramos histórias porque as vidas humanas têm necessidade e merecem ser narradas, e isso é mais forte quando é a experiência de vencidos e perdedores, a experiência do sofrimento grita vingança e exige narração (DASTUR, 1991; 1995).

Ao lado de Ricoeur, para nós, também, o círculo hermenêutico não é vicioso e não é estéril. Ele mostra como funciona a "tomada de consciência", que transforma os homens em sujeitos da sua própria vivência, revela a forma como as identidades são criadas e redefinidas. Na terapia, por exemplo, o analisando constrói a sua identidade realizando esse potencial narrativo da sua vida. A psicanálise mostra com clareza as diferenças entre M1 e M3, depois de M2, e a necessidade de M3 tornar-se uma nova M1. O indivíduo que sai (M3) da sessão de psicanálise (M2) não é o mesmo que entrou (M1).

E pode retornar infinitas vezes, para refazer o mesmo círculo e compreender-se espiralmente. Não é possível repetir narrativas, nem mesmo quando as repetimos. Quando um cantor grava novamente uma canção já conhecida de todos, quando um intérprete declama novamente um poema já conhecido, quando relemos uma obra já lida, a releitura aumenta o domínio que temos da canção, do poema, da obra, ampliando o seu sentido e a sua capacidade de oferecer reconhecimento. As apropriações das obras da cultura não significam "repetição", no sentido de mecanicamente decoradas e recitadas, mas um processo infinito de "recriação", de "reinterpretação", de "ressignificação".

Entretanto, há riscos para essa apropriação narrativa do vivido. O risco maior é o controle e congelamento, pela força e pela técnica, da circularidade hermenêutica, que interromperia o movimento infinito da narração. Esse risco ocorre de duas formas:

1ª) do lado do receptor, quando os indivíduos não conseguem reinterpretar a M2, vendo-a como a verdade absoluta da sua vivência. Quando os indivíduos não conseguem se apropriar de forma própria e original das M2 que lhes são apresentadas, eles passam a "imitá-las" no sentido negativo da mimese: repetem mecanicamente o sentido que lhes foi apresentado nas intrigas de M2. Isso ocorre, por exemplo, quando os povos colonizados se deixam aculturar e repetem acriticamente a língua, os textos, as modas, os estilos, as teorias, as ciências, os sentidos que lhes são exteriores e, geralmente, contra eles próprios. Isso ocorre também quando os indivíduos imitam os heróis do cinema, da novela, do teatro, do romance, da história, repetindo-os mecanicamente em seu cotidiano, abrindo mão da busca da expressão própria da sua subjetividade;

2ª) do lado do autor, quando uma M2 se apresenta como absoluta, incontestável, e se implanta no vivido oferecendo-lhe um falso reconhecimento. Isso ocorre quando poderes totalitários procuram controlar o vivido, oferecendo-lhe o seu sentido integral, a sua narrativa histórica oficial, impedindo a reinterpretação em M3. Isso ocorre quando a religião impede a livre interpretação dos textos sagrados, pois acredita que o livro é sagrado porque é a imagem pura e total da experiência humana. Isso ocorre quando a mídia transforma os indivíduos reais em cópias de imagens construídas por ela, bombardeadas sobre o seu inconsciente, após induzi-los hipnoticamente à sonolência. Nos dois casos, a narração que deveria criar a catarse, que estimularia a ação, aprisiona-a, impedindo que o vivido se aproprie reflexivamente de si mesmo. Com essa manipulação do reconhecimento, o vivido decai em representação da representação, em encenação da intriga. A cultura deixa de ser o lugar da criação de sentidos, para tornar-se o lugar da repetição mecânica de cenas, palavras, valores, ações, gestos préfabricados. O círculo hermenêutico não avança mais espiralmente e foi, então, congelado, esterilizado, tornando-se um instrumento do poder.

Esses riscos só demonstram *a contrario* a força criativa do círculo hermenêutico. Para Ricoeur, não sendo possível uma fenomenologia pura do tempo, i.e., uma descrição intuitiva e direta da estrutura do tempo, que revele o seu segredo, só a narrativa pode recriar o tempo vivido da ação. Santo Agostinho considerou inefável a experiência temporal da alma, mas, para Ricoeur, a poética da narratividade, de Aristóteles, deixando de ser pura, lógica e única, vem dar forma ao tempo vivido da alma. A intriga faz aparecer o tempo sem dizer o que ele é. Ela o imita, desenhando a sua figura, tornando-o visível e reconhecível. A narrativa é uma estética do vivido: ela lhe dá forma, contorno, relevo, cor, direção, sem dizer o que ele é enquanto tal. O modo como Ricoeur apresenta a relação entre tempo e narrativa supõe, em princípio, uma renúncia ao sistema de Hegel. Ricoeur deseja afastar a sua influência e tornar-se um hermeneuta crítico, mas confessa que é doloroso o seu esforço de afastar-se de Hegel, pois representa a renúncia a uma filosofia do absoluto. Mas ele quer levar a Razão à sua fase hermenêutica, que quer dizer exatamente isso, uma "filosofia sem absoluto", uma poética, que aceita o tempo, narra e reconhece a finitude.

Ricoeur trabalha o luto da perda de Hegel perguntando-se: fora de Hegel seria possível pensar a história e o tempo histórico? Ricoeur quer continuar pensando a história após Hegel como um hermeneuta crítico. Ele não conhece o seu segredo, não conhece o seu sentido, não tem a gnose do que ela é e será. Ele apenas constrói mediações imperfeitas, unidades plurais, terceiros tempos, conectores, entrecruzamentos, construções mútuas e recíprocas, recorre às categorias formais de Koselleck "campo da experiência" e "horizonte de expectativa", à idéia de "temporalização". Ele quis superar Hegel dando ênfase à potência de dispersão da temporalidade... mas Hegel permaneceu como um ambiente, um horizonte, dentro do qual ele pensa a historicidade, a temporalidade e a sua consciência narrada. Uma "mimese total do vivido", a plena coincidência de tempo vivido e narração, a consciência absoluta, continua sendo a utopia de Ricoeur. Atrás do Ricoeur-hermeneuta crítico, apoiando-o, tranquilizando-o, está a presença oculta, mas efetiva, do hermeneuta ontólogo e do teólogo (RICOEUR, *Temps et récit,* v. 1; GREISH; KEARNEY, 1991).

O entrecruzamento entre narrativa histórica e narrativa de ficção: a historiografia é quase ficção, a ficção é quase historiografia

A obra de Hayden White é extremamente importante para compreendermos o desafio historiográfico na passagem do século XX ao XXI e o lugar da "inovação semântica" de Ricoeur, que soube ao mesmo tempo diferenciar e conectar a historiografia e a literatura. H. White expôs o problema vivido pela historiografia, hoje, de forma teoricamente consistente, esteticamente envolvente, politicamente perigosa, eticamente assustadora. White expôs a sua teoria da história em obras que se tornaram *best-sellers* e geraram acalorados debates acadêmicos. Para White, em suas obras *Meta-História*, *Trópicos do discurso* e outras, historiadores, filósofos e teóricos da literatura sempre distinguiram rigidamente fato e ficção, mito e história, sempre insistiram na diferença e na oposição entre real e imaginário. Mas, ao fazerem essa distinção, ignoraram o fato mais evidente em historiografia: nenhum historiador oferece ao seu leitor/ouvinte o passado enquanto tal, mas uma narrativa, um livro, um texto, uma conferência, "um artefato verbal não sujeito a controle experimental e observacional". Todo aquele que aborda a história tem em mãos um "texto", escrito e assinado por um autor. Para White (1994), os historiadores sempre relutaram em reconhecer que o que fazem são "textos", que as suas narrativas são o que são: "ficções verbais cujos conteúdos são inventados e descobertos, cujas formas têm mais em comum com a literatura do que com a ciência".

Essa aproximação entre história e literatura assusta os historiadores como se fosse uma "relação incestuosa", mas, para White, ela se dá permanentemente: história e mito se fundem, fato e fantasia se misturam. O historiador resiste lembrando a origem da história em Heródoto e Tucídides, que se constituiu contra o fabuloso e o lendário do mito. Heródoto e Tucídides queriam explicar, mostrar o que realmente aconteceu, mediante a reconstrução precisa e minuciosa dos acontecimentos registrados nos documentos. Desde a Grécia o historiador registra, constata, descreve, encontra a história-verdade na documentação e não inventa o passado. Para White, isto é uma ilusão, uma "crença de historiador", que se torna pouco crítico em relação ao saber que produz. Uma obra de história neutra, objetiva, documentada, não é menos construída nem menos afetada por um autor e o seu estilo. Uma "obra científica" de história é só um estilo mais seco, sóbrio, cinzento: não é a verdade do passado. Para White, o historiador não pode continuar tão ingênuo, não pode mais ignorar a estreita relação entre história e mito. A história não é uma ciência porque não é realista, o discurso histórico não aprende um mundo exterior, porque o real é produzido pelo discurso. O que o historiador produz são "construções poéticas", é a linguagem que constitui o sentido. A história é uma representação narrativa de representações-fontes. Os próprios documentos históricos já são representações, interpretações, e não são o passado em si. A narrativa histórica é uma "construção imaginativa" do passado, o historiador jamais narra o que aconteceu, por mais que recorra a técnicas de controle das suas fontes. Não há rigor científico em história que possa garantir a objetividade. E White argumenta em suas várias obras a favor dessa "relação incestuosa" entre história e literatura, da qual a história não deve se envergonhar. Para ele, o historiador sempre operou como o literato, porque:

a) obtém um "efeito explicativo" ao criar uma "estória plausível", ao "urdir um enredo", ao reunir com "imaginação construtiva" uma congérie de fatos sem sentido e registros históricos fragmentários e incompletos;

b) nenhum acontecimento é intrinsecamente trágico, mas convertido em trágico ou cômico pelo enredo. É o estilo do historiador que os configura como trágicos, cômicos, românticos ou irônicos. Os acontecimentos são neutros;

c) a historiografia é como a psicoterapia: o terapeuta não exibe fatos reais, a verdade. Ele leva o paciente a retramar a sua história, para mudar o sentido dos acontecimentos, que ele já conhece, e transformar a significação da sua vida. A função da história é a mesma da psicoterapia: "refamiliarizar" os indivíduos e as sociedades com os acontecimentos vividos;

d) a história não é uma maquete ou um mapa em escala menor do real. Ela não reproduz o real, mas o recria, o interpreta;

e) a história cria clássicos que não podemos invalidar ou negar. É o seu caráter de não invalidação que atesta a natureza essencialmente literária dos clássicos da história;

f) a linguagem do historiador é figurativa e não técnica. Os níveis que constituem a narrativa histórica são: 1º) *nível cognitivo*: formista, contextualista, mecanicista, organicista; 2º) *nível ético*: liberal, anarquista, conservador, radical; 3º) *nível estético*: romance, tragédia, comédia, sátira; 4º) *nível linguístico*, que é uma espécie de infraestrutura, que "determina em última instância" a narrativa histórica: metáfora, metonímia, sinédoque, ironia. É o "estilo do historiador" que constrói o sentido do passado (WHITE, 1992; 1994).

Enfim, White conclui: não há oposição entre história e ficção. A história é poética, construída com a linguagem figurativa, é uma disputa entre figurações daquilo que o passado poderia consistir. O historiador produz construções poéticas e se ilude quanto à realidade e à verdade de seus relatos. Que os historiadores se irritem com o apagamento da fronteira entre o real e o ficcional! Mas não podem evitar de pensar sobre o seguinte: a explicação histórica não é dada pelo conteúdo factual. A história adquire sentido da mesma forma que o poeta e o romancista dão sentido ao real. E, para White, isso é bom para a historiografia e para a sociedade. A historiografia não é diminuída quando aproximada da literatura, que é também um saber superior. Afinal, só o conhecimento científico é válido? Ao aceitar se relacionar com a ficção, a historiografia se livra de visões corretas, seguras, que só são ideologias perigosas. O ideológico fica reconhecível quando se reconhece que é ficcional. A história precisa reconhecer as suas relações com a imaginação literária, não pode mais reprimi-la e, por isso, é preciso refazer a teoria da disciplina histórica (WHITE, 1992; 1994).

O próprio White deixou claro, portanto, as duas posições em confronto: a tradição historiográfica e literária, que opõe história e mito, realidade e imaginação, e ele, White, que desfaz essa oposição levando a historiografia para a esfera do imaginário e da ficção. Ricoeur tem diante dele o que mais aprecia: uma aporia, um impasse, um dilema, algo em que possa pensar! E já sabemos como vai operar, já conhecemos o seu método: dialogará com uns e outros, arrolará os argumentos, dará razão a todos, não pedirá a ninguém para se deslocar da sua posição e vai tentar construir pontes, conectores, ligações, entre os dois pontos de vista, tentará negociar uma "reconciliação possível". Ele dialogará com White e vários outros narrativistas em *Tempo e narrativa* e, inicialmente, até parece pertencer a este grupo quando defende o caráter essencialmente narrativo da historiografia. E também dialogará com os que recusam o pertencimento da história à compreensão narrativa, a "historiografia científica" francesa dos Annales, mais metodológica, prática e menos epistemológica, e o positivismo lógico, mais epistemológico do que prático. Os Annales recusaram ostensivamente a narrativa, estabelecendo entre ela e a história-ciência vários cortes epistemológicos: a) *quanto aos procedimentos*: a história-ciência é produzida por uma comunidade científica, que se baseia na "explicação causal", realizada pela "conceituação", visando à "objetividade", ciosa dos limites dessa objetividade; b) *quanto aos objetos*: a história-ciência aborda entidades anônimas, o mundo econômico-social-mental, e não mais a esfera dos eventos políticos e biográficos. Os heróis foram substituídos por forças sociais anônimas, é uma história sem protagonistas; c) *quanto ao tempo histórico*: a história-ciência aborda uma temporalidade de longa duração, não se refere ao presente vivo da consciência que age, lembra e tem expectativas.

O tempo estrutural não é o tempo das ações humanas, mas inconsciente, sem sujeito, sem projetos, sem personagens. Portanto, o projeto científico da disciplina histórica deseja esquecer, superar a narração, separando o tempo lógico do tempo vivido (DELACROIX, 2007).

Ricoeur vai se opor a uns e outros, sem interromper o diálogo com uns e outros. A sua posição é diferente dos primeiros e dos segundos, é uma terceira posição, que tem outro conceito de cientificidade e de narratividade. Ele vai ao mesmo tempo se opor a ambos, à história científica dos Annales e ao narrativismo ingênuo de White, e levá-los em consideração. Ele também vê a operação historiográfica como uma "configuração poética" não muito distante da literatura. Entretanto, o que o seu círculo hermenêutico propõe como "história narrativa" é diferente e foi fundamental para a reconstrução da nova narrativa histórica. Como vimos anteriormente, o círculo hermenêutico reinsere a temporalidade na narrativa histórica, que deixa de ser apenas episódica, retórica ou lógica, pois quer e precisa se referir ao vivido, para ser útil à vida. Se a história fosse somente literária não poderia orientar a práxis, que exige uma relação nuançada e sofisticada com o mundo exterior. E o problema de Ricoeur é o da práxis, a capacidade do homem de intervir em seu mundo e torná-lo habitável. Por isso, a historiografia não poderia excluir o vivido e, para ele, ao incluir o evento, o sublunar, não se torna incompatível com a inteligibilidade lógica. Ricoeur defende o caráter intrinsecamente narrativo do conhecimento histórico, pois é esta a forma que articula tempo vivido e ordem lógica. Toda escrita histórica que privilegie o vivido contra o lógico ou o lógico contra o vivido, para ele, é insatisfatória. Ao contrário de Veyne, a história não é uma atividade intelectual, abstrata, pois tem como objetivo "ensinar a viver". Ele procura reunir o sublunar, a experiência vivida e finita, indizível, e a organização lógica, a intriga, sintetizando Santo Agostinho e Aristóteles. Para ele, a história não pode romper o laço com o "seguir uma história" e com a compreensão narrativa, pois deixaria de ser história. Mas a narrativa histórica não é tão ingênua que possa coincidir com o real. Como pesquisa cientificamente conduzida, ela o reconstrói, o recria, o elabora, urdindo intrigas, tecendo enredos. Para ele, a história a mais afastada da forma narrativa continua ligada ao círculo hermenêutico e oferece uma explicação-compreensão narrativa.

A história é narrativa porque se inscreve no círculo hermenêutico, é uma configuração narrativa, que emerge da vida e retorna à vida. A "explicação" em história não é "causal, científica, abstrata, artificial", não é oposta à compreensão narrativa. "Explicar" porque alguma coisa aconteceu já é narrar o que aconteceu. Explicar e narrar coincidem, uma narrativa que não consegue explicar é menos do que uma narrativa; uma narrativa que explica é uma narrativa pura e simples. Narrar é seguir e compreender uma história usando frases narrativas que revelam a presença do passado, a marca definidora do discurso histórico. Em Ricoeur, a narrativa histórica reencontra o tempo vivido, as experiências humanas, e renuncia às explicações abstratas e atemporais científicas. Em sua "ciência histórica narrativa", conhecer é "reconhecer". Para ele, talvez, o que diferencie o homem dos animais seja a sua capacidade de narrar, de se narrar, de trocar experiências. E, mais que uma capacidade cognitiva, narrar é uma necessidade humana e um prazer. O tempo torna-se mais humano quando é narrado, pois se torna "tempo reconhecido". A historiografia só é possível, para Ricoeur, porque o vivido não é inenarrável. Ele defende ao mesmo tempo o primado da compreensão narrativa em relação à explicação em historiografia e a sua complementaridade. Para ele, "explicar mais é compreender melhor e compreender melhor é narrar".

Portanto, contra cientificistas e narrativistas, Ricoeur tem duas convicções: a) do caráter narrativo último da história, que não se confunde com a defesa da história narrativa ingênua; b) se a história rompesse todo laço com o "seguir uma história" e com as operações cognitivas da compreensão narrativa, perderia o seu caráter distintivo entre as ciências sociais e deixaria de ser história. São convicções aporéticas: por um lado, afirma o caráter narrativo da história, por outro, recusa a história narrativa. Por um lado, a ambição científica da disciplina tende a fazê-la esquecer esse laço de derivação da compreensão narrativa que especifica a disciplina histórica; por outro, os narrativistas tendem a fazer uma inaceitável ligação direta entre história e narrativa, transformando-a em "story". Apesar da situação aporética, Ricoeur expõe a sua posição sem ambiguidades: "a história a mais afastada da forma narrativa continua a ser ligada à compreensão narrativa por um 'laço de derivação'". O que ele fará será reconstruir os "laços indiretos" entre a temporalidade da ação e a configuração narrativa, inserindo a historiografia no círculo mimético. A narrativa histórica é uma configuração do tempo vivido, que emerge da vida e se insere na vida. Isso quer dizer que, para ele, a historiografia é uma "ciência narrativa": uma narrativa realista, baseada em uma pesquisa cientificamente conduzida.

A historiografia não é uma imitação idêntica do real, mas uma imitação criadora. A narrativa histórica não representa o que de fato ocorreu, é uma representação construída pelo sujeito e, enquanto representação, é mais ficcional do que duplicação do vivido. Mas ela não se torna pura ficção, "*story*", porque esse seu caráter ficcional é controlado, além da documentação e da cronologia, pelo fato de a atividade mimética não terminar na obra de história. Ela se dirige e se realiza no espectador ou no leitor, retornando ao mundo vivido. A refiguração ou ressignificação da historiografia se realiza no receptor, que ao mesmo tempo se apropria da obra e torna-se seu coautor e a aplica, tornando-se sujeito transformador do seu mundo. E interpela os historiadores cientistas: a historiografia não procura pela lucidez onde há perplexidade? E a perplexidade não é maior onde as mudanças de fortuna são as mais inesperadas? A historiografia não enfatiza as mudanças de sorte, para o melhor e para o pior? Não são os incidentes discordantes que a intriga histórica tende a tornar necessários e verossimilhantes? Para ele, é incluindo o discordante no concordante que a historiografia inclui o drama emocionante (eventos) em uma ordem inteligível (configuração narrativa).

Para Ricoeur, a intencionalidade do conhecimento histórico é específica, articulando pesquisa científica e narração. A história científica tem uma relação indireta com a narrativa, o que diminui a profundidade dos cortes epistemológicos vistos antes: a) *quanto aos procedimentos*: o historiador constrói "imputações causais singulares", que, por um lado, são científicas, porque explicam isolando fatores, construindo modelos, avaliando cursos possíveis da ação e comparando-os com os cursos reais, são lógicas; por outro, são narrativas, porque produzem uma síntese do heterogêneo, reunindo circunstâncias, intenções, interações, adversidades, objetivos, fatos. As imputações causais singulares são científicas e quase intrigas; b) *quanto aos objetos*: a historiografia aborda quase personagens: povos, nações, civilizações, que têm o pertencimento participativo de agentes concretos. Ela não trata de forças estruturais anônimas, mas de sociedades, constituídas por agentes múltiplos, por homens que agem e sofrem. Pode-se tratar uma sociedade como um "grande indivíduo" e atribuir-lhe a iniciativa de ações; c) *quanto à temporalidade*: a historiografia emerge da experiência vivida e retorna a ela. A relação entre evento e estrutura é dialética, o evento não pode ser suprimido pela estrutura. É ele que faz avançar a narrativa, esta depende deles para se movimentar. O evento é a variável da intriga, não pertence somente ao tempo curto, mas também às instâncias longas e médias da duração. Na longa duração, o evento não foi banido, apenas ganhou um novo sentido. Ele é a vida e a morte das estruturas, que, se fossem imóveis, sem eventos, seria o fim da história e da historiografia (RICOEUR, *Temps et récit*, v. 1).

Contudo, se o círculo hermenêutico é a matriz das "ciências do reconhecimento", ele se bifurca em narrativa histórica e ficcional. Se qualquer das duas narrativas oferece o "reconhecimento da experiência vivida", como diferenciá-las? É necessário diferenciá-las? Quais seriam os riscos da dissolução de uma na outra e quais as vantagens em distingui-las? Este será o grande desafio que Ricoeur enfrentará no terceiro volume de *Tempo e narrativa*, que tem o título *O tempo narrado*. Para ele, história e ficção mantêm atitudes diferentes diante da temporalidade, mas se entrecruzam ao realizarem o mesmo fim: dar forma e sentido à experiência vivida. Elas realizam esse fim único em sua diferença e, assim, tornam-se complementares. Ricoeur se estende sobre a sua heterogeneidade e complementaridade, vamos procurar reconstruir os seus argumentos, que buscam superar-conservando o ponto de vista literário whitiano (RICOEUR, *Temps et récit*, v. 3; BUBNER, 1990).

Para ele, as narrativas histórica e ficcional, embora realizem o mesmo movimento do círculo hermenêutico, são heterogêneas e se opõem, porque a primeira produz "variações interpretativas" e a segunda cria "variações imaginativas". A narrativa histórica, mesmo sendo uma reconstrução interpretativa do passado, não se fecha em si mesma, procurando dados exteriores, objetivos, para se sustentar. As construções historiográficas têm uma relação de "*representance*", de lugar tenente, com a realidade abolida e preservada nos arquivos. Uma primeira característica da narrativa histórica que a diferencia da ficcional é o seu esforço de inserir os seus eventos e personagens no tempo calendário, que é objetivo e exterior, cósmico e cultural, e se impõe à experiência vivida. A história revela a sua capacidade de configuração do tempo histórico pela utilização de certos instrumentos: o calendário, a sucessão de gerações, o recurso a arquivos, documentos e vestígios. São esses instrumentos que, ao conectarem o tempo vivido ao tempo cósmico e biológico, tornam o conhecimento histórico objetivo. O historiador cria um terceiro tempo, o "tempo histórico", que faz a mediação entre o tempo cósmico e o tempo da experiência vivida, passando a possuir características de um e de outro (EVANS, 1995; KEARNEY, 1989; 1991).

Do tempo físico, o tempo calendário possui uma continuidade uniforme, infinita, linear, segmentável em instantes quaisquer, sem presente, sem passado e sem futuro. É como uma régua estendida ao longo da marcha dos homens, que fixa o momento-local exato em que viveram, organizando-os em anteriores, simultâneos e posteriores. É a astronomia que oferece essa numeração e medida, pois a cada 365 dias a Terra repete o mesmo movimento de translação em torno do sol e a cada 24 horas (dia/noite) realiza uma revolução em torno do próprio eixo. O tempo calendário determina com precisão a data em que o evento ocorreu, o antes e o depois. Do tempo da experiência vivida, o calendário possui um "momento axial", um "ponto zero", que foi um presente vivido singular, que rompeu com uma época e abriu outra. Aqui, aparece a assimetria passado-futuro: o presente cultiva a memória do passado e tem expectativas em relação ao futuro. O momento axial não é nem um instante qualquer nem um presente, mas um evento presente-passado que foi considerado capaz de dar curso novo à vivência. Esse presente-passado central dá posição a todos os outros eventos. No calendário ocidental, esse evento norteador da experiência é a vinda de Cristo. Em outras culturas, outros calendários estabelecem momentos axiais diferentes. Como terceiro tempo mediador, o tempo calendário é ao mesmo tempo exterior e interior ao tempo cósmico e ao tempo vivido, cosmologizando o tempo vivido e humanizando o tempo cósmico. Todas as vidas, inclusive, a nossa própria vida, se situam em relação ao momento axial. A data de todo evento é fixada em relação a ele. Hoje, estamos vivendo na volta 2011 da Terra em torno do Sol, depois de Cristo (RICOEUR, *Temps et récit*, v. 3).

Uma segunda característica da narrativa histórica a opõe à ficcional: ela quer conhecer os homens do passado através de vestígios. O vestígio garante que alguém esteve lá e agiu. A passagem não é mais, mas a sua marca permanece, o vestígio indica o aqui-quando da passagem dos vivos. É isto a narrativa histórica: um (re)conhecimento do passado por seus vestígios localizados e datados. Os vestígios são coisas entre as coisas, que testemunham uma passagem. O vestígio significa sem fazer aparecer e, por isso, para Ricoeur, é um dos instrumentos mais enigmáticos da narrativa histórica. O historiador usa o vestígio, mas não sabe o que ele significa. A partir do vestígio, encontrado no presente, o historiador procura remontar ao mundo que o produziu, esforça-se para ser contemporâneo do mundo que o cercava. Apesar do caráter seletivo da coleta, conservação e consulta dos documentos, apesar das questões e da ideologia dos historiadores, o uso da documentação é uma linha divisória entre a história e a ficção. Diferentemente do romance, as construções do historiador visam ser reconstruções do presente-passado. O documento impõe a data, o personagem e a ação e uma dívida em relação aos mortos. O vestígio é "representante" do passado, o referente ao qual o conhecimento histórico se esforça por corresponder apropriadamente.

Contudo, esses instrumentos exteriores seriam suficientes para definir o significado do termo "real" aplicado ao passado? É somente "real" o passado que deixou vestígios localizados e datados que persistem no presente? O passado só é inteligível se persiste no presente? Não teria havido sociedades e homens que realmente existiram, mas que não deixaram vestígios? A organização dos vestígios em arquivos e museus, a preservação pelos órgãos de patrimônio histórico de lugares de memória é muito recente. A humanidade viveu milênios sem essa inquietação com a sua memória, sem dar atenção aos seus vestígios. Para Ricoeur, a "realidade do passado" é a mais embaraçante questão teórica sobre a história. Como o historiador, um homem também localizado e datado, um homem histórico, pode abordar uma realidade tão "ex-ótica", isto é, tão fora do alcance da sua perspectiva, tão exterior ao seu campo de visão, tão pouco familiar, como o passado? (RICOEUR, *Temps et récit*, v. 3).

Para Ricoeur, o historiador, abordando o passado a partir do presente, para lhe dar realidade e consistência, para fazer uma reconstituição fiel e precisa dele, pode adotar três atitudes:

1ª) *pode tratá-lo como "Mesmo"*: o passado é percebido como próximo do presente, familiar; o presente é percebido como uma continuidade do passado. O passado é incluído no campo de visão do presente e, por isso, torna-se plenamente inteligível. O historiador se considera capaz de repensar o evento passado, de reconstituí-lo de forma idêntica em seu espírito; usando a "imaginação interpretativa" e recorrendo à "construção intelectual", o historiador busca a reefetuação do passado. Este repensamento e reefetuação do passado anula a distância temporal, presentifica a experiência passada, reatualiza o passado. A tese é de Collingwood: o pensamento é atemporal, o que foi pensado antes pode ser pensado sempre; logo, a história pode pretender ser um conhecimento exato e fiel do passado (COLLINGWOOD, 1981).

2ª) *pode tratá-lo como "Outro"*: a passeidade do passado é percebida como distante, diferente. A passeidade do passado se revela na distância temporal. A operação histórica começa com a percepção da mudança, do distanciamento entre as experiências vividas passadas e presente. O trabalho do historiador não deve ser a reefetuação, a abolição da diferença temporal, mas a sua intensificação. O caráter ex-ótico do passado é acentuado, passado e presente são estranhos. Para os historiadores dos Annales, a ida do historiador ao passado é um "*depaysement*". A historiografia tem como tarefa o "inventário das diferenças"; logo, a história pode pretender ser uma reconstrução objetiva do passado, com a formulação de problemas e hipóteses, com o uso de documentação serial e técnicas quantitativas sofisticadas;

3ª) *pode tratá-lo como "Análogo"*: talvez, a realidade do passado não seja nem a do Mesmo nem a do Outro, mas a do Análogo, que associa o Mesmo e o Outro: nem familiaridade nem estranhamento, mas "reconhecimento". Como Análogo, o passado é abordado como uma experiência humana ao mesmo tempo ex-ótica e reconhecível. A narrativa histórica não visa reproduzir de forma idêntica ou reconstruir objetivamente o curso dos eventos, mas, utilizando o discurso tropológico, mostrar que as coisas devem ter se passado "como se fossem assim". Contudo, ao abordar o passado como Análogo, a narrativa histórica apagaria a sua fronteira com a narrativa ficcional e, embora o imaginável auxilie o conhecimento do efetivo, não se pode perder de vista a exterioridade do tempo calendário e dos vestígios (RICOEUR, *Temps et récit*, v. 3).

Para ele, o historiador não deve se fixar em uma dessas três atitudes diante do passado, porque são as três que tornam possível o conhecimento da sua realidade. É preciso ligar o Análogo ao jogo complexo do Mesmo e do Outro, para que seja possível dar conta da função temporalizante do conhecimento histórico como "representante" do passado. Na busca do ter-sido, o Análogo opera junto com a Identidade e a Alteridade: o passado precisa ser ao mesmo tempo reefetuado (Identidade), posto a distância (Alteridade) e representado (Análogo). Portanto, o conhecimento histórico como "representante do passado" ao mesmo tempo o reduz ao Mesmo e reconhece a sua Alteridade pela Analogia.

Enfim, as narrativas históricas são "variações interpretativas" do passado, configurações narrativas diferentes, mas realistas, porque devem ser reconhecíveis como abordagens de uma mesma situação histórica. As intrigas variam, mas as datas, os documentos, os personagens, os eventos, os locais são os mesmos. Há várias configurações narrativas da Revolução Francesa ou do Golpe de 64, mas elas não podem alterar esses dados exteriores, que se repetem em todas elas. Pode-se até admitir que as possibilidades de interpretação de uma situação histórica sejam infinitas, mas os dados espaçotemporais, os nomes e vestígios serão sempre os mesmos, a não ser que algum documento inédito introduza algum fato/personagem novo. Mas este terá de ser integrado interpretativamente aos dados já conhecidos. A interpretação histórica, embora utilize a imaginação, não é uma "variação imaginativa": há dados exteriores que limitam o que se pode pensar de um evento histórico. A narrativa histórica é apaziguante da aporética da temporalidade ao criar conectores entre o tempo cósmico e o vivido, ao apoiar a narrativa em vestígios exteriores e verificáveis. O historiador quer fazer justiça ao passado, a sua relação com o passado é de uma dívida impagável. A realidade do passado não pode ser separada da dialética futuro/presente/passado, pois se tornaria uma abstração. A realidade do passado é enigmática, envolve uma misteriosa dívida: perda, morte, separação. A "reconstrução" dessa realidade-que-não-é-mais é o sentido da pesquisa histórica (VILLELA-PETIT, 1989).

Quanto à narrativa ficcional, ela não está obrigada a se apoiar em dados exteriores, nas datas do tempo calendário, na sucessão de gerações, em locais e em vestígios. O ficcionista envia a memória aos braços da imaginação, que, sem receio e prazerosamente, se entrelaçam e se confundem. O ficcionista é livre para narrar experiências "irreais", isto é, eventos e personagens que não se submetem ao tempo calendário e não têm apoios/limites exteriores.

Cada experiência fictícia é singular, incomparável, nenhuma intriga literária pode ser repetida, pois seria plágio. Cada romance, cada poema são únicos. O tempo fictício explora livremente o tempo humano e apenas mencionam o tempo cosmológico, sem buscar e até evitando a exatidão. A ficção é uma reserva de "variações imaginativas", que explora e amplia a diferença entre tempo cósmico e tempo fenomenológico. As "variações imaginativas" ficcionais se privam do tempo calendário, misturam datas, fatos, personagens. Quando se referem aos eventos históricos, a Primeira Guerra Mundial, a Revolução Russa, a Revolução de 64, por exemplo, os mencionam do ponto de vista dos personagens imaginários. A ficção não desce ao tempo histórico, os conectores históricos são transformados pela imaginação. A contribuição maior da ficção é explorar as características não lineares da experiência vivida, que a história oculta ao inscrevê-la no tempo cósmico. O tempo fenomenológico predomina sobre o tempo cósmico, liberta-se do tempo calendário, ignora o curso temporal unificado. A estória pode se dar, por exemplo, em um dia ou em apenas uma hora que relembram toda uma vida. Marcel Proust, em seu *Em busca do tempo perdido*, busca reencontrar a vida passada a partir de cheiros, gostos, pequenos objetos, nomes, impregnados de lembrança. O fugidio é fixado e torna-se durável, a arte reencontra e revive o tempo perdido, leva à experiência da eternidade, põe a alma em repouso. A ficção torna-se um tempo hermético, explorando as discordâncias, as experiências limite, abolindo as fronteiras entre mito e história. As soluções da ficção agudizam a aporética da temporalidade, as "variações imaginativas" exploram as inúmeras maneiras em que a discordância e a concordância se combatem e se articulam (KEARNEY, 1989; VILLELA-PETIT, 1989).

Entretanto, se, por um lado, são heterogêneas e opostas, por outro, as narrativas histórica e ficcional se entrecruzam, sem se confundirem. Pode-se sustentar uma diferença absoluta entre a "realidade do passado" e a "irrealidade da ficção"? Pode-se garantir que a diferença seja: a narrativa histórica tem um referente e a narrativa ficcional não tem? Há diferença, mas não é tão abissal. A realidade do passado pode ser questionada, pois não é observável. E se a noção de "*representance*" sugere que a narrativa histórica seja uma reconstrução do passado, o fato é que o passado não é mais. A irrealidade da ficção também pode ser questionada, porque ela é reveladora e questionadora da prática cotidiana. Como reveladora e transformadora, a ficção é "apropriação" ou "aplicação" reais. Esses conceitos, que expressam a relação da narrativa ficcional com a realidade, correspondem ao de "*representance*" da narrativa histórica. A "aplicação" se dá por meio da leitura, na qual a obra literária ganha a sua significação completa. O mundo do texto tem uma abertura para o seu outro, o mundo do leitor, sem a leitura, o mundo do texto não se realiza. Na leitura, dois mundos se enfrentam, o do texto e o do leitor, e a narrativa ficcional instrui, torna-se ação efetiva. É na refiguração que a história e a literatura oferecem uma réplica à aporética do tempo. Na leitura ocorre uma "referência cruzada" entre história e ficção. Mas, apesar dessa proximidade na leitura, história e ficção possuem visadas diferentes. Elas se entrelaçam, mas são distintas (RICOEUR, *Temps et récit*, v. 3; LEENHARDT, 1990).

Na leitura, na refiguração efetiva do tempo, as narrativas, histórica e ficcional se encontram como duas retas no infinito: elas se entrecruzam e tornam o tempo mais humano, portanto uma "experiência narrada". História e ficção são complementares na narração da experiência humana. Elas têm temáticas comuns, dificuldades comuns, trocas comum. A história se serve da ficção, e a ficção se serve da história. A leitura é mais ou menos a mesma de um romance e da historiografia e, sem perderem a sua heterogeneidade, elas se entrelaçam no espírito do leitor:

Por um lado, a história é *quase ficção* porque:

a) o passado tal como foi só pode ser abordado com a contribuição da imaginação. Não se trata de confundir o real e o irreal, mas de mostrar como o imaginário faz parte da visada do ter-sido, sem enfraquecer o seu realismo;

b) o imaginário tem seu lugar na história na medida em que o passado não é observável;

c) o próprio tempo calendário é uma criação, uma invenção, que permite conectar o mundo humano ao movimento do sol; o calendário é um aparelho, uma criação, uma prótese cultural, cujo emprego exige imaginação;

d) o vestígio é o signo a partir do qual a narrativa histórica imagina o contexto, a experiência vivida que o envolvia;

e) a "*representance*" do passado é reconstrução, e não uma "reconstituição". A narrativa histórica descreve o passado como análogo, "como se fosse assim". A tropologia mostra o passado, coloca-o sob os olhos do leitor, faz vê-lo "como se fosse assim";

f) a escrita da história não é exterior ao conhecimento histórico, faz corpo com ele. Logo, a história imita em sua escrita os modelos da configuração literária. A escrita histórica é uma composição literária;

g) as grandes obras de história são também grandes obras poéticas. A sua força poética está em sua capacidade de fazer ver o passado, de colocá-lo sob os olhos. Uma obra de história permanece por sua documentação, por sua cronologia rigorosa e também por sua força poética: *Formação do Brasil contemporâneo*, de Caio Prado Jr., e *Dom Casmurro*, de Machado de Assis, se aproximam e se entrelaçam;

h) esse entrelaçamento entre história e ficção não enfraquece o projeto da história de ser "*representance*", ao contrário, o fortalece. É uma "ilusão controlada";

i) a ficção oferece ao historiador olhos, palavras, imagens, que possibilitam a ele mostrar ao leitor, por sob os seus olhos, o horror, a guerra, o bombardeio, o campo de concentração, o genocídio, que, contudo, não são ficcionais e não devem ser jamais esquecidos.

Por outro lado, a ficção é *quase história*, porque:

a) a narrativa ficcional imita de certa forma a narrativa histórica ao narrar os seus mitos, suas lendas, suas fábulas, seus romances, seus poemas "como se tivessem se passado". O leitor tem de ser persuadido que aquela estória, de alguma forma, aconteceu, e é só nessa medida que a sua realidade é afetada;

b) as narrações ficcionais são no tempo verbal passado. Elas são um passado fictício, evocado tão vivamente, que oferece uma "ilusão de realidade". Ela se suprime como estória e se apresenta como história. Ela narra eventos "como se fossem o passado";

c) para ser persuasivo, o "provável" da ficção deve ser como o "provável" da historiografia: plausível, verossímil, aceitável como real. Uma ficção muito delirante, improvável, não se refere à realidade do leitor e não a transforma;

d) a ficção quando se mistura fortemente à história é extremamente saudável para a história, pois a protege do determinismo liberando possibilidades que não se concretizaram, abordando um passado que poderia ter sido. O "provável" pode ser tanto pura ficção quanto a percepção de "possibilidades objetivas";

e) a crítica da realidade exige o recurso à ficção. A construção de um mundo utópico é necessária à crítica das ideologias. Não é possível viver sem sonhos e fantasia; não é possível ser historiador sem sonhar com um futuro melhor. Todo historiador como crítico do seu presente torna-se um sonhador histórico-político, um "realista utópico" (RICOEUR, *Temps et récit*, v. 3; KEARNEY, 1989).

É na leitura, no espírito do leitor, que o abismo entre a história e a ficção torna-se um vale: uma se torna "quase" a outra. Na refiguração do tempo, história e ficção não se opõem mais tão radicalmente, cruzam-se. Cada um desses modos narrativos se faz empréstimos: a história incorpora fontes de ficcionalização, a ficção só transforma o agir e sentir se incorpora fontes de historicização. Através da leitura, a historiografia e a literatura retornam à vida, à existência prática. A leitura realiza uma mediação entre o mundo fictício do texto e o mundo efetivo do leitor e, dessas trocas entre elas, surge o "tempo narrado". Na leitura se entrelaçam as narrativas como "variações interpretativas do passado" (*representance*) e como "variações imaginativas", o tempo torna-se "mais humano", isto é, a experiência vivida é percebida e reconhecida. Aqui se pode perceber como o pensamento ricoeuriano está profundamente impregnado da sua fé cristã: historiografia e ficção são duas narrativas distintas que "fazem aparecer" o sentido único e verdadeiro da experiência vivida (LEENHARDT, 1990; VIGNE, 1988).

Contudo, a sua fenomenologia da leitura reconstrói a ideia de "sentido único e verdadeiro". Ricoeur redefiniu o conceito de "verdade" ao retirá-la da imutabilidade, do absoluto, da atemporalidade. O sentido "único e verdadeiro" não é conhecível imediatamente, exigindo a mediação de narrativas, que são interpretadas e apropriadas pelos leitores. O leitor é o protagonista da produção do sentido, que se multiplica nas leituras. A estética da leitura ricoeuriana explora as maneiras múltiplas pelas quais uma obra afeta um leitor, que é passivo e ativo: recebe o texto na ação de lê-lo. A fenomenologia da leitura limita a capacidade persuasiva do autor e apresenta a réplica do leitor. O texto é considerado como incompleto, inacabado, o leitor faz o seu itinerário próprio no texto, que oferece "caminhos de leitura". O texto é uma sequência de frases cuja totalização acontece no espírito do leitor. O leitor é um ponto de vista viajante no texto, a leitura é um jogo de protensões, retenções, modificações. O autor traz as palavras e o leitor a (re)significação. O texto é ao mesmo tempo excessivo e incompleto para o leitor, que é chamado a refigurar a obra: o todo se realiza no espírito do leitor. A boa leitura é aquela que adere e resiste ao texto, tornando-se uma "experiência viva". O texto produz uma desorientação no leitor, exigindo-lhe uma reorientação, que pode chegar à subversão do sentido proposto.

A fenomenologia da leitura enfatiza o sentido produzido pelo leitor real, que se transforma com a leitura. O leitor implicado aparece no leitor real, que surpreende em sua capacidade de não atender passivamente à expectativa imposta pelo autor. O público tem um horizonte de expectativa que a obra corresponde e incita a abrir. Um clássico não é uma obra atemporal: é a obra que prefigura experiências futuras, que abre o horizonte de expectativa dos leitores. O leitor atual, liberado do seu cotidiano, transfigurado pela catarse, se vê estimulado a transformar a sua experiência. O texto leva à ação (práxis). A refiguração é dialética: a leitura aparece como uma interrupção e como um relançamento da ação, faz a mediação entre o mundo imaginário do texto e o mundo efetivo do leitor. O leitor não para na leitura, atravessa-a, e quanto mais se "irrealizar" nela, mais a obra terá influência sobre a sua realidade social (RICOEUR, *Temps et récit*, v. 3).

Para Ricoeur, a obra clássica de Braudel, *O Mediterrâneo e o mundo mediterrâneo à época de Filipe II* (1ª ed. 1949/2ª ed. 1966), é um exemplo revelador do caráter produtivo do entrecruzamento entre narrativa histórica e ficcional. Essa obra é ao mesmo tempo um paradigma inovador da ciência histórica e uma obra-prima literária. Para ele, o conjunto dos três níveis da obra constitui uma quase intriga, e não somente o terceiro nível seria narrativo, como consideram as leituras tradicionais. Ricoeur renovou a interpretação dessa obra ao lê-la a jusante e a montante. Para ele, lida a jusante, navegada do primeiro ao terceiro livro, Braudel tomou o caminho durkheimiano de Bloch, determinista; lida a montante, do terceiro ao primeiro livro, revela a orientação febvriana, o evento-estruturado: da morte de Filipe II, solene evento, às estruturas do mundo mediterrâneo. A terceira parte é exemplar da história tradicional e de boa qualidade, uma bela narrativa, mas não existe isoladamente, não pode ser lida separadamente, pois faz parte de uma obra que possui duas grossas partes precedentes. Se se parte do terceiro para o primeiro livro, depois de tê-lo lido na ordem inversa, tem-se toda a compreensão do tempo histórico dos Annales. Segundo Ricoeur, Braudel teria criado um novo tipo de intriga, a "intriga virtual", e nos ensina, através dela, a articular estruturas, ciclos e eventos. Sua intriga se fragmenta em subintrigas, formando um todo virtual. Em uma direção, Braudel é blochiano; em outra, é febvriano. Ele sintetiza a historiografia dos Annales e sua concepção do tempo histórico de "mão dupla". De trás para frente, a leitura parte da história política, biográfica, militar, administrativa, diplomática, passa pela história econômica, social, demográfica, cultural, para chegar a uma história do meio ambiente, do clima, a uma geo-história; percorrendo o caminho inverso, obtém-se uma visão completamente diferente do mesmo processo histórico (RICOEUR, *Temps et récit*, v. 1; BRAUDEL, 1966; REIS, 2008).

O próprio Braudel, embora tenha dito que a ampulheta podia ser virada, parece não ter percebido essa possibilidade de leitura ao contrário, pois hesitou na publicação da terceira parte. Nesse terceiro livro, a cronologia ampla dos dois primeiros se completa com uma cronologia bem-definida por dias, meses, anos, da história do império dos Habsburgo, de Carlos V e de Filipe II. Braudel recorre permanentemente a recursos da estética literária para colocar o mundo mediterrâneo "sob os olhos" dos seus leitores: "sentimos" as dificuldades das comunicações e dos transportes, as limitações monetárias, o desejo de potência da Europa Mediterrânea, o medo dos turcos, a ganância das cidades italianas, o jogo astuto das alianças, os interesses da Igreja; "seguimos" as rotas terrestres e marítimas; "tememos" a ameaça da guerra e a derrota; "vemos" a formação dos Estados Nacionais francês, inglês, holandês, em luta contra o império espanhol; "sofremos" com as catástrofes, fomes, guerras, pestes; "assistimos" ao impacto dos eventos, das grandes alianças e rompimentos delas, à solene morte de Filipe II; ficamos "incomodados" com a ineficácia dos espanhóis em guerra: seus movimentos confusos, lentos, caros e ineficientes. Enfim, a terceira parte de *O Mediterrâneo...* fala aos sentimentos, às sensações, à experiência vivida. Se a história tradicional se reduzia a este tempo visível, perceptível, sensível, os Annales não poderiam excluí-lo, como o farão, depois de Braudel. Posteriormente, Le Goff expressaria a opinião dos sucessores de Braudel em relação a esse terceiro volume: "longe de ser o ponto culminante do trabalho, são os restos deixados pelo trabalho principal [...]. Se antes a história política era a espinha dorsal da história, passou a ser um apêndice atrofiado" (LE GOFF, 1971).

No entanto, essa terceira parte contém um dado essencial sobre a experiência do tempo histórico, que o rigor das análises anteriores e a profusão de informações escondeu: a experiência da finitude, a experiência vivida, o lado absurdo, surrealista, isto é, sem sentido nem direção, do viver das sociedades. Filipe II acrescenta reinos e terras ao seu império, mobiliza tropas, faz empréstimos, combate os dissidentes, faz alianças, envolve a todos em seus planos, intenções e motivos, camponeses, cidades, Igrejas, Estados, em direção a quê? Contra os turcos, o "outro", que, misteriosos, representam a finitude, a morte. Nessa terceira parte assiste-se à luta pela existência gloriosa, potente, grandiosa! Os turcos representam o limite a essa ambição. Braudel mostra, nos dois primeiros livros, outros limites, mais objetivos, ao desejo de poder dos Habsburgo. No terceiro livro vai aparecer o limite propriamente humano, o limite subjetivo: o outro, que é também movido pelo mesmo desejo de poder, de ser e pelo mesmo medo de deixar de ser (REIS, 2008, LOPES, 2003).

Enfim, essa obra de Braudel representa e sintetiza a compreensão do tempo histórico dos Annales: a dialética da duração. Quando se lê a obra a contrapelo, o que se revela é a condição temporal, histórica, do homem. Ele está mergulhado no tempo imperioso e, portanto, é finitude, precariedade, solidão e abandono. Ele é, antes de tudo, evento. Seu sonho de onipotência, de absoluto, de eternidade, encontra limites concretos, exteriores, naturais e sociais e o limite interno maior, o da duração humana, o da curta presença humana no tempo. O mundo mediterrâneo de Filipe II é vasto, é um império poderoso, mas que teve uma duração determinada. Para Ricoeur, portanto, tal obra de Braudel, sem a terceira parte, seria apenas uma das vertentes da historiografia dos Annales, a blochiana. Com a terceira parte, ela incorpora a orientação febvriana e, na medida em que integra as duas tendências, torna-se uma síntese completa da Escola dos Annales, realizando o seu ambicioso projeto de uma "história total".

Em sua análise de *O Mediterrâneo...*, Ricoeur conclui de forma perturbadora, pois põe em dúvida um dos princípios centrais dos Annales: a recusa da narrativa e do historiador literato. Ricoeur considera Braudel um dramaturgo! Um exímio narrador! Ele teria criado três níveis para o mundo mediterrâneo e os reuniu em uma única narrativa. Mas procedeu analiticamente, distinguindo planos, deixando às interferências entre os planos o trabalho de engendrar uma imagem implícita do todo. Obtém-se, então, uma "quase intriga virtual", fragmentada em subintrigas. Ricoeur, portanto, considera Braudel um artista, um poeta, um grande narrador! Outros analistas, como Kinser, chamam ainda a atenção para o aspecto sinóptico dessa obra de Braudel: a enorme quantidade de informações, fatos, dados e conhecimentos apresentados de maneira viva e eficiente. Sua expressão escrita é também visual, teatral. Eis um ponto da obra de Braudel que revela muito não só sobre a sua concepção do tempo, mas, sobretudo, sobre a sua capacidade de recriar o tempo, de "imitá-lo" em uma intriga, como Ricoeur considera que seja a melhor maneira de apreendê-lo. Para ele, a obra de Braudel como "obra de método dos Annales" é a prova mais viva do caráter realista e literário do conhecimento histórico. Nesse monumento historiográfico, o historiador e o poeta, embora distintos, estão fortemente entrelaçados. E quem fará o teste do entrecruzamento entre história e ficção nessa obra será a "experiência viva" da sua leitura pelo europeu do final do século XX, que, quanto mais competente for, mais realista e poética será (RICOEUR, *Temps et récit*, v. 1, p. 301 *et seq.*).

A "reconciliação possível" entre tempo, história e narrativa

No final do século XX, os grandes temas iluministas entraram em crise, pois as desgraças do século contestaram a vinda do tempo melhor, não se acreditava mais na aceleração do progresso, e o horizonte utópico se afastava quanto mais o "progresso" avançava. A ideia de "tempos novos" tornou-se suspeita, a Escola de Frankfurt via a história iluminista como progresso da razão instrumental, que homogeneíza e reprime as diferenças. Quanto à capacidade do homem de "fazer a história", tornou-se o tema mais vulnerável e perigoso. A humanidade não parecia mais autoprodutora de si, pois constatou-se que sempre ocorre outra coisa em relação ao que se planeja, a ação transtorna os planos, altera as esperas. Neste contexto pós-1989, pós-moderno, da história da consciência histórica ocidental, Ricoeur, posicionando-se entre Hegel e Nietzsche, busca encontrar um sentido para essa época, que a oriente em uma "práxis responsável". Para ele, em primeiro lugar, é preciso "renunciar a Hegel", à busca de uma reconciliação total entre tempo, história e narrativa. É preciso renunciar à tentação hegeliana: a busca da unicidade do tempo, da sua representação como um singular coletivo, como reflexão global total. É preciso também "esquecer Nietzsche", a tese de que é o presente que decide sobre a necessidade ou não do saber histórico. Para Nietzsche, é a força do presente que é capaz de refigurar o tempo, é a força da vida/presente que interpreta e se apropria do passado, o presente é a força inaugural da história (RICOEUR, *Tempos et récit*, v. 3).

Ricoeur se posiciona entre a "reconciliação total", oferecida pela consciência absoluta de Hegel, e a "ruptura total", proposta pela força-plástica/esquecimento de Nietzsche. Para ele, o conhecimento histórico não pode ser nem o "Conceito" da história-tempo, uma "reflexão total", que fortalece o presente na medida em que este integra-suprime o passado e o futuro, nem uma "força plástica" que, no instante, lembra-esquece tendo como critério apenas as necessidades da vida/presente. Em Hegel, o real e a consciência formam um todo indissolúvel, o saber histórico é pura e total lembrança, não esquece nada, lembra e integra todo o passado e é o sentido do futuro. O risco dessa elaboração da consciência histórica revelou-se no trágico século XX como totalitarismo de uma Razão instrumental, astuciosa, amoral, que pode tudo fazer porque julga que tudo sabe sobre a história. Em Nietzsche, o saber histórico se submete ao presente, não se compromete com uma lembrança realista do passado, apropriando-se amoralmente dele através de interpretações úteis à vida presente, que também (re)construirão permanentemente o futuro. O risco dessa elaboração da consciência histórica também se revelou no trágico século XX: o totalitarismo de uma vontade de potência irreflexiva, que, acreditando estar acima do Bem e do Mal, monumentaliza, preserva e julga o passado segundo as necessidades da vida, esquecendo inescrupulosamente a experiência vivida ou interpretando-a sem reconhecer-lhe a alteridade. Na consciência histórica hegeliana, o presente predomina integrando-suprimindo as alteridades do passado-futuro; na vontade de potência nietzschiana, o presente tem o direito de esquecer, de suprimir de fato a alteridade do passado, porque "viver e ser injusto é a mesma coisa".

Ricoeur se vê seduzido por ambos, mas, diante das consequências trágicas do pensamento histórico de ambos para a história europeia, sente a urgência da reelaboraração da consciência histórica ocidental. Para ele, a Europa deve renunciar à tese hegeliana do Conceito, que reúne a experiência-tempo em uma lembrança total, e romper com a força plástica nietzschiana, que reúne a experiência-tempo no instante, exigindo a capacidade de um esquecimento total. Ricoeur proporá uma relação entre lembrança/esquecimento menos total, mais equilibrada, uma "justa memória", que reconheça a alteridade das três dimensões temporais. Ele quer equilibrar lembrança e esquecimento, aceitando e mantendo a diferença das dimensões temporais. O seu pensamento quer tranquilizar a sua época, refletindo sobre uma práxis menos radical, menos violenta, menos injusta e intolerante, conduzida por uma consciência branda, respeitosa, que sabe que nunca se resolverá em uma reflexão total e que, portanto, não está autorizada a realizar nenhuma "ação total". O combate de Ricoeur é contra os totalitarismos do século XX, que submeteram a ética à política, o passado ao presente-futuro, a ação à eficácia instrumental, a solução dos conflitos à tortura e à guerra. Para ele, se queremos ainda sonhar com um mundo habitável, com um novo mundo em que os homens possam viver-juntos-na-diferença, será preciso "esquecer Nietzsche" e sobretudo "renunciar a Hegel". A sua "via longa" não é uma réplica somente à "via curta" da reflexão da consciência em Husserl, mas também e talvez sobretudo à "via da aceleração histórica", de Hegel-Marx, e à "via da descontinuidade-ruptura", de Nietzsche. Essa será a sua originalidade em suas últimas obras *Tempo e narrativa*, *O si mesmo como um outro*, *A memória, a história, o esquecimento*, *O percurso do reconhecimento*.

A "renúncia a Hegel" pode ser considerada a questão de fundo e central de *Tempo e narrativa*. Ricoeur formula assim o problema da relação entre tempo e narrativa: "se a dificuldade do pensamento do passado vem da abstração do passado, da ruptura de seus laços com o presente e futuro, a verdadeira resposta ao tempo não seria um pensamento que envolveria passado, presente e futuro como um todo?". A hipótese hegeliana é sedutora por isso: busca uma solução unificadora, totalizante, que integra ao presente o passado e o futuro. Hegel não busca um passado determinado ou um presente transitório, mas o que "é", que tem uma existência eterna. Ele distingue o "era" do "é" só para nuançar o "é". O passado enquanto tal não existe, o que significa a vitória do Mesmo sobre o Outro. No final do século XX, os historiadores já não davam mais crédito a essa história especulativa, que iguala e reduz as três dimensões temporais ao presente. A tese hegeliana de que "a Razão governa o mundo" deixou de ter credibilidade, a expressão "astúcia da razão" tornou-se assustadora, nenhum historiador procura mais a fórmula básica da história do mundo e nem se sabe se a palavra "liberdade" é o centro. A recusa do hegelianismo significa renunciar à decifração da suprema intriga, aceitar a impossibilidade da mediação total entre passado/presente/futuro. Contudo, o pensamento hegeliano foi tão onipresente nos dois últimos séculos que não se pode abandoná-lo simplesmente como uma "casca vazia". Para Ricoeur, abandoná-lo exige o "trabalho de luto", e esse é o sentido do seu esforço em *Tempo e narrativa* (RICOEUR, *Tempos et récit*, v. 3).

Para elaborar a perda do sistema hegeliano, Ricoeur propõe uma "hermenêutica da consciência histórica". O seu problema é: como continuar pensando a história após Hegel? Ele propõe outra via para se pensar a história, a da mediação aberta, inacabada, imperfeita, entre as dimensões temporais. Essa "via longa" hermenêutica permite pensar a história como uma rede de perspectivas cruzadas entre espera do futuro, recepção do passado e presente vivido, para evitar a consciência histórica unitária. Em busca de mediações imperfeitas, inacabadas, entre presente/passado/futuro, Ricoeur construirá o seu pensamento da história apoiando-se nas duas categorias de Reinhardt Koselleck, "espaço da experiência" e "horizonte de expectativa". Ele vai opor Koselleck a Hegel. Em Koselleck, o "espaço da experiência" é a persistência do passado no presente; o "horizonte de expectativa" é inquietação diante do futuro, que inclui esperança e temor. Por um lado, estas categorias se opõem: a experiência integra, reúne; a expectativa dispersa perspectivas, desdobra; a experiência não é suficiente para determinar o horizonte de expectativa, que mantém sua relativa autonomia. Por outro, elas se se condicionam mutuamente, pois a experiência não reúne sem espera retroativa, a expectativa pressupõe a experiência (JERVOLINO, 2002; GREISH; KEARNEY, 1991; GREISH, 1995).

Para Ricoeur, essas categorias "espaço da experiência" e "horizonte de expectativa" são mais importantes do que os temas das Luzes. Elas são universais, superiores a todos os *topoi*, são meta-históricas e temporalizantes, governam todas as épocas, sem serem unificadoras. Elas não suprimem a temporalidade, ao contrário, a intensificam. A relação entre experiência e expectativa é ao mesmo tempo universal, local e múltipla, uma relação dialética, uma tensão, onde a história aparece sempre como a de homens que agem e sofrem, experimentam e esperam. Para Ricoeur, com essas categorias, pode-se compreender tanto a consciência histórica moderna quanto a sua saída. Na modernidade, a tensão entre experiência e expectativa foi percebida como uma diferença crescente: o futuro se afastou da experiência, a expectativa era vivida como ruptura, revolução, cisma com a experiência. Ricoeur está procurando uma "saída ética" ao projeto moderno. Para ele, a "saída ética" é resistir às esperas utópicas, a tarefa é impedir que a tensão entre experiência e expectativa torne-se cisma. As esperas devem ser determinadas, finitas, modestas e devem suscitar um engajamento responsável. O horizonte de expectativa não pode fugir, mas aproximar do presente; o espaço da experiência não pode ficar tão estreito, deve ser ampliado e diferenciado do presente. O passado não é o acabado, o imutável, o inacessível à ação, mas o Outro do presente, com quem este deve dialogar, para se compreender, mantendo-o em sua diferença. Nossas expectativas devem ser mais determinadas, para que se evite a ansiedade e a pressa na mudança, e o nosso passado, mais indeterminado, para que se evite a sua imposição ao presente ou a imposição do presente a ele. É preciso reabrir o passado, reviver suas potencialidades inacabadas, massacradas; é preciso sonhar com um futuro realizável, ao alcance da ação responsável do "homem capaz" (RICOEUR, *Temps et récit*, v. 3; KOSELLECK, 1990).

Para Ricoeur, se a proposta moderna do "fazer a história" levava do futuro ao passado, a "saída ética" da modernidade é partir do passado ao futuro. O "homem capaz" faz a história, não está determinado nem pela tradição nem por forças naturais, mas age em circunstâncias que não produziu, é agente da história na medida em que se reconhece seu paciente. No espaço da experiência, o homem capaz se percebe como "afetado pelo passado", submetido à eficácia da história, sabe que sofre o trabalho da história. Ricoeur não sugere com isso um retorno ao passado, não faz uma "apologia da tradição". Para ele, por um lado, o presente é continuidade de uma memória comum, pois recebe o passado; por outro, o presente, ao reconstruir o passado, estabelece cortes, rupturas, crises, descontinuidades, pois é tempo de escolhas e iniciativas. Para Ricoeur, a história-continuidade não precisa ser ideologicamente justificadora do *status quo*, ele apenas reconhece que a consciência está exposta à "eficiência da história". A consciência é tradição, recepção do passado, "somos afetados pelo passado", temos um "dever de memória", que deve ser uma condição do horizonte de expectativa. É somente pela comunicação entre futuro e passado, através do presente, e não pela sua ruptura, que a utopia de uma humanidade reconciliada pode entrar na história efetiva. O passado é a experiência-tradicionalidade que o presente reúne tendo em vista um horizonte de expectativa determinado. O presente é o local da iniciativa, que não é apenas visão, percepção, olhar, mas antecipação, tendência ao futuro. O presente não é apenas visão, mas percepção e ação, iniciativa, começar, dar curso novo. O presente histórico é um espaço comum da experiência, que faz a mediação entre um passado transmitido e uma projeção do horizonte de expectativa. O presente histórico é ético e político, pois engaja o locutor em um espaço público. Em Ricoeur, o presente-iniciativa é do "homem capaz", que afirma: "posso me designar, posso prometer, posso realizar ações." A sua ação é limitada e potencializada pela experiência, o sujeito capaz se sente responsável por sua "promessa": "eu posso, eu farei". Pela promessa, a iniciativa torna-se ética, o presente persevera, dura, fazendo responsavelmente a conexão entre o passado e o futuro (RICOEUR, *Temps et récit*, v. 3).

Tempo e narrativa não é uma obra apenas especulativa, é um novo "manifesto político", que deseja oferecer uma "saída ética" às utopias totalitárias do século XX, que se apoiavam nas representações do tempo de Hegel e Nietzsche. A sua nova utopia é a de uma humanidade reconciliada, que possa tornar-se efetivamente histórica. A sua representação da temporalidade quer orientar a construção de uma nova ordem social. A hipótese maior da fenomenologia hermenêutica de Ricoeur é que "a temporalidade não se deixa dizer no discurso de uma fenomenologia pura, mas requer a mediação do discurso indireto da narração. A narrativa é a guardiã do tempo, que só é percebido na medida em que é narrado". Para ele, a narrativa só responde adequadamente à aporética da temporalidade porque a aborda de forma imperfeita, não integral. A narrativa representa o tempo sem retirá-lo do seu mistério, sem desvelá-lo completamente. A resposta narrativa dissocia as três dimensões do tempo, é uma resposta prática: a) renunciou à solução especulativa hegeliana, substituindo a noção de "totalidade" pela de "totalização"; b) essa "totalização" é fruto de uma mediação imperfeita entre campo da experiência e horizonte de expectativa. A narrativa reconhece os limites para a representação do tempo, o erro de Hegel foi tentar apreendê-lo plena, integral e perfeitamente.

A história da filosofia sempre pressupôs a unidade do tempo: "o tempo é a imagem móvel da eternidade" (Platão), "há movimentos, mas um só tempo" (Aristóteles), "os três tempos são distensões do presente em busca da eternidade" (Santo Agostinho), "o tempo é uma intuição *a priori* do sujeito" (Kant). Ao longo da história da filosofia, o tempo foi sempre representado como um singular coletivo, como um todo, integral, constituído por partes diferentes e, por essa sua multiplicidade e complexidade, não se pode construir para ele um Conceito. A originalidade de Ricoeur foi romper com essa busca milenar por um Conceito do tempo, por uma "descrição pura" do tempo. A sua hipótese sobre a relação entre tempo e narrativa renunciou à consciência absoluta, à totalidade do tempo, opondo-lhe a noção de mediação imperfeita entre as três dimensões através do entrecruzamento em um presente do "espaço da experiência" e do "horizonte de expectativa". Na narrativa, o tempo aparece como uma "unidade plural". Para Ricoeur, a réplica da narratividade ao problema do tempo não quer resolver as aporias, mas fazê-las trabalhar, torná-las produtivas. Uma teoria tem sua expressão mais alta quando a exploração do seu domínio termina com a definição dos seus limites. O limite que a narrativa explicita e aceita é que não se pode realmente pensar e representar integralmente o tempo, que é inescrutável enquanto tal e escapa ao nosso controle.

A narrativa não pode refigurar o tempo plenamente e revela a inescrutabilidade e a pluralidade das formas de figuração do tempo. O tempo é invisível, irrepresentável, mas a poética da narrativa replica multiplicando os gêneros de narrativas, unindo narrativas e não narrativas. Mas o tempo vence a força da réplica da narrativa, o sujeito não é capaz de dar sentido pleno e é obrigado a aceitar o mistério do tempo e os limites da narrativa. Para Ricoeur, aceitar os limites da narrativa na representação do tempo não é cair no obscurantismo, porque o mistério do tempo não interdita a linguagem, ao contrário, a estimula. Reafirma-se a necessidade de indivíduos e comunidades históricas de buscarem a sua consciência histórica, apesar dos limites de sua validade, em uma "identidade narrativa". Nessa hermenêutica da consciência histórica, a narrativa só pode produzir identidade privilegiando o plural na refiguração do tempo. A ideia de uma história única da humanidade deixa de ser abstrata quando "a utopia se torna uma expectativa determinada apoiada em uma experiência indeterminada". Sem memória não há esperança, sem esperança não há memória, que somente têm força no presente/iniciativa. Não é possível a construção da intriga de todas as intrigas de uma humanidade una em uma história una (RICOEUR, *Temps et récit*, v. 3).

O que a narrativa pode oferecer, quais são as suas possibilidades e seus limites na configuração do tempo? Para Ricoeur, ela oferece uma "identidade narrativa" a indivíduos e comunidades que passam a se engajar em uma "práxis responsável". A união da história e da ficção oferece ao indivíduo ou à comunidade uma resposta prática à questão da identidade: "quem sou eu", "quem fez tal ação", "quem é o agente"? O problema da identidade enfrenta a prova da temporalidade na medida em que apenas o nome próprio é insuficiente para garantir a unidade e estabilidade do eu entre o nascimento e a morte. A identidade do "quem" é uma narrativa. Como narrativa, a identidade não é um mesmo (*moi-même*), mas um *"soi-même"*. A identidade-ipse (*soi-même*) tem uma estrutura temporal dinâmica, construída pelas narrativas de si. A construção da identidade-ipse é como a composição de um texto, que inclui mudanças em uma coesão de vida. O si (*soi*) da identidade narrativa não é o eu (*moi*) narcisista e egoísta, é um eu que se examina e se constrói narrativamente pela mediação das próprias obras e ações e pelas obras da cultura. Na psicanálise, por exemplo, o analisando perlabora em busca de um *soi* coerente e aceitável, reconhecendo a sua alteridade interna. A identidade-ipse se apoia em narrativas que produz sobre si mesma, retificando-as sempre. Os indivíduos e as comunidades jamais chegarão a uma narrativa final, total, que fechará o seu horizonte, encerrando-os no sistema de uma identidade-idem. A identidade narrativa de um indivíduo ou de um povo emerge da retificação sem fim de uma narrativa anterior por outra posterior. A identidade narrativa é a resolução poética do círculo hermenêutico: M2 é uma narrativa de si que exige a continuidade da narração transformando M3 em uma nova M1 (Dastur, 1995b).

A configuração narrativa não pretende ser uma solução sem falhas e sem limites para o tempo da identidade, porque a identidade não é estável e sem falhas e é possível compor diversas narrativas, e até opostas, sobre um mesmo sujeito. A narrativa não esgota a ipseidade de um sujeito, que pode se revelar sempre diferente do que já se narrou. Na obra *Soi-Même comme un autre*, nos capítulos quinto e sexto, Ricoeur se estende sobre a identidade narrativa. Para ele, a narrativa constrói a identidade conectando os eventos de uma vida, integrando-os em uma estrutura inteligível. A identidade, narrativamente compreendida, é como a "identidade do personagem" construída pela intriga. A identidade narrativa é uma configuração, uma concordância-discordante, que organiza os eventos, realizando uma síntese do heterogêneo. A configuração unifica a dispersão, as mudanças de sorte, as transformações, propondo um sentido. A operação narrativa concilia identidade e diversidade, as ações são integradas na intriga. É na história narrada, em sua unidade, completude e necessidade interna, que o personagem obtém uma identidade construída. Narrar é dizer quem fez o que, por que, como, estabelecendo no tempo a conexão entre pontos de vista. O personagem, para agir na narrativa, precisa ser diferenciado/identificado. A narrativa, ao construir a história, constrói a identidade dos personagens. O que significa "perda de identidade"? O teatro e o romance contemporâneos são ficções de perda da identidade, mas é da identidade-idem, o que é perdido é o caráter de mesmidade do personagem. A ipseidade precisa do suporte da mesmidade e, quando ela perde o suporte da mesmidade, só o narrar-se pode (re)construir e manter a unidade (Ricoeur, *Soi-Même comme un autre*).

Ricoeur se alia a Benjamin: "a arte de narrar é a de trocar experiências, as ações são aprovadas ou desaprovadas, os agentes são louvados ou condenados. Toda narrativa é ética e não só estética." Na história e na ficção exploramos novas maneiras de avaliar ações e personagens. As "variações imaginativas" da ficção são explorações sobre o Bem e o Mal, e as variações interpretativas da narrativa histórica não são neutras, mas avaliadoras. A curiosidade do historiador por uma época já é uma avaliação sobre o que é verdadeiro na vida. A historiografia tem uma relação de dívida com os homens do passado. Quando o historiador é confrontado ao horror, a vítimas, a sua dívida se transforma em dever de não esquecer e de narrar. As narrativas constroem uma unidade com a pluralidade de uma vida, apoiando-se umas nas outras, articulando retrospecção e prospecção. Assim, narrativa histórica e narrativa de ficção não se excluem, apesar do seu contraste. Elas se completam. A narrativa faz parte da vida antes de se exilar na escrita e retorna à vida pela apropriação dos leitores. A identidade-ipse é ética, é uma manutenção de si, que permite ao outro contar com o eu/*soi*: "estou aqui". A dificuldade está nos casos de fracasso da narrativa em construir a identidade. Quando o leitor lê sobre a perda de identidade de um personagem, ele, que está em busca da sua identidade, se vê diante da hipótese de perda da sua própria identidade diante do seu próprio nada. Quem é o eu que diz que não é nada? Não há um eu-casca vazia, mesmo quando ocorrem mudanças dramáticas de identidade. É impossível alguém que não tenha uma maneira durável de pensar, sentir, agir. Como manter no plano ético um *soi* que no plano narrativo parece se apagar? Como dizer ao mesmo tempo "quem sou eu?" e "eu estou aqui"? A ipseidade é uma relação de posse da pessoa com os seus pensamentos, ações, paixões, experiências. Mas, para Ricoeur, o mais importante não é a posse, mas a dialética de posse/não posse, inquietação e tranquilidade, afirmação de si e apagamento de si. A crise do *soi* é produtiva: ele se abre, o outro aparece no horizonte e, em busca do "reconhecimento", a narrativa de si recomeça (BENJAMIM, 1986; MICHEL, 2006; MARTY, 1995).

Portanto, o círculo hermenêutico entre tempo e narrativa é a alternativa às representações totalitárias da temporalidade. A narrativa oferece um "reconhecimento" aberto, imperfeito, limitado, de si, do outro e do mundo. Em sua última obra, *Percurso do reconhecimento*, Ricoeur investigou o sentido filosófico do termo "reconhecimento" e concluiu que não há uma teoria do reconhecimento como há teorias do conhecimento. Embora seja uma palavra onipresente, nenhuma obra de filosofia tem no título a palavra "reconhecimento". Para ele, há pelo menos três filósofos do reconhecimento: Kant, Bergson, Hegel, que não se articulam, também, porque apresentam conceitos diferentes de reconhecimento. Há uma polissemia do termo em filosofia e o seu esforço, nessa obra, será o de organizar essa polissemia e produzir um discurso coerente sobre o reconhecimento. Ricoeur recorre aos dicionários: 1º) "reconhecer" é repor no espírito a ideia de alguma coisa que já se conhece: reconhecer um carimbo, uma voz, uma fisionomia; 2º) "reconhecer" é confirmar um direito oficial por uma assinatura, aceitar como verdadeiro, incontestável, autêntico; 3º) "reconhecer" é confessar uma falta, uma culpa, admitir; 4º) "reconhecer" é estar sob uma autoridade, um poder legítimo; 5º) "reconhecer" é manifestar gratidão. Mas ele conclui que esse resumo é falacioso, pois se restringe à forma passiva do "ser reconhecido", ao horizonte da "luta pelo reconhecimento" hegeliana, à revolução hegeliana, que é o passivo "ser reconhecido" (RICOEUR, *Parcours de la reconnaissance;* GREISH, 1991).

Na voz ativa, o reconhecimento se liga a operações intelectuais: apreender pelo espírito, identificar, distinguir. Em Kant, estabelecer uma relação de identidade entre uma coisa e outra é distinguir uma coisa, uma ideia ou uma pessoa, identificar, "reconhecer" cada coisa. O reconhecimento ativo é teórico, restringe-se a conhecimento. É a revolução copernicana moderna de Kant, em que o sujeito é senhor do sentido. O espírito toma a iniciativa, o reconhecimento ativo é racionalista. Para Kant, reconhecer é conectar, religar, sintetizar, conhecer mais: reunir o diverso em um conceito, em uma unidade abstrata que abole a sucessão temporal. É um conhecimento que vence o tempo, recebendo os dados, religando-os em um conceito pelo pensamento. Em Husserl, uma coisa aparece, desaparece, reaparece em nosso campo de visão e a "reconhecemos" quando a identificamos como sendo a mesma. Então dizemos que a "conhecemos" Mas, quando a coisa reaparece, mesmo se a reconhecemos, será a mesma, nós a "conhecemos"? (RICOEUR, *Parcours de la reconnaissance*).

Ricoeur quer criar mediações, transições, entre os sentidos passivo e ativo, sem criar uma continuidade/homogeneidade artificiais, quer realizar uma hermenêutica da relação do eu/*soi* a si, ao outro e ao mundo. O seu percurso afastará progressivamente o reconhecimento do conhecimento, sonhando com o "reconhecimento mútuo, recíproco", que sustentaria a sua utopia política. A sua hipótese: os usos do verbo "reconhecer" podem ser ordenados segundo uma trajetória da voz ativa à voz passiva. O movimento é de reconhecer a ser reconhecido. No percurso da voz ativa à voz passiva, passa-se ao reconhecimento mútuo, progressivamente, reconhecimento que adquire um estatuto independente em relação ao cognitivo "conhecer". No reconhecimento mútuo, é a nossa identidade mais autêntica que exige ser reconhecida. Na falta do reconhecimento mútuo/recíproco, o reconhecimento de si é inacabado e mutilado. Ricoeur defende a construção de uma sociedade em que o reconhecimento mútuo seja a lei. Para ele, o caminho será longo até a chegada da sociedade que reconhecerá que todo homem é um homem capaz de realizações. O homem capaz se autorreconhece quando afirma "eu posso", faz uma atestação da própria capacidade de agir. Ele se reconhece quando se autodesigna, se nomeia, interpela-se. O "eu digo que" é autorreferencial. O homem capaz pode realizar eventos em seu mundo e se reconhece como causa: "fui eu que fiz". O homem capaz constrói a sua identidade pessoal agindo e narrando os seus feitos, construindo a unidade da sua vida. O homem capaz constrói narrativamente a sua identidade lembrando-se, escolhendo e prometendo manter-se da forma que deseja ser no futuro. A construção narrativa da identidade se realiza na memória-retrospecção e na promessa-prospectiva. A memória-retrospecção e a promessa-prospecção são opostas e complementares e, juntas, dão uma amplitude temporal ao reconhecimento de si.

Mas o reconhecimento de si requer a ajuda do outro, o vínculo social exige um acordo entre os sujeitos. O elogio da reciprocidade não pode suprimir a inultrapassável diferença eu/outro. Nas práticas sociais tem-se um agir em comum, há expectativa em relação à representação que os homens se fazem deles mesmos e de seu lugar na sociedade. As representações não são ideias flutuantes, autônomas, mas mediações simbólicas que vinculam a sociedade. Nessa "razão pragmática", o agente social da mudança, o homem capaz, retorna, e pode-se falar de sua capacidade de gerar história, de instaurar vínculo social, da sua competência de representação de si mesmo, reconhecendo-se na sociedade. Ele possui uma "liberdade positiva", que superou a negatividade dialética, ao recuperar a capacidade de agir para sobreviver, de avaliar a situação para agir em favor do seu bem estar. O reconhecimento recíproco supõe mais do que a simultaneidade existencial, uma "intersubjetividade". O outro é um *moi* em relação a mim, me percebe e faço parte da sua experiência. Temos um do outro uma impressão análoga, que preserva a alteridade. Ele é outro eu/*alter*, uma dissimetria preservada/conservada. O vivido do outro é inacessível, o eu e o outro entram em uma relação que não formará jamais uma totalidade. A relação de guerra é primeira, mas o eu e o outro podem se tornar um nós: Estado, instituições, leis, universalidade. E é o que aspiram, a luta é pelo reconhecimento mútuo.

O reconhecimento recíproco enfrenta o desafio de Hobbes, a guerra de todos contra todos, o desejo de ser reconhecido quer superar o medo da morte violenta no estado de natureza. O desafio é construir um mundo habitável onde haja um "reconhecimento recíproco", que não suprima a diferença. Na busca do "viver-juntos-na diferença" há a exigência de reconhecer/ser reconhecido. Um mundo de paz! Uma ordem política que impede a morte/exclusão do outro. A subjetividade se duplica em intersubjetividade. Vai-se do desprezo à consideração, da injustiça ao respeito. A luta pelo reconhecimento cria instituições históricas, que estabelecem e regulam o reconhecimento recíproco, que vencerá o medo da morte. O reconhecimento de si acaba sendo um resultado do reconhecimento social, como uma garantia do Direito e da Justiça. No reconhecimento, o si deixa de ser singular, o direito igualiza em um mundo social/humano e não natural. A "reconciliação possível" (não totalitária) entre tempo, história e narrativa se realizará na sociedade do "reconhecimento recíproco" (RICOEUR, *Parcours de la reconnaissance*).

A utopia ricoeuriana da sociedade do "reconhecimento mútuo" apoia-se no amor, na estima social. Ela se opõe ao desprezo que aparece em agressões físicas, maus tratos, torturas, violações, que destroem a autoconfiança de uma pessoa. O indivíduo privado de aprovação, humilhado, se sente como não existindo mais. Esse reconhecimento recíproco deve ocorrer na família, no Estado, no direito, no acesso a bens materiais. Hegel sugere a necessidade de luta para a conquista da participação na criação de normas, a dignidade humana depende da capacidade de reivindicar um direito, do sentimento de orgulho de si, que busca a estima social: o reconhecimento. Nossa identidade é formada pelo reconhecimento ou por sua falta, pela recepção que tem dela os outros. O desprezo do outro arruína a minha autoestima. A interiorização da imagem negativa extrema é a autodepreciação. Ricoeur propõe um combate pela igualdade universal/diferenciada, pelo universal-plural, pela humanidade-múltipla, que venceria a tirania do universal-totalitário. Para ele, a solução ética para o fracasso do projeto moderno seria uma "política de reconhecimento", que trará aos indivíduos e às minorias uma elevação da sua autoestima. Essa "política de reconhecimento" seria a solução que viria superar a criminalidade e a violência do Estado.

Ricoeur defende a ação que convém ao Estado de paz. Mas uma "luta pelo reconhecimento" não seria um mal-estar, não significaria tomar como guia a consciência infeliz vitimizada? Para ele, a alternativa à ideia hegeliana de "luta" deve ser procurada nas experiências pacíficas de reconhecimento mútuo. Essa experiência é a relação de troca mútua de presentes, que não é a do mercado, onde há reciprocidade mas não há mutualidade. Não faz sentido "trocar presentes" da forma impessoal do mercado, pois "devolver um presente" é destruí-lo. Ricoeur denomina "reconhecimento mútuo uma troca compartilhada". Não são as coisas que interessam, mas a "relação de reconhecimento", o dar presentes sem esperar retribuição ou lucro. Um reconhecimento mútuo é sob o modo simbólico, quem dá o primeiro dom não quer outro de volta. O que recebe deve responder com gratidão. Para ele, é preciso distinguir entre a boa e a má reciprocidade. A "boa reciprocidade" é assim: a generosidade tem como resposta a gratidão, bem receber é receber com gratidão, o mercado fica fora. A história deveria avançar para trocas efetivas, trocas de dons, em que os parceiros sociais fazem a experiência de um reconhecimento recíproco e mútuo efetivo. A gratidão é a expressão máxima do bem receber um dom. A experiência da troca de dons é simbólica, indireta, rara, excepcional (RICOEUR, *Parcours de la reconnaissance*).

Ricoeur e os seus críticos

Os críticos de Ricoeur, por mais agressivos que sejam, consideram *Tempo e narrativa* um dos maiores projetos filosóficos do final do século XX. O título o aproxima das grandes obras *Ser e tempo*, de Heidegger, e *Verdade e método*, de Gadamer. Vamos retomar a avaliação crítica de *Tempo e narrativa*, que já examinamos, e do lugar de Ricoeur no pensamento histórico contemporâneo, que já esboçamos no início deste capítulo. Em *Tempo e narrativa*, Ricoeur explicita sua crítica à modernidade, cuja originalidade não cessa de relativizar, mas evitando a todo custo naufragar no pós-moderno giro da linguagem em torno de si mesma. A sua teoria hermenêutica quer ao mesmo tempo se afastar do projeto moderno, escapar de um pensamento positivista e cientificista e recusar a deriva pós-moderna. Ele oferece a solução de um "discurso poético" como alternativa ao positivismo do discurso científico, ao radicalismo revolucionário do discurso moderno e ao nominalismo dos jogos de linguagem pós-moderno. Ricoeur se diferencia, no panorama do pensamento pós-1989, como um remanescente pesquisador da verdade, até mesmo nas narrativas ficcionais. Ele busca na narrativa e na metáfora a capacidade de, mesmo indiretamente, serem expressões da verdade, embora pareçam irrealizantes e sem referentes. É como se a narrativa e a metáfora fossem a tradução mais atualizada do discurso metafísico na configuração do tempo: referem-se indiretamente ao mundo exterior, dão forma à experiência já vivida e ao mesmo tempo recriam o mundo, ressignificam a experiência. A narrativa e a metáfora referem-se e falam do mundo real, objetivo, tocam o mundo, mas de forma enigmática, críptica, poética. Como "discursos poéticos", elas quase revelam o segredo do mundo, mostram-imaginam a realidade, oferecem uma verdade sussurrada (BOUCHINDHOMME; ROCHLITZ, 1990; ALLONES; AZOUVI, 2004; DELACROIX; DOSSE; GARCIA, 2007).

Para Mongin, a obra de Ricoeur apresenta dificuldades internas que não favorecem uma interpretação coerente e uma visão de conjunto. O percurso de Ricoeur é sujeito a mudanças de ritmo inesperadas, a deslocamentos culturais, temporais e geográficos. A sua "via longa" atravessa pensamentos distantes no tempo, circula entre o pensamento ocidental franco-alemão e a filosofia analítica anglo-saxã, transita pelas posições pré-moderna, moderna e pós-moderna, frequenta ontologias antigas e epistemologias pós-modernas, analisa a cultura ocidental laica e a tradição judaico-cristã, enfim, realiza um peripatetismo que perturba muitos dos seus leitores, que acabam tendo dificuldade em se situarem. Alguns veem em sua obra uma densidade crescente: as últimas obras, *Tempo e narrativa, A Metáfora Viva, O Si-Mesmo como um outro*, teriam um tom mais universitário do que *História e verdade* e *Conflito das interpretações*. Alguns "profissionais de filosofia", professores de filosofia das universidades, o veem mais como um leitor do que como criador de conceitos originais; outros reduzem sua obra a uma teologia mascarada, a uma criptoteologia. O movimento de Maio/68, o anti-humanismo estruturalista e pós-estruturalista, os marxismos radicais, impediram a recepção da sua obra, mantendo-o exilado da cena intelectual francesa. A sua originalidade aparece em sua oposição às tendências maiores do pensamento francês dos anos 1950/1970 e ao seu esforço de continuar pensando a história após Hegel. Nele, a crítica a Hegel não levou ao ceticismo em relação à ação histórica, mas à construção de uma nova ética, sem a qual a história perderia toda significação. A sua fenomenologia hermenêutica renovou o pensamento da história ao refletir sobre a identidade-ipse e a práxis no contexto histórico pós-hegeliano. O clima intelectual pós-hegeliano em que Ricoeur produz é cético, niilista, relativista, indeterminista, a história não tem sentido, lei, ética. Ao instruir o processo de Hegel e do sentido da história responsáveis pelos crimes políticos do século XX, tornou-se ao mesmo tempo central e marginal entre 1960/1985 (Mongin, 1994).

O pensamento de Ricoeur é complexo: não é nem pré-moderno, nem moderno, nem pós-moderno. Poliédrico, não é nada disso e tudo isso ao mesmo tempo. *Tempo e narrativa* não tira a razão de ninguém, nem da história nomológica, nem da narratologia, nem da temporalidade de Aristóteles e nem de Heidegger, nem da ética de Kant nem mesmo de Hegel! E também não concede a prioridade ou centralidade da razão a ninguém. Ricoeur recebe a todos e é crítico de todos na medida em que evita as acentuações unilaterais e as reduções simplificadoras. Ele aspira a uma filosofia sintética capaz de compreender todo o pensamento passado e do presente e de lhes dar um lugar no "grande livro da filosofia ocidental, que todos nós escrevemos". Ele reconcilia Aristóteles e Platão, Descartes e Kant, Newton e Leibniz, Veyne e Aron, Braudel e Weber, Annales e White. Nenhuma polêmica resiste à sua superintriga, que escolhe exatamente os mais graves dilemas, as mais indecidíveis aporias, as mais radicais oposições, para reuni-las ecumenicamente em uma concordância-discordante. O seu esforço é o de construir com toda a história da filosofia uma "síntese do heterogêneo", evitando a ilusão e a arrogância de Hegel de que o seu pensamento ao mesmo tempo reunia e suprimia, tornava desnecessários todos os pensamentos/pensadores anteriores, porque era a verdade final. A ambição ricoeuriana é sintetizar, como Hegel, e diferenciar, como Ricoeur. Talvez, a "síntese do heterogêneo" que pretendia seja uma metáfora da ordem celeste, que expressa poeticamente o seu sentimento político mais profundo: o ecumenismo, a possibilidade de "viver-juntos-na diferença" (GREISCH, 2001; MONGIN, 1994; DERCZANSKY, 1994).

A dimensão pré-moderna do seu pensamento está em sua defesa das tradições e da noção de "dívida" do presente em relação às vítimas do passado. Nessa perspectiva, para Rochlitz, embora se esforce para criticar a ideologia, ele justifica ideologias, na medida em que estas, ao "fazerem crer o grupo social em sua identidade", são a substância das tradições. Mas a ideologia não assegura a identidade ao grupo, ao contrário, manipula e impõe a identidade. Para Rochlitz, ele preferiu ignorar o fato de que as tradições são apenas sedimentações de forças, de que, em vez de legitimação, exigem um exame crítico em nome da herança das Luzes, a autonomia da Razão na busca da justificação de valores e normas. Ricoeur prefere encontrar valores e normas legítimos na tradição, o que o torna ideologicamente perigoso. Para a modernidade, ao contrário, o que inspirou a subversão das ciências, das artes, a ética profana igualitária e solidária foi a recusa da violência e da autoridade da tradição. O que há de novo e grandioso na história ocidental moderna é a capacidade da Razão de transcender particularismos, de se criticar e se reajustar sem jamais invocar a tradição. Ricoeur supõe um sujeito já posto no ser antes de se pôr a si mesmo e, então, para ele, o que decide o conflito das interpretações é, de um lado, o sagrado e a fé, intactos; de outro, a poesia, como modo de habitar a terra. A unidade do ser já dado se manifesta nesses dois modos diversos. Por isso, a suspeita dos "pensadores da suspeita" em relação ao caráter ideológico do seu pensamento chegou ao paroxismo e ele se tornou *persona non grata* no *Quartier Latin* (ROCHLITZ, 1990).

Entretanto, Ricoeur reconhece o risco oferecido pela tradição, mas, por sua vez, teme a autonomia da ética racional em relação à autoridade da tradição. Ele é crítico da modernidade porque, para ele, a ordem prática não pode descartar a força das tradições e ser justificada apenas por um saber, uma cientificidade, uma teoria, que ignora ou violenta o passado. O que seria mais perigoso: a sedimentação da força na tradição ou a arbitrariedade da justificação da força por uma filosofia que rompe com o campo da experiência? Ricoeur recusa a autorregulação da Razão moderna por seu cientificismo e por sua tendência de ruptura com o passado, que gera uma violência incontrolável. Ele sustenta que a tradição tem uma pretensão à verdade, mas que é preciso distinguir entre uma pretensão muda e autoritária e uma pretensão argumentada. Ele reconhece que as tradições tendem a ser menos críticas e reflexivas e a ser mais uma imposição do que uma proposição de sentido. Mas não defende um retorno à tradição, um regresso à Grécia, a continuidade do mesmo. Ele propõe uma articulação de tradição/inovação, de continuidade/descontinuidade, de permanência/mudança. A tradição, para ele, é uma proposição de sentido que sempre se refaz sem perder a continuidade. O seu conceito de "tradição" é reflexivo e crítico. Ricoeur recusa o antitradicionalismo da Razão moderna, mas não pode ser considerado um tradicionalista radical, acrítico, um pré-moderno *tout court* (ROCHLITZ, 1990).

Para articular tradição e inovação, recorre a uma inteligência narrativa, que tem uma função de mediadora da experiência. Ele defende a capacidade da linguagem de mediar e realizar a comunicação entre diferentes: eu-outro, eu-mundo, história-natureza, presente-passado, presente-futuro, passado-futuro. Através da narrativa, restaura a capacidade da linguagem de criar sentido, de rever sentidos, de conectar sentidos, de aprender com o outro e com o mundo, adiando sínteses totais e conclusões finais. Para ele, só a narrativa pode oferecer a concordância/consenso dentro da discordância/dissenso. A narrativa tem uma pretensão de verdade quando visa estabilizar a identidade de pessoas e comunidades. Mas, interpela Grondin, por que devo aceitar uma narrativa como verdadeira? Grondin formula duas questões a Ricoeur:

1ª) se a narrativa não é consolo perante a morte, se não é evasão, mas transfiguradora e reveladora, faz compreender o meu mundo; se compreender é aplicar/apropriar a narrativa recebida à minha experiência/situação, a narrativa atende a uma necessidade prática de orientação. Ora, da narrativa de consolação à narrativa de orientação, a diferença seria, então, muito grande? Será que Ricoeur apenas confirma a narrativa-consolação e não oferece nenhuma "narrativa-verdade"?;

2ª) o que seria essa "narrativa-verdade"? Não temos um conceito de verdade em *Tempo e narrativa*. Se é o leitor que é o árbitro último da verdade, então, recai-se no relativismo. E se a narrativa realiza o que a fenomenologia do tempo não conseguiu, dar uma solução poética à aporética da temporalidade; se a arte da intriga revela o tempo e faz avançar a filosofia, então, a sua hermenêutica da consciência histórica é uma filosofia, uma resposta filosófica, que não cabe na história nem na literatura. As categorias de *Tempo e narrativa*, "identidade narrativa", "totalização", "inescrutabilidade do tempo", permanecem categorias filosóficas, apenas ilustradas pelas narrativas histórica e de ficção (GRONDIN, 1990).

Grondin conclui que Ricoeur continua desconhecido, mesmo se se ouve dizer que a sua obra suscitou mais interesse nos países anglo-saxões e germânicos do que na França. Ele pergunta: "suscitou interesse em quem?". Para Grondin, não há filósofos de envergadura que se inspirem em sua filosofia, mas apenas teses de doutorado. Na Alemanha, em que a tradição hermenêutica é maior, Gadamer jamais dialogou com Ricoeur; nem Habermas, nem Apel dialogaram. Os hermeneutas alemães o ignoram! Nos EUA, a hermenêutica apareceu recentemente e Ricoeur é reconhecido menos como hermeneuta e mais como teórico da literatura e teólogo. Portanto, o eco hermenêutico e propriamente filosófico da sua obra foi discreto (GRONDIN, 1990).

Enfim, se *Tempo e narrativa* fosse uma resposta exclusivamente filosófica às aporias da temporalidade, poderia interessar aos historiadores? Chartier se considera distante do pensamento de Ricoeur e de *Tempo e narrativa*, porque a sua fenomenologia do tempo é estranha aos historiadores, a sua reflexão sobre a história é mais de leitor e de teólogo, mas considera esse livro o mais importante sobre a história nos últimos 10 anos e obrigou os historiadores a refletirem sobre a sua disciplina quanto à sua escrita e ao estatuto de conhecimento. Ricoeur rompeu com a filosofia da história, de que os historiadores (franceses) não gostam, por estarem distantes da prática do historiador. Ele realiza uma reflexão filosófica sobre a história a partir das obras de historiadores como Bloch, Braudel, Le Goff, Furet, Bernard Lepetit, Dosse e do próprio Chartier. Em *Tempo e narrativa*, discutiu o problema da escrita da história, sustentando que não há, hoje, um retorno da narrativa, porque a história sempre foi narrativa e sempre manteve relações com a literatura, denunciando as ilusões dos Annales. Ele defende a especificidade da narrativa histórica como busca da verdade, contra Hayden White, que apaga toda dimensão referencial da narrativa histórica. A história não é narrativa de ficção. A história deve ter uma relação de *representance* em relação ao passado real. A sua teoria da leitura é central como articulação entre o mundo do texto e o mundo da vida. O ato de leitura é a apropriação/aplicação que oferece ao leitor uma mediação para a interpretação de si e do seu mundo (CHARTIER, 1988).

Para Chartier, a discussão sobre o conceito de "apropriação" é central, mas opõe-se ao seu caráter universalista, em Ricoeur. Para Chartier, não se pode formular princípios universais válidos independentemente da diversidade de pessoas, comunidades e culturas e suscetíveis de serem aplicados a circunstâncias particulares e a novos casos. Para Chartier, o caráter formal de princípios que ignoram a variedade dos conteúdos de aplicação seria a-histórico, não reconhecendo regras estrangeiras, a variedade de heranças culturais e vidas comunitárias enraizadas. Chartier contesta o universalismo de Ricoeur quando afirma que "as apropriações são sempre particulares, históricas, concretas, o que leva à ruptura com o sujeito universal postulado pela fenomenologia hermenêutica". Ricoeur constrói um sujeito universal, invariante, que abstratamente age e sofre. Aqui, a história se afasta da filosofia: o historiador reconhece a descontinuidade radical das configurações sociais e culturais e enfatiza a historicidade das categorias filosóficas. Tudo o que há de trans-histórico na interrogação fenomenológica é problemático e deve ser repensado. A leitura e o leitor não devem ser invariantes e abstratos, mas determinados, modos diferentes de apropriação do sentido, de interpretação. A leitura é um ato concreto, que a reflexão filosófica não pode abordar. Chartier respeita o texto de Ricoeur, mas vê história e filosofia como tarefas diferentes, competências diferentes. Para ele, *Tempo e narrativa* deve ser considerado como uma "história da consciência histórica", que consiste em uma interrogação filosófica à história e uma reflexão histórica sobre a historicidade do discurso filosófico (CHARTIER, 1988; 2007).

Respondendo às interrogações de Chartier, Ricoeur afirma que o universalismo que defende deve ser apenas uma ideia reguladora, construída pela discussão pública, visando ao reconhecimento de todos, pela tradução e compreensão mútua das línguas e culturas. Universalismo e contextualismo não se opõem, a moralidade universal e a ética histórica visam ao mesmo: o bem viver. Ricoeur distingue a ética, que são os costumes de sociedades determinadas, da moralidade, que é o desejo de viver bem com e para os outros, em instituições justas. Ética e moralidade se diferenciam e se articulam, toda ação determinada, histórica, visa realizar este fim universal: ser feliz. O universal é a busca do Bem, desejamos a "felicidade". Para Ricoeur, não se pode ficar no nível ético (particular) do viver bem porque há conflitos, invejas, vinganças, violências que exigem critérios universais. O imperativo kantiano orienta Ricoeur como princípio regulador do viver-bem: "age de tal forma que a máxima da tua ação se torne uma lei universal; trate o outro e a si mesmo como um fim e não como um meio; aja de tal modo que você possa ser sujeito e legislador." Ele reconhece que os conflitos entre princípio universal e éticas determinadas são agudos: por exemplo, na ética médica, o aborto não é permitido, o que prejudica a mulher; na ética penal, em que idade o criminoso é imputável? Diante desses conflitos entre universal e histórico, em numerosas decisões morais ou jurídicas, o imperativo do Bem se limita apenas a evitar o pior. O problema da aplicação das normas universais a situações singulares põe em cena o contexto/história, e Ricoeur defende a necessidade de uma aplicação criativa, apoiada em uma interpretação/narração justa do caso difícil O universalismo da regra e a singularidade da decisão não se opõem. A "aplicação" exige e pressupõe um fundo normativo, uma ideia de justiça, um horizonte de consenso, um discurso/texto, para evitar a violência. Como pedir justiça sem o apoio de princípios universais? Ricoeur busca uma universalidade que não está dada, a exigência de inteligibilidade e verdade do trabalho do historiador não é separável de uma exigência de universalidade. Uma universalidade que conheceu diferentes modos de articulação, diferentes tipos de formulação (EWALD, 2000).

Para Bollack (1988), a obra de Ricoeur possui qualidades, virtude, força, é de uma grandeza evidente. Mas tudo o que escreveu é impregnado de uma tradição cristã que ele não explicita. Por exemplo, a tragédia grega, ele teria se apropriado dela de forma legítima ou a cristianizou? Bouchindhomme vai mais longe:

> [...] não vou contestar a importância, a originalidade e a coerência da sua obra, mas falar da obra de Ricoeur na França é "embaraçoso", por três razões: 1ª) a hermenêutica não é um pensamento francês; 2ª) Ricoeur, como o seu único representante na França, teve uma influência restrita mesmo entre os que lhe são próximos; 3ª) os pressupostos de Ricoeur não são da hermenêutica, mas bíblicos.

A hermenêutica tornou-se filosofia apenas no século XIX, é recente e alemã: Schleiermacher, Dilthey, Gadamer, Heidegger. Ela se constituiu filosoficamente por causa das crises da verdade com as revoluções copernicana, galileana, cartesiana, newtoniana, kantiana. Não havia mais primeiro princípio, primeiro motor da verdade e do sentido, houve uma desagregação da inteligência constituída do universo. O homem ocidental não podia mais recorrer ao primeiro princípio teogeocêntrico e foi reenviado a si mesmo para assegurar o sentido e a verdade. Foi o nascimento do sujeito moderno, com o princípio de Kant: "o sujeito é o único polo fundador em sua relação ao mundo e aos objetos". O nascimento da hermenêutica moderna se deu com a dialética hegeliana, em que a modernidade busca a consciência de si em si mesma e extrai dela mesma critérios e condições de possibilidade do sentido e da verdade. O problema da verdade tornou-se um problema de interpretação e compreensão, a linguagem tornou-se o centro da disciplina filosófica e só a hermenêutica podia garantir alguma certeza ao homem moderno, que vive em uma situação trágica (BOLLACK, 1988).

Em *Tempo e narrativa,* Ricoeur passou de uma hermenêutica compreensiva à esperança de uma hermenêutica ontológica, fazendo uma meditação metafísica sobre a condição humana. Ricoeur está convencido dos limites da filosofia face ao que é posto como o verdadeiro problema da humanidade, o tempo. *Tempo e narrativa* tem um tom heideggeriano, mas Ricoeur não assume a sua proximidade com Heidegger ao reivindicar a metafísica e a racionalidade filosófica. O seu elogio da narrativa não sustenta a pretensão do sujeito constituinte de controlar o sentido. O sujeito constituinte/homem é superado em sua linguagem/narrativa pelo tempo, que o reenvia à sua finitude. *Tempo e narrativa* reconhece os limites da narrativa e o mistério do tempo, que não impede a linguagem, a exige. Por isso, o pensamento de Ricoeur não se caracteriza como representante da hermenêutica, pois os seus pressupostos não são explícitos. Ele não enuncia os seus pressupostos e, quando estes tendem a ficar claros, vê-se que não são filosóficos, mas bíblicos. Eis o "embaraço" do seu pensamento. Como pode esperar convencer os seus interlocutores cujas disciplinas se constituíram sobre a cognitividade moderna pós-metafísica? Como, sobre o postulado da fé, Ricoeur espera convencer pela argumentação? Ele não é um hermeneuta, porque a hermenêutica o faria correr o risco de se colocar no contexto pós-metafisico da filosofia moderna. Bouchindhomme não compartilha os seus pressupostos, não compartilha a sua fé e, por isso, sua argumentação não o convence. Para ele, ao se manter em uma lógica religiosa, Ricoeur se expõe ao não diálogo com os pensadores modernos (BOUCHINDHOMME, 1990; ESCUDIER, 2002).

Um dos interlocutores mais agressivos de Ricoeur, também por esse caráter "embaraçoso" do seu pensamento, foi Claude Lévi-Strauss, com a sua tese antimetafísica e antimoderna do "pensamento selvagem". Lévi-Strauss e Ricoeur se enfrentaram na revista *Esprit* (nº 322, 1963) e houve um enfrentamento verbal, o desacordo foi completo. Segundo Dosse, Lévi-Strauss respondia às questões de Ricoeur de forma arrogante e irônica, atacava a antropologia humanista que defendia, que, para ele, era um fracasso há um século, uma impossibilidade teórica. Por sua vez, Ricoeur mostrou-se hostil ao seu estruturalismo, que reduz a história à sincronia, em que o evento é mais uma ameaça do que expressão de sentido. O símbolo de Ricoeur não é "bricolagem", oferece sempre mais sentido. Para Ricoeur há sentido pleno, abundante; para Lévi-Strauss, há natureza, animalidade, caos. Lévi-Strauss ampliava o pensamento selvagem a uma lógica universal, a uma lei da natureza, sem sujeito. Para ele, o objetivo das ciências humanas era dissolver o homem na natureza, a cultura e a vida nas condições físico-químicas. Lévi-Strauss tinha dificuldade para introduzir a história em seu sistema sincrônico, em que o pensamento selvagem já é a ciência do concreto; se a história destruía um sistema, este retornava em outro sistema análogo. A sincronia se impunha à história; a estrutura, ao evento. Se, em Lévi-Strauss, a origem é caos ininteligível, que foi posto em forma/sistema, em Ricoeur, a origem é plenitude de sentido. Para Lévi-Strauss, o homem não pode escolher, pois não há interioridade, não há subjetividade. O sentido é uma combinação de elementos, apenas uma operação sintática. Não há sentido atrás do sentido. A história é um processo sem sujeito: não é pessoal, não é compreensão de si, não é *kerigma*. Ricoeur prefere a história/diacronia à estrutura/sincronia e contesta o pertencimento da história judeo-cristã à lógica do pensamento selvagem. Para ele, Lévi-Strauss estaria equivocadamente generalizando para toda a humanidade a visão do mundo dos indígenas brasileiros (Dosse, 2001).

Para Derrida, seu ex-assistente na Sorbonne, a obra de Ricoeur é imensa, uma trajetória longa, rica, que atravessa tantos territórios, temas, problemas, mas difícil de comentar, "falta-me força e competência, porque é uma "fé pensada/pensante, um engajamento sempre fiel a si mesmo e aos outros". Ricoeur e Derrida debateram sobre a possibilidade ou não do perdão e chegaram a posições opostas. Para Derrida, o perdão é impossível, porque só se pode perdoar o imperdoável. Perdoar o que já é perdoável não é "perdão", portanto, não posso e não devo perdoar o imperdoável. Para Ricoeur, ao contrário, o perdão não é impossível, mas apenas difícil. Para ele, "eu posso" perdoar, porque o homem capaz diz: "eu quero", "eu decido". O perdão é um gesto de amor, um dom, o homem capaz possui uma imensa capacidade de amar e deseja ampliá-la ao infinito. Derrida (2004) descreve a sua convivência com Ricoeur como "sem acordo e nem oposição, um encontro tangencial e esquivo na proximidade mais amigável, caminhos paralelos, lado a lado, respeito na diferença irredutível, acima e através de um abismo não atravessável, nós conseguimos nos falar e nos entender. E pelo prenome!". Será que quando discutiam o "perdão universal", falavam também, indiretamente, do seu relacionamento ao longo de suas trajetórias? Se for esse o caso, Derrida conseguiu "perdoar" Ricoeur (Derrida, 2004; Jervolino, 2005).

Ricoeur respondeu a algumas dessas objeções em suas entrevistas a Oliveira (1990), Ewald (2000) e em sua *Réflexion faite*:

a) não, ele não quer o retorno, mas a "continuação". Para Ricoeur, nem os desconstrucionistas podem deixar de ler Aristóteles, porque é um pensamento parasitário, precisa de algo para desconstruir. Para ele, estamos todos envolvidos na escrita do "grande livro da filosofia ocidental" e, de certa forma, somos obrigados a retornar sempre. A filosofia não é só retorno ao passado, mas desenvolvimento dele;

b) quanto ao cristianismo, Ricoeur afirma que o seu lugar em seu pensamento é triplo:

> 1º) *ético*: porque defende o respeito por todos os homens, pelo outro, semelhante, próximo, por ser criatura de Deus como eu; 2º) *a relação ao divino*: o sujeito não é o centro, não sou o meu próprio fundamento, eu me recebi, sou um dom. O sujeito não é o senhor do sentido, mas um discípulo do sentido; 3º) *poético*: é um grande código, um grande conjunto simbólico, que não criei. Eu me decifro e me situo neste grande código da tradição cristã. E isto não é teologia, mas toda a cultura ocidental;

c) quanto a ser "próximo de Heidegger": Ricoeur admira o autor de *Ser e tempo*, mas não se vê como seu "parceiro". A ideia de *Tempo e narrativa* chegou-lhe de Santo Agostinho e Aristóteles e não de Heidegger, com quem tem convergências apenas limitadas e pontuais. *Tempo e narrativa* não dá sequência a *Ser e tempo* e está mais próximo da filosofia reflexiva de Jean Nabert, cuja questão é a da identidade: quem sou eu?;

d) quanto ao sincretismo: Ricoeur explica o seu método como um "trabalho paciente de meditação que, ele sabe, pode beirar o sincretismo, mas que prefere ver como um "construtivismo deliberado". A sua fenomenologia hermenêutica tomou a "via longa" de uma filosofia da reflexão, que adia ao infinito o momento da autocompreensão. Ele designa a sua filosofia como uma antropologia filosófica: o ser como autodesignante, interpretante, agente e sofredor;

e) quanto à criptoteologia, ele nega: "Deus não é meu pressuposto filosófico. Minha filosofia é sem absoluto". Ricoeur nunca se calou sobre os seus pressupostos filosóficos, que são: a linguagem, a busca da compreensão de si, a identidade narrativa. Nada disso tem a ver com Deus. Ele insiste na autonomia do logos filosófico e do logos bíblico e não acha justo que se evite o diálogo com os que professam os logos da Bíblia. E, se os pensadores da modernidade querem ouvir apenas o seu próprio discurso, que não é consensual, e lhe recusam o diálogo, ele só pode lamentar;

f) quanto ao "caráter revisionista" da sua proposta de uma política de justa memória, em sua defesa, Dosse considera uma denúncia absurda. Para Dosse, Ricoeur não faz a apologia de nenhum poder, é contra toda totalização, privilegia mediações, limites. Ele não propõe que se esqueça a *Shoah*, mas sim a obsessão mórbida do dever da memória, opondo-lhe o "trabalho da memória", que é o esforço próprio da historiografia. Ele propõe que a historiografia seja levada mais em consideração, para que se evite toda obsessão com o passado, que só pode reabrir a possibilidade da repetição do Mal.

A "história filosófica" ricoeuriana: a última expressão do eurocentrismo

Em sua obra *À l'école de la phénoménologie* (1998), no capítulo "Husserl e o sentido da história", Ricoeur mostra como a experiência nazista impôs a Husserl a inclusão do tema da historicidade em sua fenomenologia idealista. Ricoeur inicia seu texto fazendo uma história da fenomenologia, mostrando como esse método idealista se insere na história da filosofia ocidental. Para ele, a fenomenologia husserliana se liga ao sentido leibniziano e kantiano do fenômeno, e não ao conceito hegeliano de "fenomenologia do espírito". O fenômeno, para ele, não é o "aparecer" de um ser suscetível de se recuperar em um saber absoluto. Husserl se liga a Kant, no idealismo do seu método, e a Hume, por seu gosto pelo que é originário, pleno, presente. A fenomenologia se liga mais radicalmente a Descartes, ao cógito, à dúvida metódica: a "redução eidética" vai das falsas evidências ao fenômeno verdadeiro, buscando o "aparecer autêntico". Assim, a fenomenologia se insere na trajetória alemã do transcendental kantiano, na trajetória inglesa do originário humano e na trajetória francesa da dúvida e do cógito cartesianos. Ela não representou uma brusca mutação da filosofia, mas uma atualização dessas três orientações do pensamento europeu. E se ela tem esse longo passado, não se deteve em Husserl, prosseguiu em várias outras obras/ pensadores como Gadamer, Heidegger, Merleau-Ponty, ele próprio, Ricoeur, e outros (RICOEUR, À l'école de la phénomenologie).

Husserl fez uma "fenomenologia da percepção", que dá todo peso à intencionalidade da consciência. A consciência é consciência de... A intencionalidade significa que o objeto é na consciência na medida em que aparece para ela, a consciência se percebe percebendo múltiplas formas fora de si. Para a fenomenologia idealista de Husserl, a primeira verdade do mundo não é a da física matemática, mas a da percepção do mundo vivido: "o mundo é para mim e tira de mim a sua validade ontológica". O mundo torna-se "mundo percebido na vida reflexiva", o ego vive através de seus pensamentos. A fenomenologia é um desdobramento da temporalidade reflexiva do ego, em que o presente retém o passado imediato, que é um "tendo sido recente" implicado na "consciência do agora". O presente é uma persistência flutuante. Dessa temporalidade centrada no ego, surge o problema do outro. Se só o ego é primordial, e o outro ego? Diante dessa dificuldade, no final, Husserl mudou sua posição, abandonou a egolatria, e, não sem dificuldade, o problema da história apareceu em seu pensamento.

Husserl era apolítico por formação, gosto e profissão, mas, vivendo e escrevendo na Alemanha dos anos 1930, perseguido pela polícia nazista, chegou à consciência da crise coletiva da humanidade. Ele foi obrigado a abordar o tema da Europa, do homem europeu, o seu destino, a sua decadência, e expressou a sua esperança em seu renascimento. Husserl tornou-se um filósofo; da história e procurou mostrar ao homem europeu o caminho da renovação, a sua filosofia da história tem a ambição de fundar uma nova época. Entre 1935/1939, abordou esses temas históricos nas conferências da *Krisis*, em que a situação política da Alemanha tornou-se central em seu pensamento. O trágico tempo em que vivia o levou a pensar historicamente. Ele tinha todos os sinais da suspeição nazista: não ariano, cientista, questionador. Foi aposentado e condenado ao silêncio. O velho Husserl descobriu que o espírito que a fenomenologia abordava tinha uma história, que a história é o lugar do perigo, da grande perda, da "doença". Os nazistas denunciavam todo racionalismo como pensamento decadente e impunham novos critérios biológicos de saúde política e espiritual. Foi por essa porta que Husserl entrou na filosofia da história. Ao seu lado, Heidegger, seu antigo colaborador, pressionado também pelo "tempo imperioso do mundo", viu-se imposto o tema da historicidade e propôs outra interpretação da história e do drama contemporâneo (RICOEUR, À l'école de la phénomenologie).

A obra fenomenológica anterior de Husserl excluía o *souci* da história, a sua lógica tinha um sentido independente da história, o seu pensamento era anti-historicista, antievolução. A redução fenomenológica não se perde no social/histórico, o tempo não é da história, mas da consciência mesma. A verdade não é adquirida, é a-histórica. Segundo Ricoeur, a crise histórica que vivia o fez perguntar: onde vai o homem? Qual é o nosso sentido e nossa finalidade? Como "fazer a história" com consciências quase mônadas? E que "consciência intersubjetiva" poderia ser posta na pluralidade das consciências? A história entrou nas preocupações do filósofo mais a-histórico e mais apolítico pela consciência da crise. A fenomenologia encontrou a tarefa de pensar a história, e, então, o neokantiano Husserl tornou-se também neo-hegeliano.

Na "história filosófica" husserliana neo-hegeliana, a Europa é o centro da história humana porque foi somente ali que o homem descobriu um sentido teleológico, uma ideia universal da humanidade. A filosofia grega encontrou na história esse sentido teleológico e, portanto, só a Europa passou a conhecer uma teleologia imanente, um sentido, que a Índia e a China não conheciam. A Europa não é um lugar geográfico, mas uma ligação espiritual, uma figura unida espiritualmente. A Europa é espírito: uma ideia, um sentido teleológico. O que a singulariza é essa descoberta do sentido do homem universal, ela deu um sentido à humanidade. Ela é uma ideia para todos, ser europeu é uma glória e uma responsabilidade. A tarefa da filosofia europeia é realizar a teleologia da história na história universal. Antes da filosofia e fora dela, o homem tinha/tem uma historicidade, mas só tem tarefas finitas, fechadas, sem horizonte, vista curta. Na Grécia, origem da Europa, apareceu o homem com tarefas infinitas. Foi uma ideia trazida por indivíduos isolados que desestabilizou a vida de tarefas finitas com a exigência do universal, da verdade, a crítica da tradição. A filosofia europeia encontrou o sentido da civilização e tinha o dever e a responsabilidade de levá-lo ao conhecimento da humanidade (RICOEUR, À l'école de la phénomenologie).

Era assim que Husserl via a história universal: a filosofia é reflexão livre, universal, ideia infinita, e a Europa deveria se tornar a executora dessa tarefa infinita. Os europeus têm uma herança espiritual e uma tarefa que é só deles. O sentido da história universal é o sentido da Europa, a história europeia é uma história universal. A história revela um sentido supra-histórico, um horizonte para o qual o homem deve se dirigir. A história mundial tem uma unidade teleológica interior profunda. A história entrou na percepção fenomenológica de si: "só acedo a mim mesmo compreendendo de novo a visada do ancestral e só posso compreendê-la constituindo-a como sentido atual de minha vida". Esse processo reflexivo e histórico, Husserl o chamou de "tomada de consciência"; a filosofia é a "tomada de consciência" da humanidade. Cada filosofia anterior só pode ser compreendida se inserida no conjunto da filosofia. A Razão é uma exigência de ordem total, que unifica todas as atividades significativas, é a possibilidade de o homem livre dar uma figura racional de si mesmo e de seu meio ambiente. A Razão tem um caráter absoluto, eterno, supratemporal e existencial, é dinâmica e advém a si mesma.

Husserl parece realmente ter-se tornado um neokantiano/neo-hegeliano quando afirma que a Razão se move para se esclarecer, a história é possível como realização da Razão. A Razão é um fenômeno em movimento, a autorrealização temporal de uma identidade de sentido eterno e infinito. Ela é "responsabilidade" como querer ser racional. Ela é ética e, como tarefa infinita, a filosofia combate todo sucesso finito, objetivista, técnico. O saber objetivo é uma armadilha, o homem europeu combate pela Razão como tarefa infinita, movimento de realização, responsabilidade do querer. O seu *télos* o distingue do oriental. Ele conduz conscientemente o devir humano, a Razão exige ser concluída como verdade do homem realizado. O mundo é o que penso, intencionalmente, a consciência opera o sentido, é uma subjetividade que dá sentido ao mundo. O *télos* do homem europeu coincide com o advento desse transcendentalismo. Para ele, a filosofia revelou à história o advento de um sentido, um desenvolvimento em direção a um polo eterno, que escapa a uma zoologia dos homens. O olhar fenomenológico parte do interior, e não de fatos exteriores (RICOEUR, *À l'école de la phénomenologie*).

O diagnóstico que Husserl fazia da "doença da sua época" é que esse movimento infinito da Razão foi interrompido pelo objetivismo. Em sua época, a doença nazista afetava a cultura europeia, a crise da Europa era uma crise da filosofia, uma crise do seu projeto de saber. Essa crise se manifestava no objetivismo, na redução da tarefa infinita do saber ao saber físico-matemático das ciências particulares. Ele critica a autossuficiência das evidências matemáticas, das físicas sensíveis. O objetivismo era o responsável pela crise do homem moderno, tudo se tornara quantidade, externo, natural, técnico. Descartes foi o primeiro a defender a subjetividade, o transcendentalismo, a reflexão, a prioridade da consciência, mas, paradoxalmente, a dúvida metódica serviu para fortalecer o objetivismo. Em sua época, o mundo deixou de ser obra de consciência e compreensão, perdeu-se a subjetividade. A operação da consciência é dar sentido à experiência, era preciso destruir o objetivismo, a doença do espírito moderno. O filósofo é um "funcionário da humanidade" e, naquela situação de crise, nos anos 1930, tinha a responsabilidade de promover o retorno à subjetividade/ego, à nova compreensão, a uma nova afirmação do sentido da história a ser continuado. A responsabilidade do filósofo, como "funcionário da humanidade", era manter vivo o seu sentido, a sua teleologia (RICOEUR, À l'école de la phénomenologie).

Ricoeur, ao fazer a sua crítica ao idealismo da fenomenologia husserliana, "fez aparecer" o sentido da história na fenomenologia não só de Husserl, mas da sua própria fenomenologia hermenêutica. Ele desocultou a "história filosófica" que sustenta o método fenomenológico e se manifestou crítico dela porque, para ele, Husserl casou água e fogo: Descartes e Hegel. A filosofia da história de Husserl é simples e muito *a priori*, pois a história racional deve chegar ao mesmo resultado da reflexão sobre si mesmo. Há identidade entre o sentido da história e o sentido da interioridade, e é por isso que a filosofia é o caminho para a humanidade. Mas essa seria uma identificação legítima? Segundo Ricoeur o paradoxo da história é este: "incompreensível se não for única em um sentido, mas perde a sua historicidade se não for uma aventura imprevisível". De um lado, não haveria mais filosofia da história e, de outro, não haveria mais história. Em Husserl, a unidade da história é excessiva e perde a historicidade. O seu risco é o mesmo da filosofia da história hegeliana: submeter/suprimir as filosofias anteriores à "verdade" do último filósofo. O desafio que Ricoeur se põe como filósofo da história é manter a unidade sem perder a historicidade, manter o sentido sem perder a imprevisibilidade. Para isso, a filosofia da história ricoeuriana vai procurar superar as limitações de Husserl e Hegel ao avaliar e comparar as diversas leituras da história possíveis, mas sem deixar de compartilhar a sua tese central: a Europa é o centro e o sentido do mundo (GREISH, 1995).

Ricoeur critica Husserl, mas, para nós, ele é fundamentalmente husserliano. Entretanto, não é só isso. Para ele, casar água e fogo é pouco. Ele faz uma orgia com o pensamento histórico, reunindo água, fogo, terra, ar, *ápeiron*, espíritos, *conatus*, cógitos, egos, consciências, libidos, Razões, narrativas, tempos, eternidades etc. E não se cansa de esclarecer, é claro, que o programa que propõe é uma "orgia regrada, organizada, equilibrada, metafísica, apolínea", que põe em magnéticas relações Platão, Aristóteles, Sócrates, Santo Agostinho, Tomás de Aquino, Descartes, Kant, Hegel, Nietzsche, Weber, Husserl, Heidegger e os Annales. E deve ter mais alguém! Essa sua capacidade de reunir magneticamente diferentes, imitando Deus na criação da esfera celeste, longe de tornar o seu pensamento histórico difuso, confuso, truncado, caótico, eclético, ao contrário, o torna extremamente fecundo e fecundante. O fato é que o *souci* da história em Ricoeur, ao contrário de Husserl, não chegou tardiamente, é original e central, talvez, porque tenha vivido/observado todas as intensas crises do século XX, e não somente a dos anos 1930. Em sua obra, o diálogo com os historiadores é uma exigência permanente, embora nem sempre atendido e correspondido. Este diálogo, inaugurado em *História e verdade* (1955), intensificado em *Tempo e narrativa* (1983/1985), chegou ao zênite em *A memória, a história, o esquecimento* (2000). É neste último livro que vamos procurar "desocultar", "fazer aparecer" a sua "história filosófica", porque o intenso debate que gerou expôs a visão da história que ele sempre defendeu, embora menos explicitamente.

Para nós, nesta última obra, Ricoeur expressou com extrema lucidez a consciência histórica ocidental do final do século XX quando manifestou uma preocupação cívica com o desequilíbrio dominante entre "muita memória, pouco esquecimento" e refletir sobre o que seria uma política de "justa memória". Curiosamente, Ricoeur retomou a tese de Nietzsche, formulada no final do século XIX, de forma intensa, em sua magnífica *Segunda consideração intempestiva – da utilidade e desvantagens da história para a vida* (1874), e com ela dialoga com igual intensidade. Para Ricoeur, repercutindo o espírito anti-historicista de Nietzsche, no final do século XX estaria havendo um desequilíbrio na relação entre memória e esquecimento: muita memória e comemorações aqui, pouco esquecimento ali. Para corrigir esse desequilíbrio, defende uma política de "justa memória", que buscaria moderar memória/esquecimento. Para ele, o "dever de memória" é não esquecer, mas o excesso de memória pode levar aos "abusos de memória": repetições, ressentimentos, manipulação de identidades nacionais que desencadeiam a guerra. O esquecimento é perigoso, mas é necessário. O esquecimento dá medo por ser "ausência não presentificada, o não reconhecimento do passado no presente, uma antecipação da finitude/morte" e, diante de uma ameaça tão assustadora, exageramos no dever de memória e cultivamos uma memória monstruosa, "memoriosa", doentia, que não esquece nada. Mas o esquecimento não deve ser sempre visto como inimigo da memória porque é o que permite uma relação saudável, realista e crítica com o passado. Entre a memória e o esquecimento, seria preciso estabelecer uma "justa medida" e, para ele, é a historiografia, como "trabalho de memória", que deveria ser o remédio para esse desequilíbrio (RICOEUR, *La mémoire, l'histoire, l'oubli*).

Ao lado de Pierre Nora, o organizador da obra *Os lugares de memória*, Ricoeur pensa que o Ocidente vive, nos anos 1980, uma "era comemorativa". Esse excesso de memória reside nessa expansão e autonomização do presente, nesse "presentismo" dominante. É uma memória que ao mesmo tempo não esquece e não elabora, apenas comemora. Mas, a memória mundial é um fardo intransportável: *Shoah*, genocídios, escravatura, bombas atômicas, bombardeios, crimes hediondos, crueldades de todo tipo. A memória mundial é a das vítimas não somente dos heróis europeus e ocidentais. O passado tornou-se um elemento importante na negociação internacional e não é só a Alemanha que tem um passado criminoso para assumir. A integração plena à comunidade internacional depende de uma reelaboração do passado. O horizonte memorial é agora mundial e não apenas dos Estados Nacionais em guerra, o patrimônio histórico é da humanidade. Na França, a memória da Revolução Francesa e da República ficou em segundo plano porque, agora, a busca é do viver-juntos em um horizonte comum planetário. Um novo passado deve servir de trampolim para o novo futuro! A memória para o novo futuro deve ser reconstruída e tornar-se uma "nova memória", livre do peso de ódios e ressentimentos, a memória deve ser revista para se tornar a base de um mundo de paz (RICOEUR, *La mémoire, l'histoire, l'oubli*; DELACROIX; DOSSE; GARCIA; 2007; NORA; 2002; POMIAN, 2002).

Ao longo da obra *A memória, a história, o esquecimento*, Ricoeur procura reunir memória e historiografia, pacificar a sua "relação difícil", demonstrando que o objetivo de ambas é o mesmo: elaborar a memória-esquecimento. O passado reconhecido é "passado percebido", apropriado, humanizado, transformado em linguagem, tornando-se "esquecimento de reserva", sempre disponível à anamnese. A "memória-historiografia feliz" não deve ser uma memória gigantesca, monstruosa e minuciosamente escrita, deve também procurar atingir o esquecimento por duas vias: pelo "trabalho de luto", quando consegue finalmente falar sobre o mal sem ódio, e pelo perdão, que é um dom, uma graça. O perdão é um "esquecimento feliz", não é estratégico, cálculo político, nem apenas trabalho de luto. É uma liberação da "inquietação com a finitude", um desapego do passado, um saudável desligamento das aflições. Para o calvinista Ricoeur, o homem torna-se magnificamente homem pelo perdão, pelo amor, que é mais forte do que a morte. O perdão é difícil, mas não impossível. Ele faz uma releitura do espírito absoluto hegeliano, que deixa de ser "conhecimento absoluto", que se lembrava de tudo, para controlar tudo, para se tornar "reconhecimento absoluto": um perdão absoluto, um esquecimento feliz, a realização plena da capacidade infinita do homem de amar! A operação historiográfica não pode mais servir ao ressentimento das vítimas, não deve estimular a guerra. Ao contrário, a "operação historiográfica feliz", perlaborando lembranças/esquecimento, trabalhando a memória, fazendo o luto das perdas, deve oferecer o prazer supremo, único: o "milagre do reconhecimento". Nessa obra, ele se opôs ao dever obsessivo da memória, à relação obsessiva e ressentida com o passado e propôs que se realize um "trabalho de luto" que ofereça a "justa memória", a base do Estado Mundial de paz (RICOEUR, *La mémoire, l'histoire, l'oubli*).

Muitos recusaram essa noção de "justa memória", por considerá-la impossível, normativa, nenhuma sociedade a reconheceria, nunca existiu em lugar nenhum. A questão é: o que Ricoeur quis realmente dizer com essa "política de justa memória"? A quem interessaria implementar essa política? Quem gostaria que se rompesse com o "dever da memória"? Para os seus críticos menos tolerantes, essa proposta "faz aparecer" o seu projeto neokantiano/neo-husserliano/neo-hegeliano para a humanidade: a Europa é o centro da história universal. Essa é a sua "história filosófica", que dá continuidade ao projeto Ocidental de conquista do Planeta. Com essa tese da justa memória, Ricoeur quer atingir dois objetivos: internamente, apaziguar a memória dos europeus, livrando-os do peso do seu passado; externamente, criar o esquecimento das vítimas das conquistas européias, convencendo-as de que os europeus sempre agiram pelo Bem da humanidade e merecem perdão. Para os seus críticos mais radicais, essa seria "uma nova Cruzada, lamentável e absurda!". Ele estaria propondo a suspensão do "dever de memória", o esquecimento do inesquecível, o perdão do imperdoável (DELACROIX; DOSSE; GARCIA; 2007; NORA; 2002; POMIAN, 2002).

Os seus críticos radicais poderiam acrescentar que um dado que justificaria as suas suspeitas é que essa obra teve ampla e favorável recepção por parte dos historiadores europeus, que, antes, hostilizavam Ricoeur e, agora, compreenderam que tinha estado sempre do seu lado. Os historiadores europeus, inclusive dos Annales, compreenderam que Ricoeur estava propondo uma "terapia memorial" aos europeus, tomando como modelo a cura psicanalítica. Ricoeur lembra que há patologias da memória coletiva semelhantes a patologias individuais, repressão, compulsão, repetição, melancolia, e a sociedade poderia se curar se resolvesse a sua relação com a memória, se realizasse um "trabalho de luto" semelhante ao do indivíduo, que levaria da repetição à lembrança. O espaço público representaria a arena, a região intermediária entre o terapeuta e o analisando. As feridas da memória devem ser curadas pelo "trabalho de memória" em busca do viver-juntos-na-diferença. A "justa memória" aparece como uma memória posta a distância, uma memória-lembrança autocrítica, salva como "esquecimento de reserva". A narração/expressão pública da ferida/dor coloca a memória a distância, curando-a da compulsão à repetição. Na "justa memória", o presente se reconcilia com o passado pela rememoração no espaço público, pela expressão pública dos sofrimentos das vítimas.

Ricoeur propõe a reapropriação do passado histórico por uma memória trabalhada pela rememoração e pela historiografia. A sua aposta é audaciosa, um esforço de verdade e reconciliação. Para ele, o presente pós-1989 fez emergir uma memória que pede perdão ao outro e o Ocidente precisa perder a sua arrogância e reconhecer o mal feito ao outro. Por um lado, as suas reflexões éticas e políticas, legitimam a realidade da nova ordem liberal-capitalista global, que seria "menos pior" por ter superado a tragédia dos totalitarismos nazista e comunista; por outro, é um insatisfeito e crítico dos poderes atuais, pois quer sobretudo contribuir para a construção da "Comunidade Europeia", a "Nova Europa", que, para ele, levará a história universal ao próximo patamar superior de liberdade. A tese do esquecimento, da justa memória, serviria, portanto, à difícil construção da Unidade Europeia, já que as guerras entre as nações daquele continente, durante séculos, foram de uma "civilizada violência". Contudo, será que os europeus conseguirão esquecer tantos horrores e iniquidades e se perdoarem uns aos outros para "viverem-juntos-na-diferença"? E o que dizer do planeta: se o perdão só pode ser um dom da vítima, será que indígenas americanos, africanos, sul-americanos e asiáticos poderão esquecer e perdoar o ocidente? Os crimes ocidentais possuem uma dimensão onipotente, uma crueldade divina, "bíblica"! Então, pode-se interpelar o eurocêntrico Ricoeur: o desafio da história seria o perdão ou a justiça? (DAHRENDORF, 1997; MEYER, 2009; SEBESTYEN, 2009).

Referências

Introdução

BAUMAN, Zygmunt. *Europa*. Rio de Janeiro: Jorge Zahar, 2006.

BLOCH, Marc. *Apologia da história ou ofício do historidador*. Rio de Janeiro: Jorge Zahar, 2002.

BRAUDEL, Fernand. *Escritos sobre a história*. São Paulo: Perspectiva, 1978.

CHARTIER, Roger. L'histoire ou le récit véridique. In: *Philosophie et l'histoire*. Paris: Centre Georges Pompidou, 1987.

ELIAS, Norbert. Sugestões para uma teoria dos processos civilizadores. In: *O processo civilizador*. v. 2. Rio de Janeiro: Zahar, 1993.

FEBVRE, Lucien. Deux philosophies opportunistes de l'histoire: de Spengler à Toynbee. In: *Combats pour l'histoire*. Paris: Armand Colin, 1992.

FEBVRE, Lucien. Les historiens et la philosophie: leur histoire et la nôtre. In: *Combats pour l'histoire*. Paris: Armand Colin, 1992.

GADAMER, Hans-Georg. *Le problème de la conscience historique*. Louvain-la-Neuve, ISP/UCL, 1963.

KOSELLECK, Reinhart. *Le futur passé: contribution à la semantique des temps historiques*. Paris: EHESS, 1990.

ORTEGA Y GASSET, José. Apresentação: La "filosofia de la historia" de Hegel y la Historiologia. In: HEGEL, C. W. F. *Lecciones sobre la filosofia de la historia universal*. Madri: Alianza Editorial, 1986.

REIS, José Carlos. *A história entre a filosofia e a ciência*. Belo Horizonte: Autêntica, 2004.

REIS, José Carlos. *História, a ciência dos homens no tempo*. Londrina: Eduel, 2009.

TODOROV, Tzvetan. *A conquista da América*. 4. ed. São Paulo: Martins Fontes, 2010.

Capítulo 1

Obras de Hegel sobre a História:

HEGEL, G. W. F. *A razão na história: uma introdução à filosofia da história*. São Paulo: Centauro, 2001. (Prefácio de S. Hartman "O significado de Hegel para a História").

HEGEL, G. W. F. *Lecciones sobre La filosofia de la historia universal*. 3. ed. Madri: Alianza Editorial, 1986 (Prefácios de Ortega Y Gasset e Jose Gaos, 1928).

HEGEL, G. W. F. *Leçons sur la philosophie de l'histoire universelle*. 3 v. Trad. J. Gibelin. Paris: J. Vrin, 1937/ nova edição 1945.

HEGEL, G. W. F. Prefácio – *Principes de la philosophie du droit*. Paris: Flammarion, 1999. {1820/1821}.

HEGEL, G. W. F. Prefácio – *Phénomenologie de l'esprit*. Trad. Jean Hyppolite. Paris: Aubier/Montaigne, 1966.

Comentários sobre Hegel e a História:

BOURGEOIS, Bernard. *Eternité et historicité de l'esprit selon Hegel.* Paris: J. Vrin, 1991.

BOUTON, Christophe. *Temps et esprit dans la philosophie de Hegel.* Paris: Jean Vrin, 2000.

BOUTON, Christophe. *Le procès de l'histoire.* Paris: Jean Vrin, 2004.

D'HONDT, Jacques. *De Hegel a Marx.* Paris: PUF, 1972.

D'HONDT, Jacques. *Hegel. Biographie.* Paris: Calmann-Lévy, 1998.

D'HONDT, Jacques. *Hegel. Philosophie de l'histoire vivante.* Paris: PUF, 1966.

D'HONDT, Jacques. *Hegel secret.* Paris, Puf: 1968.

DILTHEY, W. *Edification du Monde Historique dans les Sciences de l'Esprit.* Paris: CERF, 1988 [1910].

FESSARD, Gaston. *Hegel, le christianisme et l'histoire.* Paris: Puf, 1990.

GÉRARD, Gilbert. *Critique et dialectique. Itineraire de Hegel a Ienna (1801/1805).* Bruxelas, Université Saint Louis, 1982.

HABERMAS, J. La Modernité: um Projet Inachevé. In: *Critique,* n. 413. Paris: Minuit, oct./1981.

HABERMAS, J. *Les Discours Philosophiques sur la Modernité.* Paris: Gallimard, 1985.

HARTMAN, S. O significado de Hegel para a História. In: *A razão na história: uma introdução à filosofia da história.* São Paulo: Centauro, 2001.

HYPPOLITE, Jean. *Études sur Marx et Hegel.* Paris: Marcel Riviere et Cie., 1965.

HYPPOLITE, Jean. *Introduction à la philosophie de l'histoire de Hegel.* Paris: Seuil, 1983.

IGGERS. G. *New Directions in European Historiography.* London: Methuen, 1984.

KOJÈVE, Alexandre. *Introduction à la lecture de Hegel.* Paris: Gallimard, 1947.

KOJÈVE, A. *Le concept, le temps et le discours.* Paris: Gallimard, 1990.

KOSELLECK, Reinhart. *Le régne de la critique.* Paris: Minuit, 1979[1959].

KOSELLECK, Reinhart. *Le futur passé: contribution à la semantique des temps historiques.* Paris: EHESS, 1990.

LEBRUN, Gérard. *La patience du concept.* Paris: Gallimard, 1972.

LITT, Theodor. *Hegel. Essai d'um renouvellement critique.* Paris, Denoel/Gonthier, 1973. (1ª ed. 1953).

LIVIGN, Fiorinda. *Jacques d'Hondt et le parcours de la raison hegelienne.* Paris: L'Harmattan, 2005.

LYOTARD, J. F. *La condition post-moderne.* Paris: Minuit, 1979.

MASPETIOL, Roland. *Esprit objectif et sociologie hegelienne.* Paris: Jean Vrin, 1983.

ORTEGA Y GASSET, José. Apresentação: La "filosofia de la historia" de Hegel y la historiologia. In: HEGEL, C. W. F. *Lecciones sobre la filosofia de la historia universal.* Madri: Alianza Editorial, 1986.

REIS, José Carlos. *A história entre a filosofia e a ciência.* 4. ed. Belo Horizonte: Autêntica, 2011.

REIS, José Carlos. *História & Teoria: historicismo, modernidade, temporalidade e verdade.* Rio de Janeiro: FGV, 2003.

RICOEUR. Paul. *Soi-même comme un Autre.* Paris: Seuil, 1990.

RICOEUR. Paul. *Temps et Récit.* 3 vols. Paris: Seuil, 1983/1985.

RITTER, Joachim. *Hegel et la Revolution Française*. Paris: Beauchesne, 1970.

ROSENZWEIG, Franz. *Hegel e o Estado*. São Paulo: Perspectiva, 2008.

SCHNADELBACH, H. *Philosophy in Germany (1831/1933)*. Cambridge/USA: Cambridge University Press, 1984.

VERSTRAETEN, Pierre (Org.) *Hegel aujourd'hui*. Paris: J. Vrin, 1995.

VIRILIO, Paul. *Velocidade e política*. 2. ed. São Paulo: Estação Liberdade, 1997.

WAHL, Jean. *Le malheur de la conscience dans la philosophie de Hegel*. Paris: Puf, 1951.

WEBER, Max. A ciência como vocação. In: *Ciência e política: duas vocações*. São Paulo: Cultrix, 1993.

WEIL, Eric. *Hegel et l'Etat*. Paris: Jean Vrin, 1970. {1950}

Capítulo 2

Obras de Nietzsche sobre a História:

NIETZSCHE, Friedrich. *4ª consideration inactuelles – Richard Wagner à Bayreuth*. Paris: Gallimard, 1988 {1876}.

NIETZSCHE, Friedrich. *Ainsi parlait Zarathustra*. Paris: Gallimard, 1971.

NIETZSCHE, Friedrich. *Ecce Homo*. São Paulo: Abril Cultural, 1983 (Os Pensadores).

NIETZSCHE, Friedrich. *La généalogie de la morale – Un écrit polémique*. Paris: Gallimard, 1971.

NIETZSCHE, Friedrich. *La volonté de puissance. Essai d'une transmutation de toutes les valeurs*. 2 v. Paris: Mercure de France, 1903.

NIETZSCHE, Friedrich. *O anticristo*. 12. ed. São Paulo: Centauro, 2005.

NIETZSCHE, Friedrich. *O eterno retorno*. São Paulo: Abril Cultural, 1983 (Os Pensadores).

NIETZSCHE, Friedrich. *Par-delà Bien et Mal*. Paris: Gallimard, 1971.

NIETZSCHE, Friedrich. *Segunda consideração intempestiva: da utilidade e desvantagem da história para a vida*. Rio de Janeiro: Relume Dumará, 2003.

NIETZSCHE, Friedrich. Sobre verdade e mentira no sentido extra-moral. In: *Nietzsche*. São Paulo: Abril, 1983 (Os Pensadores).

Comentários sobre Nietzsche e a História:

ANDREAS-SALOMÉ, Lou. *Nietzsche em suas obras*. São Paulo: Brasiliense, 1992.

BARBO, Daniel. *O triunfo do falo: homoerotismo, dominação, ética e política naa Atenas clássica*. Rio de Janeiro: E-Papers, 2008.

BERNAT-WINTER, Harold. *Nietzsche et le problème des valeurs*. Paris: L'Hartmattan, 2005.

BIRAULT, Henri. De la beatitude chez Nietzsche. In: *Cahiers de Royaumot*. Paris: Fondation Royamont, 1962.

BISER, Eugen. Ni AntiChrist ni à la recherche de Dieu. *Nietzsche aujourd'hui* (Passions), v. 2. Paris: Centre Culturel de Cerisy-la-Salle, 1972, p. 255-278 (Colloque International de Cerisy, 1972).

BOUDOT, Pierre. *L'ontologie de Nietzsche*. Paris: Puf, 1971.

BROBJER, Thomas H. Nietzsche's relation to historical methods and nineteenth-century german historiography. *History and Theory*, n. 46. Wesleyan University, may/2007, p. 155-179.

CASANOVA, Marco. *Instante extraordinário: vida, história e valor na obra de Nietzsche*. São Paulo: Forense Universitária, 2003.

CHAIX-RUY, Jules. *Pour connaître la pensée de Nietzsche*. Paris: Bordas, 1977.

CLÉMENS, Eric. De la lecture à l'histoire intempestive. In: *Nietzsche aujourd'hui (Passions)*, v. 2. Paris, Centre Culturel de Cerisy-la-Salle, 1972, p. 119-152 (Colloque International de Cerisy, 1972).

COLLI, Giorgio. *Écrits sur Nietzsche*. Paris, Éclat, 1996.

DELEUZE, Gilles. Pensée nomade. In: *Nietzsche aujourd'hui (Intensités)*, v. 1. Paris, Centre Culturel de Cerisy-la-Salle, 1973, p.159-174.

DERRIDA, Jacques. La question du style. In: *Nietzsche aujourd'hui (Intensités)*, v. 1. Paris, Centre Culturel de Cerisy-la-Salle, 1973, p. 235-287.

DERRIDA, Jacques; AGOSTI, Stefano. *Eperons: les styles de Nietzsche*. Paris: Flammarion,1978.

EDELMAN, Bernard. *Nietzsche, un continent Perdu*. Paris, Puf, 1999.

FINK, Eugen. Nouvelle experience du monde chez Nietzsche. In: *Nietzsche aujourd'hui (Passion)*, v. 2. Paris, Centre Culturel de Cerisy-la-Salle, 1972, p. 346-360. (Colloque International de Cerisy, 1972).

FLAM, Leopold. Solitude et "etrangement" de Nietzsche dans la pensée de Heidegger. In: *Nietzsche aujourd'hui (Intensités)*, v. 1. Paris, Centre Culturel de Cerisy-la-Salle, 1973, p. 395-427.

FOUCAULT, Michel. Nietzsche, a genealogia e a história. In: *Microfísica do poder*. São Paulo : Graal, 1972.

GAÈDE, Edouard. Nietzsche, precurseur de Freud? In: *Nietzsche aujourd'hui (Passion)*, v. 2 Paris, Centre Culturel de Cerisy-la-Salle, 1972, p. 87-118. (Colloque International de Cerisy, 1972).

HABERMAS, Jurgen. La modernité. In: *Les discours philosophiques sur la modernité*. Paris : Gallimard, 1985.

HARTMANN, Hans. Nietzsche devant les grands poètes allemands. *La Revue des Lettres Modernes*, n. 76/77. Paris: Societé Française de Études Nietzscheens, 1962/1963, p. 5-16.

HEIDEGGER, Martin. *Nietzsche I*. Paris, Gallimard, 1971a.

HEIDEGGER, Martin. *Nietzsche II*. Paris, Gallimard, 1971b.

IGGERS, G. *The German conception of history*. Middeltown/Conn-USA: Wesleyan Univ. Press, 1975.

KOFMAN, Sarah. Le/Les concepts de "culture" dans les "intempestives" ou la double dissimulation. In: *Nietzsche aujourd'hui (Passions)*, v. 2. Paris: Centre Culturel de Cerisy-la-Salle, 1972, p. 119-152 (Colloque International de Cerisy, 1972).

KREMER-MARIETTI, Angele. Hegel et Nietzsche. In: *La Revue des Lettres Modernes*, n. 76-77. Paris: Societé Française de Études Nietzscheens, 1962/63, p. 17/24.

LACOUE-LABARTHE, Philippe. La dissimulation. Nietzsche et la question de l'art et la litterature. *Nietzsche aujourd'hui (Passions)*, v. 2. Paris: Centre Culturel de Cerisy-la-Salle, 1972, p. 9-58 (Colloque International de Cerisy, 1972).

LEFRANC, Jean. *Comprendre Nietzsche*. Paris: Armand Colin, 2003.

LÖWITH, Karl. Nietzsche et la tentative de recuperation du monde. *Cahiers de Royaumot*. Paris: Fondation Roymont, 1962.

LÖWITH, Karl. Nietzsche et l'achevement de l'atheisme. In: *Nietzsche aujourd'hui (Passions)*, v. 2. Paris: Centre Culturel de Cerisy-la-Salle, 1972, p. 119-152 (Colloque International de Cerisy, 1972).

MACHADO, Roberto. *Nietzsche e a verdade*. São Paulo: Graal, 1999.

MAFFESOLI, Michel. *Le reenchantement du monde*. Paris: La Table Ronde, 2007.

MAJOR, R. Paul Ricoeur et la Psychanalyse. In: AESCHLIMANN, Jean-Christophe (Org.). *Éthique et responsabilité chez Paul Ricoeur*. Boudry-Neuchatel (Suíça): Ed. Baconnière, 1994, pp. 175/185.

MANN, Heinrich. *Les pages immortelles de Nietzsche*. Paris: Correa, 1939.

MARTON, Scarlett. *Nietzsche: uma filosofia a marteladas*. São Paulo: Brasiliense, 1999.

MARTON, Scarlett. *Extravagâncias*. Rio de Janeiro: Unijui, 2000.

MARTON, Scarlett. *Nietzsche, a transvaloração dos valores*. São Paulo: Logos, 2006.

MATTEI, Jean-François. *La crise du sens*. Nantes: Cécile Defaut, 2006.

NOBRE, Renarde Freire. *Perspectivas da razão: Nietzsche, Weber e o conhecimento*. Belo Horizonte: Argumentvm, 2004.

PAOLIELO, Guilherme. *Nietzsche como pensador da história*. Dissertação (Mestrado em História) – Faculdade de Filosofia e Ciências Humanas da Universidade Federal de Minas Gerais, Belo Horizonte, 2008, 195 p.

PAUTRAT, Berbard. Nietzsche Medusé. In: *Nietzsche aujourd'hui (Intensités)*, v. 1. Paris: Centre Culturel de Cerisy-la-Salle, 1973, p.9-30.

PICON, Gaetan. *Nietzsche, la verité de la vie intense*. Paris: Hachette, 1998.

PIPPIN, Robert. *Nietzsche, moraliste français*. Paris: Odile Jacob, 2006.

SPENLÉ, Jean-Édouard. *Nietzsche et le problème européen*. Paris: Armand Colin, 1943.

STIEGLER, Barbara. *Nietzsche et la critique de la chair: Dionysos, Ariane, Le Christ*. Paris: Puf, 2005.

VALADIER, Paul. *Nietzsche: cruauté et noblesse du Droit*. Paris: Michalon, 1998.

VATTIMO, Gianni. *As aventuras da diferença: o que significa pensar depois de Heidegger e Nietzsche*. Lisboa: Edições 70, 1988.

VERMEIL, Edmond. Nietzsche et l'art wagnerien. *La Revue des Lettres Modernes*, n. 76/77. Paris: Societé Française de Études Nietzscheens, 1962/1963, p. 39-45.

Capítulo 3

Obras de Ricoeur sobre a História:

RICOEUR, Paul. *À l'école de la phénomenologie*. Paris: Jurin, 1998.

RICOEUR, Paul. *De l'interpretation. Essai sur Freud*. Paris: Seuil, 1965.

RICOEUR, Paul. *Du texte à l'action. Essais d'Herméneutique II*. Paris: Seuil, 1986.

RICOEUR, Paul. *Histoire et verité*. Paris: Seuil, 1955 (1. ed) e 1964 (2. ed. ampliada).

RICOEUR, Paul. *La mémoire, l'histoire, l'oubli*. Paris: Seuil, 2000.

RICOEUR, Paul. *La métaphore vive*. Paris: Seuil, 1975.

RICOEUR, Paul. L'écriture de l'histoire et la representation du passé. *Annales, HSS*, n. 4. Paris: EHESS, 2000, juillet/août/2000, p. 731-47.

RICOEUR, Paul. *Le conflit des interpretations. Essais d'Herméneutique*. Paris: Seuil, 1969.

RICOEUR, Paul. *Le mal*. Genève: Labor et Fides, 2004.

RICOEUR, Paul. Le scandale du mal. *Esprit*. n. 140/141. Paris, juillet/août/1988, p. 57/63.

RICOEUR, Paul. L'universel et l'historique. *Magazine Littéraire*, n. 390. Paris, sept/2000, p. 37-41. (Dossier Paul Ricoeur)

RICOEUR, Paul. Mémoire: approches historiennes, approche philosophique. *Le Débat*, n. 122. Paris, Gallimard, nov/dez-2002, p. 41/61. (Dossiê sobre a obra *La mémoire, l'histoire, l'oubli*).

RICOEUR, Paul. Mimèsis, référence et refiguration. *Études Phenomenologiques*, tome VI, n. 11. Louvain-la-Neuve, Centre d'Études Phenomenologiques/ISP, 1990.

RICOEUR, Paul. *Parcours de la reconnaissance*. Paris: Stock, 2004.

RICOEUR, Paul. *Réflexion faite*. Paris: Esprit, 1995.

RICOEUR, Paul. Respostas de Ricoeur. In: BOUCHINDHOMME, Christian; ROCHLITZ, Rainer. (Orgs.) *"Temps et Récit" de Paul Ricoeur en débat*. Paris: Cerf, 1990, p. 39-55.

RICOEUR, Paul. *Soi-même comme un autre*. Paris: Seuil, 1990.

RICOEUR, Paul. *Temps et récit*. 3 v. Paris: Seuil, 1983/1985.

Comentários sobre Ricoeur e a História:

ABEL, Olivier. *Paul Ricoeur – La promesse et la régle*. Paris: Michalon, 1996.

ABEL, Olivier; PORÈE, Jérôme. *Le vocabulaire de Paul Ricoeur*. Paris: Ellipses, 2007.

AESCHLIMANN, Jean-Christophe (Org.) *Éthique et responsabilité chez Paul Ricoeur*. Boudry-Neuchatel (Suíça): Ed. Baconnière, 1994.

ALLONNES, Myriam; AZOUVI, François. *Ricoeur*. Paris: Ed. Herne, 2004.

AMHERDT, F.-X. *L'Herméneutique philosophique de Paul Ricoeur et son importance pour l'exegese biblique*. Paris: Cerf, 2004.

AZEVEDO E CASTRO, Maria Gabriela. *Imaginação em Paul Ricoeur*. Lisboa: Instituto Piaget, 2003.

BARASH, Jeffrey. Penser l'histoire dans le champ de la philosophie. In: GREISH, Jean; KEARNEY, Richard. *Paul Ricoeur, les métamorphoses de la raison herméneutique*. Paris, Cerf, 1991, p.198-203.

BECQUEMONT, Daniel. La confrontation avec le structuralisme. In: DELACROIX, Christian; DOSSE, François; GARCIA, Patrick. *Paul Ricoeur et les sciences humaines*. Paris: La Découverte, 2007, p. 185-206.

BENJAMIN, W. O narrador. Considerações sobre a obra de Nikolai Leskov. In: *Obras escolhidas*. São Paulo: Brasiliense, 1986.

BERGERON, R. *La vocation de la liberté dans la philosophie de Paul Ricoeur*. Montreal: Bellorm, 1974.

BLATTCHEN, Edmond. *Paul Ricoeur – Entrevista*. São Paulo: Unesp, 2002.

BOCHET, Isabelle. *Augustin dans la pensée de Paul Ricoeur*. Paris: Facultés Jesuites de Paris, 2003.

BOLLACK, J. Intervenção no debate sobre *Temps et Récit*. *Esprit*, n. 140/141. Paris: Juillet/août/1988.

BOUCHINDHOMME, Christian; ROCHLITZ, Rainer (Orgs.) *"Temps et Récit" de Paul Ricoeur en Débat*. Paris: Cerf, 1990, p. 164-183.

BRAUDEL, F. *La mediterranée e le monde mediterranée à l'époque de Philipe II*. Paris: A. Colin, 1966 [1949].

BREITLING, Andrés. "L'écriture de l'histoire: un acte de sépulture?" In: ALLONNES, Myriam; AZOUVI, François. *Ricoeur*. Paris: Ed Herne, 2004, p. 237-245.

BUBNER, Rudiger. De la différence entre l'historiographie et la littérature. In: BOUCHINDHOMME, Christian; ROCHLITZ, Rainer (Orgs.) *"Temps et Récit" de Paul Ricoeur en Débat*. Paris: Cerf, 1990, p. 39-55.

BUGAITE, E. *Linguagio e azione nelle opera di Paul Ricoeur dal 1961 al 1975*. Roma: Pontifícia Università Gregoriana, 2002.

BURKE, P. *A escrita da história*. São Paulo: Unesp, 1992.

CALVET DE MAGALHÃES, T. Tempo e narração: a proposta de uma poética da narração em Ricoeur. *Síntese*, n. 39. Belo Horizonte: Loyola, 1987.

CASSIRER, Ernest. L'histoire. In: *Essai sur l'homme*. Paris: Minuit, 1975, p. 241-288.

CERTEAU, M. Operação histórica. In: LE GOFF, J.; NORA, P. *História, novos problemas*. Rio de Janeiro: Fco. Alves, 1976.

CERTEAU, M. *Histoire et psychanalyse, entre science et fiction*. Paris: Gallimard, 1987 (folio).

CESAR, Constança. *Paul Ricoeur: ensaios*. São Paulo: Paulus, 1998.

CHANGEUX, J.-P. *Ce qui nous fait penser: la nature et la règle*. Paris: Odile Jacob, 2000.

CHARTIER, R. Memoire et oubli. Lire avec Ricoeur. DELACROIX, Christian; CHARTIER, R. História intelectual e história das mentalidades. In: *História cultural, entre práticas e representações*. Rio de Janeiro: Bertrand, 1990.

CHARTIER, Roger. Memoire et oubli. Lire avec Ricoeur. DELACROIX, Christian; DOSSE, François; GARCIA, Patrick. *Paul Ricoeur et les sciences humaines*. Paris: La Découverte, 2007, pp. 231/247.

CHARTIER, R. Le monde comme répresentation. *Annales ESC*, n. 6. Paris: A. Colin, vov.-dec./1989.

CHIODI, M. *Il cammino della libertà: Paul Ricoeur*. Brescia: Marcellin, 1990.

CLARK, D. *Paul Ricoeur*. Routledge/USA,

COLIN, P. Hermeneutique et philosophie réflexive. In: GREISH, J.; KEARNEY, R. *Paul Ricoeur, les metamorphoses de la raison hermeneutique*. Paris: CERF, 1991.

COLLINGWOOD. R. G. *A idéia de história*. Lisboa: Presença, 1981.

COSTA, Miguel Dias da. *Sobre a teoria da interpretação de Paul Ricoeur*. Porto: Contraponto. 1995.

DAHRENDORF, Ralf. *Após-1989*. São Paulo: Paz e Terra, 1997.

DASTUR, Françoise. De la phénoménologie transcendentale à la phénoménologie herméneutique. In: GREISH, Jean; KEARNEY, Richard. *Paul Ricoeur, les metamorphoses de la raison herméneutique*. Paris: Cerf, 1991, p. 37-50.

DASTUR, Françoise. Histoire et herméneutique. In: GREISH, Jean. (Org.). *L'herméneutique à l'école de la phénoménologie*. Paris: Beauchesne, 1995. p. 219-233.

DASTUR, Françoise. Paul Ricoeur, le soi et l'autre: l'alterité la plus intime – la conscience. In: GREISH, Jean (Org.). *L'herméneutique à l'école de la phénomenologie*. Paris: Beauchesne, 1995a. p. 59-71.

DASTUR, Françoise. Paul Ricoeur, le soi et l'autre: l'alterité la plus intime – la conscience. In: GREISH, Jean (Org.). *L'herméneutique à l'école de la phénomenologie*. Paris: Beauchesne, 1995b. p. 219-330.

DAVENHAUER, B. *Paul Ricoeur: The promise and the risk of politics*. Lanham: Rowman & Littlefield, 1998.

DELACROIX, Christian. Ce que Ricoeur a fait des Annales: méthodologie et épistémologie dans l'identité des Annales. In: DELACROIX, Christian; DOSSE, François; GARCIA, Patrick. *Paul Ricoeur et les sciences humaines*. Paris: La Découverte, 2007, p. 209-228.

DELACROIX, Christian; DOSSE, François; GARCIA, Patrick. Introduction. *Paul Ricoeur et les sciences humaines*. Paris, La Découverte, 2007.

DERCZANSKY, Alexandre. L'unité de l'oeuvre de Paul Ricoeur. In: AESCHLIMANN, Jean-Christophe (Org.) *Éthique et responsabilité chez Paul Ricoeur*. Boudry-Neuchatel (Suíça): Ed. Baconnière, 1994, p. 103/31.

DERRIDA, Jacques. La parole: Donner, nommer, appeler. In: ALLONNES, Myriam; AZOUVI, François. *Ricoeur*. Paris: Ed. Herne, 2004, p. 19-25.

DOSSE, François. La capabilité à l'épreuve des sciences humaines. In: DELACROIX, Christian; DOSSE, François; GARCIA, Patrick. *Paul Ricoeur et les sciences humaines*. Paris: La Découverte, 2007. p. 13-35.

DOSSE, François. *Paul Ricoeur, le sens d'une vie*. Paris: La Découverte, 2001.

DOSSE, François; GARCIA, Patrick. (Intervenção de Chartier no debate sobre *Temps et Récit*). *Esprit*. n. 140/141. Paris, juillet/août/1988, p. 259/63.

DOSSE, François; GARCIA, Patrick. Le passé au present. *Le Débat*, n. 122. Paris: Gallimard, nov./dez.-2002, 4/11. (Dossiê sobre a obra *La mémoire, l'histoire, l'oubli*).

DOSSE, François; GARCIA, Patrick. Lieux, travail, devoir de mémoire chez Ricoeur. In: ALLONNES, Myriam; AZOUVI, François. *Ricoeur*. Paris: Ed. Herne, 2004, p. 256-269.

DOSSE, François; GARCIA, Patrick. *Paul Ricoeur et les Sciences Humaines*. Paris: La Découverte, 2007, p. 231/47.

DUBY, G.; LARDREAU, G. *Diálogos sobre a nova história*. Lisboa: Dom Quixote, 1989.

DUNPHY, Jocelyn. L'heritage de Dilthey. In: GREISH, Jean; KEARNEY, Richard. *Paul Ricoeur, les métamorphoses de la raison herméneutique*. Paris: Cerf, 1991, p. 83/95.

ESCUDIER, Alexandre. Entre épistemologie et ontologie de l'histoire. *Le Débat*, n. 122. Paris, Gallimard, nov/dez-2002, p.12/23. (Dossiê sobre a obra *La mémoire, l'histoire, l'oubli*)

EVANS, J. *Paul Ricoeur's hermeneutics of the imagination*. New York: Lang, 1995.

EWALD, François. Entrevista com Ricoeur. *Magazine Littéraire*, n. 390, Paris sept., 2000, p 20-26.

FÈVRE, Louis. *Penser avec Ricoeur*. Lyon: Chronique Sociale, 2003.

FOESSEL, M. *Paul Ricoeur*. Paris: ADPF, 2005.

FOESSEL, Michael. Penser le social: entre phénoménologie et herméneutique. In: FOUCAULT, M. *Microfísica do poder*. Rio de Janeiro: Graal, 1979.

FOESSEL, Michael. Penser de social: entre phénomenologie et herméneutique. In: DELACROIX, Christian; DOSSE, François; GARCIA, Patrick. *Paul Ricoeur et les Sciences Humaines*. Paris: La Découverte, 2007.

FRANCO, S. *Hermenêutica e psicanálise na obra de Paul Ricoeur*. São Paulo: Loyola, 1995.

FURET, F. *Oficina da história*. Lisboa: Gradiva, s/d.

GADAMER, Hans-Georg. *Le problème de la conscience historique*. Louvain-la-Neuve, ISP/UCL, 1963.

GARCIA, Patrick. Paul Ricoeur et la guerre des mémoires. In: DELACROIX, Christian, DOSSE, François; GARCIA, Patrick. *Paul Ricoeur et les sciences humaines*. Paris: La Découverte, 2007. P. 57/76.

GAUTHIER, André Pierre. *Paul Ricoeur et l'agir responsable*. Lyon, Profac, 2001.

GAY, P. *O estilo na história*. São Paulo: Cia das Letras, 1990.

GILBERT, Muriel. *L'identité narrative*. Gèneve: Labor et Fides, 2001.

GINSBURG, C. *Mitos, emblemas e sinais*. São Paulo: Cia. das Letras, 1996.

GOFF, J. Is politics the blackbone of history? *Daedalus*, n. 1. Cambridge, American Academy of Arts and Sciences, 1971.

GREISH, Jean. Temps bifurqué et temps de crise. *Esprit*, n. 140/141. Paris, juillet/août/1988, p. 88-96.

GREISH, Jean. *Paul Ricoeur, l'itineraire du sens*. Grenoble: Millon, 2001.

GREISH, Jean. Vers une herméneutique du soi – la voie courte et la voie longue. In: AESCHLIMANN, Jean-Christophe (Org.) *Éthique et responsabilité chez Paul Rioeur*. Boudry-Neuchatel (Suíça): Ed. Baconnière, 1994, p. 155-171

GREISH, Jean. (Org.) *L'herméneutique à l'école de la phénoménologie*. Paris: Beauchesne, 1995.

GREISH, Jean; KEARNEY, Richard. *Paul Ricoeur, les metamorphoses de la raison herméneutique*. Paris: Cerf, 1991.

GRONDIN, Jean. L'herméneutique positive de Ricoeur: du temps au récit. In: BOUCHINDHOMME, Christian; ROCHLITZ, Rainer (Orgs.) *"Temps et récit" de Paul Ricoeur en débat*. Paris: Cerf, 1990, pp. 121/137.

GUERRA, L. H. *Espero estar en la verdad: la búsqueda ontologica de Paul Ricoeur*. Roma: Pontificia Università Gregoriana, 1996.

HALPERIN, Jean. *Éthique et responsabilité – Paul Ricoeur*. Neuchatel: Baconniere, 1994.

HARTOG, François. *Des regimes d'historicité*. Paris: Seuil, 2003.

HARTOG, François. *Évidence de l'histoire; ce que voyent les historiens*. Paris: EHESS, 2005.

HELENO, José Manuel. *Hermenêutica e ontologia em Paul Ricoeur*. Lisboa: Instituto Piaget, 2001

HENRIQUES, Fernanda (Org.). *Paul Ricoeur e a simbólica do mal*. Porto: Afrontamento, 2005

HUSSERL, Edmund. *Idées directrices pour une phénoménologie*. Paris: Gallimard, 1950.

HUSSERL, Edmund. *La crise de l'humanité européenne et la philosophie*. Paris: Aubier, 1977.

JERVOLINO, Domenico. *Paul Ricoeur, une herméneutique de la condition humaine*. Paris, Ellipses, 2002.

JERVOLINO, Domenico. *Ricoeur: l'amore difficile*. Roma: Studium, 1995.

KEARNEY, Richard. Paul Ricoeur and the hermeneutic imagination. In: KEMP, Peter; RASMUSSEN, David. *The narrative path – The laters works of Paul Ricoeur*. Cambridge/ London, The Mit Press, 1989, p. 1/33.

KEARNEY, Richard. L'imagination herméneutique et le post-moderne. In: GREISH, Jean; KEARNEY, Richard. *Paul Ricoeur, les métamorphoses de la raison herméneutique*. Paris: Cerf, 1991, p. 357-371.

KLEMM, D. *The hermeneutical theorie of Paul Ricoeur: a constructive analysis*. Lewisbuy: Bucknell Univ. Press, 1983.

KOSELLECK, Reinhart. *Le futur passé: contribution à la semantique des temps historiques*. Paris: EHESS, 1990.

LADRIERE, Jean. Expliquer et comprendre. ALLONNES, Myriam; AZOUVI, François. *Ricoeur*. Paris: Ed Herne, 2004, p. 68-77.

LE GOFF, J. Is politics the blackbone of history? *Daedalus*, n. 1. Cambridge, American Academy of Arts and Sciences, 1971.

LEAL, Ivanhoé. *História e ação na teoria da narratividade de Paul Ricoeur*. Rio de Janeiro: Relume Dumará, 2002.

LECOCQUE, A. *Penser la Bible*. Paris: Seuil, 2003.

LEENHARDT, Jacques. Herméneutique, lecture savante et sociologie de la lecture. In: BOUCHINDHOMME, Christian; ROCHLITZ, Rainer (Orgs.) *"Temps et Récit" de Paul Ricoeur en Débat*. Paris: Cerf, 1990, p 111.

LEPETIT. B. (Org.). *Les formes de l'experience. Une autre histoire sociale*. Paris: Albin Michel, 1995.

LEWIS, Edwin. *A filosofia de Paul Ricoeur*. Lisboa: Instituto Piaget, 1999.

MADISSON, B. *Sens et existence: en hommage à Paul Ricoeur*. Paris: Seuil, 1975.

MAJOR, R. Paul Ricoeur et la Psychanalyse. In: AESCHLIMANN, Jean-Christophe (Org.). *Éthique et Responsabilité chez Paul Ricoeur*. Boudry-Neuchatel. Suíça: Baconnière, 1994. pp. 175-185.

MARTY, François. L'unité analogique de l'agir. In: GREISH, Jean (Org.) *L'herméneutique à l'école de la phénoménologie*. Paris: Beauchesne, 1995. p. 85-102.

MEYER, M. *1989: o ano que mudou o mundo*. Rio de Janeiro: Jorge Zahar, 2009.

MICHEL, Johan. *Paul Ricoeur, une philosophie de l'agir humain*. Paris: Cerf, 2006.

MONGIN, Olivier. Les paradoxes du politique. *Esprit*, n. 140/141. Paris, juillet/août/1988, p. 21-37. L'Herméneutique.

MONGIN, Olivier. *Paul Ricoeur*. Paris: Seuil, 1994.

MÜLLER, Bertrand. *Histoire, entre mémoire et épistémologie: autour de Paul Ricoeur*. Paris: Payot, 2005.

NORA, Pierre. Pour une histoire au second degré. *Le Débat*, n. 122. Paris, Gallimard, nov/ dez-2002, p. 24-31. (Dossiê sobre a obra *La mémoire, l'histoire, l'oubli*)

OLIVEIRA, Carlos. Entrevista com Paul Ricoeur. In: BOUCHINDHOMME, Christian; ROCHLITZ, Rainer (Orgs.). *"Temps et récit" de Paul Ricoeur en débat*. Paris: Cerf, 1990.

PALL, Skulason. *Le cercle du sujet dans la philosophie de Paul Ricoeur*. Paris: L' Harmattan, 2001.

PETITDEMANGE, Guy. Détresse et récit. *Esprit*, n. 140/141. Paris, juillet/août/1988, p. 64-87.

PHILIBERT, M. *Paul Ricoeur ou la liberté selon l'espérance*. Paris: Seghers, 1971.

POMIAN, Krysztof. Sur les rapports de la mémoire et de l'histoire. *Le Débat*, n. 122. Paris, Gallimard, nov/dez-2002, p. 32/40. (Dossiê sobre a obra *La mémoire, l'histoire, l'oubli*))

POMIAN. K. *L'ordre du temps*. Paris: Gallimard, 1984.

PROST, A. *Douze leçons sur l'histoire*. Paris: Seuil, 1996.

QUERET, Louis. Sciences cognitives et herméneutique. In: DELACROIX, Christian; DOSSE, François; GARCIA, Patrick. *Paul Ricoeur et les sciences humaines*. Paris: La Découverte, 2007. p. 145-164.

REAGAN, Ch. *Paul Ricoeur*. Chicago: Chicago Univ. Press.

REAGAN, Ch. *Studies in the philosophy of Paul Ricoeur*. Athens: Ohio Univ. Press, 1979.

REIS, J. C. A "dialética do reconhecimento" em Paul Ricoeur: memória, história, esquecimento. In: *O desafio historiográfico*. Rio de Janeiro: FGV, 2010a.

REIS, J. C. O entrecruzamento entre narrativa histórica e ficcional. In: *O desafio historiográfico*. Rio de Janeiro: FGV, 2010b.

REIS, J. C. *História, a ciência dos homens no tempo*. Londrina: Eduel, 2009.

REIS, J. C. *História & teoria: historicismo, modernidade, temporalidade e verdade*. Rio de Janeiro: FGV, 2003.

REIS, J. C. *Nouvelle histoire e o tempo histórico: as contribuições de Febvre, Bloch e Braudel*. 2. ed. São Paulo: Annablume, 2008.

REIS, J. C. Tempo, história e compreensão narrativa em Paul Ricoeur. *Locus*, v. 12, n. 1, Juiz de Fora: Departamento de História/UFJF, 2006, p. 17-40.

REMOND, René. Paul Ricoeur à Nanterre. In: ALLONNES, Myriam; AZOUVI, François. *Ricoeur*. Paris: Ed. Herne, 2004, p. 28-33.

REVEL, J. *Jogo de escalas*. Rio de Janeiro: FGV, 2000.

ROCHLITZ, Rainer. In: BOUCHINDHOMME, Christian; ROCHLITZ, Rainer. (Orgs.) *"Temps et récit" de Paul Ricoeur en Débat*. Paris: Cerf, 1990, p. 139/161.

ROMAN, Joell. Entre Hanah Arendt et Eric Weil. *Esprit*, n. 140/141. Paris, juillet/août/1988, p. 47-56.

RUDINSKAS, A. P. *Révelation, verité et interpretation. Lecture de Paul Ricoeur*. Louvain-la-Neuve: UCL, 2005.

SALLENAVE, Daniele. Onze propositions en hommage a temps et récit. *Esprit*, n. 140/141. Paris, juillet/août/1988, p. 266-267.

STAROBINSKI, J. L'amitié que rassemble. In: *Magazine Litteraire*, n. 390. Dossier Paul Ricoeur. Paris, sept. 2000.

SCHWEIKER, N. *Paul Ricoeur and the contemporary moral thought*. Taylor & Francis/USA, 2002.

SEBESTYEN, Victor. *A revolução de 1989*. São Paulo: Globo, 2009.

SERBER, J.P. *Special Issue: Paul Ricoeur's philosophy*. Denver: Criterion, 1978. (The Iliff Review, 35)

SIERRO, M. *Autour de la poétique de Paul Ricoeur*. Paris: Études de Lettres, 1966.

SILVA, Carrera F. et al. *Hermenêutica do conflito de Paul Ricoeur*. Lisboa: Edições Minerva.1992.

STEVENS, B. *L'apprentissage des signes: lecture de Paul Ricoeur*. Dordrecht: Kluwer, 1991.

STEVENS, B. *Paul Ricoeur: temporalité et narrativité*. Bruxelles: Ousic, 1990.

STEVENS, Bernard. L'évolution de la pensée de Ricoeur au fil de son explication avec Husserl. *Études Phenomenologiques*, tome VI, n. 11. Louvain-la-Neuve, Centre d'Études Phenomenologiques/ISP, 1990.

THIBAUD, Paul. Devant la crise de l'université: l'esprit liberal et l'esprit radical. *Esprit*, n. 140/141. Paris, juillet/août/1988, p. 9-20.

THOMASSET, Alain. *Paul Ricoeur – une poétique de la morale*. Peeters-France.

THOMPSON, John. *Critical Hermeneutics: a study in the thought of Paul Ricoeur and Jurgen Habermas*. Cambridge: Cambridge University, 1981.

UGEUX, B. *Structuralisme et herméneutique: Lévi-Strauss et Ricoeur*. Louvain-la-Neuve: UCL, 1971.

VANHOOZER, K. *Biblical Narrative in the Philosophy of Paul Ricoeur*. Cambridge: Cambridge University Press, 1990.

VAN LEEUWEEN, Th. *The surplus of meaning; ontology and eschatology in the philosophy of Paul Ricoeur*. Amsterdam: Rodofi, 1981.

VANSINA, Frans. *Paul Ricoeur – bibliographie (1935/1984)*. Louvain-la-Neuve: Peeters, 2000.

VENEMA, H. I. *Identifying selfhood: imagination, narrative and hermeneutics in the thought of Paul Ricoeur*. New York: Univ. of New York Press, 2000.

VEYNE, P. *Como se escreve a história*. Lisboa: Ed. 70, 1983a.

VEYNE, P. *O inventário das diferenças*. São Paulo: Brasiliense, 1983b.

VILAVERDE, M. *Paul Ricoeur – a força da razão comparada*. Lisboa : Instituto Piaget, 2004.

VIGNE, Eric. L'intrigue, mode d'emploi. *Esprit*, n. 140/141. Paris, juillet/août/1988, p. 249-256.

VILLELA-PETIT, Maria. Thinking history: methodology and epistemology in Paul Ricoeur's Reflections on History from "History and Truh" to "Time and Narrative". In: KEMP, Peter, RASMUSSEN, David. *The narrative path – The laters works of Paul Ricoeur*. Cambridge/London, The Mit Press, 1989, p.36/46.

WELSCH, J. *La question de l'unité interne de l'entreprise philosophique de Paul Ricoeur (1º Periodo 1947/1960)*. Louvain-la-Neuve: UCL, 1982.

WEBER, M. *Sobre a teoria das ciências sociais*. Lisboa: Presença, 1979.

WHITE, H. *Metahistória*. São Paulo: Edusp, 1992.

WHITE, H. *Trópicos do discurso*. São Paulo: Edusp, 1994.

WOOD, D. *On Paul Ricoeur: narrative and interpretation*. New York : Routledge, 1992.

Este livro foi composto com tipografia Minion Pro e impresso
em papel Off set 75 g/m² na Gráfica Paulinelli.